中央高校基本科研业务费专项资金资助
Supported by the Fundamental Research Funds for the Central Universities
项目编号 010614370118

共同体

理论与实践

曹丹红　尉光吉　鹭龙　主编

Community

Theory and Practice

南京大学出版社

图书在版编目(CIP)数据

共同体：理论与实践 / 曹丹红，尉光吉，骜龙主编.
南京：南京大学出版社，2024.11. -- ISBN 978 - 7 - 305 - 28418 - 2

Ⅰ.D033

中国国家版本馆 CIP 数据核字第 20248HV668 号

出版发行	南京大学出版社
社　　址	南京市汉口路 22 号　　邮　编　210093
书　　名	共同体：理论与实践 GONGTONGTI: LILUN YU SHIJIAN
主　　编	曹丹红　尉光吉　骜　龙
责任编辑	张　静
照　　排	南京南琳图文制作有限公司
印　　刷	徐州绪权印刷有限公司
开　　本	787 mm×1092 mm　1/16 开　印张 29.5　字数 425 千
版　　次	2024 年 11 月第 1 版　　印次　2024 年 11 月第 1 次印刷
ISBN	978 - 7 - 305 - 28418 - 2
定　　价	168.00 元

网址：http://www.njupco.com
官方微博：http://weibo.com/njupco
官方微信号：njupress
销售咨询热线：(025) 83594756

* 版权所有，侵权必究
* 凡购买南大版图书，如有印装质量问题，请与所购
　图书销售部门联系调换

目 录

001　导言

理　论

023　西方文论关键词：共同体　　　　　　　　　　殷企平

044　免疫、自启免疫与自启免疫共同体：
　　　文学理论与跨学科的生命政治学隐喻　　　　程朝翔

071　当代西方左翼思潮的"共同体"话语探析　　　麦文隽

091　献祭与共同体：
　　　乔治·巴塔耶的文化哲学思想探析　　　　　陈霞　杨威

101　从"共同体的失落"到"文学的共通体"：
　　　论南希的文学共同体思想　　　　　　　　　王琦

127　书文的共同体主义：
　　　论布朗肖和南希对共同体的文学化想象　　　谢超逸

145　解放·治理·共同体：
　　　阿甘本政治美学的三个向度　　　　　　　　王大桥　刘晨

167　作为肯定性生命政治的免疫共同体范式：
　　　罗伯托·埃斯波西托与生命政治的未来　　　蓝江

| 186 | 寻找新的主体：
西耶斯、黑格尔与青年马克思的政治共同体构想　　梁展
| 262 | 《德意志意识形态》中的"共同体"概念　　臧峰宇　赵嘉
| 282 | 艺术与共同体　　邹建林
| 304 | 雅克·朗西埃访谈：作为歧感（dissentiment）的共同体
　　　　　　　　　　　　雅克·朗西埃（Jacques Rancière）
　　　　　　　　　弗朗索瓦·努德尔曼（François Noudelmann）

实　践

| 319 | 论英国文学中的命运共同体表征与跨学科研究　　李维屏
| 334 | 流散、共同体的演变与新世纪流散文学的人类
　　　命运共同体书写　　曾艳钰
| 347 | 凝聚与涣散：《多彻迪》中苏格兰工人的共同体信念
　　　　　　　　　　　　　　　　　　　　　　吕洪灵
| 363 | 能否信任黑箱？：《弗兰肯斯坦》中的阅读共同体理想　　范劲
| 400 | 《洪堡亲王》中的有机共同体、情感再现与18世纪电学知识
　　　　　　　　　　　　　　　　　　　　　　卢盛舟
| 420 | 人类命运共同体建构：《人类灭绝》的叙事伦理
　　　　　　　　　　　　　　　　　　　陈世华　李红
| 432 | 身份认同与共同体意识：
　　　最新诺奖作家古尔纳《最后的礼物》的创作旨归
　　　　　　　　　　　　　　　　　　　朱振武　游铭悦
| 453 | 论朱诺·迪亚斯《你就这样失去了她》中的多米尼加
　　　身份认同　　张伟劼

导　言

全球化时代,气候环境、疾病防治、网络犯罪、恐怖袭击等问题都成为跨国界的问题,其解决需要国际社会打破区域主义,克服文化差异,携手合作。"共同体"的理念由此再次得到强调,例如我国自党的十八大以来提出了"构建人类命运共同体"等思想。那么,"共同体"究竟是什么？其基本模式有哪些？其形成条件是什么？其在当代所面临的困难与挑战又是什么？这些问题尚待进一步探索。借鉴当代外国文论中的相关理论或许是审视这些问题的一种途径。从西方看,"共同体"问题始终吸引着乔治·巴塔耶（Georges Bataille）、莫里斯·布朗肖（Maurice Blanchot）、汉娜·阿伦特（Hannah Arendt）、让-吕克·南希（Jean-Luc Nancy）、吉奥乔·阿甘本（Giorgio Agamben）、罗伯托·埃斯波西托（Roberto Esposito）等一批现代重要学者的目光,他们从"两希"传统以及现代以来的卢梭、黑格尔、马克思、莫斯、涂尔干等人的学说中获得启发,立足社会历史及现状,就共同体的重要性、本质、形式、未来等问题展开思考。对令"共同体"思考进入当代学术视野的南希来说,共同体问题"涉及的是对我们生存的共同特征的关注,这一共同特征决定我们首先不是孤立的原子,而是生存于关系、整体、分享中"①。换言之,"共同"与"共同体"问题至关重要,因为关系人类的生存条件。此类思想也体现于布拉伊多蒂(Rosi Braidotti)等人的后人类研究中。从东方看,该问题在东亚文化圈也已引发颇多思考。与此同时,南希不断指出,"对共同体的阐释可能无法穷尽"②,国内外层出不穷的研究正是这一概念生命力的体现。此种背景下,本书一方面依托近期国内外学者在"共同体"问题上的理论探索成果,对文论中的"共同体"思想进行梳理,呈现思考的多种视角,尝试理解这一概念在不同语境中的历史流变及当下含义;另一方面借助多位学者的文学文化批评研究成果,考察"共同体"理论对批评实践的启示以及实践对理论的反哺,以期从理论与实践两个维度,为今日思考"共同体"问题提供借鉴。

*

什么是共同体?作为一个在当今的政治、哲学、社会和文化语境中频繁出现,因而显得至关重要的理论概念,"共同体"(英语:community,法语:communauté,德语:Gemeinschaft,意大利语:comunità)一词有着极为宽泛而不明确的所指:小到社区和群体,大到民族国家和国际联盟,乃至全球网络,共同体似乎可以囊括人类聚合的任何形式,不论聚合的动因是血缘、种族、宗教、阶级、性别这些身份标识,还是地缘、利益或别的共同兴趣。从词源上看,共同体一词源于拉丁语 com(伴随、一起)与 unus(单一、独一)的结合,根据文化理论家雷蒙・威廉斯(Raymond Williams)在《关键词:文化与社会的词汇》(*Keywords*:*A Vocabulary of Culture*

---

① Jean-Luc Nancy, *La communauté dèsœuvrée*, Paris: Galilée, 2014, p.11.
② Jean-Luc Nancy, *La communauté dèsœuvrée*, Paris: Galilée, 2014, p.11.

and Society》)一书里的说法,英语的共同体(community)是一个从14世纪以来就存在的词语,其"可追溯的最早词源为拉丁文communis,意指普遍、共同"①。如此漫长的使用历史导致了共同体一词在不同时期的意涵差异,就像威廉斯指出的,它在14—18世纪,既可以指"平民百姓""政府或者是有组织的社会""一个地区的人民",也可以指"共同利益、共同财产"和"相同身份与特点的感觉"。②而从19世纪开始,随着共同体的概念受到各派思想家日益密切的关注,共同体逐渐进入了反思社会建构和社会关系的理论话语并发挥作用,其引发的激烈讨论和纷繁争议也延续到了20世纪,至今未休。可以说,当代思想论争关注的共同体问题是在19世纪以来的现代化进程中形成的,正如克雷格·卡尔霍恩(Craig Calhoun)所言,"共同体的这一用法直至工业革命时期才开始流行。正是通过反思18世纪晚期和19世纪的巨大变化,我们今天的共同体概念才得以成形"③。在这个意义上,理查德·泰勒(Richard Tyler)认为,"共同体是一个现代用语"④。

在《共同体》(Community)一书中,杰拉德·德兰蒂(Gerard Delanty)点明了共同体思潮与现代性的紧密关系,他说:"现代性产生了三个重大的变革,它们引发了共同体的主流话语:美国与法国

---

① 雷蒙·威廉斯:《关键词:文化与社会的词汇》,刘建基译,北京:生活·读书·新知三联书店,2005年,第79页。
② 雷蒙·威廉斯:《关键词:文化与社会的词汇》,刘建基译,北京:生活·读书·新知三联书店,2005年,第79页。
③ 约翰·卡尔霍恩:《共同体:为了比较研究而趋向多变的概念》,李义天:《共同体与政治团结》,北京:社会科学文献出版社,2011年,第4页。
④ Richard Tyler, "Comprehending Community", in *Returning (to) Communities: Theory, Culture and Political Practice of the Communal*, eds. Stefan Herbrechter and Michael Higgins, Amsterdam and New York: Rodopi, 2006, p.21.

革命,19世纪末的工业化,以及当前时代的全球化。"①对于这样的联系,反思现代性的重要思想家齐格蒙特·鲍曼(Zygmunt Bauman)曾给出一个简明扼要的解释,即现代性导致的种种危机促使人们重生了对共同体的怀念,而这些危机被鲍曼统称为一种"不安全感",他写道,"我们怀念共同体是因为我们怀念安全感",而"一个取消控制、灵活多变、充满竞争和普遍存在着不确定性的流动的、不可预料的世界"显然"几乎不可能提供这种安全感"。② 以怀念的情感为基调,德兰蒂在其著作中详细梳理了共同体的现代话语的变迁过程,他称之为"共同体的兴起、没落和重生的故事"③。具体而言,共同体观念的现代流变史可被分为三个阶段:首先是19世纪把共同体作为乌托邦理想加以追溯和重建的兴盛阶段;接着是20世纪上半叶对共同体的总体化构想展开激进批判的危机阶段;最后是20世纪末以来,随着社区主义(communitarianism)和世界主义(cosmopolitanism)的发展,在身份政治和承认政治的推动下,为共同体寻找新的可能之未来的复苏阶段。不过,正如共同体的古老词源暗示的那样,在有关共同体的现代话语形成并经历盛衰之前,还存在着一段前现代的历史,现代背景下对共同体的种种怀念之情可以在这段前史里找到其遥相呼应的源头。而在共同体的诸多前现代源头中,有两个引人注目的形态为后世对共同体的理解提供了堪称经典的模型:一个是古希腊城邦的政治理念,另一个是基督教教会的神学理念。

---

① Gerard Delanty, *Community*, London and New York: Routledge, 2003, p. x.
② 齐格蒙特·鲍曼:《共同体:在一个不确定的世界中寻找安全》,欧阳景根译,南京:江苏人民出版社,2003年,第179页。
③ Gerard Delanty, *Community*, London and New York: Routledge, 2003, p. xiii.

学者们已经注意到，共同体概念还拥有一个更久远的希腊语词源 κοινωνία，而亚里士多德已在其政治哲学和伦理学的沉思中明确地使用了这个术语。亚里士多德的《政治学》开篇就声称："每一个城邦各是某一种类的社会共同体（κοινωνία），一切社会共同体的建立，其目的总是完成某些善业……至高而广涵的社会共同体就是所谓'城邦'（πόλη），即政治共同体。"①《尼各马可伦理学》进一步强调："所有的共同体都是政治共同体的组成部分……政治共同体所关心的不是当前的利益，而是生活的整体利益。"② 如果 κοινωνία 能被理解为一种共同体的形态，那么亚里士多德对城邦作为最高的社会构建的定义就足以成为一种关于共同体的原初理念。由于亚里士多德把公正，尤其是友爱（φιλία），纳入了城邦的核心关系，城邦共同体也就意味着一种公民自治的政治理想，诚如研究者指出，"打造统一的共同体既是一般性的城邦实践的目标，同时也是古典政治哲学追求的德性共同体的基础"③。而希腊城邦内含的这一德性因素，正是从卢梭到阿伦特的共同体思想家所格外看重的精神价值。

到了基督教时代，希腊语 κοινωνία 开始获得一种新的意义，因为《圣经·新约》用这个词来命名信徒在圣餐礼中对耶稣身体的分享（《哥林多前书》10:16："我们所擘开的饼，岂不是同领基督的身体吗？"），以及信徒与上帝的精神融合和信徒之间对信仰的分享，也就是"圣灵的团契"（《哥林多后书》13:13）。随着该词被后来的

---

① 亚里士多德：《政治学》，吴寿彭译，北京：商务印书馆，1983年，第3页，有改动。
② 亚里士多德：《尼各马可伦理学》，廖申白译注，北京：商务印书馆，2003年，第246—247页。
③ 张新刚：《友爱共同体：古希腊政治思想研究》，北京：北京大学出版社，2020年，第16页。

教父们翻译成拉丁语 communio，"圣灵的团契"也就具有了一种更明显的共同体价值。从而，基督教会开始取代希腊城邦和罗马帝国成为人类共同体的理想形态，其代表学说是奥古斯丁提出的"上帝之城"：奥古斯丁"把理想政治共同体的实现放在了末世（上帝之城），在他看来，真正的正义只属于上帝之城，真正的共同体只能在上帝之城内得以建构"①。至此，德兰蒂认为，城邦共同体和教会共同体形成了西方共同体思想传统的两极：前者作为"人类秩序"代表了特殊性的维度，而后者作为"宇宙维度"代表了普遍性的维度。② 在当代有关共同体的地方与全球的对抗中，犹能看见这两个维度所导向的思维差异。

到了现代时期，随着启蒙运动对人类社会的本质关系和治理基础的关注，希腊城邦的共同体理念再次进入了思想家们的视野。卢梭正是从希腊城邦的政治体系出发来构想现代国家的合法创制的，他在《社会契约论》中将这一创制的原则称为"社会契约"，即"每个结合者及其自身的一切权利全部都转让给整个共同体（communauté）"③。而这个担保着公民权利的共同体，实则为资产阶级革命以来的市民社会在强势的政治国家之外找到了一个自由的发展空间。自此，德兰蒂指出，共同体成了一种与国家相对的组织形态，它追求一种"不需要国家的纯粹或质朴的社会关系"，因而蕴含了一种乌托邦的"解放计划"。④ 这种将共同体打造为"无国家的社会"的理念很快融入了马克思取消阶级的共产主义理想，并经

---

① 徐琪：《论奥古斯丁的友爱与共同体》，北京：中国社会科学出版社，2017 年，第 168 页。
② Gerard Delanty, *Community*, London and New York: Routledge, 2003, p.6.
③ 卢梭：《社会契约论》，何兆武译，北京：商务印书馆，2009 年，第 19 页，有改动。
④ Gerard Delanty, *Community*, London and New York: Routledge, 2003, p.3.

由19世纪初空想社会主义的实验,得到了乌托邦化的实践:"一个半世纪以来,无数这一理想的追求者,在一个引领人或者预言家的指挥下……建立了数百个小规模的社团。"①

1887年,德国思想家斐迪南·滕尼斯(Ferdinand Tönnies)出版的《共同体与社会》(*Gemeinschaft und Gesellschaft*)通过肯定共同体在现代性语境下保有的未遭异化的原始属性,从理论层面上把共同体正式提升为一个重要的社会学概念。滕尼斯区分了人类群体的两种结合形式,即"共同体"与"社会"。滕尼斯认为,个体意志的两种形态产生了群体结合的不同形式,共同体源于本能化的"本质意志"(Wesenwille),而社会源于目的化的"选择意志"(Kürwille),故而"共同体本身应该被理解为一种生机勃勃的有机体,而社会应该被理解为一种机械的聚合和人工制品"②,并且,社会的形成在时间上要晚于共同体的出现。滕尼斯的这一看法,在19世纪工业时代的背景下,说明了共同体话语兴起的另一动机:对共同体的追求不只是一种乌托邦式的政治冲动,更是文明本身重返自然状态的强烈乡愁。

进入20世纪,共同体的实践开始采取一种更为激进和极端的形式,右翼民族主义以血统和种族为基础的共同体逐渐成为古斯塔夫·勒庞(Gustave Le Bon)揭示的"乌合之众"(foules)的选择,而纳粹的法西斯主义正是此类倾向的一个灾难性结果。对此,德国思想家赫尔穆特·普莱斯纳(Helmuth Plessner)已在1924年出版的著作《共同体的边界》(*Grenzen der Gemeinschaft*)里做了充满

---

① 让-克里斯蒂安·珀蒂菲斯:《十九世纪乌托邦共同体的生活》,梁志斐、周铁山译,上海:上海人民出版社,2007年,第4页。
② 斐迪南·滕尼斯:《共同体与社会:纯粹社会学的基本概念》,林荣远译,北京:商务印书馆,1999年,第54页。

预见性的揭示。普莱斯纳把共同体视为挑战既有秩序并脱离社会生活关系的激进主义(Radikalismus)的追求,进而指出共同体道德与尼采式的主人道德之间的内在关联,即共同体需要领袖身份(Führertum)的统治者,这便要求其支持者"舍弃他们自由与天赋尊严的不确定的大部分,而作为手段屈从于更高的目的"①。普莱斯纳所警惕的这种与国家紧密结合的共同体形态也被后来的美国社会学家罗伯特·尼斯比特(Robert Nisbet)命名为"总体的共同体"(total community)。尼斯比特认为,这种"以原子化大众为基础的中心化的、全权的、绝对的政治共同体"乃是"极权主义(totalitarianism)的真正可怕之处",因为它"必定不断地摧毁正常社会中作为自由和组织之必要来源的自主性和免疫力",最终"只能导致社会和文化的死亡"。②

鉴于共同体在 20 世纪上半叶的政治实践中遭受的挫败及其招致的批判,20 世纪 80 年代重新涌现的共同体思潮首先回应了共同体的实存性问题,由此诞生了一种将共同体虚构化的新观念,德兰蒂称之为"文化转向"的结果。③ 英国人类学家安东尼·科恩(Anthony Cohen)就是其中的代表人物,他在《共同体的象征建构》(*The Symbolic Construction of Community*)中得出这样的论断:"不论其结构边界是否完好,共同体的现实都存在于其成员对其文化活力的感知当中。人们以象征的方式建构共同体,把它变成意

---

① 赫尔穆特·普莱斯纳:《共同体的边界:社会激进主义批判》,窦绪凯译,上海:上海人民出版社,2022 年,第 160 页。
② Robert A. Nisbet, *Community and Power*, New York: Oxford University Press, 1962, pp. 210 - 211.
③ Gerard Delanty, *Community*, London and New York: Routledge, 2003, p. xi.

义的一个来源和库存,变成其身份的一个指涉物。"①以类似的策略,美国政治学家本尼迪克特·安德森(Benedict Anderson)在《想象的共同体》(*Imagined Communities*)中将民族定义为"一种想象的共同体":"它是被想象为本质上有限的,同时也享有主权的共同体。"②除了社会学和人类学把共同体理解为象征和想象的建构,在同一时期的哲学领域,也出现了一场带有后现代色彩的反思运动,其发起者便是法国解构主义哲学家让-吕克·南希。

1983年,南希发表了《无用的共同体》(«La communauté désœuvrée»)一文。在这篇重要的论文中,南希首先以共产主义为视域来界定共同体概念的意义,并指出,从卢梭以来西方思想秉承的那种对失落的共同体的怀念已落入一种本质主义或内在主义的困境,即共同体被当作人之内在本质的完成,进而成为完成的作品,但这一作品化的操作在实践中恰恰导致了政治灾难。对此,南希提出了"无用"(désœuvré)的观念,也就是把共同体从本质化定义所要求的操作或作品中解放出来。南希遵循了海德格尔开辟的存在论分析的路径,将共同体视为个体存在的一种关系,他称之为"存在本身的绽出-存在"③。从"绽出-存在"出发,南希对独一性、死亡、自我、主权、界限、有限性等哲学概念展开了一系列复杂又精妙的讨论,并从法国思想家乔治·巴塔耶(Georges Bataille)有关恋人的写作中找到了无用共同体的典型形象。最终,南希用"存在-于-共通"(l'être-en-commun)和"分享"(le partage)来概括共同

---

① A. P. Cohen, *The Symbolic Construction of Community*, London and New York: Tavistock Publications, 1985, p.118.
② 本尼迪克特·安德森:《想象的共同体:民族主义的起源与散布》,吴叡人译,上海:上海人民出版社,2005年,第6页。
③ 让-吕克·南希:《无用的共通体》,郭建玲、张建华、夏可君译,郑州:河南大学出版社,2016年,第13页。

体所体现的存在之关系。

在南希发表《无用的共同体》后不久,法国批评家莫里斯·布朗肖(Maurice Blanchot)出版了《不可言明的共同体》(La communauté inavouable)一书来进行回应。一方面,南希的"无用"概念就来自布朗肖;另一方面,布朗肖也是巴塔耶的生前好友。布朗肖的著作首先评述并肯定了南希在论文中提出的根本立场,即对共同体的绝对内在性的批判。继而,布朗肖沿着南希布下的线索,拓展了巴塔耶文本中的共同体思想,并着重揭示了巴塔耶本人围绕共同体所开展的团体实践、写作和交往活动。此外,布朗肖还结合其参与"五月风暴"的亲身经历,对法国作家杜拉斯的小说进行解读,并基于列维纳斯的他者伦理学,就共同体的内部关系,给出了一个与南希的结论相似的解释,即"不可言明":共同体"不言明自身……因为每当我们谈论其存在的方式时,我们都预感到,我们只是抓住了那使之缺场地存在的东西"[①]。布朗肖的观点呼应了南希的论述,两者都把共同体的存在建立在一种抽象的缺席之上,而南希后来也把这样的缺席视为共同体神话本身的根本"打断"。除了阐发文学的共产主义或书文的共同体,南希还以两部著作的形式来专门回应布朗肖的批评:一部是 2001 年出版的《对峙中的共同体》(La Communauté affrontée),另一部是 2014 年出版的《被否认的共同体》(La communauté dèsœuvrée)。此外,南希的友人米歇尔·加约(Michel Gaillot)于 2021 年出版的遗作《南希:共同体,意义》(Jean-Luc Nancy. La communauté, le sens)则对南希本人的共同体思想做了系统的阐释。这些充满对话关系的文本构成了 21 世

---

① 莫里斯·布朗肖:《不可言明的共通体》,夏可君、尉光吉译,重庆:重庆大学出版社,2016 年,第 90 页。

纪的哲学理论和文学批评介入共同体问题时不得不参考的重要资源。

受南希和布朗肖开启的解构共同体的思潮影响,美国哲学家阿方索·林吉斯(Alphonso Lingis)出版了《那些无共同性者的共同体》(*The Community of Those Who Have Nothing in Common*)。尽管林吉斯并未明确提及南希或布朗肖的名字,但其著作的标题及涉及的诸多概念(他者、死亡、面容等等)均流露了法国思想的深刻印记。同样,美国文学批评家J.希利斯·米勒(J. Hillis Miller)于2011年和2014年先后出版了两部以共同体为主题的作品:《共同体的焚毁》(*The Conflagration of Community*)和《小说中的共同体》(*Communities in Fiction*)。如其标题所示,《共同体的焚毁》具有一种历史的沉重性,因为它"以近来的共同体研究理论为前提和框架,分析创作于奥斯维辛之前和之后的小说,探究其中共同体的毁灭"[①]。而米勒在此关注的"焚毁"现象,作为犹太大屠杀的隐秘指涉,恰恰来自南希在《无用的共同体》开篇发表的感叹。故而,南希的共同体理论事实上指引了米勒对一系列预言或见证奥斯维辛的文学作品的解读。不过,米勒也在其文本中有意识地突显了其所处的美国本土情境以及21世纪全球化信息技术对于共同体的冲击。在理论部分的介绍中,米勒还通过援引福柯、德里达、德勒兹,提出了"第三种共同体"的可能性。与此相对,《小说中的共同体》则在剖析经典作家的共同体问题之外,着重讲解了海德格尔以"此在"(Dasein)为基础的共同体观念。可以说,米勒的研究既集结了解构主义哲学以来产生的最新的共同体理论

[①] J.希利斯·米勒:《共同体的焚毁:奥斯维辛前后的小说》,陈旭译,南京:南京大学出版社,2019年,第4页。

话语,也代表了近十年来文学领域对于共同体书写的浓厚兴趣。

最后,有必要提及当代意大利思想对共同体问题的讨论。吉奥乔·阿甘本于 1990 年出版的《来临中的共同体》(*La comunità che viene*)正是对南希和布朗肖的回应。在这部散文化的作品里,阿甘本并未直接谈论共同体的本质为何,而是借助中世纪经院哲学的术语,把共同体中的个体命名为"任何一个":"来临中的存在是任何一个存在。"①而"任何一个"牵涉的共相与殊相的关系正是共同体所包含的个体性与普遍性的关系。不过,阿甘本提出"任何一个"的概念,最终是为了根据其潜能理论,实现对共同体的政治主体的行动姿势的定位,并将行动的可能性交给未来的"复原"(tiqqun)。在这一点上,阿甘本用来描述共同体的"来临中"与南希的"无用"形成呼应。但这一弥赛亚主义的构想,如同安东尼奥·奈格里(Antonio Negri)的"诸众"(multitude)概念,只有在意大利左翼运动的背景下,才显示出其激进哲学的底色。

另一位研究共同体问题的意大利思想家是罗伯托·埃斯波西托。早在 1988 年的《非政治的范畴》(*Categorie dell'impolitico*)里,埃斯波西托便通过南希和巴塔耶,注意到了非政治所代表的缺席的起源与共同体的空无空间的一致性:"空无就是共同体本身。"②十年后,埃斯波西托出版了《共同体》(*Communitas*)一书,从语文学和政治哲学的角度,解读从霍布斯到海德格尔的共同体思想,进一步揭示了共同体与空无乃至虚无主义的关系,而埃斯波西托在这本书中发现的共同体(communitas)与免疫(immunitas)的

---

① 吉奥乔·阿甘本:《来临中的共同体》,相明、赵文、王立秋译,西安:西北大学出版社,2019 年,第 3 页。
② 罗伯托·埃斯波西托:《非政治的范畴》,张凯译,武汉:长江文艺出版社,2021 年,第 xlvi 页。

词源关系,也在不久后出版的《免疫》(Immunitas)中被他发展为免疫哲学的重要主题。就这样,埃斯波西托通过赋予德里达和哈拉维的免疫理论以一种更为肯定性的政治内涵,为福柯以来的生命政治学说提供了一种崭新的思路。至此,正如 2013 年的《政治术语》(Termini della politica)一书展示的那样,共同体与免疫、生命政治一起,已然构成埃斯波西托政治思想的三元组,在今天,这样的三元组或许犹能带来宝贵的启示。

*

国内学界对"共同体"问题的思考由来已久。在 20 世纪 50 年代,已有学者发表论文,借鉴苏联学者研究成果,对共同体、种族、民族等概念展开辨析。1984 年,蒋勇康在《社会》杂志当年第 4 期发表文章《德语文献中的"Gemeinschaft"》,对 Gemeinschaft 一词进行了简要的考古,指出应根据语境将其翻译成"共同体"或"地域共同体(即'社区')"。文章也提到了滕尼斯的《共同体与社会》(作者译为《公社与社会》),指出这是 Gemeinschaft 一词首次在社会学领域使用。这篇文章篇幅虽短,却表明国内学者很早就已借鉴国外研究成果来思考共同体问题。不过,国内学者对国外共同体思想的集中关注应该说始于 21 世纪初,从这一时期起,先是卢梭、马克思、滕尼斯、海德格尔、鲍曼等人的共同体思想,随后是德里达、列维纳斯、南希、巴塔耶、朗西埃等法国理论家的研究被陆续介绍至国内,推动了国内共同体相关研究的发展。

作为一个内涵丰富、包容力强的概念与范畴,"共同体"吸引了来自人文社科不同学科背景的学者,尤其是哲学界、社会学界、政治学界、中外文学界学者的目光。经过二十年左右的探索,无论是共同体的理论建构,还是借助共同体理论进行的文学文化批评实践，都取得了长足发展，具有代表性的成果不断涌现。对这些成果进行阶段性梳理，有助于从一个侧面呈现国内在共同体问题研究上的整体水平与突出特色，凝练思考共同体问题的核心要素，梳理共同体研究中存在的难题或困境，从而在未来更好地聚焦"共同体"这一对象，并将其更好地与中国学术及中国社会的发展相结合。

出于但不限于上述目的，我们萌生了围绕"共同体"编撰一部论文集的想法。编写本书的首要宗旨在于理论与实践的互动。理论探索的重要性不言而喻。本书第一部分即为"理论"，收录了12篇相关论文，主要对现代以来的西方共同体理论展开研究与辨析。这12篇论文有的涉及总体思考，例如殷企平的《西方文论关键词：共同体》、程朝翔的《免疫、自启免疫与自启免疫共同体：文学理论与跨学科的生命政治学隐喻》。近年来，殷企平与程朝翔两位学者集中关注外国文学中的共同体书写与外国文论中的"共同体"研究，发表多篇重要论文。殷企平在《西方文论关键词：共同体》一文中对共同体观念的内涵和外延进行了梳理，犀利地指出今日西方共同体理论存在的"三大要害"，提醒研究者抓住这"三大要害"，走出"独体"理论怪圈。《西方文论关键词：共同体》一文深具启发性，我们注意到，本书收录的多篇论文引用了它。程朝翔的《免疫、自启免疫与自启免疫共同体：文学理论与跨学科的生命政治学隐喻》从思维方式与话语表述等方面，探讨了当代文学理论的跨学科特征，尤以"自启免疫共同体"概念为例，呈现了概念从一个学科向另一个学科的迁移与融合机制，促使我们对共同体理论的跨学科特征以及理论话语的生成方式予以关注。在总体思考之外，我们也收录了针对某个思想流派或某位学者思想进行考察的论文，例如，麦文隽对当代西方左翼思潮的"共同体"话语进行了探析，指出该话语反映了左翼思潮对全球资本主义的思考与批判,具有建设性、批判性、争论性、对话性与增殖性等复杂特征。陈霞、杨威通过阐述巴塔耶"献祭""耗费"等观念,展现了巴塔耶对人类文化共同体的精神结构和心理联结机制的分析,思考了巴氏文化哲学对于分析现代中国发展历程的启发。王琦从独体、神话及其与共同体的关系入手,审视了南希赋予文学共同体的内涵,指出南希将共同体理解为一种建立在微偏而共通基础上的存在形式,同时思考了文学共同体思想对于建构中国特色共同体文论话语体系所具有的方法论意义。谢超逸基于布朗肖和南希对主体形而上学两种形态——个体主义与总体主义的批判,着重思考了南希与布朗肖二人提出的书文共同体(或译文学共同体)主义的内涵。王大桥、刘晨从审美解放、审美治理、审美共同体三个向度探析了阿甘本政治美学,指出阿甘本通过对黑格尔思想的阐释思考了无本质共通的共同体,肯定其所构想的"来临中的共同体"的核心指向经验与意义的流动,有助于消解共同体的本质主义倾向,以生命共通的感觉方式弥合后现代社会分异离散的困境。蓝江围绕 munus 概念内涵及埃斯波西托对其的阐发,对后者提出的生命政治与免疫共同体范式进行了深入分析,尤其强调埃斯波西托的免疫机制观念与福柯和阿甘本的差别,肯定了埃斯波西托共同体思想的积极性及其现实价值。梁展通过分析法国大革命主要理论家西耶斯对第三等级政治使命的论述与黑格尔对君主和市民诸等级的规定,梳理了青年马克思政治共同体构想的灵感来源、理论基石与形成过程,揭示了无产阶级政治共同体的思想谱系。臧峰宇、赵嘉考证了马克思恩格斯《德意志意识形态》历史考证版(MEGA^2)中使用的涉及"共同体"概念的术语与相关论述,通过对相近术语的辨析,揭示了马克思恩格斯"共同体"理论中以往被忽视的细节,重申了作为唯物史观范畴的"共同体"概念在当今时代的重要思想资源价值。邹建林从当代博物馆疑难出发，受巴塔耶、朗西埃等人理论的启发，设想了一种非实体性质的"审美共同体"，并将某种临界状态的出现视为进入审美状态、形成艺术共同体的前提条件。"共同体"的理论家中还有一位，其著述频繁被引用，那便是法国学者朗西埃，因此在"理论"部分最后，我们也收录了一篇法国学者弗朗索瓦·努德尔曼与朗西埃的对谈，以呈现朗西埃本人对"歧感共同体"的理解与解释。

"理论"部分的文章从不同角度为我们描摹了当代共同体理论探索的样貌。然而，正如殷企平所说，"共同体概念最重要的属性是文化实践，意在改造世界"①，换言之，"共同体"理论探索的终极目标是引导实践，这一点也为"理论"部分多篇文章所强调。只不过，从理论到实践，或许还存在一个非常重要的中介环节，那便是文学尤其是文学虚构。实际上，很多共同体的理论家首先是文学共同体的理论家。对于文学虚构之于共同体建构的功能，法国学者赛琳·吉约有过阐述："什么也无法阻止文学去梦想置身历史中的人类，去想象人类的起源和人类的消失，去创造世界将被完全重建的原初时刻。然而，这个不可能的空间，我们只能通过虚构，通过某个场景的中介进入，这一场景具有双重功能，既具有去神秘化功能，又推动我们直面我们自己的历史与记忆。"②文学延续真实经验，或进行"模拟，也就是对于一种模式的一些虚构性试验"③，并在

---

① 参见本书收录的殷企平所撰《西方文论关键词：共同体》一文。
② Céline Guillot, *Inventer un peuple qui manque: que peut la littérature pour la communauté,* Dijon: Les Presses du réel, 2013, p.18.
③ 罗兰·巴尔特：《如何共同生活：法兰西学院课程和研究班讲义（1976—1977）》，怀宇译，北京：中国人民大学出版社，2010年，第18页。

虚构中"创造一个缺席的民族"①,为来临中的共同体设想在现实中成形的条件,从这一角度看,进行文学批评甚至创作实践是想象、探究共同体的重要途径②。在这方面,一个典型的例子是美国学者米勒的研究,米勒的《共同体的焚毁》《小说中的共同体》等论著"把西方左翼思潮的'共同体'话语引入了文学批评实践领域"③。

　　本书受此启发,也设置了"实践"部分,收录 8 篇借鉴共同体概念与理论进行文学批评的论文。其中,李维屏指出"命运共同体"是历代英国作家文学想象的重要客体,以此客体为切入点,呈现了"命运共同体"在英国文学中的历史成因与发展轨迹,阐述了这一主题的美学表征,并从英国文学"命运共同体"书写的丰富性出发,思考了对其进行跨学科研究的必要性与可能性。曾艳钰从"流散性"角度切入,考察了流散文学中的共同体书写,指出 21 世纪流散文学创作通过挑战、模糊传统民族和国家共同体的概念和边界,呈现出超越世界文学的全球性书写特征,并指向对人类命运共同体共同价值的建构。吕洪灵对苏格兰作家威廉·麦基尔文尼的《多彻迪》展开文本细读,通过分析《多彻迪》中的家庭关系、宗教选择、工友行为等方面,指出小说通过一个普通矿工家庭的经历来展现苏格兰工人的集体记忆与社会现实,以家庭共同体的演变为镜折射苏格兰工人的共同体信念在现代社会的凝聚与涣散。范劲借助胡塞尔、卢曼等人对"交互关系"的论述,探析了玛丽·雪莱《弗兰肯斯坦》中蕴含的家庭与契约之外的另一种共同体愿景,即一种在

---

① 吉尔·德勒兹:《批评与临床》,刘云虹、曹丹红译,南京:南京大学出版社,2022年,第 8 页。
② 我们可以联想到布朗肖本人早期创作的三部小说《黑暗托马》《亚米拿达》《至高者》。
③ 参见本书收录的麦文隽所撰《当代西方左翼思潮的"共同体"话语探析》一文。

书写和阅读中形成的先验的关系共同体理想,并论述了支撑后者的先验世界一体框架之于设想未来共同体形式的启发意义。卢盛舟从德国浪漫派提出的"有机共同体"概念及其对基于自然权利和社会契约论的共同体模式的批判出发,考察了德国著名作家克莱斯特创作于 19 世纪初的剧作《洪堡亲王》,剖析了该剧在多个层面上对"有机共同体"思想的折射。陈世华、李红围绕日本当代著名作家高野和明的科幻巨作《人类灭绝》,运用叙事学和文学伦理学相结合的方法,深入探索了作品中的复杂伦理主题,并以该小说为例揭示出人类命运共同体宏大叙事建构中体现出的叙事伦理多元化倾向。朱振武、游铭悦围绕 2021 年诺贝尔文学奖得主、坦桑尼亚作家古尔纳(Abdulrazak Gurnah)的小说《最后的礼物》,聚焦作家对一个英国移民家庭成员不同类型"身份"困境的书写,以"一家之言"折射整个后殖民流散文化共同体,揭示出作家对非洲流散者生存境遇与出路问题的深切关注与思考。张伟劼依托美国多米尼加裔作家朱诺·迪亚斯的短篇小说集《你就这样失去了她》,通过分析小说中英语与西班牙语的混用现象、小说人物的多米尼加-非洲裔身份意识、小说的乡愁书写这三个方面,透视了作品中体现的在美国的多米尼加裔族群共同体所保持的多米尼加身份认同。

　　本书收入的 20 篇文章为我们深入理解"共同体"概念指明了路径。我们注意到,尽管 20 篇文章的作者来自不同的学科,但在面对共同体问题时,他们会不约而同去探析个体与总体、特殊与普遍、超验与内在、分离与聚合、自我与他者、同质与异质等的关系,聚焦身份、伦理、交流、语言等主题。其他时候,不同学科背景提供了理解共同体的不同思路,例如对于南希的"无用的共同体"、布朗肖的"否定的共同体",哲学研究者与文学研究者可能会有不同的看法;对于与共同体密切相关的文化身份问题,不同语言文化共同体可能展示了不同的困境与出路。在视角的交叉与观点的碰撞中，就共同体问题展开跨学科的对话与交流，这是本书编撰所遵循的另一个重要宗旨。

*

法国学者威廉·马克斯（William Marx）在谈到他编订瓦莱里《诗学课》的经历时就曾风趣地指出一个"编著的诅咒"：正是图书的编订与出版本身令更多潜在的文献从四面八方涌现，给编者带来遗憾。[①] 本书的编撰虽意不在求全，但编者也充分意识到，在本书编入的20篇文章之外，还存在大量优秀成果，因为编者的学科背景限制，也出于图书编撰现实因素的考量，没能将它们收录书中，种种未完善之处，请读者谅解。

此外，本书的编撰是在南京大学文科青年跨学科团队专项"当代外国文论中的共同体思想研究"项目的框架下进行，图书的出版受到中央高校基本科研业务费专项资金资助。"当代外国文论中的共同体思想研究"项目组成员除了本书三位主编，还包括南京大学外国语学院法语系张璐、朝鲜语系徐黎明和德语系卢盛舟，这三位老师也为本书的编撰与出版贡献了力量。法语系研究生张贝为本书的编撰提供了数字化、排版等方面的帮助。特此向他们表示感谢。

编者
2023年3月1日

[①] 参见马克斯在法兰西公学院的授课音频，https://podcastfichiers.college-de-france.fr/marx-20230117.m4a。

理　论

西方文论关键词:共同体*

殷企平**

内容提要:共同体观念的空前生发始于18世纪前后。从黑格尔到马克思,从滕尼斯到威廉斯,把有机/内在属性看作共同体主要内涵的观点一直占据共同体思想史的主流地位。由于解构主义思潮的兴起,声讨共同体的有机/内在属性突然成了一种时髦。共同体,还是独体?这居然成了问题。不解决这个问题,文学中的共同体想象就很难想象。也就是说,对共同体观念的内涵和外延进行梳理,实在是燃眉之急,而解决问题的关键,在于走出"独体"怪圈;要走出这一怪圈,则关键在于抓住本文所分析的"三大要害"。

关键词:共同体 独体 有机性 内在性 南希之辩

略说

"共同体"(community)一词源于拉丁文 communis,原义为"共同的"(common)。自柏拉图发表《理想国》以来,在西方思想界一

---

* 本文原载《外国文学》2016年第2期。
** 作者简介:殷企平,杭州师范大学资深教授,长期致力于英语语言文学教学,主要从事英国小说、英国文化和西方文论研究。

直存在着思考共同体的传统,但是共同体观念的空前生发则始于18世纪前后。这是由于在工业革命和资本主义全球化之际,人们突然发现周围的世界/社区变得陌生了:传统价值分崩离析,人际关系不再稳定,社会向心力逐渐消失,贫富差别日益扩大。换言之,就是人类社会对共同体的需求已迫在眉睫。作为对这一需求的回应,欧洲各国相继涌现出一批探索并宣扬共同体观念的仁人志士。他们或在哲学、社会学等领域里著书立说,或用文学形式推出关于共同体的想象,在两者形成的互动中,共同体观念随之嬗变演进。其中从黑格尔到马克思,从滕尼斯到威廉斯,把有机/内在属性看作共同体主要内涵的观点一直占据共同体思想史的主流地位。在威廉斯之后,由于布朗肖、南希和米勒等人的影响,文学批评理论界对共同体有机/内在属性的质疑甚嚣尘上,共同体观念的多义性以此日益彰显。为了厘清概念,对这些质疑进行梳理已然成为学界当务之急。

综述

根据威廉斯在《关键词:文化与社会的词汇》中的考证,英语community一词在不同时期分别衍生出以下四个基本含义:(1)平民百姓(14—17世纪);(2)国家或组织有序的社会(14世纪起);(3)某个区域的人民(18世纪起);(4)共同拥有某些东西的性质(16世纪起)。跟本文关系最密切的考证见于威廉斯如下的表述:"从18世纪起,共同体比社会有了更多的亲近感……这种亲近感或贴切感是针对巨大而庞杂的工业社会语境而蓬勃生发的。人们在寻求另类的共同生活方式时,通常选择共同体一词来表示这方面的实验。"①威廉斯还认为,作为术语的共同体有一个更重要的特征:"不像其他所有指涉社会组织(国家、民族和社会等)的术语,它[共同体]似乎总是被用来激发美好的联想……"②这一立论与德国社会学家、哲学家滕尼斯的共同体学说形成了呼应,后者曾经在与"社会"相对的意义上,给共同体下了一个经典性定义:"共同体意味着人类真正的、持久的共同生活,而社会不过是一种暂时的、表面的东西。因此,共同体本身必须被理解为一种生机勃勃的有机体,而社会则是一种机械的聚合和人工制品。"③滕尼斯是共同体思想的集大成者,他对于共同体的研究适逢文化观念内涵(共同体观念是文化观念的主要内涵之一)演变的最重要时期。或者说,在他那个时期,现代意义上的"文化"概念经历了最重要的内涵演变④,而这一演变根植于"现代性焦虑",即农业文明向工业文明转型而引起的焦虑。

在形成上述共同体观念的过程中,滕尼斯受到了洛克、卢梭、黑格尔和马克思等许多思想家的启发,其中黑格尔和马克思对他的影响最大。西班牙科尔多瓦大学教授赫弗南(Julián Jimnénez Heffernan)曾经指出,滕尼斯用以描述自己思想的关键术语都是从黑格尔那里借来的,如"社会"(Gesellschaft)和"共同体"

---

① Raymond Williams, *Keywords: A Vocabulary of Culture and Society*, London: Fontana, 1988, p.75.
② Raymond Williams, *Keywords: A Vocabulary of Culture and Society*, London: Fontana, 1988, p.76.
③ Ferdinand Tönnies, *Community and Civil Society*, ed. Jose Harris, trans. Margaret Hollis, Cambridge: Cambridge University Press, 2001, p.19.
④ 在过去的四百多年中,文化概念的最重要内涵是"转型焦虑"和"愿景描述"。关于这一观点的论证,请参考拙著《"文化辩护书":19 世纪英国文化批评》(上海外语教育出版社,2013 年)。

(Gemeinschaft),以及"有机的"和"机械的",等等。① 如上文所示,滕尼斯在界定共同体时,强调它是一种有机体,其对立面则是作为机械聚合体的社会,而黑格尔在其著作中"常常把有机纽带和聚合看作对立面,前者把一切融入活生生的整体,而后者仅仅用机械的方式把一切拼凑在一起"②。相对于黑格尔,马克思对滕尼斯的影响更深刻、更具体。如赫弗南所说,马克思"渴望有一个由众多相互团结的、不弃不离的个人所组成的同质共同体"③。确实,马克思对理想的共同体——共产主义社会——的憧憬尤其强调个人与共同体之间的辩证关系:他既重视个人对共同体的责任,又主张共同体是个人全面发展的保障。在《德意志意识形态》一书中,他提出了"全人共同体"(the community of complete individuals)这一概念④,并强调"只有在共同体中,每个人才有全面发展自己能力的手段;因此,只有在共同体中,人的自由才有可能……在真正的共同体中,个人在联合的状态下通过联合获得自由"⑤。类似的观点在《共产党宣言》里也曾出现:"代替那存在着阶级和阶级对立的资产阶级旧社会的,将是这样一个联合体,在那里,每个人的自由发展

---

① Julián Jimnénez Heffernan, "Introduction: Togetherness and Its Discontents", in *Community in Twentieth-Century Fiction*, eds. P. M. Salván, *et al*., London: Palgrave Macmillan, 2013, pp.8 – 16.

② Julián Jimnénez Heffernan, "Introduction: Togetherness and Its Discontents", in *Community in Twentieth-Century Fiction*, eds. P. M. Salván, *et al*., London: Palgrave Macmillan, 2013, p.8.

③ Julián Jimnénez Heffernan, "Introduction: Togetherness and Its Discontents", in *Community in Twentieth-Century Fiction*, eds. P. M. Salván, *et al*., London: Palgrave Macmillan, 2013, p.11.

④ Karl Marx, *Early Political Writings*, ed. Joseph O'Malley, Cambridge: Cambridge University Press, 1994, pp.173 – 174.

⑤ Karl Marx, *Early Political Writings*, ed. Joseph O'Malley, Cambridge: Cambridge University Press, 1994, p.171.

是一切人的自由发展的条件。"①这里说的"联合体"就是共同体，"每个人的自由发展是一切人的自由发展的条件"就是滕尼斯所说的有机联系，而"阶级和阶级对立"则是机械聚合的重要表现形式之一。

在滕尼斯之后，一直有人继承他的共同体思想，并努力将其发扬光大。除上文所说的威廉斯以外，在这方面有较大影响的是安德森（Benedict Anderson），后者在其《想象的共同体》一书中把共同体的有机/内在属性寄托于想象，这是"因为即便在最小的民族里，每个成员都永远无法认识大多数同胞，无法与他们相遇，甚至无法听说他们的故事，不过在每个人的脑海里，存活着自己所在共同体的影像"②。所有这些思想跟文学家们对于共同体的想象形成了互动。③ 不过，由于后现代主义尤其是解构主义思潮的兴起，文学创作和文学批评领域风向骤变，对共同体有机/内在属性的质疑和解构成了一种时髦。这股风在我国学界也吹得十分强劲，有学者最近撰文论证美国作家品钦的《秘密融合》如何"表现了虚构共同体的自毁性"，其前提是默认"文学呈现的是一种共同体的不可能性"④。这股思潮的最大推手是法国哲学家南希，下文就从"南希之辩"说起。

---

① 马克思、恩格斯：《共产党宣言》，《马克思恩格斯选集》第 1 卷，北京：人民出版社，1972 年，第 273 页。
② Benedict Anderson, *Imagined Communities: Reflections on the Origin and Spread of Nationalism*, London: Verso, 1991, p.6.
③ 分别参见拙文《"朋友"意象与共同体形塑：〈我们共同的朋友〉的文化蕴涵》，《外国文学研究》2013 年第 4 期；《想象共同体：〈卡斯特桥镇长〉的中心意义》，《外国文学》2014 年第 3 期；《"多重英格兰"和共同体：〈荒凉山庄〉的启示》，《外国文学评论》2014 年第 3 期；《华兹华斯笔下的深度共同体》，《杭州师范大学学报（社会科学版）》2015 年第 4 期；《丁尼生的诗歌和共同体形塑》，《外国文学》2015 年第 5 期。
④ 但汉松：《"卡尔"的鬼魂问题：论品钦〈秘密融合〉中的共同体和他者》，《当代外国文学》2015 年第 4 期，第 10 页。

南希之辩

1983年,南希发表长文《不运作的共同体》(«La communauté désœuvrée»)①,其宗旨是解构共同体这一概念,其核心观点是共同体只有在不运作——该文题目中的 désœuvrée 意指"不运作""不操作""不运转"或"被闲置",英语通译为 inoperative——的时候才是真正的共同体。"南希的哲学揭示了一个悖论:真正的共同体是不可能存在的,但人类却生活在对它的虚构中。"②除了这个总悖论之外,南希这篇长文中还有许多小悖论,或者说惊人之语,如"共同体还没有发生过"③,"共同体仍然没有被思考过"④,"共同体不可能产生于工作领域"⑤,"共同体在他人的死亡中得以显现"⑥,"[共同体的]内在属性、集体融合含有的逻辑就是自杀逻辑;除此之外,共同体不受任何逻辑的支配"⑦,等等。此文一出,响应者众,批评声也不少,学界称之为"南希之辩"(the Nancy debate)。

南希此论的直接思想来源是巴塔耶(Georges Bataille),后者

---

① 通译《无用的共同体》或《无用的共通体》,为与文内关键表述保持前后一致,本文保留《不运作的共同体》这一译名。——编注
② 但汉松:《"卡尔"的鬼魂问题:论品钦〈秘密融合〉中的共同体和他者》,《当代外国文学》2015年第4期,第9页。
③ Jean-Luc Nancy, *The Inoperative Community*, trans. Peter Connor, *et al.*, Minneapolis: University of Minnesota Press, 1991, p.11.
④ Jean-Luc Nancy, *The Inoperative Community*, trans. Peter Connor, *et al.*, Minneapolis: University of Minnesota Press, 1991, p.26.
⑤ Jean-Luc Nancy, *The Inoperative Community*, trans. Peter Connor, *et al.*, Minneapolis: University of Minnesota Press, 1991, p.31.
⑥ Jean-Luc Nancy, *The Inoperative Community*, trans. Peter Connor, *et al.*, Minneapolis: University of Minnesota Press, 1991, p.15.
⑦ Jean-Luc Nancy, *The Inoperative Community*, trans. Peter Connor, *et al.*, Minneapolis: University of Minnesota Press, 1991, p.12.

"在形而上的层面上重燃关乎共同体的辩论",并引导南希围绕七个范畴来探讨共同体的属性,这些范畴分别为"死亡"(death)、"他异性"(alterity)、"超越"(transcendence)、"独体/单体"(singularity)、"外在性"(exteriority)、"交流/传递"(communication)和"有限性"(finitude)。① 所有这些范畴都是为解构所谓共同体的"内在性"(immanence)——在南希看来,滕尼斯以及许多文学家(如乔治·爱略特)所提倡的共同体都基于它的内在性,即内在的有机属性——而设立的。南希认为,共同体的内在性是不存在的,因此以内在性为基础的共同体是不真实的。

换言之,南希把滕尼斯、威廉斯和安德森看重的有机/内在属性视为共同体思想的障碍,进而提出要沿着"非内在性"(non-immanence)的思路重新思考共同体:"从某种意义上说,共同体就是抵制本身,即对内在性的抵制。因此,共同体就是超越,不过这'超越'不再具有任何'神圣的'意义,而只是精确地表示对内在性的抵制。"② 除了 immanence,南希的笔下还有一个关键(动)词 expose,与其对应的名词同时为 exposition 和 exposure,分别表示"揭示/展露"和"暴露/易受伤(性)/脆弱性"的意思。这一关键词的使用也旨在解构上述"共同体的内在性",或者说共同体内在的纽带和交融。对此,有学者做过精辟的解释:

> 在南希的理论中,共同体的成员不是个体(individuality),

---

① Julián Jimnénez Heffernan, "Introduction: Togetherness and Its Discontents", in *Community in Twentieth-Century Fiction*, eds. P. M. Salván, *et al.*, London: Palgrave Macmillan, 2013, pp.19 – 20.

② Jean-Luc Nancy, *The Inoperative Community*, trans. Peter Connor, *et al.*, Minneapolis: University of Minnesota Press, 1991, p.35.

而是单体(singularity);单体之间的最重要关系是"你和我",但其中的连接词"和"并不表示"并列关系"(juxtaposition),而是"揭示关系"(exposition)——你向我揭示你(expose),也就是对自我进行阐述(exposition)。这样,所谓交流也无法形成内在的纽带和交融,而只是向外进行表述。这种共同体实质上是分崩离析的堆砌。①

如果说上述诠释偏重于 expose 中 exposition 的含义,那么赫弗南的以下解释则侧重其 exposure 的含义:

> 按照巴塔耶的观点,他异性成了……共同体生发的原因本身。当不同的自我共同暴露于相互间的他异性时,真正的共同体就产生了。这种暴露在死亡周围达到了高潮。这是因为只有他者的死亡,而非我们自己的死亡(因为它不可能被体验回味),才能最好地传递我们因自身属性无效而产生的狂喜。因此,狂喜、交流和牺牲(作为共享的死亡体验)是超越内在性并培育共同体的三种对等方式。②

此处对"狂喜"(ecstasy)和"牺牲/死亡"的强调,令人想起尼采在其《悲剧的诞生》中所描述的"个体原则"被酒神精神粉碎/遭"翻船"

---

① 程朝翔:《无语与言说、个体与社区:西方大屠杀研究的辩证——兼论大屠杀研究对亚洲共同体建设的意义》,《社会科学与研究》2015 年第 6 期,第 8 页。
② Julián Jimnénez Heffernan, "Introduction: Togetherness and Its Discontents", in *Community in Twentieth-Century Fiction*, eds. P. M. Salván, *et al*., London: Palgrave Macmillan, 2013, pp.19 - 20.

的那一刻:"尼采说,'个人原则'被粉碎,先是惊骇,接下来是喜悦。"①然而在这狂喜之后,共同体如何建构呢?南希于此则语焉不详。确切地说,南希认为狂喜/死亡后余下的只是不再运作的共同体。

以上两个段落的引文已经涉及南希想要揭示的、他心目中"真正共同体"的七个范畴中的五个,即死亡、他异性、超越、独体/单体和交流/传递。至于另外两个,即外在性和有限性,我们不妨参照一下《不运作的共同体》的前言,因为在那里可以找到较为简明的解释。先来看一下外在性:"'被揭示/暴露'意味着'被放置于'外在性之中。说一个事物有外在性,是因为在它的内部也有一个外部,而且这外部就处于那内部的私密之处。……现实是'我的'脸总是暴露给他人,总是朝向某个他者,总是被他或她面对,而从不面对我自己。"②再来看有限性:"有限性,或者说无限同一性的无限缺失,是构成共同体的要素……发生在'交流'中的是揭示:有限的存在暴露于另一种有限的存在,两者互相面对,同时揭示自己。"③也就是说,这种"揭示"和"交流"仅仅作为"自身之外"而发生,并不触及人的"内部",即内心深处;即便进入了"内部",也只是进入了那"处于内部私密之处"的"外部",因而相关的交流都是有限的。

南希的理论在学界引起了极大反响。作为响应者,布朗肖在《不运作的共同体》问世的当年就发表《不可言说的共同体》(*La communauté inavouable*)一书,继续在"他异性"和"死亡"这两个母

---

① 童明:《现代性赋格:19世纪欧洲文学名著启示录》,桂林:广西师范大学出版社,2008年,第166页。
② Jean-Luc Nancy, *The Inoperative Community*, trans. Peter Connor, et al., Minneapolis: University of Minnesota Press, 1991, pp. xxxvii - xxxviii.
③ Jean-Luc Nancy, *The Inoperative Community*, trans. Peter Connor, et al., Minneapolis: University of Minnesota Press, 1991, pp. xxxii - xl.

题上大做文章,以证明世上只存在"负面共同体"(the negative community)。该书第一章的小标题就是"负面共同体",此处的"负面"有否定的意思。布朗肖在书中强调"孤立的存在"(the isolated being),亦即前文所说的"独体",须由"狂喜",即死亡,而被否定。言下之意是人只有通过死亡才能摧毁他异性、单一性和有限性,才谈得上跟他人的真正融合,才谈得上共同体,不过这时的共同体已经是 the unworked community,即前文提到的南希所说的 the inoperative community。① 该书还试图证明世上只有"没有共同体的人所拥有的共同体"(the community of those who have no community),并将巴塔耶的这句话作为书的开篇。用布朗肖的原话说,"没有共同体的人所拥有的共同体"是"共同体经验的终极形式"②。尽管布朗肖这部书的影响很大,许多学者在解读文学作品时都套用了他的一些词汇,但是如赫弗南所说,该书"与其说以分析见长,不如说只是提供了一些证据……它对那场辩论③的唯一显著贡献是强调在集体交流的根基处存在着秘密,一种深藏而无法言说的秘密,因此是不可能被揭示的"④。我们知道,共同体的一个根本前提就是人与人之间的深度沟通/交流。威廉斯曾经在《漫长的革命》一书中指出,只有在"深度共同体"(the deep community)

---

① Maurice Blanchot, *The Unavowable Community*, trans. Pierre Joris, New York: Station Hill Press, 1988, p.18.
② Maurice Blanchot, *The Unavowable Community*, trans. Pierre Joris, New York: Station Hill Press, 1988, p.25.
③ 指南希之辩。
④ Julián Jimnénez Heffernan, "Introduction: Togetherness and Its Discontents", in *Community in Twentieth-Century Fiction*, eds. P. M. Salván, *et al.*, London: Palgrave Macmillan, 2013, p.28.

中,"沟通才成为可能"①。不妨反过来说:没有深度沟通,就没有深度共同体。布朗肖和南希等人咬定人类"秘密"的"不可言说"性,把沟通/交流锁定在外在层面,其实就是否定了深度沟通,也就否定了深度共同体。

若作深究,南希的思想还应追溯到海德格尔,后者在《存在与时间》中把"此在"(Dasein)——人类特有的存在体验——区分成"真实的此在"和"不真实的此在":前者是一种独体,始终保留自己的独特性和有限性;后者则丢失了自我,迷失/湮没于"他们"(das Man),即日常性的存在,其显著表征是人们关于日常共享经验的话语,海德格尔称之为闲话(Gerede)。对此米勒曾经有过简洁的解释:"对于海德格尔来说,处于共同体就是迷失于'他们',而挣脱共同体就是为了变成真实的此在,而我们本来就具备成为此在的潜在性。"②在《不运作的共同体》中,南希多次借用海德格尔的观点来强调共同体的"独体性"(singularity),以及它和"死亡""他者"的相互依存关系,认为"独体是激情式的存在",并主张"在跨越共同体的门槛时就要通过死亡来辨认他者……只有在他者的死亡里,共同体才让我触及它的本真"③。鉴于南希和海德格尔的有关表述都十分晦涩,我们不妨参照米勒的再阐述来加以理解:

> 海德格尔在《存在与时间》《形而上学的基本概念》中断言Mitsein,即"共在",是 Dasein——他给人类"存在"取的名

---

① Raymond Williams, *The Long Revolution*, Harmondsworth: Penguin, 1961, p.65.

② J. Hillis Miller, *Communities in Fiction*, New York: Fordham University Press, 2015, p.13.

③ Jean-Luc Nancy, *The Inoperative Community*, trans. Peter Connor, *et al.*, Minneapolis: University of Minnesota Press, 1991, p.33.

字——的原始特征。然而,他把人类日常共享经验的话语谴责为Gerede,即"闲话",这使他招来了恶名。他认为,Dasein在某些瞬间会意识到自己的独特性和有限性,会意识到自己的Sein zum Tode("向着死亡而存在"),而这些正是他最珍视的瞬间。这样的Dasein于是会"想要有良心",进而决定负起自己的责任。在威廉斯看来,像哈代的《无名的裘德》中的裘德·福利或《还乡》中的克林·姚伯这样的人物所经历的异化是件坏事,而在海德格尔看来正是真实的基本状况。真实意味着在孤独中把握住自己的Dasein,而不是屈从于das Man,即"他们"。海德格尔的评价刚好与威廉斯的截然相反。①

此处唯一让人心头一热的是"良心"和"责任",这似乎跟马克思、滕尼斯和威廉斯等人所提倡的有机共同体——没有阶级等差别的共同体——相当契合。然而,就像米勒所指出的那样,海格德尔、南希等人所谓"良心的召唤是无法向任何另一个人证明的"②,因而这种"良心"和"责任"的最终指向只能是独体,而非共同体。

南希等人的"共同体"实为独体,他们的理论影响了当今一大批学者和文人。例如,米勒虽然声称自己"分享威廉斯对乌托邦的憧憬"③,但是他表示无法相信后者所说共同体的真实性:"我全心希望我能够相信威廉斯笔下那种没有阶级的共同体,但是真正的共同体恐怕更像德里达描述的那样,是一种自我毁灭性的自动免

---

① J. Hillis Miller, *Communities in Fiction*, New York: Fordham University Press, 2015, p.7.
② J. Hillis Miller, *Communities in Fiction*, New York: Fordham University Press, 2015, p.15.
③ J. Hillis Miller, *Communities in Fiction*, New York: Fordham University Press, 2015, p.4.

疫体①。"② 米勒还在 2015 年发表专著《小说中的共同体》（*Communities in Fiction*），其中对特罗洛普（Anthony Trollope）、哈代、康拉德、伍尔夫、品钦和塞万提斯等人作品的解读在很大程度上借力于南希。例如，其中对特罗洛普的《巴塞特的最后记事》（*The Last Chronicle of Barset*）的解读无非印证了南希的"独体理论"："我的结论是：《巴塞特的最后记事》出人意料地提供了——尽管是以一种间接的、模棱两可的方式——南希所说的第二种共同体③的范例，即由独体构成的共同体；就这些独体最深的层次而言，他们毫无共同之处。"④

总之，沿着米勒和南希等人的思路，我们永远走不出独体这一怪圈，或者说只能在共同体和独体之间画上等号。难道我们只能在这样的怪圈里就范吗？本文下一小节将试作回答。

走出"独体"怪圈

应该承认，独体理论并非一无是处，它至少有两个积极作用。其一，它指出了现代性语境下的"此在"，或者说"真正的共同体"容易湮没于"他们"，湮没于所谓的"日常习俗""共享经验"和"日常话语"，而这些都已经被工具理性、大众文化和全球性扩张的资本所

---

① 德里达假定在每个共同体中都有一种自杀倾向，并称之为"自动免疫"（autoimmunity）："不在自身中培育自动免疫的社群/共同体是不可能存在的。这种自动免疫自我牺牲，自我破坏，是一种毁灭自我保护原则的原则。"（Derrida 87）
② J. Hillis Miller, *Communities in Fiction*, New York: Fordham University Press, 2015, p.17.
③ 根据南希的分类，在"第一种共同体"中，人们拥有共同的信念、理想和价值观，不过南希否定了这种共同体的真实性。
④ J. Hillis Miller, *Communities in Fiction*, New York: Fordham University Press, 2015, p.91.

操纵。它企图通过良心把"此在"从湮没于"他们"的状态中解救出来，这本身无可厚非。其二，它起到了解构形形色色的伪共同体的作用。例如，米勒在《小说中的共同体》中就曾有力地批评美国，指出它不是一个真正的共同体："当然，如果你把当今的美国看作一个巨大的共同体，那么与其说它是威廉斯所说的那种由亲密无间的善良人们组成的共同体，不如说它是德里达所说的自我毁坏的自身免疫性共同体。"①显然，具有自我毁灭倾向的共同体不是理想的共同体。然而，独体理论有三大要害：混淆/偷换概念；以偏概全；解构有余，建构不足。下文将逐一分析。

首先，从巴塔耶到南希，从海德格尔到米勒，都是在混淆或偷换概念。用来遮掩这一手段的，是他们在逻辑推理方面高超的隐秘性。乍看上去，推演十分严谨，丝丝入扣，可是其前提往往值得商榷。就共同体这一概念而言，他们以"形而上层面"的思考为前提，开始了从概念到概念的推理，其中不乏解构主义者惯用的"能指置换"游戏，其逻辑不可谓不严密。如上文所示，推理的结果是"奇迹"般地把共同体换成了独体。然而，共同体本来就不是也不应该是纯粹的形而上概念。马克思当年对先前哲学家们的批判也适用于那些只在形而上层面推演/解释共同体的学者和文人："哲学家们只是用不同的方式解释世界，而问题在于改变世界。"②无论是马克思主义哲学家，还是无数优秀的文学家，他们在倡导/想象共同体时并不仅仅把它看作一个形而上的概念，而是更多地把它看作一种文化实践。这种实践作为一种社会活动乃至运动，在19

---

① J. Hillis Miller, *Communities in Fiction*, New York: Fordham University Press, 2015, p.17.
② 马克思：《关于费尔巴哈的提纲》，《马克思恩格斯选集》第1卷，北京：人民出版社，1972年，第19页。

世纪已经蔚为壮观。参与这种实践的除马克思和恩格斯之外,还有英国的华兹华斯、卡莱尔、狄更斯、乔治·爱略特、哈代、丁尼生、罗斯金和莫里斯等,以及法国的涂尔干,德国的韦伯和滕尼斯等。以滕尼斯为例,他认为一切有利于共同体的人类活动"都是一个有机的过程",而且"都跟艺术有着亲缘关系"①。此处对"活动"和"有机过程"的强调表明共同体并未定型,而是动态的、不断生长的、具有开放性的,因而不可能是南希等人所说的那种封闭型独体。美国学者格雷弗(Suzanne Graver)曾经细致研究过19世纪的共同体思想,尤其是滕尼斯的思想对乔治·爱略特的影响:她强调后者的写作"不是提供解决[文化失序等问题]的方案,而是培育有关手段的意识——通过这些手段我们可以实现无穷无尽的解决方案"②。也就是说,乔治·爱略特想象共同体的出发点跟马克思的一样,是为了改造整个世界。她致力于构建"情感共同体"(community of feelings)③,并"坚信艺术有力量扩展读者的胸怀,使之更有同情心和反应能力;她的美学旨在全面改变人的感受力,进而最终改变社会"④。可见共同体概念最重要的属性是文化实践,意在改造世界。它怎能允许被形而上的推演轻易地加以置换呢?

其次,独体理论往往以偏概全。最明显的要数南希和布朗肖的"秘密说",即所谓"揭示"和"交流"只能在"自身之外"发生,并不触及人的"内部",或者说"集体交流的根基处存在着秘密",而且这

---

① Ferdinand Tönnies, *Community and Civil Society*, ed. Jose Harris, trans. Margaret Hollis, Cambridge: Cambridge University Press, 2001, p.80.
② Suzanne Graver, *George Eliot and Community: A Study in Social Theory and Fictional Form*, Berkeley: University of California Press, 1984, p.9.
③ 据格雷弗的研究,这一概念出自华兹华斯。
④ Suzanne Graver, *George Eliot and Community: A Study in Social Theory and Fictional Form*, Berkeley: University of California Press, 1984, p.11.

种秘密"是不可能被揭示的"。诚然,每个人的心底都可能有一些秘密,但是这些秘密往往只占每人心思的很小一部分;在绝大多数情况下,这些小秘密不会影响人们在"共同体的第三支柱"①方面——信念、理想、志趣、情感和观念等——达成一致。换言之,共同的事业需要人们志同道合,甚至肝胆相照,但是这并不要求、也没有必要要求人们和盘托出内心的秘密;对于公共事业来说,许多私人的秘密无关大局。诡辩者们以人们有一些小秘密(哪怕只占全部心思的一个角落)为由,就说人与人之间无法沟通、交流,并据此推导出共同体为独体的结论,这明摆着是以偏概全,混淆视听。令人遗憾的是,就连米勒这样的饱学之士也深陷独体论泥淖。且看他对《巴塞特的最后记事》的如下解读:"特罗洛普对亨利·格兰特利和格蕾丝·克劳利之间的恋情巧妙地做了戏剧化处理,微妙地揭示了他俩互相暴露于对方的独体性和他异性,同时也把各自的秘密和他异性暴露给了自己。"②这样的解读也是以偏概全的产物。从小说的情节来看,亨利和格蕾丝之间的恋情虽然经历了种种曲折,但是他俩终成眷属,这是不争的主旋律,米勒所说的"独体性"和"他异性"并未妨碍他俩真诚相爱。小说中有一段叙述可以用作对米勒的回应:"要是说爱情产生争吵,那可是错误的,但是爱情确实产生亲密的关系,而争吵经常是这种关系的后果之一……一位兄弟可能会指责另一位兄弟,但是相互间从未发生龃龉的兄

---

① 滕尼斯界定了共同体的"三大支柱"(three pillars),即"血缘"(blood)、"地缘"(place)和"心缘"(mind),其中作为第三支柱的"心缘"包括共同的信念、理想、志趣、情感和观念等。
② J. Hillis Miller, *Communities in Fiction*, New York: Fordham University Press, 2015, p.76.

弟恐怕不存在吧?"①同理,在大多数情况下,恋人之间,或兄弟之间,即便有这样或那样的私密,也不会在总体上影响恋情或兄弟情,这其实是常识。独体理论的推崇者置常识于不顾,自然会制造出种种奇谈怪论。以偏概全的错误还常常跟偷换概念的错误相重合。例如,南希和米勒都推崇的德里达很不喜欢"共同体"一词,其理由是它带有"融合"(fusion)的含义,而"融合"意味着"责任的消除"②。这一观点跟海德格尔的"此在"说和"他们"说如出一辙。如前文所述,在海德格尔看来,处于共同体就是迷失于"他们",湮没于受工具理性、大众文化和全球化资本支配的"日常习俗""共享经验"和"日常话语",也就是迷失于德里达所说的"融合"。事实上,人类的普通经验已经告诉我们,处于共同体的"他们"中虽然鱼龙混杂,但是绝非每个人都不负责任,否则这个世界早就灭亡了。因此,海德格尔所说的"他们"本应既包括负责任的共同体成员,也包括不负责任的"混混"们,前者应该看作融合,而后者则是混合。在德里达和海德格尔的词典里,"混合"无限扩大,变成/取代了"融合",这既是以偏概全,又是偷梁换柱。

再次,独体理论解构有余,建构不足。这一点在那些运用独体理论解读文学作品的批评活动中表现得非常明显。限于篇幅,我们仅以维勒-阿盖兹(Pilar Villar-Argáiz)对乔伊斯(James Joyce)短篇小说《死者》("The dead")的解读为例。维勒-阿盖兹声称自己的

---

① Anthony Trollope, *The Last Chronicle of Barset*, London: Penguin, 2012, p.531.

② Gerardo Rodriguez Salas, "When Strangers Are Never at Home: A Communitarian Study of Janet Frame's *The Carpathains*", in *Community in Twentieth-Century Fiction*, eds. P. M. Salván, *et al.*, London: Palgrave Macmillan, 2013, p.160.

主要目的是审视乔伊斯如何呈现南希和布朗肖这两位法国思想家所讨论的两种共同体模式:一种是"有着被所有成员都接受并遵循的固定法律、机构和习俗的可运作的共同体"(米勒语);另一种是让前一种停顿、使之不可运作的共同体,南希称之为"不运作的共同体",而布朗肖则称之为"不可言说的共同体"或"没有共同体的人所拥有的共同体"。①

维勒-阿盖兹进而断言"乔伊斯在许多方面瓦解了有机共同体中固定的习俗"②,或者说"聚焦于那些据称有凝聚力的共同体内部的许多缝隙,这些缝隙的口子越开越大"③。在维勒-阿盖兹引为论据的诸多例子中,最典型的要数加布里埃尔和格蕾塔的婚姻(婚姻也是一种共同体)。在格蕾塔逝世之前,他俩其实没有深度交流,而加布里埃尔一直以为"她是他的"④,自己能够"征服她"⑤。直到故事结尾,加布里埃尔才意识到妻子另有所爱。维勒-阿盖兹由此得出的结论是:"只有当他[加布里埃尔]认识到格蕾塔是一个他者,一个独立于他、与他分离的自我时,'真爱'才可能出现在他俩

---

① Pilar Villar-Argáiz, "Organic and Unworked Communities in James Joyce's 'The Dead'", in *Community in Twentieth-Century Fiction*, eds. P. M. Salván, *et al.*, London: Palgrave Macmillan, 2013, p.48.
② Pilar Villar-Argáiz, "Organic and Unworked Communities in James Joyce's 'The Dead'", in *Community in Twentieth-Century Fiction*, eds. P. M. Salván, *et al.*, London: Palgrave Macmillan, 2013, p.59.
③ Pilar Villar-Argáiz, "Organic and Unworked Communities in James Joyce's 'The Dead'", in *Community in Twentieth-Century Fiction*, eds. P. M. Salván, *et al.*, London: Palgrave Macmillan, 2013, p.49.
④ James Joyce, "The Dead", in *Dubliners*, London: Penguine, 2000, p.216.
⑤ James Joyce, "The Dead", in *Dubliners*, London: Penguine, 2000, p.218.

之间。这种暴露于他异性和有限性的状况会培育透明交际的可能性。"① 维勒-阿盖兹还指出加布里埃尔经历了一次"精神上的觉醒",而这觉醒"发生在死亡瞬间"②。确实,通过迈克尔之死以及对他悲惨人生的了解,加布里埃尔意识到迈克尔比自己更爱格蕾塔,并意识到自己私心过重(他对格蕾塔的爱其实是一种占有欲),因而经历了一次成长。维勒-阿盖兹看到了这一点,所以他说上述经历帮助加布里埃尔"摆脱了自我万能的感觉"③。然而令人遗憾的是,维勒-阿盖兹未能在解构那个虚假共同体——加布里埃尔和格蕾塔的婚姻共同体有许多虚假成分——的基础上,进一步阐发《死者》所隐含的积极的建构意义,即加布里埃尔经由"死亡"走出了自我,今后有可能融入一个具有真爱的共同体,甚至会积极投身于这类共同体的建设;相反,维勒-阿盖兹笔锋一转,强调这一故事"描写了一个由死亡的迫近所界定的不运作的共同体"④。事实上,维勒-阿盖兹在引言部分就强调了贯穿全文的一个观点,即加布里埃尔只是在死亡瞬间"才瞥见了一种更真实的交流,即不同独体之间

---

① Pilar Villar-Argáiz, "Organic and Unworked Communities in James Joyce's 'The Dead'", in *Community in Twentieth-Century Fiction*, eds. P. M. Salván, *et al.*, London: Palgrave Macmillan, 2013, p.59.

② Pilar Villar-Argáiz, "Organic and Unworked Communities in James Joyce's 'The Dead'", in *Community in Twentieth-Century Fiction*, eds. P. M. Salván, *et al.*, London: Palgrave Macmillan, 2013, p.61.

③ Pilar Villar-Argáiz, "Organic and Unworked Communities in James Joyce's 'The Dead'", in *Community in Twentieth-Century Fiction*, eds. P. M. Salván, *et al.*, London: Palgrave Macmillan, 2013, p.61.

④ Pilar Villar-Argáiz, "Organic and Unworked Communities in James Joyce's 'The Dead'", in *Community in Twentieth-Century Fiction*, eds. P. M. Salván, *et al.*, London: Palgrave Macmillan, 2013, p.61.

的交流"①。跟乔伊斯同时代的艾略特（T. S. Eliot）曾经谈到"对死者的虔敬"对于文化、家庭和共同体（家庭概念跟共同体概念有关）建设的重要性："当我说到家庭时，心中想到的是一种历时较久的纽带：一种对死者的虔敬，即便他们默默无闻；一种对未出生者的关切，即便他们出生在遥远的将来。这种对过去与未来的崇敬必须在家庭里就得到培育，否则将永远不可能存在于共同体中，最多只不过是一纸空文。"②言下之意，死者虽逝，活力尚存——只要虔敬还在，共同体的纽带就在；这种虔敬会化作历史悠久的、具有建构意义的无形力量。在南希等人的理论里，正因为这种虔敬严重缺席，所以才有"不运作的共同体"之说。

一言以蔽之，只要我们澄清概念，不以偏概全，并在解构的同时积极建构，就能走出"独体"怪圈。独体消亡之时，才是共同体振兴之日。

结语

作为一个术语，"共同体"的含义还会不断增殖，关于这些含义的大辩论还会持续。就文学领域而论，讨论共同体的理由首先来自普遍存在的"共同体冲动"。大凡优秀的文学家和批评家，都有一种"共同体冲动"，即憧憬未来的美好社会，一种超越亲缘和地域的、有机生成的、具有活力和凝聚力的共同体形式。自 18 世纪以

---

① Pilar Villar-Argáiz, "Organic and Unworked Communities in James Joyce's 'The Dead'", in *Community in Twentieth-Century Fiction*, eds. P. M. Salván, *et al.*, London: Palgrave Macmillan, 2013, p.49.

② T. S. Eliot, *Notes Towards the Definition of Culture*, Croydon: Faber, 1948, p.44.

降,在许多国家的文学中,这种冲动烙上了一种特殊的时代印记,即群起为遭遇工业化/现代化浪潮冲击而濒于瓦解的传统共同体寻求出路,并描绘出理想的共同体愿景,其背后是社会转型所引起的焦虑。由于解构主义思潮的兴起,声讨共同体的有机/内在属性突然成了一种时髦。共同体,还是独体?这居然成了问题。不解决这个问题,文学中的共同体想象就很难想象。也就是说,对共同体观念的内涵和外延进行梳理实在是燃眉之急,而解决问题的关键,在于走出"独体"怪圈。要走出这一怪圈,则关键在于抓住本文所分析的"三大要害"。

免疫、自启免疫与自启免疫共同体：
文学理论与跨学科的生命政治学隐喻*

程朝翔**

内容提要：西方当代文学理论通过借用其他学科的隐喻来打破学科疆界，实现学科之间的跨越。例如，人体的自启免疫这一医学和生物学的概念被用来阐释人类社会的社区/共同体。自启免疫原本指的是人体的免疫系统在没有外界抗原入侵的情况下，将人体器官识别为"他者"，对其进行攻击，导致疾病甚至死亡。但在文学理论里，"自启免疫共同体"也有积极的意义，可以使人类社会时刻感知到"他者"的存在，回应"他者"的诉求。在人类抗击病毒和疫情的过程中，如何使人体和社会的免疫系统既能充分应对威胁，又不过分反应而导致自身机体的毁灭，这是一个极大的挑战。

关键词：当代文学理论　免疫和自启免疫　社区/共同体　病毒　抗击疫情

---

* 本文原载《社会科学研究》2020 年第 6 期。
** 作者简介：程朝翔，北京大学外国语学院教授、博士生导师；石河子大学外国语学院教授（对口支援）。研究领域包括英美戏剧、莎士比亚和西方当代文学理论。

引言:当代文学理论的跨学科性

在21世纪,主导西方文学的仍是理论。与当代纯文学作家相比,作为理论家的作家拥有更大的影响力和读者群。这或许与两者不同的性质有关:纯文学原本就是阳春白雪的小众文化,甚至会本能地排斥大众文化;而理论本来就是与大众文化、通俗文学等的结合。

作为理论家的作家在当今享有以下优势:(1)作为创造性写作的一个新的体裁,理论不仅可以和旧的体裁(诗歌、戏剧、小说等)平起平坐,而且表现出了更大的活力和韧性。这一体裁发端于19世纪,但兴起于20世纪60年代末。[①] 到了今天,理论作品已经拥有完整的"文学性",有的甚至已经拥有传统文学的主题。例如,詹明信的《美国乌托邦》[②]试图复兴西方乌托邦文学的传统;而《齐泽克的笑话》[③]则似乎继承了《十日谈》和《坎特伯雷故事集》的性文学传统。(2)理论作品拥有强大的互文性,与经典文学作品和当代文学作品频频互动,同时也与电影、电视作品频频互动。(3)理论是跨学科的,涵盖了人文社科的各个领域;在今天,也越来越走向自然科学。詹明信在理论的鼎盛时代曾断言:"对上一代人而言,尚有哲学专业的技术话语……与之相应,人们还可以分辨出其他学科的截然不同的话语,例如政治学或者社会学或者文学批评。今

---

① Jonathan Culler, *Literary Theory: A Very Short Introduction*, Oxford: Oxford University Press, 1997, p.3.

② Fredric Jameson, "An American Utopia", in *An American Utopia: Dual Power and the Universal Army*, ed. Slavoj Žižek, London: Verso, 2016, pp.1-96.

③ Slavoj Žižek, *Žižek's Jokes: Did You Hear the One About Hegel and Negation?* Cambridge: The MIT Press, 2014.

天,我们渐渐地只有一种简单地称为'理论'的写作,它既是以上所有学科又非任何学科。"①当然,学科界限虽然模糊,但也依然存在。例如,福柯、德里达、朱迪斯·巴特勒、吉尔·德勒兹、利奥塔等人都无一例外地被认为是文学理论家②,虽然他们有的也被认为是社会学家或者政治思想家。③

文学理论或者文学研究走向自然科学的例子里有一个著名的正统文学研究者——莎士比亚研究专家、欧洲早期现代文学研究专家、《诺顿英国文学选集》(第10版,2018)主编斯提芬·格林布拉特。他的《亚当和夏娃的出世和陷落》(2017)④将《圣经·创世记》的亚当和夏娃叙事作为文学("谎言""虚构""故事")来进行研究,而这个故事涉及人类最重要的方面:人从何而来、人的生与死、人的性与爱等。格林布拉特将研究置于自然科学的框架之内:古人类学和古生物学的正模标本(holotype)是确认和命名一个物种的根据,也是整个物种的实体例证和代表;到今天,大约有200万个物种被以正模标本的形式所确认。而根据估计,全球大约应该有900万个物种。古人类或者古生物的标本一旦被某一科学家确认为正模标本并被科学界所认可,这一科学家就成为一个物种的"作者"。

从这个角度看,上帝像科学家一样,是很多正模标本的作者;而其中最重要的就是人类的正模标本——亚当和夏娃。不过,亚

---

① Fredric Jameson, *The Cultural Turn: Selected Writings on the Postmodern 1983-1998*, London: Verso, 1998, p.3.
② Richard J. Lane, *Fifty Key Literary Theorists*, New York: Routledge, 2006.
③ Ian Adams, R. W. Dyson, *Fifty Major Political Thinkers*, New York: Routledge, 2006; John Scott, *Fifty Key Sociologists: The Contemporary Theorists*, New York: Routledge, 2007.
④ Stephen Greenblatt, *The Rise and Fall of Adam and Eve*, New York and London: W. W. Norton & Company, 2017.

当和夏娃不仅是人类的正模标本,也是最早的人类,即人类这一物种的化石。这在科学上也能找到类似物,即被命名为露西的化石,她是大约生活在 320 万年前的南方古猿阿法种的一位女性,也是人类最古老的祖先之一。①

因此,研究亚当和夏娃不仅是研究人类这一物种的代表,也是研究最早的人类——亚当和夏娃既能代表人类,又能代表人类进化的最早阶段。这就是格林布拉特赋予这一研究的意义。格林布拉特除了直接解读作为人类正模标本和人类化石的亚当和夏娃,还采取了一种迂回的解读策略。当代进化生物学里有一种观点认为,动物的进化并非直线式的,而是枝杈繁杂的。猿不仅进化成人,而且也由另一支演变为黑猩猩。黑猩猩是人类的近亲,同时也最接近人类的原始状态,即在天堂的状态。以黑猩猩为参照,可以更好地理解人类的发展。

为了实地观察和研究黑猩猩,格林布拉特在一位进化生物学家的陪同下,来到乌干达的基巴莱国家公园。他的观察和研究结论如下:黑猩猩社区和人类社会一样,有所谓"文化";黑猩猩的生活环境,即原始森林,与《圣经》的"天堂"相似,因此它们依然像亚当和夏娃一样,不知善恶、不知羞耻;人类则被赶出了天堂即原始森林,面临着严酷、荒芜的环境,因此沿着另外一条道路进化至今。人类不可能再选择回到天堂、森林、黑猩猩状态,因为人类已有知识。格林布拉特的最重要结论是:亚当和夏娃在天堂其实是有选择权的,而他们的选择决定了他们的未来,也决定了人类的进化方向。选择决定一切;选择不仅决定了物种个体的未来,也决定了整

---

① Stephen Greenblatt, *The Rise and Fall of Adam and Eve*, 1, "Bare bones", New York and London: W. W. Norton & Company, 2017.

个物种的未来。^① 我们当下的选择,将会决定我们和我们子孙的未来。

一、免疫和自启免疫:生命政治学的重要概念

格林布拉特的研究似乎受到福柯的"生命政治学"的影响。所谓"生命政治学"(biopolitics),正是人文社科与自然科学的交叉;具体说来,就是人文社科与生物学和生命科学的交叉。福柯认为,西方社会发展到自由资本主义阶段,特别是在新自由主义的政治经济学的框架下,必然会出现生命政治学:

> 有些现象反映了构成人口的生命体的典型特点:健康、卫生、出生率、预期寿命、种族等。这些现象给政府行为出了难题;从18世纪起,就试图对此加以理性化的解决——这一尝试就是"生命政治"。我们知道这些问题从19世纪开始变得越来越重要,我们也看到这些问题直到今天还在形成政治和经济方面的焦点。^②

福柯的生命政治学有几个要素,而这些要素都是政府治理的关键:政府的治理对象就是人口,即由生命体所构成的社区;具体的问题就是"健康、卫生、出生率、预期寿命、种族"等生物学问题。

---

① Stephen Greenblatt, *The Rise and Fall of Adam and Eve*, "Epilogue: In the Forest of Eden", New York and London: W. W. Norton & Company, 2017.

② Michel Foucault, *The Birth of Biopolitics: Lectures at the Collège de France, 1978-1979*, ed. Michel Senellart, London: Palgrave Macmillan, 2008, p.317.

在福柯之后,"似乎很少能有一个领域不受生命政治的影响"①。对生命政治学贡献最大的理论家包括吉奥乔·阿甘本、安东尼奥·奈格里、迈克尔·哈特、罗伯托·埃斯波西托等。德里达虽然有时并不被认为是该领域的理论家,但他对生命科学的关注却影响深远。在该领域的理论中,免疫是一个重要话题,而德里达则持续地、强烈地关注自启免疫。免疫和自启免疫不仅是生命政治学的重要话题,也是21世纪文学理论的重要话题。

理论中的免疫和自启免疫是比喻,或者更具体地说,是隐喻。隐喻是文学理论中的重要概念,文学理论借助隐喻与其他诸多学科产生关联,成为跨学科的大写T的理论(Theory)②。隐喻和其他的修辞格也是所谓文学性的关键。

"文学性"是一个含糊和含混的概念。例如,不仅在文学作品里,而且在历史作品里(包括哲学史、科学史、技术史等),也会有文学性的叙述,也会有故事情节。而故事是否能为人所理解、"是否有意义、是否连贯、是否完整"等等,是区别好故事和坏故事的关键。既然在文学叙事和历史叙事里评价故事的标准都是一样的,那么,"在两者之间进行区分似乎没有必要成为一个急迫的理论问题"③。

同样,在非文学文本中也有隐喻等修辞格。以往,理论家认为这些修辞格"对于文学作品来说至关紧要,但对于其他话语来说则

---

① Catherine Mills, *Biopolitics*, New York: Routledge, 2018, p.1.
② Raman Selden, Peter Widdowson, Peter Brooker, *A Reader's Guide to Contemporary Literary Theory*, 5th ed, New York: Pearson Longman, 2005, p.3.
③ Jonathan Culler, *Literary Theory: A Very Short Introduction*, Oxford: Oxford University Press, 1997, p.124.

纯属装饰"①。而在今天,理论家却证明"修辞格在其他话语中也塑造了思想",因此"在所谓非文学文本里也有强大的文学性,这样就使得文学和非文学之间的区别变得复杂起来"②。隐喻使我们的思想具有文学性,我们甚至靠隐喻而生活。③

其实,只把虚构的"纯文学"当作文学,这只是浪漫主义时代的产物。在此之前,文学指的是"社会的全部有价值的写作"④。在今天,在社会高度复杂、科学和技术对社会的影响力越来越大、社会治理需要应对各种重大挑战的环境下,如果文学还坚守浪漫主义时代的想象,走"纯文学"的道路,那就只能成为同行和师徒之间自娱自乐的工具。文学理论通过对"文学性"和"修辞格"的探讨使文学进入社会的其他领域,这是文学在当下获得社会性的重要途径。理论叙事中的免疫和自启免疫是所谓"比喻的比喻":"无论从哪一面看,它都是另一面的隐喻。"⑤"免疫"(immunity)一词最初来自法律、社会、宗教、政治等领域,后被自然科学所借用,然后又被借用回人文社科领域——因此它是"比喻的比喻"。此词最早出现于古罗马,在古典拉丁语中的意思是"豁免":对于纳税、进贡、责任、义务等的豁免;而在后古典拉丁语中,又有了免于侵犯的意思,特别是指圣地的神圣不可侵犯。约8世纪,此词出现在不列颠文献中。

---

① Jonathan Culler, *Literary Theory: A Very Short Introduction*, Oxford: Oxford University Press, 1997, p.19.
② Jonathan Culler, *Literary Theory: A Very Short Introduction*, Oxford: Oxford University Press, 1997, p.19.
③ George Lakoff, Mark Johnson, *Metaphors We Live By*, Chicago and London: The University of Chicago Press, 2003.
④ Terry Eagleton, *Literary Theory: An Introduction*, Minneapolis: University of Minnesota Press, 2008, p.183.
⑤ J. Hillis Miller, *For Derrida*, New York: Fordham University Press, 2009, p.140.

此后,此概念逐渐丰满,有了法律豁免权、避难权、教会对于世俗责任的豁免权、君主授予的特权等意思。总之,"豁免"的意思就是享受特权,不受法律和规则的制约,成为法律和规则的例外。①

在《牛津英语词典》的"豁免"词条里,有两个与诗人有关的例句,出自约翰·弥尔顿和威廉·柯珀。弥尔顿在《教会政府存在的理由》(1641)一文中写道,在这样一个教会政府的奴役之下,"耶稣基督用他的鲜血为我们换来的与生俱来的权利和豁免,不被完全取消,也会被恶意损害和贬低"②。而威廉·柯珀在长诗《任务》(1785)中写道,"飞奔到上帝的怀抱/赶在生命的游丝拽断之前/利落地逃脱暴虐的欲望/完全豁免掉惩罚的痛苦"③。在这两个例子里,豁免(immunity)指的都是得到保护、不受侵犯的特权,而且都具有宗教意义——受到上帝保护,从而免于灾难和痛苦。

这一概念如果没有过渡,直接在现代免疫学中用作抵御入侵者的意义,就会显得突兀,甚至无法解释。艾德·科恩就认为生物学家所借用的这个概念既矛盾又复杂。④ 然而,在现代的人体免疫的意义出现之前,这个词就已经有了过渡,早已出现在医学语境中,而当时"免疫"的意思就是免疫,并非防疫和抗疫。普鲁塔克的《道德论集》(*Morals*,1116)于1603年被翻译成英语⑤,其中有如下

---

① "immunity", in *OED*, https://www.oed.com/view/Entry/92002?redirectedFrom=immunity&.
② John Milton, *John Milton Prose: Major Writings on Liberty*,*Politics*,*Religion*,*and Education*, ed. David Loewenstein, Chichester: Wiley-Blackwell, 2013, p.71.
③ William Cowper, "The Task and Other Poems", in *The Project Gutenberg eBook*, ed. Henry Morley, https://www.gutenberg.org/files/3698/3698-h/3698-h.htm.
④ Ed Cohen, *A Body Worth Defending: Immunity, Biopolitics, and the Apotheosis of the Modern Body*, Durham and London: Duke University Press, 2009, p.5.
⑤ 译者为英国伊丽莎白时期的古典文献翻译家菲尔蒙·荷兰德(Philemon Holland,1552—1637)。

描述:"那到底是些什么人,他们与这种赦免(免疫)形影相伴,既不会受伤又不会生病?"在此,所谓"赦免"显然是一种特权或者天赋,是一种例外而非常态,因此该词当时的"医学意义"与法律和政治意义完全一致,指的是不受疾病侵袭的特殊的赦免,也就是天赐的或者天赋的免疫。① 这一意义一直持续到现代生物学"免疫系统"的发现。

当现代科学终于发现了生物的免疫系统并逐渐发展出现代免疫学时,免疫这一概念经历了范式的转移,获得了今天的意义。免疫不再是"免疫",而是"防疫"或者"抗疫"——人体的免疫系统并不能"免"于细菌和病毒的攻击,而是随时戒备,不断防御,抵抗外敌。因此,人体的"免疫系统"其实是"防疫系统"或者"抗疫系统"。当然,英文中的 immunity 一词仍被保留,中文也沿用免疫这一概念。

现代医学和生物学中的"免疫"既是一个科学概念,又是一个哲学概念;既是一个隐喻,又有一套理论。在免疫学成为科学之后,它的哲学色彩不减反增。医学家、免疫学家、病毒学家麦克法伦·博耐特(1899—1985)如是说:"在我看来,免疫学一直都更多的是一个哲学难题,而更少的是一门实践科学。"②

在"免疫"概念从哲学到科学、从隐喻到理论的转化过程中,俄国科学家梅契尼柯夫(1845—1916)扮演了至关紧要的角色。他将自己的实验和观察结果进行了理论升华,使之成为具有哲学基础

---

① 《牛津英语词典》(OED)似乎也跳过了这一步,直接从政治上的"赦免"走到了现代医学的"防疫"和"抗疫",见"immunity"词条。根据 OED,immunity 一词最早于 1603 年用于医学和生物学意义,但 OED 并未区分该词在传统医学和现代医学上的不同意义。OED 给出 immune 一词最早的医学和生物学的用法出现于 1866 年。

② Ed Cohen, *A Body Worth Defending: Immunity, Biopolitics, and the Apotheosis of the Modern Body*, Durham and London: Duke University Press, 2009, p.144.

的科学理论。他发现生物抗疫活动的过程颇有文学色彩,这成为科学发现的经典。

梅契尼柯夫在休假期间,抽空做了一个生物实验。他把透明的海星幼虫放进试管,然后将含有几粒深红色粉末的水滴注入试管。在显微镜下,他能看到透明的幼虫体内的活动细胞吞噬深红粉末,随之自己也变成深红色。他陷入深思,突然意识到这不是简单的生物进食,而是生物细胞在吞噬和消灭入侵者。这是生物免疫的重要部分,也是一种特殊的免疫细胞,即吞噬细胞(phagocyte)工作的过程。[①]

在梅契尼柯夫之前,虽然也有"抗击疾病的战争"(warfare against disease)之类的说法,但这完全是"隐喻",因为这种说法只是用"战争"这一人类社会最为极端的政治斗争手段来"比喻"或者"替代"人体与疾病的关系,而医学对此尚无实证发现。人类尚未在医学上证明人体会对疾病发动战争,所以只能借助其他领域的一个相关性可大可小的概念来描述本领域的活动。而在梅契尼柯夫之后,人体对于疾病所发动的战争已被证实,隐喻变为科学。[②]

二、现代人体和后现代人体:生命政治学的关注焦点

隐喻既然是用一个领域中的事物或者概念来替代或者"再现"另一个领域中的事物或者概念,那就必然在两个领域之间建立联

[①] 这一经典故事在多部生命政治学和免疫学著作中都有描述,包括 Ed Cohen, *A Body Worth Defending: Immunity, Biopolitics, and the Apotheosis of the Modern Body* 等,在此不一一列举。

[②] Alfred I. Tauber, Leon Chernyak, *Metchnikoff and the Origins of Immunology: From Metaphor to Theory*, Oxford: Oxford University Press, 1991, pp. 20–21.

系。医学的"免疫"与政治、法律、宗教的"豁免",生物的"防疫"和"抗疫"与人类之间的斗争和战争,似乎都有密不可分的关系。借助隐喻,免疫学理论使人体成为"现代的人体"①,完全纳入现代性和现代文化的系统。

所谓现代或者现代性(modernity),始于欧洲的文艺复兴,或称早期现代(early modern)。从那时起,人逐渐在思想上得到解放,拥有自我(self),获得自主和自我意识。莎士比亚笔下的哈姆雷特便是"现代性的一位复杂、多层面的先驱,他预想到了马克思和弗洛伊德的很多洞见"②,是思想解放的先行者。

人的思想的解放和意识的"现代化"早于科学对于"现代人体"的发现。没有思想的解放和意识的现代化,就不可能有科学上的进步和发展。同时,科学使用现代"隐喻"并不断构建现代科学理论的过程基本上与思想和意识的现代化同步,先于相关的科学发现。而相关的科学发现反过来又推动人文社科的发展,虽然这种推动有时是在科学研究的成果相当成熟之后。

人类无拘无束的形而上学的冥想总是先于实证的科学发现,所以人类对于灵魂的兴趣先于对人体的兴趣。在《哈姆雷特》中,让哈姆雷特萦绕于心的首先是灵魂的去处,而老哈姆雷特鬼魂的来路更是剧作的焦点。③ 在 17 世纪,约翰·洛克在《人类理解论》中虽然也不否认人体的重要性,但还是将人的自我归于灵魂,使灵

---

① Ed Cohen, *A Body Worth Defending: Immunity, Biopolitics, and the Apotheosis of the Modern Body*, Durham and London: Duke University Press, 2009, p.7.

② Jerry Brotton, *The Renaissance: A Very Short Introduction*, Oxford: Oxford University Press, 2006, p.126.

③ 研究《哈姆雷特》鬼魂的文献颇多,近期的专著有 Stephen Greenblatt, *Hamlet in Purgatory*, Princeton and Oxford: Princeton University Press, 2001 等。

魂脱离人体。①

其实,在关注点从灵魂到身体的过渡中,还有一个中间环节,那就是大脑。20世纪初,随着神经系统科学和认知科学的发展,人的自我被归于大脑;自我被归于人体的一个器官,而这一器官在人体器官的等级结构中处于顶端,成为核心。而在文学研究中,认知文学研究也渐成气候,特别关注文学与大脑的关系。②

但在20世纪后期,越来越多的人文学者和社会科学家将自我归于人体这一整体的物质存在。③ 生命政治学也开始盛行,越来越关注免疫科学所构建出的"现代人体",并逐渐聚焦"后现代人体"。以下为福柯对于人体的描述。

> 人体:事件得以写入的表面(而语言只是对事件进行标记,而想法又会将事件消解),自我进行分解的场所(自我会试图幻想自身具有实质性的统一),永远处于碎片状的体量。系谱学作为对于渊源的分析,因而成为人体和历史的表达。系谱学应该证明人体打满历史的烙印,而历史毁灭了人体。④

福柯的人体已经超越了免疫学的现代人体,而成为自启免疫

---

① Ed Cohen, *A Body Worth Defending: Immunity, Biopolitics, and the Apotheosis of the Modern Body*, Durham and London: Duke University Press, 2009, pp.82 - 83.
② 认知文学研究(包括认知诗学)的著述繁多,到今天仍然势头不减。诸多著述都以大脑和文学的关系为主题,例如 Paul B. Armstrong, *How Literature Plays with the Brain: The Neuroscience of Reading and Art*, Baltimore: Johns Hopkins University Press, 2013。
③ Warwick Anderson, Ian R. Mackay, *Intolerant Bodies: A Short History of Autoimmunity*, Baltimore: Johns Hopkins University Press, 2014, p.146.
④ Michel Foucault, *Dits et écrits*, 1954 - 1988, Ⅱ: *1970 - 1975*, Paris: Gallimard, 1994, p.143.本文作者试译。

的后现代人体——它被历史毁灭,成为碎片,但因为它写满事件①,也许也写满了作为事件的自我,所以成为像基因物质一样的信息碎片,充斥在已经成为系谱学的历史中。这有点像激活免疫系统的病毒——病毒粒子就是一个蛋白外壳,包裹着并保护着少量的基因(遗传)物质。著名免疫学家梅达沃(1915—1987)曾非常文学化地将病毒描述为"蛋白质包着的一条坏消息。"②福柯的人体是一个整体,而不只是抽象的灵魂或者解剖学的大脑;而作为整体的人体与作为整体的社会体发生关系,就构成生命政治学。

在自我的历史进程中,灵魂、大脑、人体三者时有脱节。但在早期现代,在人刚刚开始获得自我意识的时候,人的心灵和身体是有机的一体,构成了完整的自我。在莎士比亚的《暴风雨》中,米兰达认为,英俊的身体必然配有善良的灵魂,美好的灵魂与美好的身体浑然一体:"这样一座殿堂里是不会容留邪恶的;要是邪恶的精神占有这么美好的一所宅屋,善良的美德也必定会努力住进去的。"(第一幕第二场)③在那个时代,人进行"自我塑造"④,而这种塑造已经逐渐具有现代性。哈姆雷特、奥赛罗、李尔王、麦克白等悲剧英雄按照自己的意图塑造着自我,塑造过程体现着自我意志。自我拥有主权,与外界界限分明,为保卫自己的疆界而与外界争斗,有胜有败。

现代的人体如同现代的自我,"我"与"他"之间界限分明,靠免

---

① "事件"(event)是一个重要的理论概念,参见拙作《事件:本身与印象,言说与书写》,《社会科学研究》2018 年第 2 期。
② P. B. Medawar, J. S. Medawar, *Aristotle to Zoos: A Philosophical Dictionary of Biology*, Cambridge, Mass.: Harvard University Press, 1985, p.275.
③ 本文所引用的莎士比亚剧作皆为朱生豪译本,除非另有说明。
④ Stephen Greenblatt, *Renaissance Self-Fashioning: From More to Shakespeare*, Chicago: The University of Chicago Press, 2005.

疫系统来抵御外界的侵犯。对于现代的人体而言,一旦有外界抗原(例如病毒)的侵入,免疫系统就会被触发。① 免疫细胞会聚焦在某一局部,释放出一种名为"干扰素"的蛋白,阻止病毒的复制。人体的免疫反应(包括干扰素的释放和免疫细胞聚集造成的炎症)能够阻止病毒的复制,因而杀死病毒。但过分反应也能与病毒感染一起引起或者加重厌食、疲劳、发烧、心跳加快、血压降低等症状。这些症状如果严重就会造成感染性休克,甚至导致肺、肾等器官的衰竭,造成死亡。② 免疫系统因此面临两难之境:行动过缓就会导致病毒猖獗,而行动过猛则会误伤人体——两者都能使人体受到重创,甚至丧失生命。

现代的自我也是如此,有时对于自己领地的守护和对于外界的抗击过分激烈,最终就会毁灭自己。因此,最有自我的人物往往是邪恶的人物,例如麦克白、理查三世、伊阿古、埃德蒙之类。他们过于自我,极力维护膨胀的自我,同时也侵犯外界,破坏生态,伤及自己,自取灭亡。他们只相信自己,相信自己可以靠智慧和能力拥有一切;他们不相信命运和运气——他们也不会相信"赦免"。埃德蒙说:

> 人们最爱用这一种糊涂思想来欺骗自己;往往当我们因为自己行为不慎而遭逢不幸的时候,我们就会把我们的灾祸归怨于日月星辰,好像我们做恶人也是命运注定,做傻瓜也是

---

① Alfred I. Tauber, *Immunity: The Evolution of an Idea*, Oxford: Oxford University Press, 2017, p.73.

② Paul Klenerman, *The Immune System: A Very Short Introduction*, Oxford: Oxford University Press, 2017(Chapter 2, "First Responders"); "Immune System", in *Britannica*, https://academic.eb.com/levels/collegiate/article/immune-system/109569.

出于上天的旨意,做无赖、做盗贼、做叛徒,都是受到天体运行的影响,酗酒、造谣、奸淫,都有一颗什么星在那儿主持操纵,我们无论干什么罪恶的行为,全都是因为有一种超自然的力量在冥冥之中驱策着我们。明明自己跟人家通奸,却把他的好色的天性归咎到一颗星的身上,真是绝妙的推诿!我的父亲跟我的母亲在巨龙星的尾巴底下交媾,我又是在大熊星底下出世,所以我就是个粗暴而好色的家伙。嘿!即使当我的父母苟合成奸的时候,有一颗最贞洁的处女星在天空眨眼睛,我也决不会换个样子的。(《李尔王》第一幕第一场)

埃德蒙的自我是绝对的自我,他既不相信命运,也不相信出身和身份,他只相信自己的手段:"既然凭我的身份,产业到不了我的手,那就只好用我的智谋;不管什么手段只要使得上,对我说来,就是正当。"(第一幕第一场)埃德蒙在他短暂的一生中不断地塑造自我,甚至在他生命的最后一刻,他还在塑造自我:临死前,他终于感悟到两位女士对于他的爱是真爱,爱高于一切——虽然这种爱也是炽烈得烧越了边界,烧毁了所有的当事人。他感受到了爱,也试图表现善意,只不过一切都已为时过晚。对于边界过于分明的自我而言,爱、欲望、邪恶之间只有一步之遥。

到了18世纪,自我仍被不断阐释和界定。例如,当时对于小说人物的要求是"独创""有个性",投射"内心状态",等等。甚至连莎士比亚的自我都被研究者们按此标准在18世纪重新塑造:莎士比亚通过他的作品反映出了"一个自主、清晰的自我","这一自我通过爱德蒙·马龙在1790年出版的新版《莎士比亚全集》而首次被真实地重构出来"①。

从早期现代到现代,西方的"自我"是一个"有边界的、独一无二的、大体上整齐划一的拥有动机和认知能力的小宇宙,是意识、情感、判断、行为的动力中心,被组织成了一个独特的整体,而又与其他同样的整体相比较和对立"②。重点是这一自我有边界而且又有行动能力和动机,并与其他的自我相对立。这就是现代的西方自我,与其他文化里的自我并不相同。现代的人体与现代的自我非常相似。

在现代之前,这种自我并不存在,这种人体也并不存在。在古希腊悲剧《俄狄浦斯王》中,俄狄浦斯在德尔菲的阿波罗神谕宣示了他的命运之后,他的自我就已经命中注定,任何塑造自我的企图都是徒劳。他得到了弑父娶母的诅咒,这种诅咒就像恶性病毒一样,不能免疫,无可豁免。另一部希腊悲剧《安提戈涅》的主人公安提戈涅也是如此。在黑格尔看来,安提戈涅代表的是家庭和血缘关系,服从于神的法律,捍卫着私人领域的女性伦理;而克瑞翁代表的是国家和政体的需要,服从于人的法律,捍卫着公共领域的男性伦理。③ 然而,如果安提戈涅代表的是家庭和血缘关系,那么这

---

① Dror Wahrman, *The Making of the Modern Self: Identity and Culture in Eighteenth-Century England*, New Haven and London: Yale University Press, 2004, pp. 275 – 276.

② C. Geertz, "'From the Native's Point of View': On the Nature of Anthropological Understanding", in *Culture Theory: Essays on Mind, Self, and Emotion*, eds. Richard A. Shweder and Robert A. LeVine, Cambridge: Cambridge University Press, 1984, p. 126. 转引自 Dror Wahrman, *The Making of the Modern Self: Identity and Culture in Eighteenth-Century England*, New Haven and London: Yale University Press, 2004, p. xi。

③ G. W. F. Hegel, *Phenomenology of Spirit*, trans. A. V. Miller, Oxford: Oxford University Press, 1977, pp. 267 – 276. 参见 Kimberly Hutchings, Tuija Pulkkinen, *Hegel's Philosophy and Feminist Thought: Beyond Antigone?* London: Palgrave Macmillan, 2010, p. 92。

种家庭和血缘关系也是受命运诅咒的：她是她父亲俄狄浦斯的同母异父的妹妹，她又是自己母亲的孙女；她埋葬的兄长也同样因父亲而受到诅咒。这种乱伦关系不是正常的家庭和血缘关系，她也无法恢复正常的家庭和血缘关系，无法为之辩护。① 她就像一位"活死人"，因为她公开占据了一个不该占据的位置——在公共空间，不可能为她留有位置。② 她就像一位艾滋病人一样，"她拒绝遵守拒绝公开承认她的损失的法律"；如同艾滋病人，她属于一个特殊的类别——"那些有不可公开抱怨的损失的人们"③。按齐泽克的说法，她也像今天法国那些没有任何身份证件的人们（sans-papiers）一样，没有身份，没有地位。④ 她的命运早就注定，无法自我塑造。

所谓"命运"，也许就是自然秩序。人皆有命；每人在大自然的秩序里都有自己的位置，有的无疾而终，"豁免于"（immune from）疾患；有的罹患疾病，不治而终；有的虽有病痛，但人体系统本身就是大自然的一部分，可以自己恢复秩序，逐渐疗愈（heal）。疗愈是关键词，指的是人体自然而然地摆脱疾病，恢复健康，虽然恢复期间也不排除人为和医学的协助。⑤ 在《李尔王》中，李尔的时代是早期现代之前，疗愈是那个时代的主流医学观念。当时的医生建议如此救治李尔："有办法的，夫人，大自然给我们的乳母就是睡眠。

---

① Judith Butler, *Antigone's Claim: Kinship Between Life and Death*, New York: Columbia University Press, 2000, p.24.
② Slavoj Žižek, *Antigone,* London: Bloomsbury Academic, 2016, pp.xxii–xxiii.
③ Judith Butler, *Antigone's Claim: Kinship Between Life and Death*, New York: Columbia University Press, 2000, p.24.
④ Slavoj Žižek, *Antigone,* London: Bloomsbury Academic, 2016, p.xxii.
⑤ Ed Cohen, *A Body Worth Defending: Immunity, Biopolitics, and the Apotheosis of the Modern Body*, Durham and London: Duke University Press, 2009, p.4.

他缺的就是睡眠；有很多简单、奏效的药草，药力足以合上痛苦的眼睛。"这就是疗愈：通过简单的（也就是单味的）药草（simples），能使人得到大自然所能提供的最好的滋养，即睡眠。睡眠是乳母的乳汁、抚慰、照料，足以疗愈一切。而李尔的小女儿考狄丽亚则如此回应："大地的所有神圣的秘药，秘而不宣的神力，随着我的泪水喷涌而出吧，缓解、疗愈这个好人的苦难病痛。"（第四幕第四场）在考狄丽亚看来，大地藏有疗愈的秘密和神力——可能是药，也可能不是药；随着她最自然的爱、怜悯、同情的泪水，它将帮助疗愈李尔的苦难病痛（distress），苦难往往伴随着病痛。①

疗愈是现代之前的医学观念。根据这一观念，大自然对所有有机体都具有疗愈的力量，而医学最多只是模仿自然而已。人与自然万物都有联系，但是之间的平衡有时会被打破，生出疾病。而疗愈，则是要恢复人与自然万物之间的平衡。这种观念在现代免疫学诞生之后就逐渐在西方寿终正寝。②

三、自启免疫共同体：免疫系统理论建构下的人类社区理论

在西方的现代免疫体系里，人体首先必须识别自我，确立自我的边界，抗御外部的入侵。外部的入侵者即抗原，包括病毒、细菌、

---

① 《李尔王》中考狄丽亚与大夫的对话，由本文作者试译。Distress 的意义繁多，包括"逆境、麻烦、不适、疼痛、悲伤"等对"人体、精神、社区"等造成的影响（OED）。一般译本都强调这一段对话中对于"药"的讨论，但与之相关的词并不一定与"药"有关，例如 virtue（神力）一词，在 OED 的 virtue 词条下，有一个出自《哈姆雷特》的例句，virtue 也是和 simples 同时出现，而 virtue 的定义为："指植物、液体或其他物质：对人体产生有益的影响；强化、支撑疗愈的力量。"

② Ed Cohen, *A Body Worth Defending: Immunity, Biopolitics, and the Apotheosis of the Modern Body*, Durham and London: Duke University Press, 2009, pp.4-5.

原生动物、动物和昆虫的毒液、某些食品蛋白、他人的血清和红细胞等。抗原的入侵触发了免疫系统,具体来说就是启动了免疫细胞,即淋巴细胞,也就是白细胞,这就是所谓抗体。①

人体的免疫系统(immunity)与人类的社区/共同体(community)也极为相似,但有时又关系复杂,可以互为参照。罗伯托·埃斯波西托提出要用"免疫范式"来理解"生命政治",就是希望用免疫系统的理论来建构人类社区的理论。② 像免疫系统一样,人类社区也需要确定自己的边界,划清本社区与其他社区的关系。有的时候,不同社区之间会有矛盾冲突,甚至会发生战争。社区需要防御,需要自卫,因此首先需要划清敌我——这也是免疫的关键。

免疫力和防卫能力也可以后天获得。为了抵抗病毒,可以将可控的、不致命的病毒注入人体,使人体受到感染,从而发展出后天的免疫力,这就是疫苗接种。在人类社会中,抵御外部威胁的一个办法就是主动将外部的部分威胁吸纳进自己的社区,将其中和。如果将威胁吸纳进社区也无法将其中和,那至少也会有助于在自我、非我、他者等之间进行辨析,"敌人必须被辨认出来才能被打败"③。其实,疫苗接种的原理也是如此:将弱化的病毒注入人体,人体的免疫系统就会将其辨认出来并且记住。一旦人体再次遭受病毒的攻击,免疫系统就会迅速辨认出已经储存在记忆中的病毒,并毫无延迟地启动免疫细胞,对其发起进攻,将其杀死。④

---

① "antigen", in *Britannica*, https://www.britannica.com/science/antigen; "antibody", in *Britannica*, https://www.britannica.com/science/antibody; "immune system", in *Britannica*, https://www.britannica.com/science/immune-system.

② Roberto Esposito, *Bios: Biopolitics and Philosophy*, trans. Timothy Campbell, Minneapolis: University of Minnesota Press, 2008, p.45.

③ Catherine Mills, *Biopolitics*, New York: Routledge, 2018, pp.89-90, 93.

④ Roberto Esposito, *Immunitas: The Protection and Negation of Life*, Cambridge: Polity, 2011, p.7.

不过，对于初次感染的病毒，人体的免疫系统往往需要花费较长时间来进行辨认，然后再进行防御。如果遇到新冠病毒这类毒性较强而又十分狡猾的病毒，就会措手不及。另一方面，为了迅速消灭病毒，人体免疫系统也会过度反应，引起大量炎症——炎症就是"被启动的细胞在人体组织里的局部聚集，以对组织创伤做出反应"[1]。过度免疫，就意味着大量炎症和其他严重的病理反应，最终甚至会造成人体死亡。因此，反应迟钝、调动不足和过激反应、调动过度都会造成严重后果。而当社区面临外部入侵和内部威胁时，反应不足和反应过度也会造成同样后果。

与人不同，有的哺乳动物发展出了也许更为高效的免疫系统——不过分反应，也是高效的标志之一。冠状病毒的宿主蝙蝠是唯一会飞的哺乳动物，它可以长期受到病毒感染而不发病。[2] 蝙蝠体内缺乏人体免疫系统里的 AIM2 蛋白基因，而这一蛋白基因可以引发炎症。这可能是蝙蝠长期感染而不发病的原因之一。[3] 当然，蝙蝠的免疫系统显然也足以控制毒性巨大，即复制速度极快的病毒，从而使自身免于被病毒摧毁。社区可能也需要像蝙蝠一样，既能控制威胁，又不至于因控制过度而毁灭自己。在这个意义上，蝙蝠是一个重要的隐喻。

---

[1] Paul Klenerman, *The Immune System: A Very Short Introduction*, Oxford: Oxford University Press, 2017 (Chapter 2, "First Responders"); "Immune System", in *Britannica*, https://academic.eb.com/levels/collegiate/article/immune-system/109569.

[2] Rick A. Adams, Scott C. Pedersen, *Bat Evolution, Ecology, and Conservation*, New York: Springer, 2013, p.393.

[3] Lisa A. Beltz, *Bats and Human Health: Ebola, SARS, Rabies and Beyond*, New Jersey: Wiley-Blackwell, 2017, p.19.

在人体免疫系统的过度反应中，自启免疫（auto-immunity）①十分独特，因为它是在没有外界抗原即外界入侵的情况下，免疫系统的自动触发。大约在20世纪50年代，科学家发现了自启免疫，但科学界一度难以接受自启免疫理论②，因为这一理论的核心就是人体可以自己攻击自己，说明人体有自杀性。现在已知的自启免疫疾病包括胰岛素依赖型糖尿病（1型糖尿病）、系统性红斑狼疮、多发性硬化症、自发性血小板缺乏紫斑症、类风湿性关节炎、再生不良性贫血等。③

自启免疫也成为理论界的热门话题，并反过来引发了对于整个免疫话题的高度关注。德里达一直十分关注这一话题，他与另外一些理论家一起，通过对自启免疫的关注，使"免疫"的概念在经历了从人文学到医学的旅行之后，终于又从医学回归人文学。正是由于德里达等人的持续关注和深入讨论，免疫和自启免疫才成为"比喻的比喻"④，或者隐喻的隐喻。

自启免疫的核心就是自己攻击自己，如同人类社会的内战、内乱、内斗等。人的免疫系统首先需要识别自我，确定自我的疆界。然而，在识别自我时，免疫系统却把自我识别成敌人，予以进攻。将自我识别成入侵者之后，免疫系统开始攻击某一器官或者整个

---

① 一般译为自身免疫、自体免疫、自免疫。但所有免疫其实都是"自身"或者"自体"免疫。为了与之区别，本文作者试译为"自启免疫"。

② Warwick Anderson, Ian R. Mackay, *Intolerant Bodies: A Short History of Autoimmunity*, Baltimore: Johns Hopkins University Press, 2014, p.2.

③ Warwick Anderson, Ian R. Mackay, *Intolerant Bodies: A Short History of Autoimmunity*, Baltimore: Johns Hopkins University Press, 2014; "autoimmunity", in *Britannica*, https://www.britannica.com/science/autoimmunity.

④ J. Hillis Miller, *For Derrida*, New York: Fordham University Press, 2009, p.18.

系统①,引发疾病,有时是致命的疾病。

在自启免疫中,自我、自卫、自我防御的观念受到了颠覆。② 在免疫中,核心是自我;而在自启免疫中,自我将自我识别为敌人或者他者,自我已经变成敌人或者他者,自我与敌人或者他者的界限被打破。

在"9·11"之后,德里达对自启免疫理论做出了新的阐发,特别强调自启免疫的自杀或者类似自杀的性质。在德里达看来,"恐怖袭击就是自启免疫疾病的症状,而自启免疫疾病威胁着西方参与式民主的生命,威胁着支撑这一民主制度的法律体系,以及在宗教和世俗维度之间进行鲜明分割的可能性"③。德里达还强调,"9·11"并非自启免疫疾病的第一个症状,而只是最新症状。美国的恐怖分子都是"自己人",来自美国内部,或者是美国在冷战期间在世界各地培植的代理人。然而,美国所认可、所支持、所扶持的自己人最终成为攻击美国自身的暴力恐怖分子。德里达对于恐怖分子的描述与病毒的特征高度类似:恐怖分子"显然自己并不具备任何力量,却通过计谋和运用高科技知识,找到相关手段和资源,在一个美国城市的美国机场搞到了一件美国武器"④。恐怖分子自己没有武器,却劫持了美国武器;他们劫持了飞机,就像病毒劫持了人体细胞一样,利用人体细胞的能量和蛋白质,来大量复制自

---

① "autoimmunity", in *Britannica*, https://www.britannica.com/science/autoimmunity.
② Warwick Anderson, Ian R. Mackay, *Intolerant Bodies: A Short History of Autoimmunity*, Baltimore: Johns Hopkins University Press, 2014, p.145.
③ Giovanna Borradori, *Philosophy in a Time of Terror: Dialogues with Jurgen Habermas and Jacques Derrida*, New York: The University of Chicago Press, 2004, p.20.
④ Giovanna Borradori, *Philosophy in a Time of Terror: Dialogues with Jurgen Habermas and Jacques Derrida*, New York: The University of Chicago Press, 2004, p.95.

己,从而杀死细胞并最终杀死自己。① "9·11"恐怖分子复制自己的方式之一就是全球电视和网络的 24 小时滚动直播,这种直播也激活了全球的恐怖病毒。②

自启免疫的自杀是多重的自杀。"美国让恐怖分子移民进美国,训练了他们,让他们在美国准备好自己的行动",而他们则"使两种自杀合二为一":他们自己的自杀,以及"那些欢迎、武装、训练了他们的人的自杀"③。自启免疫能造成人体的死亡,也能造成社会体的死亡;能造成自我的死亡,也能造成他者的死亡,并能造成由自我和他者所构成的社区的死亡,因此是多重意义上的自杀。

自启免疫与免疫的区别在于自我边界的打破。在恐怖袭击中,没有国界的概念;恐怖袭击不是一个民族国家对于另一个民族国家的攻击,而是国际恐怖分子超越国界和国籍的攻击。④ 这也类似于病毒的攻击,没有国界、没有国籍、没有地域界限。恐怖袭击和病毒蔓延一样,都是对人类命运共同体的攻击。与病毒一样,首先在一国爆发的恐怖袭击后来也蔓延到世界的多个国家。

在后现代理论中,免疫与自启免疫有很多相似之处。不仅是自启免疫疾病,有时甚至一般疾病都会颠覆自我的边界:"自我这

---

① 关于病毒的描述,见 Dorothy H. Crawford, *Viruses: A Very Short Introduction*, Oxford: Oxford University Press, 2011, p.4。

② 德里达也探讨了电视直播与恐怖事件的关系,见 Giovanna Borradori, *Philosophy in a Time of Terror: Dialogues with Jurgen Habermas and Jacques Derrida*, New York: The University of Chicago Press, 2004, pp.108-109。

③ Giovanna Borradori, *Philosophy in a Time of Terror: Dialogues with Jurgen Habermas and Jacques Derrida*, New York: The University of Chicago Press, 2004, p.95。

④ Giovanna Borradori, *Philosophy in a Time of Terror: Dialogues with Jurgen Habermas and Jacques Derrida*, New York: The University of Chicago Press, 2004, p.152。

一战略聚合体是有边界的,而疾病就是误认和侵犯这一边界的过程。"① 在自我概念中,边界是一个关键词,边界划出了自我与他者的区别:自我需要防御,以防他者的侵犯。而现在,"自我的边界上有潜在的很危险的冲突,而自我就是由这些冲突所构成、所界定"②。边界冲突,即对于边界的突破,成为自我与他者冲突的场所,但也成为自我之所以成为自我的原因:没有他者,没有与他者的冲突,就没有自我。如果他者不复存在,自我也就随之消亡。这也就构成了另外一种可能性:自启免疫虽然是自杀性的,但又不能没有,因为这种冲突使自我得以存在。

根据自启免疫的逻辑,这甚至不是也不需要边界冲突,而是主动破除边界:"为了保护自我的生命,为了构建独一无二的活生生的自我,为了构建自我与自我的关系,自我必然被引导着欢迎他者进入自我内部……免疫防御本来是为非我、敌人、对立面、对手准备的;自我将它拿来,使它在保卫自我的同时又抵御自我。"③

自启免疫既是自杀性的,但同时也具有正面、积极的意义;它意味着开放,向他者开放,开辟了各种可能性——"通向未来,也通向自我转变"④:"在于自我,也在于他者,在于自我之中的他者。"⑤ 通过自启免疫系统,自我认识了他者,接纳和容纳了他者,使他者

---

① Donna Haraway, "The Biopolitics of Postmodern Bodies: Constitutions of Self in Immune System Discourse", in *Biopolitics: A Reader,* eds. Timothy Campbell and Adam Sitze, Durham, NC and London: Duke University Press, 2013, p.283.

② David Napier, " Nonself Help: How Immunology Might Reframe the Enlightenment", *Cultural Anthropology,* 27 (2012), p.130.

③ Jacques Derrida, *Specters of Marx: The State of the Debt, the Work of Mourning, & the New International,* New York: Routledge, 1994, p.177.

④ Warwick Anderson, Ian R. Mackay, *Intolerant Bodies: A Short History of Autoimmunity,* Baltimore: Johns Hopkins University Press, 2014, p.149.

⑤ Jacques Derrida, *Specters of Marx: The State of the Debt, the Work of Mourning, & the New International,* New York: Routledge, 1994, p.221.

成为自我的一部分,使自我成为他者的住所。自我将自我识别为他者,说明他者寓于自我,自我也可以转化为他者。

那么什么是他者?不仅是抗原、病毒、异体,而且是一切"不是自我、大于自我的东西:他者、未来、死亡、自由、他者的到来和对于他者的爱"①。他者几乎无所不在,几乎是一切非我之物和未知之物。空间意义上的边界已经消除,人和人体在时间上与他者或者环境连续不断地进行交往和交流。

生命层面上的自启免疫体就是社会层面上的"自启免疫共同体"——生命与政治息息相关,构成生命政治。德里达将几个相关的词拆分,将拆出的成分又组成一个新词。Community(社区)和auto-immunity(自启免疫),两个词都含有 common 一词的构词成分,强调"共同"。因此,自启免疫体就成为自启免疫共同体(auto-co-immunity)②——一方面,是"作为自启免疫共同体的社区〔社区的共同点,共同拥有免疫的责任或担当(munus)〕",另一方面,是"人类的自启免疫共同体,特别是自启免疫的人道主义"③。前者强调单个社区的免疫责任,即自我防御的责任;后者强调全人类共同体感知和容纳"他者"的博大的人道主义。

在德里达自造的这个词里,免疫与政治、人体与社会、抗疫与社区被糅合在一起。病毒与人体、个人与社会、自我与他者形成了一个奇特的自启免疫共同体。

---

① Jacques Derrida, *Acts of Religion*, New York: Routledge, 2002, p.87.
② Jacques Derrida, *Acts of Religion*, New York: Routledge, 2002, p.87.
③ Jacques Derrida, *Rogues, Two Essays on Reason*, trans. Passcale-Anne Brault and Michael Naas, Stanford: Stanford University Press, 2005, p.35.

结语:人文社科与自然科学的话语互参

自然科学(包括医学、生物学等)和人文学科、社会科学使用不同的话语和解释范式。自然科学有时借用人文学科和社会科学的话语来描述和命名自己的发现,而人文学科和社会科学也会借用自然科学术语来描述社会现象。

当然,在自然科学家看来,人文学科和社会科学的描述很可能不够准确,甚至有错误的地方。其实,从严格的科学意义上讲,德里达对于自启免疫有很多自己的理解,与免疫科学研究的细节和结论并不相符。然而,这种"误读"有时反而是不同学科沟通的基础,也许会引发不同学科的范式转移。

保罗·德·曼认为,既然修辞格(包括隐喻)让作家的字面意义和实际意义不一致,让一个象征物代替另一个象征物,并在不同类型的文本之间进行干预,那么"解读也就必然是误读"。但误读也有正确的误读和不正确的误读,"正确的误读试图包容而不是压制所有语言都会产生的无可避免的误读"[1]。

从这个角度看,如果没有对于当代免疫和自启免疫理论的"正确误读",人文社科学者就无法对人类共同体以及自我与他者的关系进行"生命政治学"的思考。反之,人文社科学者对于"现代人体"的"后现代"描述也许会促使医学研究更关注现代科学基础上的"疗愈",即不仅关注"战胜"病毒和疾病,也关注如何让人体更适应外部世界,与病毒和疾病和平相处。

人类需要尊重"他者",包括自然、动物,甚至包括无生命的病

---

[1] Catherine Mills, *Biopolitics*, New York: Routledge, 2018, pp.172-173.

毒,使这些他者与自我和平共处,甚至变为自我的一部分;人类也应该善待作为他者的自我,不让自我因为惧怕他者——包括死亡、未来、未知物等——而成为自我都无法辨认的他者。人类命运共同体应该是自我之中有他者,他者之中有自我。

当代西方左翼思潮的"共同体"话语探析[*]

麦文隽[**]

内容提要：当代西方左翼思潮丰赡的"共同体"理论话语，凸显了三个重要维度。一是在世界秩序研究领域，刷新了传统的文明论，拓展了全球史的思想空间；二是在此意义上，哈特与奈格里合著的"帝国三部曲"及齐泽克的相关评论，构成了"共同体"话语的建设性与批判性关联域；三是让-吕克·南希的《无用的共同体》、布朗肖的《不可言明的共同体》与阿甘本的《来临中的共同体》关于"共同体"的争论，具有对话性与增殖性。左翼思潮的代表人物从不同维度揭橥"共同体"话语的蕴含，既彼此分殊，又纵横交织。这些"共同体"话语反映了左翼思潮对全球资本主义的思考与批判，颇具深入探析的价值。

关键词：全球史转向　文明论　左翼思潮　共同体话语　重要维度

当代西方左翼哲学家、美学家和思想家阵营强大，尤为令人瞩

---

[*] 本文原载《马克思主义与现实》2022年第1期。
[**] 作者简介：麦文隽，中国科学院管理学博士，中国科学院与美国加州大学伯克利分校联合培养博士，华南师范大学科学技术与社会研究院特聘副研究员、硕士研究生导师，主要研究领域为科学哲学、交叉学科、环境科学与美学。

目的是,左翼思潮的"共同体"话语层出不穷,构成了百家争鸣的理论景观。

一、全球史转向:从传统文明论到左翼思潮的共同体话语

在世界秩序研究领域,从世界史转向全球史被视为富有意义的新趋势,开拓了文明论研究新的思维与空间。传统文明论有两个重要的标识:文明等级论与文明冲突论。

传统文明论隐含着世界秩序的文明与野蛮的等级论逻辑,可以视为一种泛学科的"政治无意识"。刘禾教授主编的《世界秩序与文明等级》以"全球史研究的新途径"为题作序,指出:全球史是极为重大的历史课题和话语实践。长期以来,世界史的撰写本身就是文明等级话语一再被生产、被复制的重要文类。现代世界秩序的建立,肇始于五百多年前欧洲人著名的《托尔德西拉斯条约》划定的一条地球子午线。由此一个双重结构的现代世界秩序的地缘结构开始浮现:这是一个以地球的空间并同时以地球上的人心为轴线的双重结构。全球史与世界史的重要区别在于,世界史思考往往将本国的历史排除在视野外,而国别史的研究者又通常只问本国史,鲜有涉及他国历史。反观全球史,则不分国别史和世界史,把历史研究置于全球地缘政治大范围进行互动研究,因此,本国问题就是世界问题,世界问题也是本国问题。在这种视野中,文明等级论——简称文明论——成为全球史研究的一个关键。[①] 刘禾认为,在欧美国家,文明等级论屡屡成为威胁世界和平的导

---

① 刘禾:《世界秩序与文明等级:全球史研究的新路径》,北京:生活·读书·新知三联书店,2016年,第1-4页。

火索。

另一个讨论世界秩序和人类命运关系的重要观念是"文明冲突论"。

在漫长的世界历史发展过程中,不同国家的学者曾经对文明关系提出过形形色色的图式,包括斯宾格勒的"西方没落论"、汤因比的"文明挑战与应战论"、亨廷顿的"文明冲突与世界秩序的重建"论和沃勒斯坦的"世界体系理论",以及2000年前夕中国季羡林与日本池田大作跨世纪的文明对话等。这些比较经典的文明论成果,尽管也有对西方文明的反思或批判,但总体上反映了很长时期内人们二元论历史观认识的限度,甚至是冷战思维方式。

英国著名历史学家阿诺德·汤因比在《历史研究》中认为,众多曾经辉煌灿烂的文明皆消失于"死亡之门",因此他采用比较文明的策略,假定共时与等值的21种文明样本,研究世界形形色色文明的起源、成长、衰落、解体、时空接触、文明碰撞和西方文明前景等问题。汤因比"挑战与应战"的文明模式意味着:文明的成长始于挑战与应战的反复运作。"差异是成长的标志,趋同是解体的标志。"①他讨论了环境的挑战、新地方的刺激、打击的刺激、压力的刺激和缺失的刺激,这些挑战或刺激都需要应战。汤因比关于"西方文明的前景"的讨论,主要是考量20世纪中叶苏美两大超级大国的和平共处问题,强调"社会正义是人类交往的最高准则","全球社会"要消弭战争与阶级,解决人口问题,让人们享受幸福的闲暇生活。② 这种全球史构想显然带有乌托邦色彩。

---

① 阿诺德·汤因比:《历史研究》上卷,郭小凌等译,上海:上海人民出版社,2010年,第585页。
② 阿诺德·汤因比:《历史研究》下卷,郭小凌等译,上海:上海人民出版社,2010年,第925、929页。

2000年前夕,哈佛大学政治学教授亨廷顿提出著名的"文明冲突论",引起不同文明能否和谐共存的广泛争议。后来亨廷顿又以《文明的冲突与世界秩序的重建》一书整饬与反思人类文明问题。亨廷顿指出:在汤因比之后50年,布罗代尔同样强调需要努力寻找一个更广阔的视野,理解"世界上伟大的文化冲突和世界文明的多样性"[①]。他认为世界政治的热点往往发生在文明之间的断层线上,如车臣、中东与中亚等地区。若要阻止未来的文明之间的冲突与战争,各国需要遵守两个原则:一是避免干涉原则,即各核心国家要避免干涉其他文明的冲突;二是共同调解原则,即核心国家相互谈判以遏制不同文明国家或集团间的断层线战争。[②] 全书的最后结论是:"文明的冲突是世界和平的最大威胁,而建立在多文明基础上的国际秩序是防止世界大战的最可靠保障。"[③]亨廷顿认为,文明是动态而丰富多彩的进程,持久而演变,兴起又衰落,合并又分裂。随着冷战的结束,新的对抗和协调模式发展起来,未来岁月里将是众多文化与文明(尤其是七八种主要文明)并存,这就需要一种新框架以理解世界。亨廷顿"文明的冲突"模式唤起了人们对文化因素和危险性的关注,有助于促进"文明的对话",反思共同体问题。

21世纪前后,全球化与数字化加速,日益深刻地影响了当代世界。西方学界的"共同体"话语在文明论和全球史领域异军突起,令人瞩目。就"共同体"(community 或 commonwealth)而言,

---

[①] 塞缪尔·亨廷顿:《文明的冲突》,周琪等译,北京:新华出版社,2017年,第44页。
[②] 塞缪尔·亨廷顿:《文明的冲突》,周琪等译,北京:新华出版社,2017年,第374-375页。
[③] 塞缪尔·亨廷顿:《文明的冲突》,周琪等译,北京:新华出版社,2017年,第381页。

community 在词典意义上具有"社区""社会""共有""团体"和"共同责任"等意义,指"人们在共同条件下结成的集体"。另一个英文词语 commonwealth,指基于共同利益和兴趣组成的团体、政治实体等。血缘共同体、地缘共同体、宗教共同体和文化共同体是共同体的基本形态。任何共同体本质上都是利益共同体,可以是经济利益、政治利益、文化利益、心理利益等。

德国社会学家斐迪南·滕尼斯《共同体与社会》作为共同体理论的一个重要节点,明确提出社会学的根本关切在于"共同生活",由此探讨了血缘共同体、地缘共同体和精神共同体等基本形式。该书以"纯粹社会学的基本概念"为副标题,围绕着"共同体"与"社会"的二元对位观念展开讨论,为欧洲现代社会学奠定了基础。英国著名社会学家齐格蒙特·鲍曼的《共同体》讨论了"多种文化、一种人道"等问题,认为在这个迅速全球化的世界中,我们都是互相依赖的,没有人能够独立掌握自己的命运。美国历史学家威廉·麦克尼尔《西方的兴起——人类共同体史》被认为是西方史学界最具代表性的"整体世界史"著作。作者认为,研究世界史必须将各文明及其历史作为一个整体加以观察,才能有充分的空间容纳人类全部复杂性造成的多样化事实。

在全球史意义上,当代西方左翼思潮在上述众声喧哗的"共同体"话语中发出了自己独特的声音。他们的"共同体"话语尤为典型地见于下列著作:美国左翼思想家哈特与意大利激进哲学家奈格里合著的《共同体》、法国学者让-吕克·南希的《无用的共同体》和意大利左翼思想家阿甘本的《来临中的共同体》等。美国著名学者 J. 希利斯·米勒的《共同体的焚毁:奥斯维辛前后的小说》则呼应南希等人的话语,把西方左翼思潮的"共同体"话语引入了文学批评实践领域。左翼思想家批判跨国资本主义时代的世界体系和政治秩序，寻求激进民主政治的全球性替代方案。

二、"帝国三部曲"：哈特与奈格里的"共同体"话语

在上述全球史研究的意义上，哈特与奈格里合著的"帝国三部曲"建设性地揭橥了 21 世纪的新型全球政治秩序，它们连同齐泽克的相关评论一起，构成了左翼思潮阵营的批判性话语维度。

众所周知，哈特与奈格里合著的《共同体》是他们左翼政治哲学著作"帝国三部曲"（《帝国》《诸众》与《共同体》）的最后一部，因此逻辑上是对从"帝国"中经"诸众"到"共同体"系列问题的总结。《帝国》描绘了以"主权"为标志的传统帝国的解辖域化，提出了新的全球政治秩序构想——当代主权国家边界不断消弭且互动生成的新帝国。《诸众》把新历史主体"诸众"推向前台。"诸众对抗帝国，这就是前两部作品的主题。"①而《共同体》则借助德勒兹的"生成论"，把诸众视为"生成-君主"（The Becoming-Prince）。

21 世纪伊始《帝国》面世时轰动一时，齐泽克特别撰写了《迈克尔·哈特和安东尼奥·奈格里重写了 21 世纪〈共产党宣言〉吗？》，认为福山的判断是正确的：全球资本主义是历史的终结。这场危机的根源在于使用价值和交换价值之间的裂隙，导致虚拟世界和现实世界之间的紧张关系达到几乎不可承受的程度，由此赛博资本家成了今天的模范资本家；比尔·盖茨能够将赛博空间的梦想作为他所谓的"无摩擦的资本主义"的框架。齐泽克指出，哈特和奈格里《帝国》一书的目标是为 21 世纪撰写《共产党宣言》。他们

---

① 王行坤：《帝国时代的"大同书"：〈大同世界〉译序》，迈克尔·哈特、安东尼奥·奈格里：《大同世界》，王行坤译，北京：中国人民大学出版社，2015 年，第 5 页。

将全球化描述为一种模糊的解辖域化:全球资本主义进入我们社会生活的每一个毛孔,进入了最私密的领域。它不再基于父权或其他统治等级结构,而是造成了一种流动的、混杂的身份。这种对所有重要社会关系的基本腐蚀释放了瓶中妖魔,释放了资本主义制度不再能够完全控制的潜在离心力。正是由于它在全球的胜利,资本主义制度今天比以往任何时候都更加脆弱。马克思的旧公式仍然有效:资本主义自掘坟墓。哈特与奈格里将这个过程描述为从单一民族国家向全球帝国的过渡。因此,齐泽克认为哈特和奈格里值得赞扬,因为他们启发人们认识到当今"涡轮资本主义"(turbocapitalism)的矛盾本质,并试图识别其动态的革命潜力,坚持马克思主义"对进步力量的信心"。① 齐泽克关注全球化与数字化语境中的全球资本主义危机,褒扬了哈特与奈格里"帝国研究"话语的批判性。

齐泽克对哈特和奈格里局限性的批评同样值得注意。齐泽克认为《帝国》的主要问题在于对当前全球社会经济进程的基本分析不足。他不无讽刺地把哈特与奈格里称为流动性、多样性、混杂性的诗人,认为他们隐身于德勒兹的行话中,如诸众、解辖域化等,而自己的社会经济分析却缺乏具体的洞察力,难怪该书结尾的三个"实用"建议让全书显得虎头蛇尾。齐泽克认为,人们必须打破全球资本主义的魔咒。伪德勒兹式的诗意描绘把资本视为块茎般的怪物/吸血鬼,它解辖域化并且吞噬一切坚固和动态的东西,狄俄尼索斯式地涅槃重生。齐泽克批判这种诗意的反资本主义路径,

---

① Slavoj Žižek, "Have Michael Hardt and Antonio Negri Rewritten the *Communist Manifesto* for the Twenty-First Century?", *Rethinking Marxism: A Journal of Economics, Culture, and Society*, 13.3/4 (Fall/Winter 2001), pp. 190 – 198.

认为当马克思被剥夺了政治上的尖刺时，就会被挪用，甚至招来真的死亡。因此在某种意义上，《帝国》仍然是一部前马克思主义的著作。今天，赛博资本主义时代需要我们回归列宁进行新的探讨。①齐泽克的评论，凸显了他个性鲜明的风格和对资本主义的犀利批判。

鉴于"帝国三部曲"构成了一个连续性、整体性的思想体系，因此，《帝国》引导了我们对《诸众》尤其是对《共同体》的理解与阐发，具体涉及以下几个方面。

一是《共同体》在全球资本主义批判维度上进一步强化了诸众反抗帝国的构想，期待"建设一个诸众的民主国"。他们认为，晚近政治学的末世论"笼罩着当代权力概念，警示着新帝国主义和法西斯主义"。这些权力"完全内嵌于法律系统和治理机构中，并因此而得到维持"，是一种既是法治又是财治的共和形式。资产阶级共和国的根本原则就是财治。全球化创造了一个没有"外部"的共同世界，因此作为新历史主体的诸众需要"在帝国内部进行对抗"。"未来的诗歌必然由诸众来谱写"，诸众是"穷人之名"，"让穷人的诸众成为财产共和国真正且有效的威胁力量"。②诸众具有块茎结构与游牧美学的力量。哈特与奈格里广泛引证马舍雷、拉克劳、巴里巴尔、齐泽克、福柯、朗西埃、巴迪欧、拉图尔等人的话语，讨论了共同体和诸众政治问题。

二是《共同体》在现代性问题上呼吁人们要避免落入二元论陷

---

① Slavoj Žižek, "Have Michael Hardt and Antonio Negri Rewritten the *Communist Manifesto* for the Twenty-First Century?", *Rethinking Marxism: A Journal of Economics, Culture, and Society*, 13.3/4 (Fall/Winter 2001), pp. 190-198.

② 迈克尔·哈特、安东尼奥·奈格里：《大同世界》，王行坤译，北京：中国人民大学出版社，2015年，第31页。

阱,展望另类现代性的远景。哈特与奈格里考察了"现代性之内的权力与反抗"问题,进而认为,现代性与反现代性纠缠不休,"容易陷入二元论的怪圈",因此"我们需要从反抗转移到替代模式"。①现代性的替代形式可以从地理和文化的角度予以界说,如中国的现代性、欧洲的现代性、伊朗的现代性差异颇大,因此当代多样性的世界呈现出可选择的多元现代性。

三是《共同体》在"公共性"(the common)框架中,反思资本主义批判维度面临的新问题。公共性具有两个含义:一是指物质世界的共同财富,主要与体力劳动相关。二是指社会生产的结果,如知识、语言、符码、信息、情感等,主要与情感劳动相关。"在当代资本主义生产中,观念、图像、信息、符码等越来越占据中心位置。""只有当我们共享并参与到公共性之中,诸众的民主才有其可能。"②哈特与奈格里指出,"在全球化时代,对共同性的维护、生产和分配越来越具有关键意义"③。他们看到,在《共同体》面世数年来,"公共性已成为某些令人激动不已的社会斗争的核心概念"——公共性成为理解各种各样的扎营与占领运动,如占领华尔街等的"主张与力量的钥匙"。哈特与奈格里毫不掩饰他们的目的:"将我们的世界革命化,并且建构一个诸众共享的大同世界。"④

四是《共同体》对全球政治秩序左翼趋向的评判具有重要价值。哈特与奈格里认为,20世纪全球秩序与统治由美帝国主义所

---

① 迈克尔·哈特、安东尼奥·奈格里:《大同世界》,王行坤译,北京:中国人民大学出版社,2015年,第48页。
② 王行坤:《帝国时代的"大同书":〈大同世界〉译序》,迈克尔·哈特、安东尼奥·奈格里:《大同世界》,王行坤译,北京:中国人民大学出版社,2015年,第1—3页。
③ 迈克尔·哈特、安东尼奥·奈格里:《大同世界》,王行坤译,北京:中国人民大学出版社,2015年,第2页。
④ 迈克尔·哈特、安东尼奥·奈格里:《大同世界》,王行坤译,北京:中国人民大学出版社,2015年,第6页。

规定，而现在美国霸权已穷途末路，对全球事务的单边控制在军事、经济、政治和道德方面皆已失败。21世纪头十年最有意义的地缘政治事件，就是全球范围内的美国单边主义的绝对失败，超级大国单极世界的美梦终结。从冷战时期的苏美双极世界解体到21世纪单极世界的崩溃，甚至众多国际关系学者主张的多极世界观念也已无法描绘正在出现的全球新秩序。他们引证说："21世纪国际关系的核心特征就在于其非极性：不是一个国家、两个国家或者多个国家来统治全球，而是由占有和行使各种各样权力的多重主体来实施统治。"当下全球秩序是关系网权力的复杂形式，可能导致丛林法则在全球市场内运作，因此要求各方广泛协作，"认识正在涌现的、操控全球体系的管理、调节和控制的新形式"。① 哈特与奈格里设想了一种反抗帝国统治的理想社会，试图以"共同体"取代西方资本主义财产共和国，把本来属于人民的财产与权力重新归还给大家，创造共享的新世界。

三、共同体的功用：南希、布朗肖与阿甘本的论争

当代法国思想家让-吕克·南希、莫里斯·布朗肖与意大利哲学家阿甘本关于"共同体"的哲学论争，构成了西方左翼思潮阵营的一道风景线。该论争的前导是南希与布朗肖的对话。1983年，南希发表《无用的共同体》一文，同年布朗肖以《不可言明的共同体》予以回应。布朗肖反感诸如"无用""消极""无效"之类的限定，认为共同体在意识形态上具有特殊的用途，这些限定可能带来灾

---

① 迈克尔·哈特、安东尼奥·奈格里：《大同世界》，王行坤译，北京：中国人民大学出版社，2015年，第160页。

难性后果。他试图寻找"不可言明的"共同体的新形式,渴望描绘出一个不受极权主义势力影响的共同体观念。① 南希和布朗肖都不关注具体共同体的分析,而倾向于关注共同体这个概念本身的全球危机。

南希在与布朗肖的论争中颇受触动。三年后,南希以著作《无用的共同体》(1986)进一步扩展和修订了自己早期的想法。在南希看来,不宜只说共同体是不可言说的(不可否认的共同体),或者功能失调的(无用的共同体),而是迫切需要对共同体观念重新表述。② 值得注意的是,南希的思考与当代法国犹太裔哲学家埃德蒙·雅贝斯密切相关。雅贝斯作为二战后法国最著名的文学家和思想家之一,著有《共享之书》。在雅贝斯看来,"大屠杀"(Shoah)的经历不仅粉碎了共同体的记忆,粉碎了一个民族对一片土地和对自己的归属感,也粉碎了对一个共同世界的归属感,而南希则通过《无用的共同体》(1986)、《自由的经验》(1988)和《世界的意义》(1993)等著作对此回应。③ 南希也认同"共同体"的危机,认为"现代世界最重大、最痛苦的见证……就是对共同体(/共通体)的分裂、错位或动荡的见证"。南希进一步指出:"历史一直都是在失落的共通体——而且是要重新找回或重建的共通体——背景下得到

---

① Cf. Alex Murray, Jessica Whyte, *The Agamben Dictionary*, Edinburgh: Edinburgh University Press, 2011, p.44; Leland de la Durantaye, *Giorgio Agamben: A Critical Introduction*, Stanford: Stanford University Press, 2009, pp.157-158.

② Leland de la Durantaye, *Giorgio Agamben: A Critical Introduction*, Stanford: Stanford University Press, 2009, p.158.

③ 南希《无用的共同体》(*La communauté désœuvrée*,1986)的中译本书名被译为《无用的共通体》(郭建玲、张建华、夏可君译,郑州:河南大学出版社,2016年),理由是汉语"共通"(Gong-Tong)之"Tong"兼具"通"和"同"的隐含义,因此采用了双重书写"共通体/共同体"或"共同体(共通体)"等方式,以求辨析与解构之效(详阅该书《作者中文版序》)。

思考的。……我们的历史开端就是尤利西斯远行、宫殿里的竞争、纠纷与阴谋……佩涅洛佩的反复编织。"通过从古希腊到现代纳粹等形形色色的"失落的或破碎的共通体"举隅,南希批判"卑鄙的法西斯主义……倾向于化身的共契之迷狂中灭绝共同体"。① 南希认为,当代哲学对这种情况似乎丧失了感觉和思维能力,因而需要在哲学上予以讨论。南希关注康德范畴论(共存与交互作用)意义上的共同体。认为"共同体"(共通体)应该兼具共通性与居间性,形态多样,可塑多变。由此,"共享"的概念成为南希动态共同体概念的核心。南希还基于海德格尔对"共在"(Mitsein)和"此在"(Dasein)的区分,思考将"共在"和"此在"结合在一起的共同体的问题。

阿甘本则以《来临中的共同体》一书参与了论争。该书是在柏林墙倒塌和东欧社会主义解体等事件之后写成的。它不仅是对地缘政治变化的反思,也是关于共同体观念的哲学论争的一种反应。杜兰塔耶指出:"对于布朗肖和南希来说,如果共同体的观念,以及与之相对应的共产主义观念,要想渡过当前的危机,只有一个条件,那就是找到新的方法来讨论共同体的共同之处。正是在这场争论的背景下,阿甘本出版了他没那么令人沮丧的《来临中的共同体》一书。"② 南希和布朗肖都是通过海德格尔的"共在"(Mitsein)途径来解决共同体问题的,而阿甘本则选择了一条令人惊讶的路径,他借助亚里士多德《形而上学》"可共名却各异其是"(Omonimi)的命题③,探讨了本体论的、非本质的共同体微妙机制,认为共同的东

---

① 让-吕克·南希:《无用的共通体》,郭建玲、张建华、夏可君译,郑州:河南大学出版社,2016年,第1、4、8、13-74页。
② Leland de la Durantaye, *Giorgio Agamben: A Critical Introduction*, Stanford: Stanford University Press, 2009, p.159.
③ 让-吕克·南希:《无用的共通体》,郭建玲、张建华、夏可君译,郑州:河南大学出版社,2016年,第93页。

西永远不是一个属性,而只能是非专有的。这就导致了阿甘本对归属、身份和再现等逻辑的否定。

在阿甘本的全部著述中,尤其是在《潜能》《来临中的共同体》和《无目的的手段》中,阿甘本使用"共同体"这个词来表达政治的积极可能性。在共同体观念化整为零(恰如受到南希和布朗肖批评的那样)的情况下,共同性就不再基于任何归属的条件或声称的身份,而是由本身属性即"如其所是"所决定。[1] 若此,人将可能首次达成一种无预设的、无主体的共同体,人将可能首次达成一个既不知何为"相互沟通",亦不知何为"不可相互沟通"的共同体。[2] 这是一种真正典型的哲学奇点。

对阿甘本来说,来临中的共同体的标志性形象,是美国著名小说家梅尔维尔笔下的抄写员巴特比(Bartleby,或译巴托尔比)。在梅尔维尔的短篇小说《巴特比:一个华尔街的故事》中,主人公巴特比在一家法律事务所任劳任怨地抄写几天后,突然拒绝继续工作,也不肯离开办公室,理由是"我宁愿不"(I would prefer not to)。最终他被送入监狱,绝食而死。

巴特比是让阿甘本和德勒兹等思想家着迷的文学形象,具有潜能哲学的蕴含。自亚里士多德以来,潜能转化为现实的问题由来已久,西方左翼思潮对此有新的回应。阿甘本《巴特比,或论偶然》一书认为巴特比既属于文学星丛,也属于哲学星丛。[3] 巴特比以他的"我宁愿不"反对世界的所有要求,从而恢复了世界的潜能。

---

[1] Alex Murray, Jessica Whyte, *The Agamben Dictionary*, Edinburgh: Edinburgh University Press, 2011, p.44.

[2] 让-吕克·南希:《无用的共通体》,郭建玲、张建华、夏可君译,郑州:河南大学出版社,2016年,第81页。

[3] 吉奥乔·阿甘本:《巴特比,或论偶然》,王立秋等译,桂林:漓江出版社,2017年,第162-163页。

阿甘本的《来临中的共同体》则描绘说:

> 在阿拉伯传统中,能受动的理智有天使的形象,名为Qalam,拉丁语为Pennia,其义曰"翼"、曰"风"、曰"飞翔",其品阶具不可思议之力。巴托尔比并非简单地拒绝书写的抄录员,他正是这个天使的最极端的喻象,他写出的不是别的,正是他"能不去写"的力量。①

德勒兹与阿甘本同气相通。德勒兹的《批评与临床》以专章论析了巴特比"我宁愿不"这种既不是肯定又不是否定的句式,认为巴特比"这个瘦削、苍白的男人说出了这句话,令整个世界为之疯狂"。独身者巴特比是一个"独特者"(Homo tantum),是没有财产、没有家庭、没有民族的无产者,蕴含着革命的潜在力量。② 德勒兹强调了公民的不服从,把巴特比描绘成一个"块茎式"反抗的英雄,一个游击队员,一个无法被定位、无法被国家机器所同化的人——国家机器需要固定的属性和明确的要求,以使公民服从它的意志。巴特比"我宁愿不"的回答有力地挑战了权力:巴特比所代表的不仅是拒绝不可接受的条件,不仅是非暴力反抗,还蕴含着阿甘本所看重且系统使用的"潜力"(potentiality)。不同于1789年法国大革命推翻巴士底狱、俄国十月革命夺取政权等具有明确目标的革命,欧洲"五月风暴"等骚动更多是一种"我宁愿不"的姿态

---

① 吉奥乔·阿甘本:《来临中的共同体》,相明、赵文、王立秋译,西安:西北大学出版社,2019年,第49页。
② 吉尔·德勒兹:《批评与临床》,刘云虹、曹丹红译,南京:南京大学出版社,2012年,第182页。

和诉求。① 因此,巴特比这个文学形象和哲学奇点可以用来讨论五月风暴等场景:当千百万个巴特比走上街头表达"我宁愿不"时,就能够酿成一场风暴。

阿甘本《来临中的共同体》作为其哲学的宣言性著作,是理解和进入阿甘本思想的一个不可忽略的文本,甚至被认为是著名的"牲人"(神圣人)系列研究的起点。阿甘本的"来临中的共同体"话语,具有下列重要的维度。

一是"来临中"的共同体具有潜能、情感与弥赛亚"喻象"等要素。根据英文版《阿甘本词典》的"来临中的共同体"(coming community)词条②,"来临中"(che viene)具有多重含义。首先,它是一种"潜能"的存在,潜能是整个共同体结构围绕的枢纽。"来临中"意味着一开始就不存在,没有任何术语、概念和原理可以声称代表它。阿甘本的共同性哲学始于但丁对阿威罗伊主义的阅读,强烈沉浸于亚里士多德的潜能和现实的范畴。其次,"来临中"也与情感的期待和渴望建立了关系。来临中的共同体并不意味着冷漠和被动,而是要求"事实的激情"。事实上,爱是未来政治的一种轴心。最后,"来临中"也表示一种暂时的价值和本雅明式的弥赛亚的喻象(figura)。阿甘本曾经说明:"来临中并不意味着未来",它的时间性是过去、现在和未来的压缩,是一种弥赛亚式的"现在"。这种"永远的来临中"不同于浪漫主义或乌托邦式的对未来的渴望,而是蕴含着改变和转换的可能性。

二是在哲学上以奇点、例子与范式的观念对黑格尔辩证法进

---

① Leland de la Durantaye, *Giorgio Agamben: A Critical Introduction*, Stanford: Stanford University Press, 2009, p.167.
② Alex Murray, Jessica Whyte, *The Agamben Dictionary*, Edinburgh: Edinburgh University Press, 2011, pp.44 – 46.

行扬弃与改造。从西方哲学而言,宇宙的丰富性与个体的独特性是一种复杂的关系。正是在黑格尔关于特殊和普遍的辩证关系的汇聚点上,阿甘本以讨论奇点(singularity)与共相(universale)的关系开启了《来临中的共同体》一书的问题讨论,试图通过奇点的范式来构想独特性与共同体的新关系。阿甘本看重示例或范式(exemplars or paradigms),认为我们应该像理解示例一样理解奇点。这种思维与他后来思考的"牲人"(神圣人)、"例外状态"范式具有隐秘联系。① 问题的核心在于,事实上每一种共同体观念都设有包容的标准,包容的标准同时也是排斥的标准,这必然成为激烈争论的主题。阿甘本的建议是拒绝这种归属和身份的概念,并将共同体观念集中在"任何奇点"(whatever singularity)的概念上,认为共同体是"可共名却各异其是的"东西。任何奇点,作为纯粹单一性,是没有身份认同的,因而割断了归属的义务;纯粹的奇点"被剥夺了所有的身份,以便适当地属于自己"。② 阿甘本通过奇点与示例的讨论,扬弃了黑格尔式的特殊性与普遍性的辩证对立观念,而是提出一种非辩证关系。在这种关系中,奇点或示例既是一套机制的成员,又被排斥在这套机制之外。在阿甘本关于"赤裸生命与至高权力"的哲思中,"牲人指一个已经被排除在共同体之外、能够被不受惩罚地杀死却不能被祭祀给诸神的个体"③。牲人既是奇点也是示例,既是原来共同体的成员,又被共同体排除在外。牲人被剥夺了属人与属神的双重属性,成了"赤裸生命"。

---

① Leland de la Durantaye, *Giorgio Agamben: A Critical Introduction*, Stanford: Stanford University Press, 2009, p.163.
② Alex Murray, Jessica Whyte, *The Agamben Dictionary*, Edinburgh: Edinburgh University Press, 2011, pp.47-48.
③ 吉奥乔·阿甘本:《神圣人:至高权力与赤裸生命》,吴冠军译,北京:中央编译出版社,2016年,第30页。

三是在政治上建立从资本主义景观社会批判到宗教哲学"神显"（Shekinah）的关系。阿甘本在《来临中的共同体》"蒂姆牌连裤袜"一章中分析巴黎的电影院一则"面带微笑的舞蹈女郎们"推销著名品牌连裤袜的广告片，同时还指出 19 世纪初石版印刷术和摄影的发明促进了情色影像的廉价扩散。阿甘本无情地批判景观资本主义，认为"资本主义意图将人的自然/性质放逐到景观之中"，今天商品形式彻底支配着社会生活的一切方面，人的身体——首先是女人的身体——从未像今天这样如此大规模地被广告技术和商品生产操控和想象。器官身体同商品的无器官身体的杂交，使器官身体的道德陷于惑乱；色情偷走了爱欲生活的亲密性，广告中流光溢彩的身体已然成了一个假体。① 而这种资本主义"商品化"的景观与宗教哲学的"舍金纳"（Shekinah，神显）是紧密联系在一起的。《来临中的共同体》的另一章"舍金纳"评论了居伊·德波的《景观社会》，认为晚近形式的资本主义表现为图像的巨大堆积。这种全球化的资本主义景观类似于犹太喀巴拉派所说的"舍金纳的孤立"②的境况。阿甘本指出，商品性在这里显示出了它同神学二律背反之间的隐秘一致性（马克思就曾指出过这一点）。依《旧约·创世记》所说，神的形象是人之本原，人的形象则是神的"映像和肖似"，由此人的形象便同一个不可见者的原型联系在一起。商品化使人的身体从神学模型中解放了出来，却为人的身体保留了

---

① 吉奥乔·阿甘本：《来临中的共同体》，相明、赵文、王立秋译，西安：西北大学出版社，2019 年，第 63 - 66 页。

② 同上书第 101 页译注：舍金纳为希伯来语"Shekinah"的音译，其原意为"居留"，寓指"神的荣耀存留大地"，也指神以具体形象或人格形象的显现。12 世纪以后出现的犹太神秘主义喀巴拉派认为，原罪之后，创世的和谐让位于倾轧，世界变为无序，舍金纳不再直接向全部宇宙普及其慈善的存在，只能在孤立的个人、共同体或特殊形式中显现，此即"舍金纳的孤立"。

"肖似性"。

四是在伦理学意义上对共同体观念的思辨与赋能。对于阿甘本来说,关于共同体的争论同时也是关于伦理的争论。阿甘本以其特有的思路与风格在《来临中的共同体》"伦理"一章中认为:没有任何"固应所是",没有任何历史天命或生物学宿命是人必定固有或必须去实现的——一切有关伦理的论述都是以这个事实为出发点的。实际上,人又是且必定有其"所是",只不过这种"所是"不是"本质",也不是某专有物。人最本己的"所是"就是他自身的可能性或他的力量本身,这就是在"是"的力量和"能不是"的力量中"是着"的人。① 洛佩兹教授在《来临中的共同体》中译本导读《世界的"少许不同"》中指出:"《来临中的共同体》是一次反思我们共享的当代境况的尝试。如此,与……几乎完全依赖于对欧洲政治传统的归属(belonging)的那种政治相反,在《来临中的共同体》中,阿甘本提出的是对那种将为一种新的伦理境况开辟空间的本体论的描述。"② 易言之,一种名副其实的共同体伦理学绝非"固应所是"的专属或命定之物。我们必须努力设想人类如何才能合理化地共同生活在拥有共同目标、愿望和观念的社会中,而不像经常发生的情况那样退化成排外和暴力的场景,彼此陷入冰冷、僵硬、无情的紧张关系。

令人注目的是,南希、布朗肖和阿甘本的著述皆植根于当代世界的重大政治事件的语境,它们不仅是对当时地缘政治事件的回应,也是对共同体理念的持续辩论的回应。

---

① 吉奥乔·阿甘本:《来临中的共同体》,相明、赵文、王立秋译,西安:西北大学出版社,2019年,第59页。
② 吉奥乔·阿甘本:《来临中的共同体》,相明、赵文、王立秋译,西安:西北大学出版社,2019年,第136页。

结语

世界秩序研究的全球史转向,体现了国际学术前沿发展的新趋势。在此重要领域,我们需要重新审视传统文明论的两个重要标识——文明等级论与文明冲突论,进而反思全球化语境中的共同体问题。当代西方左翼思潮的"共同体"话语众声喧哗,既赓续了传统世界秩序框架中的地缘政治与话语实践研究,同时又拓展了全球史研究的思想空间。

当代西方左翼思潮的一些代表人物从不同维度关注和阐释"共同体"问题,呈现出建设性、批判性、争论性、对话性与增殖性等复杂特征。

在全球化与数字化语境中,哈特与奈格里两位作者和齐泽克之间的话语交叠,凸显了西方左翼思潮阵营"共同体"话语的建设性与批判性关联域。哈特与奈格里"帝国三部曲"揭橥了左翼思潮对全球资本主义的批判与世界秩序建构的一些重要维度,尤其是其中的《共同体》,凸显了 21 世纪左翼乌托邦的"共同体"政治构想。齐泽克既褒扬了他们在全球化和数字化时代对马克思主义和《共产党宣言》的新贡献,以及对"涡轮资本主义"的批判,同时也批评他们缺乏马克思那样的具体分析社会经济的洞察力,不赞同其诗意的反资本主义路径。齐泽克还认为,哈特与奈格里的英勇尝试与标准的左翼观点形成了鲜明对比。标准的左翼观点充满了对全球化和数字化动态的极度保守的不信任,这与马克思主义对进步力量的信心是完全相反的。

南希与阿甘本等人的左翼思潮阵营"共同体"思想观念的争论,或许更多地体现了"标准的左翼观点"的思脉。这场论争的中心是归属概念和不受排斥、孤立和暴力影响的共同体观念问题。南希的"无用的共同体",布朗肖的"不可言明的共同体",尤其是阿甘本的"来临中的共同体"等重要话语,在反思极权主义、法西斯主义、大屠杀等语境中涉及间性、共在、此在和奇点诸问题,颇具学术增殖性和思想启迪性。它们有助于我们探讨和理解左翼思潮代表人物关于"共同体"功用与属性的蕴含。

当代西方左翼思潮的这些"共同体"的话语,既彼此分殊,又纵横交织,构成了颇为复杂的问题域。就主体与共同体的关系而言,在工业资本主义时代,马克思恩格斯在《共产党宣言》中号召全世界无产者团结起来,推翻资本主义,从必然王国走向自由王国,实现共产主义大同世界理想。在全球化与数字化时代,哈特与奈格里把反抗帝国政治秩序的"诸众"(multitude)描绘为共同体的新主体,阿甘本则以"奇点"揭橥了"思想诸众"(multitude of thought)的潜能,探寻了奇点与共相的非辩证关系,借助亚里士多德的话语提出"可共名却各异其是"的非专属的共同体观念。这些语境交叠而嬗变的"共同体"话语,有助于我们研判左翼思潮的思想取向,基于中国学术立场进一步反思全球史意义上的"共同体"问题。

献祭与共同体：
乔治·巴塔耶的文化哲学思想探析*

陈 霞 杨 威**

内容提要：巴塔耶通过对献祭的分析，揭示了人类文化共同体的精神结构和心理联结机制，并对封建王权、法西斯主义、苏联模式的社会主义、共产主义等社会文化现象进行了深刻而新颖的阐述。这些思想对于从精神文化上分析现代中国的发展历程也颇具启发。

关键词：巴塔耶 文化哲学 献祭 共同体

对于文化共同体的研究，可以有不同的着眼点，比如图腾崇拜、流行符号、生活习惯甚至服饰发型等。乔治·巴塔耶（Georges Bataille，1897—1962）作为"后现代主义之父"，既有颠倒迷狂的一面，也有深思洞察的一面。他承袭了法国涂尔干、莫斯的人类学传统，对于文化共同体的精神结构和心理联结机制进行了研究。这一研究集中体现在对"献祭"活动的精神分析中。

---

* 本文原载《浙江学刊》2016 年第 4 期。
** 作者简介：陈霞，上海市普陀区委老干部局主任科员；杨威，军事科学院军队政治工作研究院副研究员、硕士生导师，主要研究方向为马克思主义哲学、法国哲学。

一、献祭的演变与王权的结构

献祭以纯粹地赠予物的方式实现了与神灵的沟通。当然,这种沟通不是那种烧香求保佑、祭祀盼丰收的交易性祈祷活动,而是完全脱离了功利循环的行为。即使在中文语境中考察"祭祀"本义,"祭""祀""祠"等字的原义也均与饮食有关,即活人向神灵贡献饮食而实现人神之间的交流。到了周朝,祭祀这种宗教性仪式,被赋予了政以礼成、礼以体政的内涵,在世俗化的同时也神秘化了。其效果就是通过神的权威来建立人的权威,通过宗教秩序来建立人间的政治秩序。与此类似,巴塔耶所关注的西方原始部落的献祭中同样包含着文化的秘密。在献祭中,祭品的物性被消解了,比如,把羊作为祭品奉献给神灵,"那并不是破坏掉'作为生物的羊',而是破坏掉'所有物化的羊'"①。物性的消解,实现了对世俗的有用性的超越,开启了向超然物外的自主性复归的维度。

原始的宗教牺牲等"交流"活动,既打开了连续性的维度,也引领世俗世界向连续性的黑夜沉沦消融。这对于人类世俗世界而言无疑是很危险的,于是人类对它进行了制度化,使它由纯粹的牺牲变成了表演性的献祭。在这种献祭中,参与者并没有真正走入死亡,而只是观摩了死亡。这种观摩死亡的体验反过来又形成了宗教王权和群体精神的联结纽带。这其实正是《荷马史诗》中奥德修斯在遭遇"塞壬的歌声"时采取的策略。塞壬的歌声是"一种威胁文明的幸福许诺",对于要自我持存的人而言,它带来的是"丧失自

---

① 汤浅博雄:《巴塔耶:消尽》,赵汉英译,石家庄:河北教育出版社,2001年,第201页。

我的恐惧""把自我与其他生命之间的界限连同自我一并取消的恐惧""死亡和毁灭的恐惧"。奥德修斯的策略则是用蜡塞住水手们的耳朵,让他们奋力划桨,并让水手把自己牢牢地绑在桅杆上,去听那歌声,如此一来,塞壬的诱惑就毫无作用,成了艺术,而艺术享受与遵令而行的劳动也就此分离并形成了呼应的关系。① 于是,献祭蜕变为定期的宗教仪式,原始的圣性事物也变成了人格化的神。这种制度化的宗教中,祭祀王开始发挥重要作用。作为人类设立的确保与神交流的媒介,他可以使臣民更加可靠地体验神的存在。祭祀王兼具神性和人性,并作为客体体现了不可客体化的至尊性。他起初也在自我牺牲中沟通人类与神灵,但是后来登上祭坛的就只是他的替身了,比如一个俘虏或异族人。然而,尽管发生了蜕变,他仍然是宗教权力的拥有者,这种宗教权力自上而下地主宰着人类的共同体。

封建时期以王权为代表的权力建构,在很大程度上就源自以献祭为精神纽带的组织化过程。巴塔耶指出,君王作为一种异质性存在,实际上是同质社会的存在理由。② 王权正是由此派生,它高居于生产的和奴性的臣民之上,并以此使整个共同体得到统一;王权之下生产的和奴性的同质性存在则内在地投射于作为耗费的王权之上,借此成为完整的、自为的存在。这种结构,就像一盏燃烧着的油灯,灯盏里的油脂向燃烧着绚烂火焰的灯芯集中:油脂代表生产的和奴性的同质性因素;灯芯代表君王,它是油脂与火焰的中介;火焰则是纯粹的、异质性的耗费。在巴塔耶看来,这才是王

---

① 马克斯·霍克海默、西奥多·阿道尔诺:《启蒙辩证法:哲学断片》,渠敬东、曹卫东译,上海:上海人民出版社,2006年,第25-27页。
② Georges Bataille, *The Bataille Reader*, eds. Fred Botting and Scott Wilson, Oxford: Blackwell Publishing, 1997, p.132.

权的结构,即耗费物而不是占有物的行为及能力,才是权力的来源与基础。王权的结构在经过了王朝崩溃和资产阶级革命之后,仍然作为心理机制发挥着作用。事实上,对于文化特别是权力的这种分析在当代也有回响。以美国为例,"现代政治学起源于契约思想,即社会契约。美国政治想象则起源于牺牲(sacrifice)。整个共同体都是从牺牲中产生,并以此维持"①。在牺牲政治中,关键在于个体参与到人民主权这个神秘身体中,也就是放弃自我,存活在人民主权这个超然的存在中。当然,作为活跃于20世纪上半叶的法国学者,巴塔耶关注的主要不是美国,而是肆虐欧、亚、非大陆的法西斯主义,并认为它也是王权的再度激活。

二、法西斯主义、资本主义与苏联模式的社会主义

巴塔耶指出,从词源学上说,法西斯主义是"统一"和"集中"的意思。② 它挪用王权的结构,将资本主义社会无法同化的暴民、斗士、疯子等大量异质性的社会存在重新统一了起来。这些异质性力量之所以得到释放,源自同质性社会的分裂或由经济危机引发的动荡。可以认为,法西斯主义利用了人们对于社会团结的内在需要,它依据一定的心理结构相应地赋予社会以等级价值,实际上是试图以反动形式恢复古代的社会等级制。法西斯主义还具有政教合一的特点,元首的宗教性意义成为基本价值,国家(nation)体现于元首,这使全体国民和军人的活动具有独特的情感色彩。总

---

① 保罗·卡恩:《牺牲之国:美国政制的神学基础》,曹宇、徐斌译,http://www.guancha.cn/PaulKahn/2015_04_07_315003_1.shtml,2015.4.17。
② Georges Bataille, *The Bataille Reader*, eds. Fred Botting and Scott Wilson, Oxford: Blackwell Publishing, 1997, p.135.

的说来,法西斯主义并不关注社会阶级之间的斗争,而是将社会各阶层全都统一了起来。从根本上说,法西斯主义是一种反常和怀旧的形式。巴塔耶认为,法西斯主义的成功在于,它抓住了资本主义的"阿喀琉斯之踵"。具体说来,对资本主义的反抗,必须在其社会形式方面而非在其经济不足方面进行。因此,我们需要做的就是,与右翼的法西斯主义的神圣性相对应,发展起左翼的神圣性。显然,如果像巴塔耶这样思考问题的话,那么改造资本主义的关键就不在于同质性内部的因素,如经济问题,而在于异质性因素。巴塔耶侧重于社会心理分析,是对传统马克思主义强调经济因素的一种补充,具有参考价值,但其理论显然未必科学妥当。

法西斯主义是对资本主义的一种怀旧形式的反动,而对法西斯主义的批判并不意味着对资本主义的赞同。事实上,巴塔耶对资本主义社会是持尖锐的批判态度的。他认为,资本主义体系所能容纳的只是同质性事物的量的增长,不断创造出的能量只能向外扩张,这正是帝国主义战争和各种破坏性暴力的根源。不同于在原始宗教生活中圣性事物旨在恢复生命的圆满,或者在封建王权结构中君王以荣耀方式消耗掉臣民创造的财富,资本主义完全以占有、积聚和增长为宗旨,带来的是利益争夺、全球战争、大屠杀、核爆炸、环境污染等极端事件,呈现出一种走向灾难性后果的趋势。

巴塔耶也认为,苏联模式的社会主义并没能对资本主义形成真正的挑战。资本主义经济是动态循环的,它通过刺激甚至制造消费者的欲望来拉动生产的发展。苏联社会主义的底座仍然是这样一种经济循环系统。结果,它既不能满足资本主义的虚假欲望,又在破坏了资本主义动态循环的经济过程后陷入了停滞。① 此外，巴塔耶还发现，苏联模式的社会主义实践并没有能够有效沟通个人与社会，社会概念被视为具体化的东西并凌驾于个人之上了，这导致个人生活受到了轻视甚至忽略。那些超越于个人日常生活之上的实体，既要求个人承担繁重的义务，又无法提供足够的福利，最终使个人对社会不再有归属感。然而，尽管存在这些问题，巴塔耶仍然认为社会主义是要面向全球回答整个时代提出的问题，它不以国家作为最后的价值归宿，而关注如何终结资本主义并最终走向人类新的未来。

三、共产主义与新型共同体

共产主义才是现存资本主义的真正对立面。当然，巴塔耶认为，共产主义并不是未来某个时段才出现的理想社会图景；它不是一个"具体"的未来，而是具有必然性的未来。所谓必然，就是它作为资本主义意识形态规则的对立面而出现的不可避免性。共产主义是什么？这不是一个可以用构思回答的问题，而要在对资本主义社会的思想和实践批判中才能生成、呈现出来。同样，巴塔耶不再认为革命的关键在于掌握政权，而强调异质性对同质性的造反。他认为："即使在狱中，共产主义者也能继续'改造世界'。"②他所理解的革命已经不是传统的武装起义，而是要彻底打破资本主义物化的同质性体系的统治，恢复异质性的存在和以"否定"为定义的

---

① Michael Richardson, *Georges Bataille*, London and New York: Routledge, 2005, p.95.
② Georges Bataille, *The Accursed Share, Volume Ⅰ: Consumption*, trans. Robert Hurley, New York: Zone Book, 1991, p.185.

人的活力；革命的成功也不在于无产阶级在同一层次上反对资产阶级，并通过道德批判和强力镇压重建新的统治体系，而是要求一种完全异质性的实践，以及对资本主义社会的价值准则和运行体系的根本颠覆。巴塔耶不再认同物质生产和所有制问题的重要性，而强调人之物性的消除。生产力高度发达和物质财富极大丰富是实现共产主义的前提，但是，在巴塔耶看来，生产本质上是奴性的，只有超越和摒弃生产，人才能恢复相对于物的自主权。同样，在终结资本主义和实现共产主义的运动中，关键也不在于重新划分所有权、分配社会财富，而在于要彻底地从物性维度挣脱出来，走向一种新型的人间关系。

巴塔耶关于新型人间关系的构想，体现在他创办的《阿塞法尔》（Acéphale）杂志①以及创建"阿塞法尔"共同体的实践中。在他的构想中，人们不再借由对物的凌驾或从属而形成等级集权式的结构，也不再以理想化的超验对象为悬设统合在一起，而是彼此互为"他者"，相互吸引、接近对方却又始终不可到达，只能期待着和对方共同经历一段未知的命运。与对共产主义的僵化理解和对未来图景的生硬描绘相比，巴塔耶的共同体构想或许更接近马克思的本意。

四、精神的集体与物质的个体

从社会整体层面来说，在物质与精神的交织中，巴塔耶更倾向于关注精神的维度。物的耗费、圣性事物的在场等，都具有把接纳了物性而离散的个体重新紧密凝聚起来的作用，而且，对异质性因

---

① 又译《无头者》。——编注

素的同质化重组也具有强大的精神能量和内在凝聚力。巴塔耶在对物的否定中完成的,是集体的精神联结。

当我们说对物的"占有"时,这总是意味着是个体自我的占有;而越是占有,物越是发展,就越是意味着自我的强大及其地位的牢固。对巴塔耶来说,个体自我的形成,根源于死亡意识。死亡中断了浑然一体的自然连续性,横亘前方的死亡使精神"时间化",并通过对物的占有和经营而分化成个体化的存在。巴塔耶说:"对死亡的恐惧看来从一开始就是与其对未来的谋划联系在一起的,作为将自己等于物的结果,这同时是意识个体化的前提。"①在巴塔耶看来,物性向度的发展本身就是与个体化同步伴随的;与此相应,耗费则意味着个体的消解与重新结合。巴塔耶在论述"个体之爱"时曾说:"最重要的是,是耗费将个人最紧密地结合起来。"②耗费,旨在失去、消解物,但同时也意味着个体之"我"消解,并融入一个全新的整体。在现实生活中,以占有为前提的物的发展仍是更为普遍的趋势,这或许是个体自我观念强势存在的表现,换言之,个体自我观念本身或许就是这种情况出现的原因。时至今日,我们已经很容易理解"物权"的含义,它是个体自我的要求,也是对个体自我的保障。它与个体自我观念相伴相随,共同成长。因此,我们看到,当集体的精神是主流时,物权问题不会成为一个问题;当个体自我观念成为主流时,或者说,当个体所有之物充分发展时,物权就必须得到承认和保护。这种对物权的承认,也是对个体自我的承认。

---

① Georges Bataille, *The Accursed Share, Volumes* II & III: *The History of Eroticism and Sovereignty,* trans. Robert Hurley, New York: Zone Book, 1993, p.218.

② Georges Bataille, *The Accursed Share, Volumes* II & III: *The History of Eroticism and Sovereignty,* trans. Robert Hurley, New York: Zone Book, 1993, p.162.

巴塔耶显然致力于突破个体自我观念，要走到"自我"之外，回归到无物无我的连续性中去。这种思想上的努力，可以被看作对物日益繁荣和人日益个体化的现代社会发展趋势的一种明确的批判态度。而这对于我们重新审视物的发展及其与人的生存的关联，无疑也具有根本性意义。在这个物的发展已经逐渐走向体系化、符号化、虚拟化的时代，物的发展似乎已经远远超出了人类日常生活的切近空间，但是，只要功利主义的"占有"仍然在人与物的关系中居于主流，巴塔耶的思想就仍然具有启发意义。这个时代并未完全超越马克思所描绘的画面："物的世界的增值同人的世界的贬值成正比。"① 这种物人关系的厚彼薄此仍在某些方面构成了当今资本主义社会生活的部分事实。那么，巴塔耶的耗费思想对我们反思、改变、最终消除这种状况，无疑仍有积极意义。相比于对共产主义原则的传统理解，这种着眼物人关系的思考或许更具有基础性。可以认为，在摆脱私有观念和拜物教束缚方面，巴塔耶的思想是对马克思主义的有力支持。它鼓励着个人超脱私利，考虑宏观的整体，从个人的有限目的中解放出来而与天地万物上下同流。当然，在改造现实社会方面，与马克思主义的科学社会主义相比，巴塔耶的思想或许更接近于法国空想社会主义的传统。毕竟，一旦与利益结合，社会的分化和个体化以及随之而来的对一己之私的考虑，就自然出现，而让人从与物的结合中脱离出来，作为实现从个体到整体的视角转换的重要步骤，虽然在理论上较为彻底，在实际中却无所用力。

从另一方面说，如果我们不以现实性苛求的话，巴塔耶的思想探索也会让我们警醒并获益良多。随着我们取得越来越大的物质

---

① 《马克思恩格斯文集》第1卷，北京：人民出版社，2009年，第156页。

成就,社会日益成长,社会分化日益细致,时至今日,我们已经开始有机会体验个体化所带来的孤独感了。这是一种深刻的孤独。或许可以说,这种孤独,是物质时代的宿命。更为关键的是,在面对这种深刻的孤独时,我们已经失去了让"上帝"来陪伴我们的机会。西方曾有过上帝,但已经在哲学上被"杀死"了;中国文化中则缺乏宗教信仰的传统,在精神结构中本就没有留出上帝的位置。那么,剩下最后的一个问题就是:当我们真正步入这种深刻的孤独时,该怎么去面对虚无境地呢?或许,我们只有设身处地地在西方人的精神里活过,才能明白这个问题。在西方人的精神中,如果上帝死了,那就剩下孤独的人类只身前行了。人类之自我茫然四顾,却只是虚无。此时,失去上帝的人类就像一个桀骜的弃儿,举目茫然,独自行走于空旷的荒原,尽管无助,却又不得不坚强成长,孤单地活下去。一切世俗的努力,其实都无法从根本上填补这种深刻的空虚。在资本主义阶段,人们将精神投射于物。物的繁荣,最初是用来印证和增添上帝的荣耀,后来又成了打发寂寥人生的方式。于是,守财奴出现了,各种"恋物癖"和"成瘾症"也出现了。从根本上说,物的繁荣终究无济于事,一方面它只是上帝存在时的精神结构的一个副产品,另一方面它其实也是人的存在的表现或投影。当人将其生存寄托于物时,就像在对着镜子自言自语,无法排解的虚无随时会席卷而来。在尼采之后,一切浮士德式的努力都在开始之前就失效了,剩下的是一种彻头彻尾的虚无主义,就是要坦白地去承认孤独,面对虚无。虚无,成了生存的真相。今天,我们必须在发展物的道路上继续前进,但是,我们不能迷失于由物的繁荣铺成的路途中。在向前摸索并迈进的同时,我们仍然需要不断地仰望星空,问自己那个曾由康德追问过的问题:人是什么?这个问题,或许就是我们重建精神家园的起点。

从"共同体的失落"到"文学的共通体"：论南希的文学共同体思想*

王 琦**

内容提要：南希对文学共同体的思考是从对传统共同体的解构开始的。在他看来，在传统理解中，共同体被设定为以人为目的的封闭存在，带有本质主义和人类中心主义倾向。真正的共同体应该是以分享、沟通、外展、绽出为特征的共同体。它承认独一性和多样性的同时并存，摒弃了对内在性和同一性的提前预设，超越了肯定与否定、个体与集体、部分与整体之间的辩证法，发展了共在、共通、开放等理念。南希用"神话的打断"来描述传统的文学共同体被解构之后的文学状况，重新思考了文学与神话、文学与政治、文学与哲学之间的关系，重新探索了文学共同体的运作机制，把传统的文学共同体发展成了"文学的共通体"。南希的文学共同体思想可以启发我们重新思考中国文论传统中的"和而不同""诗言志""诗可以兴观群怨"等文论话语，重新设定中国文学与世界文学、中国文论与世界文论的关系，重新建构中国文学史的叙述模式等。南希的"文学的共通体"对于中国文论话语建设、文学批评实

---

* 本文原载《中国语言文学研究》2020年第2辑。
** 作者简介：王琦，哲学博士，文艺学博士后，现任大连理工大学哲学系副教授、博士生导师，研究方向为马克思主义美学与文艺理论。

践和文学史构建都有重要的方法论意义。

关键词：共同体　文学共同体　神话的打断　文学的共通体　南希

引言

在让-吕克·南希对共同体（communauté/community）展开集中思考之前，西方思想传统中其实一直有一条贯穿始终的关于共同体的思想脉络。在这个脉络中，作为术语的"共同体"的含义总在不断增殖，思想家、社会活动家、政治家、作家也总会探索出新的维度来表达他们思考共同体的持续冲动。不论出于什么样的目的或动机，共同体都被建构为一种带有浪漫色彩的想象物，被理解为一种超越本土、有机生成、具有向心力和凝聚力的群居生活形式，表达着人们对美好社会生活的怀念和向往。这种共同体中假定了预先存在且自我封闭的"个体""主体""自身"或"个人"，包含着肯定与否定、对立与统一、超越与扬弃等辩证法因素和关系；内在性、有机统一性、超个体性是它的基本特征。

但是，经过19世纪非理性主义哲学的洗礼，"上帝死了""重估一切价值"的宣告开始使笼罩在共同体观念中的浪漫元素渐渐消退。20世纪初期工业技术的迅猛发展和社会的巨大变革，也使共同体成员（现代个体）在经历孤独和离散的体验后，重新回归到单子化或碎片化的生存状态，共同体面临着失落的危机。20世纪上半期的世界大战，使共同体遭遇崩解、坍塌和毁坏的危险进一步加剧。特别是20世纪中期极权主义政治及其暴力实践带来的政治学创伤,与心理学创伤、生物学创伤和宇宙论创伤一起①,使共同体概念沦为极权主义恐怖政治利用的统治工具。个体被一次又一次掩埋在共同体的宏大叙事里,人们对共同体及其背后的极权主义幽灵深感恐惧。"现代生存样式、20世纪的历史创伤以及全球时代的政治现实,都已经把'共同体'留在想象之中,或者排在恐怖之列,或者拒之于全球化的地图之外。"②对那些心存怀旧的知识者来说,它正在成为浓得化不开的"乡愁"③。而对那些坚持自由主义立场的知识者来说,共同体的失落,喻示的恰恰是一种个人主义、多元文化主义、自由主义式民主的发展机会。那么,置身于这样的社会历史语境和理论背景之中,人类社会还需要共同体吗? 如果需要,它应该被怎样思考? 南希对文学共同体展开的思考,为我们回答上述问题提供了重要的参考。

一、"共同体的失落"与文学共同体的危机

在南希看来,共同体的分裂、错位或动荡是现代社会最重大、最痛苦的见证,其原因不仅仅在于一些曾经拥护共产主义的国家

---

① 德里达说:"弗洛伊德曾在同一个比较史中将三种创伤联系起来,认为它们打击了人类的自恋,并因此使其处于离心状态:心理学上的创伤(通过精神分析发现的无意识对有意识的自我的作用),此前是生物学上的创伤(由达尔文发现的人类的动物演化……),再往前是宇宙学上的创伤(哥白尼的地球不再是宇宙中心的理论……)。"见雅克·德里达:《马克思的幽灵:债务国家、哀悼活动和新国际》,何一译,北京:中国人民大学出版社,1999年,第139页。

② 胡继华:《后现代语境中伦理文化转向:论列维纳斯、德里达和南希》,北京:京华出版社,2005年,第182页。

③ 根据全球文化和社会理论,"乡愁"成为全球时代的一种精神"范式"。这种"范式"有四个理论预设:"历史衰落的观点,某种失去整体的感觉,丧失表现性、自发性的感觉,失去个人自主性的感觉……在当代阶段,一度被认为是现代性的一种标志的对自发性和个人自主性的怀旧,已经成为乡愁的突出维度。"见罗兰·罗伯森:《全球化:社会理论和全球文化》,梁光严译,上海:上海人民出版社,2000年,第226页。

已经成为它的背叛者,更重要的是共同体理想的基础本身,也就是"人"。"人被定义成生产者(甚至还可以说:人竟然被定义了),并且在根本上被定义成在其劳动或作品形式上的他们自己本质的生产者。"①共同体所包含的正义、自由、平等等价值观念,本质上都是服从于这个以人为目的的"人的共同体",都是对人的绝对内在性的坚持。这种理论基础及其思考,显然拒绝了由"非人"组成的共同体,极大地遮蔽了共同体思想本身的生态维度,而且把共同体本质化、实体化了。说到底,共同体本质上应该成为包括人与自然、人与社会、人与他人、人与自我的和谐生存关系在内的"生态的"共同体,而不应该是以人为中心的本质主义式的共同体。

南希首先解构了一些人在个体与共同体之间建立的必然性逻辑。在后者那里,出于对个体权利及其在欧洲文化中的特权地位的强调,个体被理解为摆脱专制获得解放的唯一道路,作为衡量所有集体或共同体事业成败的砝码。但是南希指出,个体并不先于共同体而存在,它仅仅是共同体瓦解之后的残留物,是一个分解拆组过程的抽象结果,它是被作为本源和确定性来把握的、绝对的、原子式的、不可分割的、绝对分离的自为存在。更为重要的是,简单的原子无法构成一个世界,必须有一个微偏、倾斜或偏向,即必须有一个原子倾向另一个原子,倾斜到另一个原子或使它倾斜,原子才能构成一个世界。也就是说,共同体必然是个体的微偏。然而,自黑格尔以迄萨特的理论,都没有对这个微偏施以正面的思考。他们所完成的,仅仅是将个体(/主体)涂上道德或社会学的色彩,或者以形而上学绝对主体(自我、意志、生命、精神等)的逻辑将

---

① 让-吕克·南希:《解构的共通体》,夏可君编校,郭建玲等译,上海:上海人民出版社,2007年,第13页。

共同体无所保留地排除掉。这种绝对的形而上学,就是"关于那作为绝对的、完全分离的、区别出来的和封闭的、不带关系的存在的形而上学。这个绝对可以在种种理念、历史、个体、国家、科学、艺术作品等等形式下呈现出来"①。这实际上预设了作为原子的个体的自我封闭,排除了作为关系之展开的那个微偏,实施了对外在性也即某种不可能的内在性的拒绝。

显然,这并不符合共同体本身的运作逻辑,因为共同体的逻辑并不是一种绝对封闭的、强制性的逻辑,而是一种不断敞开的关系逻辑,它必然使绝对逻辑的绝对性在其封闭的内在性的界限上遭遇失败。这种将共同体理解为关系之外的绝对存在,实际上隐含着难以避免的内在悖论:个体自我使它自身绝对化和异化,存在者和存在之间被置入某种分离和断裂。正是这个断裂,界定了一个非绝对性的关系逻辑:存在本身被界定为关系——它是存在者之间或存在者与存在之间的关系。共同体因此在本质上拒绝被看作可完善的活动和人的自动生产活动。② 因为后两种观念都预设了人可以并且应该去实践这些活动的原则。共同体的关系逻辑决定了它并不预设某种目的,它也并不是某个谓词意义上的属性或特征,而是作为活生生的生存本身的姿态被呈现的。

南希发现,除了关于个体的形而上学思考忽视了这个作为微偏的绽出之外,即便是隐秘地思考共同体本身的文学艺术,也仍然没有真正明确地把共同体理解为一种建立在微偏而共通基础上的存在形式。虽然在苏维埃革命初期的诗歌、绘画和电影等绽出的

---

① 让-吕克·南希:《解构的共通体》,夏可君编校,郭建玲等译,上海:上海人民出版社,2007年,第15页。
② Ignaas Devisch, *Jean-Luc Nancy and the Question of Community*, London: Bloomsbury, 2013, p.28.

其他形式中，它曾被作为隐喻和转义得到过隐秘的思考，但是各种文学对共同体的利用无非是遵循让政治和书写两相适合的古典式教条，在原则上仍然是以人为目的的本质化理解，仍然是对共同体的提前预设。要么把共同体实现在作品的绝对之中，要么是共同体作为作品来实现自己。换句话说，不论是文学理论对文学与社会、文学与政治、文学与世界关系的探讨，还是文学思潮、文学主张、文学社团对各自文学观念的申说，文学创作对共同体的书写，事实上都预设了一个文学共同体的提前存在。

准确地说，文学共同体是建立在共同的社会体制、意识形态和文化传统等基础上的文学的共同体，体现着文学与政治、社会、国家、民族、政党等之间的关系；同时也是由世界、作家、作品、读者等文学基本要素组成的共同体，体现着诸要素之间的交互作用。文学共同体可以表现为国别文学、民族文学、语种文学等，也可以表现为文学思潮、文学流派、文学社团等，同时又是超越后者的总体文学概念。它在内涵上接近于世界文学，但又比世界文学具有更深厚的哲学基础和更广泛的概念外延。文学共同体中最核心的要素在于文学与其他社会科学的关系，以及文学自身内部诸要素之间的关系。诸关系并不是文学共同体的目的，也不是为了实现某个文学目标的工具手段。诸关系只是关系自身如其本然地显现，并无法被模式化地提前预设。

然而，传统理解的文学共同体无论是现代的、人本主义的、基督教的，还是其他形式的，可能都是一种理性的先验幻象，或者被遮蔽的内在性经验，可能都是一种带有浪漫色彩的文学经验。因为在这种文学共同体中，诸关系所分享的并非各自独一多样的独一性，而是"对其自身本质的一种掠夺，这种掠夺不仅局限于他们的'拥有',而且涉及并影响着他们自己的'主体'"①。文学共同体越是完满,诸关系的独一性本质就越是被掠夺殆尽,它们之间的微偏就越是不会发生。在这个意义上,我们对文学共同体所做的各种筹划并未发生,文学共同体尚未形成就已经成了死亡的共同体。为什么呢?假如我们承认文学共同体是以诸关系之间相通的内在性和无间的亲密性为存在的前提,那么,当内在性或亲密性发生或确立起来的那一刻,实际上就已经清除或取消了文学共同体。共同体的逻辑就是这种内在性和群体融合的逻辑,也即自杀的逻辑:只要存在着诸关系的连续同一性,就不再有沟通,也就不再有文学共同体。

那么,文学共同体成了一个伪命题吗?国别文学、语种文学、民族文学甚至世界文学等,不也是一种形式的文学共同体吗?否定文学共同体的存在,就如同抓住自己的头发要把自己提起来的做法一样不可思议。作为"比社会联系(与众神、宇宙、动物、死亡,与未知的事物之间的联系)更广泛的联系"②,文学共同体远远不是社会所失落的东西。文学共同体的问题也不是它是否能继续存在的问题,而是如何以一种崭新的思维方式去理解它的问题。如果我们清除掉"共同体"对"同""体"的暗示,而突出它"共"的语义取向,转变共同体的思维模式,是否会抵达对文学共同体的真正洞见呢?答案当然是肯定的。J.希利斯·米勒曾经简略概括出南希对共同体的理解,这可以反过来理解"共同体失落"之后文学共同体的存在方式。米勒说:"对南希来说,每一个个体都既是独特的、独

---

① Roberto Esposito, *Communitas: The Origin and Destiny of Community*, trans. Timothy Campbell, Stanford: Stanford University Press, 2010, p.138.
② 让-吕克·南希:《解构的共通体》,夏可君编校,郭建玲等译,上海:上海人民出版社,2007年,第25-26页。

一的,同时又是多样的、向着他者外展的。('外展'的词源学意义就是'通向外部'。)然而,在传统的共同体那里,个体往往保持为他者、相异者、陌生者,总是向着其他独一体封闭自身。个体之间能够彼此分享的,仅仅是无一例外地都会死亡,即使每个独一体只能拥有自己的死亡。这意味着任何时空中的任何共同体,都只能是'非功效'的。"①又说:"南希以独体代替个体,后者为自我封闭的主体性所限,而前者从一开始就是'共有的',既共同分享又彼此分割,敞向一个被称为死亡的外部深渊,独体不由分说地在此分担。独体是外向的,在自身极限处,万物寂灭,他向外延展至其他独体。"②这即是说,如果不考虑文学共同体中的外展和分享,不考虑文学共同体中诸关系的共在状态,不考虑文学共同体中诸关系的运作方式,只是强调共同性和一致性,那共同体就只会导向死亡,文学共同体将不复存在。

二、"神话的打断":神话之后的文学共同体

"回到事情本身!"这个由胡塞尔开创的现象学方法,强调了对既有观念的悬搁和对现象本身的还原,使我们可以在探讨文学共同体的可能性存在方式之前,回到文学的起源也就是神话那里,去探究最初的文学共同体的存在方式。在 *La communauté désœuvrée*③

---

① J. Hillis Miller, *Communities in Fiction*, New York: Fordham University Press, 2015, p.16.
② J.希利斯·米勒:《共同体的焚毁:奥斯维辛前后的小说》,陈旭译,南京:南京大学出版社,2019年,第25页。
③ 南希此书已有三个中文译本,分别是:苏哲安译《解构共同体》(台湾桂冠图书股份有限公司,2003年),夏可君编校、郭建玲等译《解构的共通体》(上海人民出版社,2007年)和郭建玲等译《无用的共通体》(河南大学出版社,2016年)。本文对此书的引用借鉴了夏可君编校的《解构的共通体》,特此鸣谢。

一书中，南希也是首先从解析神话开始论证"共同体的失落"的。南希说："神话观念本身也许表现了西方本身的观念，它不断再现了回到起源的冲动，回去，是为了使自己重生，就像人类的命运一样。"① 考察神话观念的流变，既是考察西方共同体思想传统的演化，也是考察文学共同体存在方式的变迁。神话孕育了后来文学的诸多形式、体裁和风格，也形成了诸多文学的源初母题，神话因而是具有源初性和始源性的文学形态，这是一个无须论证而且广被认同的基本常识。对南希而言，这也是他展开文学共同体之思的理论前提。将解析神话作为敞开"文学和哲学共有的领域"的前提条件，是他文学共同体之思的逻辑理路。

如同恩斯特·卡西尔（Ernst Cassirer）在《符号形式哲学》中所认为的，神话既不是虚构的谎话也不是任意的幻想，而是人类在达到理论思维之前的一种普遍的认识世界、解释世界的思维方式。② 在起源的意义上，神话具有深刻的文化人类学内涵，它被视为人类早期思维方式和集体信念的重要表征，是探究人类早期生活形态与人类经验的典型样本。作为人类经验和神话思维方式之感性凝结的文学，不仅与原始神话共享着"内容与形式不可分享的内涵逻辑"③，复现着原始神话由生存转向叙述的语言逻辑；而且如约翰·维克雷（John Vickrey）所说，由于"文学是社会环境的组成部分，文学作品必须首先被视为集体信念和集体行为的方式"④，神话故事

---

① Jean-Luc Nancy, *La communauté désœuvrée*, Paris: Christian Bourgois, 1986, p.117.
② 叶舒宪：《神话-原型批评》，西安：陕西师范大学出版社，1987年，第9页。
③ 列维-斯特劳斯：《野性的思维》，李幼蒸译，北京：商务印书馆，1997年，第306页。
④ 约翰·维克雷：《神话与文学》，潘国庆等译，上海：上海文艺出版社，1995年，第5页。

或神话人物形象作为文学原型,或者神话思维方式作为文学想象与表达的基本要素,往往在文学作品中多有复现并影响着文学想象世界的方式。南希说:

> 构成神话观念的,也许要么只是被命名为总体幻觉的东西,要么是现代世界强加给自身意识的东西,现代世界在其本己的力量的虚幻再现中,也已经消耗殆尽了。在神话观念的核心,也许有着西方世界自命不凡的企图,即企图去占有自身本己的本原,揭开它的秘密,最终达到与自身本己的出生和所声称的东西的绝对同一。①

事实也是如此。在一般的理解中,神话产生于某个由于共同生活和劳作而自然形成的共同体,它本身凝结着这个自然共同体在叙事、语言、制度、律法、风俗、性别、言说等多个层面的结构性因素,又在自身的不断发展和完善中发挥着铸就、制造、生产和维系这个自然共同体的强大功能。神话与共同体向来都是既彼此分割又相辅相成的关系,以至于神话最终成了共同体的"神话化的"建构因素。南希发现,在后来我们对神话的理解和思考中,虽然我们对神话的内容、功能、场景等颇多了解,但对"它们是神话的"②这句话的意味却未曾多加揣摩。浪漫派所谓"新神话学"对神话创建场景的发现、对神话力量丧失的认识,尼采对神话来自古希腊人"自

---

① Jean-Luc Nancy, *La communauté désœuvrée*, Paris: Christian Bourgois, 1986, p.117.
② Jean-Luc Nancy, *La communauté désœuvrée*, Paris: Christian Bourgois, 1986, p.114.

由撒谎的虚构感受"①的判断,以及纳粹给予"神话"一词"流行的"和"流传千古"的意义,在对源初神话的人种学怀旧中试图复活古老欧洲人的强烈愿望等,都是意欲打开神话作为本原的活力,试图从观念上定义整个的现代性。但是随着现代技术的迅猛发展和纳粹神话的轰然瓦解,上帝之死带来的价值虚无和众神的悄然退场,神话的"神话化的"因素逐渐褪去,当下的我们似乎已经进入一个巴塔耶曾称之为"神话的缺席"②的时代。无论我们是对神话力量的丧失表示哀悼,还是对再次进入神话秩序寄托希望,我们都无可避免地被抛留在一个虚构的神话资源严重缺乏的世界之中。

对于这种处境,南希更愿意以"神话的打断"来命名。因为"神话的缺席"虽然意味着众神离去和神话缺失的基本状态,但同时也意味着某种神话式的东西可能在未来增补这个"缺席",从而实现在场与缺席的循环交替,这还不是对这种处境的准确揭示。"打断"则更多地标示着对神话起源和神话虚构创建模式的双重悬搁与中断,留存下来的并不是某个可替补的缺席和非在场,而仅仅是进入神话界限的通道。用南希自己的话说:

> 打断不是在有限中封闭个体的独一性,而是再次在它的界限上外展开新的独一性,也就是说,使这种独一性向其他独

---

① Jean-Luc Nancy, *La communauté désœuvrée*, Paris: Christian Bourgois, 1986, p.115.

② 巴塔耶曾对"神话的缺席"做过一个明确的界定:"言简意赅地说,当今的人是由他对神话的渴望决定的,再补充一下,他也是由无法认同创造一个真实神话的可能性的意识决定的,如果是这样的话,那么,我们对神话的定义是,它是神话的缺席。"见 Georges Bataille, «L'absence de mythe», in *le Surréalisme en 1947*, Paris: Maeght, 1947 et la conférence «La religion surréaliste», in *Œuvres*, t. Ⅶ, Paris: Gallimard, 1970, p.381. 转引自 Jean-Luc Nancy, *La communauté désœuvrée*, Paris: Christian Bourgois, 1986, p.147–148。

一性展开。共同体不是在死亡的劳作与主体的内在性中实现自身,而是在出生的重复与传染中沟通自身:每一次出生都外展了另一个独一体,一个增补的界限,从而也展开了另一个交流。①

打断本身有自己独一的声音,一个声音,一段音乐——它在那不是重复的回声中隐匿,重复,延留,同时被外展——它是共同体的声音,也许,它以自己的方式,虽然未明言,却明说了;虽然未曾宣告,却表达了共同体的秘密,或者说,它虽然未曾阐明,却更确定地表现了无限共同-中-存在的没有神话的真理,这个存在"于"共同却不是一个"共同的存在",因此,共同体本身不受限制,这是神话也不能创建或限制的。有一个共同体的声音,在打断中分联,甚至出于打断本身的分联。②

正是在这个打断和分联中,神话脱离了自身,任何同一的、本质的、主体的、封闭的东西都被离弃了。神话所标记的联结、共同在场、虚构的创建以及共通人性等,似乎都已经不再存在于这个时代和世界,神话的功能、原则、意义似乎也丧失殆尽。存在被还原到如其本然的独一的本己状态,共在、共显、外展、分享的独一性存在开始是其所是地传递与沟通。对南希而言,神话的"打断"恰恰表现了以同一性、本质化为特征的共同体的不可实现和不可完成,标记了共同体中诸关系的相互触及、相互外展、共同分享和彼此沟

---

① Jean-Luc Nancy, *La communauté désœuvrée*, Paris: Christian Bourgois, 1986, p. 152.

② Jean-Luc Nancy, *La communauté désœuvrée*, Paris: Christian Bourgois, 1986, p. 156.

通。神话因而没有完成也没有融合,没有在打断之后被联合重组,它只是被打断了,它所揭示的只是那种强调同一性的共同体的终结。所以,问题不是以信仰为可能性假设的基础去追问神话本身是什么,而是应该追问:我们称作神话的东西到底意味着什么?在这个"神话的打断"的时代言说神话又意味着什么?神话被"打断"之后还剩下什么?文学共同体的存在方式是什么?南希说,遗留下来的就只有"被打断的共同体的声音"及其回响了。这个声音和回响,南希称之为文学(littérature)。

　　法语中 littérature 一词一般是指狭义上的文学,包括以虚构和想象方式创作的作品,以及这些作品所形成的风格、现象、流派、思潮等非实体形式的文本;但它与其他学科交叠或混合之后会产生丰富有趣的变异,有时也被用来指文艺、著作、文献、资料等广义上的文学;因为它在词源上还与拉丁文化的古典教育有关,与 littéra(文字的)的词根一致,它还被用来指称所有的笔墨生涯和文字工作,词义被扩大成书写。南希对 littérature 的思考除了建立在这个词义衍变的语言逻辑之上,更与马拉美、巴塔耶、布朗肖尤其是德里达对文学、文字和书写的思想的激发有关。我们知道,在德里达那里,文字/书写可以最大限度体现语言的差异化特征,可以打破语音中心主义的在场形而上学,也可以消解表现或再现的逻各斯中心主义。因为"写作是启动性的"[①];"并非因为它创造了什么,而是因为它有某种绝对的说的自由,某种使已在的东西以符号显现的自由,某种占卜的自由"[②]。换句话说,在南希的意义上,神话被

[①] 雅克·德里达:《书写与差异》上册,张宁译,北京:生活·读书·新知三联书店,2001年,第17页。

[②] 雅克·德里达:《书写与差异》上册,张宁译,北京:生活·读书·新知三联书店,2001年,第19页。

"打断"之后，文学承担起了神话铸就、制造、生产和维系共同体的功能，成了共同体的"神话化的"建构因素。只是南希这里的文学不仅包括了哲学、理论、评论等广义的文字书写，还包括小说、诗歌、戏剧和散文等形式的狭义的文学。

对南希而言，如果说"神话"命名了传统的文学共同体，表征了在传统共同体中共同生活的人的诸关系，标识了文学诸要素之间的本质化关系，那么"文学"则否定了以"神话"为主要形式的文学共同体形式，发展了一种以分享和外展为特征的新的文学共同体形式。当然，这种否定和发展并不具有辩证法意义上的扬弃的意味，而是意味着对前一种文学共同体的拒绝。问题是，在怎样的意义上，这种拒绝是有效的？前文已论及，在起源的意义上神话是文学的源始，神话奠定了后来文学的母题基础，文学场景几乎都可以看作对神话或神话学场景的复现与变异。文学也如神话一般会做出这样或那样的"启示"，只是它所启示的并不是某一实物或秩序，而是某种幻象似的不可启示之物。在这个意义上，文学与神话是彼此分享而且相辅相成的。因此，南希对神话式的文学共同体的拒绝并不意味着对文学共同体的否定，而是对传统"神话"式本质化的文学共同体的拒绝，是开启了一种新的文学共同体形式的可能，这种可能性同时敞开了"文学和哲学共有的领域"的新的可能性。

研究者已经指出，南希的文学共同体中"不存在主体，不存在互主性交流，不存在社会'纽带'，也不存在集体意识"[①]。德里达也

---

① J.希利斯·米勒：《共同体的焚毁：奥斯维辛前后的小说》，陈旭译，南京：南京大学出版社，2019年，第22页。

在《对秘密的喜好》中直接质疑过南希的共同体①。在中国学者眼里,南希的文学共同体甚至是一种"向死而生的共同体",其理由是:"情感性的内在体验,我们从生命最直接的当下张力所体验到的共享,才是共同体最有效的存在,那种个体自我的同一性的身份,一种虚构的大写的我的图景,在最直接当下的内在体验的共享中,全部被悬搁了,剩下的就是基于情感和情绪,在内在体验的感触中涅槃重生的共同体,在失却自我的同时完成了对自我真正的救赎。"②也就是说,情感、情绪、体验、感触等直接生命经验的存在,保障了文学共同体的存在可能性;但要理解文学共同体,又必须在分享、沟通和外展的意义上理解文学共同体中诸关系的运作方式,也即文学共同体的存在方式。现在的问题是,神话被"打断"之后那个标记着"声音"及其回响的"文学",是否还是那个如布朗肖所说的"以某种方式保持着与书写的联系"的"文学交流的理想的共同体"③呢?它会继续被打断吗?

---

① 德里达曾对这一连串否定提出过质疑:"为什么称之为共同体?仅仅是为了与我们某些朋友试图给出的共同体提法保持一致吗?比如布朗肖'否定的共同体'、南希的'非功效'的共同体?对这些共同体,我没有疑虑,但我只想问,为什么称它们为共同体?"见 Jacques Derrida, Maurizio Ferraris, *A Taste for the Secret*, trans. Giacomo Donis, eds. Giacomo Donis and David Web, Cambridge: Polity, 2001, p.25。

② 蓝江:《当代欧洲共产主义的三种实现形式》,《黑龙江社会科学》2017 年第 5 期。

③ 在《不可言明的共同体》中,布朗肖肯定了共同体并非至尊性所在,而是一个通过自身外露而展露的东西,它的缺席产生了一种必然多样化却不可分享的言语,正是这种言语使关于共同体的言说成为可能。他写道:"由此可预感到,共同体,在它的失败中,已与某一类型的书写(écriture),部分地联系了起来,那一类型的书写只寻求最后之词:'来吧(viens),来吧,来了(venez),命令、祈祷、期待所不适合(convenir)的您或你。'"这其实是提供了某种正在从未来到来的书写的共同体,这就是"文学交流的理想共同体"(la communauté littératre)。见 Maurice Blanchot, *La communauté inavouable*, Paris: Minuit, 1983, p.26。

三、"文学的共通体"：文学与政治关系的重构

为了准确地描述这种喻示着新的可能性的文学共同体，南希使用了他惯用的双关、同义反复甚至文字游戏等打破语词惯有含义的做法，在对法语词汇 communauté 进行了词源学考察后，将之命名为"communauté littéraire"。根据法语本身的语言特点，许多法语词汇往往具有多重含义，诸含义之间又常常彼此浸染或相互交叉，甚至在法语语言体系内部也存在着幅度很大的语言的翻译问题，communauté 就是这样的一个词。南希考察发现，在词根 commun 的衍化历程中，有两个与 communauté 密切相关的词汇，即 communitas 和 communis。communitas 是名词，其含义主要是给予和交换礼物的那种相互性或者转换，蕴含着交流、集体、与某种事物相关等意味，有作为共同的城邦政治和社会共同体之类的意味，后来的 communauté（社会）和德语中的共同体（Gemeinschaft）就由它派生而来。communis 是形容词，其含义则相对丰富一些，既指相对于专有、特有、本己等而言的多样、多元、更多、复多等，又指相对于私人、特别等而言的公共、一般等，还指与同质化、实体化和主体化相关的同一性、统一性等。因此，communauté 一词就含有共同、共通、同一、多样、社会、社区等多重意义。

就像南希的中文译者夏可君指出的，"翻译南希的著作必然也是解释、创造和变异汉语，这是汉语思想内在同一性的延异和外在变异的双重书写"[①]。在不同文本语境中使用不同的汉语词汇对译

[①] 让-吕克·南希：《解构的共通体》，夏可君编校，郭建玲等译，上海：上海人民出版社，2007年，第2页。

哲学思想,既是忠于一种思想在他者话语体系中如其本然之原初状态的必然要求,也是这一思想得以恰切地"在地旅行"或"在地实践"的最好保障。汉语对 communauté/community 一词的翻译,一般有"共同体""共通体""社区"等三种译法。"共同体"强调的是组成这个团体的各要素之间的共同性和有机性;"共通体"不强调实体化的"同",而着意没有目的地、仅表达一种状态或动向的"通";"社区"则是一个社会学意义上的词汇,表示的是由于共同的地理区域、意识形态、利弊权益等集结在一起的社群组织。三个语词都指涉着"共/与/和"的关系范畴,如南希自己所说,"在每一种情形下,都产生了'共同(共通:commun)'的价值,它被施行和起着作用"①。在《独一多样存在》一书中,南希也说:

> 存在是完全的共在,这是我们必须想到的。"共"是存在最基本的特征,标示出存在既独一又多样的原初……于是,共同体本身的特点以如下方式向我们传达:"共同体"②除了以"共"构成自身之外,没有其他资源可以占用。它只有表示连同的"共同体",有内在性却没有内在核心……"共"亦不似有机体那样自洽,它完全依据经验调整,弃置了一致性和连贯性,不依目的计划而行,却应时应势而动。③

显然,"communauté littéraire"中的 communauté 想要强调的就是这里的"共""连同""动",而不是指向有机性和体系性的"同"

---

① 让-吕克·南希:《解构的共通体》,夏可君编校,郭建玲等译,上海:上海人民出版社,2007 年,第 3 页。
② 南希将 communauté 一词加上引号,也表明他想要强调这个词的非常规意义。
③ Jean-Luc Nancy, *Être singulier pluriel*, Paris: Galilée, 1996, p. 83 – 84, 85.

"体"。由于对词汇意义的理解不能脱离具体的使用语境,我们可以尝试用"共通体"来对译神话被"打断"之后的文学共同体,communauté littéraire 因而可以译为"文学的共通体"。那么,"文学的共通体"想要说明什么? 有没有一种范例性的"文学的共通体"?

对前一个问题,南希的回答是:"共通体并不意味着占据一种共有的存在,而是意味着去在共同'之内'存在,去保持在这个'之内(在那里之内)'中,保持在这个联结的-非连续的'之间'中,保持在根据每一次'一致'的存在而进行的独一判断之间。"① 既然"共"是我们每个个体和普遍意义上的存在的最基本的特征,我们便不得不与他人共同分享我们的存在,存在虽然是以独一性的方式显现自身,但又总是被一个复数形式的共在关系所联合。因此,重要的是共同体中诸个体之间那种种联结而非连续的关系,是标示着差异的"之间"。这表明,"文学的共通体"要拒绝的是那种有着同一化倾向的神话式文学共同体,触及一种全新的文学共同体的可能性。

对后一个问题,南希的回应是:有,这就是文学与政治的联结。在《非功效的共通体》中"文学的共产主义"("Le communisme Littéraire")②的结尾处,南希断言:

> 沟通发生在这个界限之上,事实上,这个界限由沟通构

---

① Jean-Luc Nancy, *The Birth to Presence*, trans. Brian Holmes and Rodney Trumble, eds. Werner Hamacher and David E. Wellbery, Stansford: Stanford University Press, 1993, pp.185 – 186.

② 南希"文学的共产主义"这一提法中的"共产主义",与马克思提出的"共产主义"思想相关,但又与其不同。有译者建议翻译为"文学的共同体主义",这一译法又遮蔽了南希指涉马克思的意图。这里仍然尊重南希意愿,译为"共产主义"。

成,它对我们注定要共同存在的方式——我们称之为政治——提出要求,它决定了共通体向其自身开放,而不是向着一个命运或将来敞开。"文学的共产主义"至少表明如下之一点:共通体不断抵抗让它趋向完成的一切,这个抵抗过程有一种无法抑制的政治紧迫性,而这种政治紧迫性又反过来要求某种"文学"来标示我们的无限抵抗。①

文学与政治的联结首先标示的是"无限抵抗"的意义。也就是说,传统对文学共同体中文学与政治关系的理解,必须被重新思考。因为它关涉文学与自身之外的所有社会科学、文学书写与共同体的意义的关系问题,甚至关联着"文学的共通体"及其打断、沟通、分联等诸原理的根基。如果处理不好,南希关于文学共同体的所有阐释都将受到质疑。菲利普·梅纳尔(Philippe Mesnard)就曾质疑:"在展现该政治界限,亦即作为政治界限的界限,铭写该抵抗并成为该抵抗之必要部分的同时,文学难道没有判定自身停留于政治之外,抵抗政治或仇视政治吗?"②为此,南希专门写下《论文学共产主义》③一文予以回应。

南希并不否认文学的政治特性,但与将文学作为社会的表征的惯常看法不一样,文学并不只有对社会实施批评的功能,因为这些功能可以用非文学如社会学的方式实现,文学独一的政治特性

---

① Jean-Luc Nancy, *La communauté désœuvrée*, Paris: Christian Bourgois, 1986, p.198.
② Jean-Luc Nancy, «Autour de la notion de communauté littéraire», *Tumultes*, 6 (1995), p.25.
③ 即南希的«Autour de la notion de communauté littéraire»。此文已有张驭茜的中译版,收入米歇尔·福柯等:《文字即垃圾:危机之后的文学》,白轻编,赵子龙译,重庆:重庆大学出版社,2016年,第341-359页。本文对南希此文的引用参考了张驭茜的中译版,译文有改动。

在于"有助于巩固社会的联结(lien)"①。虽然政治学传统认为政治的首要前提也是"联结",即在行使平等权利的基础上,将破碎的主体或社区"联结"成一个完满与宏富的社会图景,指向某种共产主义式的政治共融,"联结"被视为一个为了实现某种原则或目的的主体化过程。但是在南希这里,"联结根本不是一种共融,而是一个打结但非完成的东西(它不实现任何事物,而是一个维持分享的结——并且它还具有不平等和政治的可能性)。不完成恰巧是政治的条件。结头(nouage)恰巧是文学的条件。两者彼此蕴含,而永不相互混同或相互超越"②。

文学与政治的这种彼此蕴含关系,不仅仅意味着政治危机会对文学书写提出要求,也意味着文学书写会对政治实施"无限抵抗"。由于文学与政治总是处于同一时空中,而且既相互联结又彼此分离,文学又总是政治的文学,所以政治也成了文学的政治。在文学与政治之间形构了一个以张力和分化为基础的共同体,文学共同体便具有了既联结又分离的双重性。这种双重性实际上解构了以表征或完成为目的的本质化过程,使政治与文学向着彼此敞开、相互联结又各自独一,共同构成了文学共同体中"存在-于-共通"的彼此共在的独一性存在。

为了呈现这种独一性存在的"于共通"状态,那种将文学理解为直接和稳定的政治意指行为的观念必须被抛弃。在那种观念中,"文学被认为是自行地'政治主动地',恰如政治被视为一种'铭写'(inscription),它们都以一个稳定的、融合的或有机的共同体为

---

① Jean-Luc Nancy, «Autour de la notion de communauté littéraire», *Tumultes*, 6 (1995), p, 25.
② Jean-Luc Nancy, «Autour de la notion de communauté littéraire», *Tumultes*, 6 (1995), p.27.

基础"①。文学必须被还原到作为结头的本然意义上,承认它的联结价值而非意指价值。事实上,在本雅明、阿多诺、巴塔耶、布朗肖、德里达以及福柯等思想家的工作中,文学(包括书写)已经开始脱离意指的原则或目的,转变为对意义的诞生或向着意义的诞生的事件或运动。它排除了意义的绝对一般性,将意义还原到作为感觉、方向、含义的三重内涵,意义的意指性被还原为意义的独一性。南希写道:

> 意蕴是意义之诞生的独一事件。一般的一般性总是一种意指,一种建构起来的表征。然而,这里的一般性是意义的生成性,是其慷慨(générosité):间隔、敞开、步伐,或一种在自身中建构意义之制造或意义之获取的"向着……存在"(l'être-à)。这只能作为一个独一的事件发生——反过来,构成了一个事件之事件真理(其"事件性",其到来性和发生性)的,是意义的敞开和向着意义的敞开。在其现代意义上,文学代表了意义的事件和作为事件的意义。②

文学是意义的间隔、敞开、发生,是"共通-中-存在"的如其本然的感觉、方向和意义,意指只有作为分享和沟通行为才有意义,意义不是原则或目的,而只是走向意义的生成和运动,意义未完成也不可完成。所以,作为现代性事件,文学的意义不是"政治主动地"表征或批评社会,也不是矫揉造作地铭写或记录政治主体化的

---

① Jean-Luc Nancy, «Autour de la notion de communauté littéraire», *Tumultes*, 6 (1995), p.29.
② Jean-Luc Nancy, «Autour de la notion de communauté littéraire», *Tumultes*, 6 (1995), p.30.

过程，而仅仅是"从一个人延伸到另一个人，或者是从一个人延伸到所有别的人，向着一个'交流'的纽结延伸、提出或展露"①。因此南希才极为肯定地宣称："联结是相互的；从绝对意义上来说，意义必须是相互的，否则它什么都不是。"②

　　认识到这一点，对文学共同体有什么意义呢？在西方文学传统中，曾经有许多时代都是文学与政治之谐调的共同体时代，政治作为美好生活总是被谐和地表现在文学的叙事、风格、语言、姿态等之中。在古希腊的戏剧、古罗马的诗歌、中世纪的教会文学、王权时代的古典主义文学、启蒙时代的启蒙文学，甚至浪漫派的文学"新神话"中，都可以看到意义与意指之间不做区分的痕迹，都可以看到那种渴望作为意指的共同体得以完成的巨大诱惑。但是，"法西斯主义"的没落和作为民主的"人民"的诞生等现代性事件的发生，要求意义必然脱离意指而回归到如其本然的"共通-中-存在"。这就在政治和文学的共同体中产生了裂变和分化，一个是允许表征化、意指化的意蕴，另一个则是作为"结头"的未完成的意义本身。但这并不必然意味着政治和文学这两种秩序彼此完全陌异或毫无关联，恰恰相反，因为政治与文学具有绝对的同时代性，所以它们恰恰揭示了"存在-于-共通"的本己性和专有性。这就是南希反复申说的"文学的共通体"的意义所在。

---

　　① Jean-Luc Nancy, «Autour de la notion de communauté littéraire», *Tumultes*, 6 (1995), p.31.
　　② Jean-Luc Nancy, «Autour de la notion de communauté littéraire», *Tumultes*, 6 (1995), p.31.

四、"文学的共通体"与文学共同体的中国视角

从"共同体的失落"到"神话的打断",再到"文学的共通体",南希的文学共同体思想呈现出比较完整的逻辑链条。综合起来,南希文学共同体之思的要点是:共同体分裂、错位或动荡的危机是现代社会最痛苦的见证;传统理解中的共同体是以人为中心、以个体为基础、以自杀逻辑运作的封闭的共同体;真正的共同体应该是建立在独一性共在基础上的,以绽出、外展、分享作为本质特征的共同体。神话被"打断"之后文学共同体的存在方式是"文学的共通体"。这种新的文学共同体形式总是拒绝任何本质化、中心化、同一化、内在化的或显或隐的倾向,且总是面向外在性、差异性、他异性等保持开放。南希的文学共同体之思,还重构了文学和政治之间的关系,表达了以分享、外展和沟通为核心特征的多元主义的文化立场。这种"文学的共通体"及其理念,对于建构中国特色共同体文论话语体系具有极大的方法论意义。

首先,南希"文学的共通体"对人类中心主义、同一化、本质主义的批判,以及共在、独一性、外展、分享等概念中蕴藏的他者维度和生态思想,可以启发中国文论传统中共同体话语体系的建构,推动生态美学、生态文论的建设和发展。西方解构思想家和新历史主义、后殖民主义、女性主义等文化批判学者早已指出,西方文明的发展有人类中心主义、西方中心主义、菲勒斯中心主义、逻各斯中心主义等本质主义的倾向,有极其强烈的西方文化霸权政治的意味。思想家们也总是不遗余力地对这种违背生态和谐原则和文化共存伦理的倾向充满反思,并形成了特色鲜明的文化批判的思想传统。南希的共同体之思其实延续并重构了这一思想传统。它

可以启发我们思考，在西方相对连贯的共同体思想传统之外，还有中国文论传统中的共同体观念以及形形色色、内蕴丰厚的中国特色的共同体话语。比如，儒家"和而不同""求同存异""天下为公""社会大同""仁者爱人"，道家"自然无为""天地与我并生""万物与我为一""齐物之论"，佛家"因缘际会""众生平等""境界""缘起性空""诸法无我"等传统思想话语体系，就是我们挖掘中国特色共同体观念和生态思想、建构中国特色共同体文论话语体系的思想武库。只是这种挖掘和建构，不是以二元对立的思维方式，用东方中心主义取代西方中心主义、以自然主义取代人类中心主义，而是以文化多元主义（multiculturalism）和生态主义（ecologism）的观念立场，吸收南希共同体思想中外展、绽出和分享等理念，充分尊重他者的差异性和他异性，在"共通"之中推动中国文论话语"分享自身""走向域外""向外展露"，向世界文论话语体系发出中国共同体文论话语体系自己的声音。

其次，南希"文学的共通体"对"共在""独一性""共通性"等的强调，有助于我们在共通、共在等观念指导下形成符合中国文学现实的批评观念和话语系统。南希的"共在"虽然建立在海德格尔共在（Mitsein）概念的基础上，却突破了海德格尔将共在局囿为此在（Dasein）之日常生活方式的限制，将它还原为富含他者维度的更基本的"共/与"状态；此在与此在不仅是共同存在的关系，更是与其他非此在"共/与"存在于世界之中、始终处于对话和分享状态之中的关系。南希的"独一性"概念取消了"个体"概念的人类中心主义倾向，克服了"个体"概念走向极端个人主义从而排斥共同体的潜在危险，将多样性规定为与独一性同时存在的人的基本存在论特征。南希的"文学的共通体"强调通道的打开、永恒的分享以及整体的运作，这本身也是对封闭式结构的打破和对中心化独语体的排除,提供的是一种与社会学批评、政治批评乃至意识形态批评等完全不同的看取方法和思维方式。这意味着,我们在进行文学批评实践的时候,虽然并不排斥结构分层、分类处理、标准齐一的操作方式,但在对待具体的文本对象时,应该将它们理解为多样存在的独一性以共在的方式存在于特定的文化语境和文化场域之中,主流与非主流、审美与非审美、功利与非功利、好坏高下等之间有着极具宽容度的共通性,这样一来我们所看到的批评结果或话语秩序就会完全不一样。事实上,J. 希利斯·米勒以南希共同体思想为理论底色的文学批评实践[①],已经为我们做出了正确的示范。

再次,绽出、外展、分享作为南希"文学的共通体"的本质特征,揭示着绝对封闭内在的主体性存在的不可能。让每个独一性都在完整保持自身特殊性的前提下"和而不同"地共存,这可以让我们清除排他性的自我中心主义立场,在一个更大范围和更高层次上来建构中国特色的文学史话语体系。多民族、多语言、多文化共同存在的中华民族发展事实,决定了中国文学多语种、多风格、多体式的繁复多样性,也决定了文学质量良莠不齐、数量多寡不一的文学现状。而现行中国文学史叙述大多采用西方文学史的学科范式,主要叙述以汉民族为中心的文学发展史实,一定程度上未能充分体现中国文学作为多民族文学共同体的存在实际。如果我们能吸收南希共同体思想的合理内核,承认作为独一多样存在的各民族文学实际上是与汉民族文学在外展、对话、分享和沟通中彼此生

---

① 相关成果主要有:J. Hillis Miller, *The Conflagration of Community: Fiction Before and After Auschwitz*, Chicago: The University of Chicago Press, 2011; J. Hillis Miller, *Communities in Fiction*, New York: Fordham University Press, 2015; P. M. Salván, et al., *Community in Twentieth-Century Fiction*, London: Palgrave Macmillan, 2013。

成和共同发展的,克服以西方文论话语诠释中国文学的概念化弊端,将中国文论传统中的共同体话语与西方思想传统中的共同体之思进行有效对接,那么我们将重构出一种"更真实而博大地表述中国文学的现实和历史"①的中国特色的文学史话语体系,将重新发现并揭示出"每个独一体之内都藏有秘密的他者性"②,进而将建立起更立体、多元、开放的文学史叙述模式。

正如研究者指出的,作为术语的 communauté/community(共通体/共同体)的含义还会不断增殖并引发大规模的持续辩论,因为"憧憬未来的美好社会,一种超越亲缘和地域的、有机生成的、具有活力和凝聚力的共同体形式"是人们普遍存在的"共同体冲动"。③ 但是,这种共同体冲动,不应以取消独一性和个体权利为前提和代价,不应以内在性、同一性或中心化等有极权主义倾向的共同体形式为目标,而应该将分享、绽出、外展等理念贯注其中,追求建基于多元主义和生态主义立场上的文论话语建构。毕竟,遭遇现代性危机的传统共同体已经显露了它不可避免的失落命运,执着于"求同"往往会走向摒弃"存异"的极端,只有在共同体的内在有机性中增加共同体的外在分享性,"和而不同""求同存异",才是理想的共同体形式。在这个意义上,南希的文学共同体思想可以启发我们重新思考中国文论传统中的"和而不同""诗言志""诗可以兴观群怨"等文论话语,重新设定中国文学与世界文学、中国文论与世界文论的关系,重新建构中国文学史的叙述模式等,对于中国文论话语建设、文学批评实践和文学史构建等,都有重要的方法论意义。

---

① 张未民:《共同体观念与中国文学》,《文艺报》2015 年第 12 月 7 日号。
② J. Hillis Miller, *The Conflagration of Community: Fiction Before and After Auschwitz*, Chicago: The University of Chicago Press, 2011, p.15.
③ 殷企平:《西方文论关键词:共同体》,《外国文学》2016 年第 2 期。

书文的共同体主义:
论布朗肖和南希对共同体的文学化想象[*]

谢超逸[**]

内容提要:法国思想家布朗肖和让-吕克·南希一致认为,由于西方思想中主体形而上学传统十分强势,所以有关主体的思想始终阻碍着对共同体问题的思考。无论是作为个体的主体还是作为集体的主体,它们都会陷入绝对自足性中,因而不能形成真正的共同体。布朗肖和南希寄希望于"书文的共同体主义",认为它将促成一种没有主体的共同体,其中个体能够保持其独一性的存在,并在对他者和自身的分享中获得同一性。通过考察书文共同体主义的内在逻辑及其重要意义,这种文学性构想和文人化倾向所存在的问题可明显呈现出来。

关键词:布朗肖 南希 共同体 文学

人们如何共同生存是个古老的议题,西方自古希腊时代始便将有关共同体的思考纳入问题域,譬如柏拉图对理想国的构建、亚里士多德对作为政治共同体的城邦的讨论等。不过,直到1887年

---

[*] 本文原载《同济大学学报(社会科学版)》2021年第2期。
[**] 作者简介:谢超逸,同济大学哲学博士,研究方向为文艺美学、当代西方文艺理论、数字媒体艺术研究。

德国社会学家滕尼斯出版了《共同体与社会》(Gemeinschaft und Gesellschaft)一书,"共同体"才在严格意义上成为一个学术范畴。此后,对共同体的讨论逐渐溢出社会学领域,共同体的含义与历史进程中的各种思潮产生了复杂互动,最终沉淀出一些具有共识性的要点,包括:人与人之间紧密的关系和交往、相似的生活方式及历史经验、对共同团体的认同感和归属感、成员资格的获得和相对界限的产生以及遵循相同价值观或规范的行动。

1983年,法国学者让-吕克·南希发表了论文《无用的共通体》(«La communauté désœuvrée»)。受到此文的启发,法国另一位重要思想家布朗肖写出了《不可言明的共同体》(La communauté inavouable)这本小书。① 在此后的数十年间,二人的思想相互影响、彼此推进,为共同体问题开辟出全新的论域。在布朗肖和南希看来,每个现代人都是共同体之动荡与分裂的历史见证者;共同体的现代命运还未被清晰揭示,因为主体形而上学从未摆脱对绝对内在性的渴望。大部分关于主体的思想都会阻碍对共同体的思考,无论这个主体是以个人的形象示人,还是以总体的形式出现。因此,本文的前两个部分将首先厘清布朗肖和南希对主体形而上学的两种形态——个体主义和总体主义——的批判,第三个部分则关注二人围绕"书文"(littérature)、"共同体"等关键概念所阐发的重要思想,即共同体不是人为筹划或制作的成品,而是人在每个瞬间中共同存在的一切经验。本文肯定布朗肖和南希为共同体主题补充了一个富有价值的维度,揭示了书写和阅读的分享作为共同经验的基础性意义。但需要警惕的是,此思路具有强烈的文人

---

① 中文译者在翻译这两个文本时,为突显二人对communauté这个术语的传统意义的颠覆,多用"共通体"一词替代常用的"共同体"。因论述主题之故,本文仍采用"共同体"概念,仅在必要时使用"共通体"的译法。

化色彩,它对瞬间化、非实体和未完成性的过分强调,容易导向一种无政府主义的风险。

一、个体主义:独一性的缺失

现代文明是个体的文明,原子式个体既是现代性的成果,也是它的助推器。自西方唯我论思想被开启以来,个体主义在成为形而上学传统的强势分支时,也将共同体的经验一并埋葬了。然而,个体主义所承诺的自由和解放却仍不见踪影,现代世界散落着惶然的难以稳定聚合的"存在者们"。这一切表明,即使共同体是由个体所构成的,个体也并不必然会构成共同体。

对布朗肖和南希来说,有关个体(individu)的讨论缺乏对独一性(singularité)的考虑。独一性就是专注于每个作为唯一存在的人的特性,它不同于个体性,因为个体性总是在寻找某个根据,而独一性则不需要任何外在的评价和认同。个人之所以拥有独一性,正是由于其自我拥有不可评价的异质价值,因此独一性也就是他异性(altérité)的别名。至关重要的是,对异质价值的整合不仅发生在个体的自我之内,也同样出现在个体与个体之间的关系中,共同体的存在就是诸多独一性的展露和汇聚。因此,独一性是个体在共同体轨道上的偏离,但偏离不等于脱离,它毋宁说是一种无限展开的向外倾斜。因此,共通的是关系本身,它为个体之间的相互切入提供了一个场域。"独一的存在,因为是独一的,所以就在这种分享着它的独一性的激情当中——被动性、受难以及过度。他者的在场并不构成为了限制'我的'的边界;相反,唯有——向他者展露,才释放我的激情。"①

因此,个人不是共同体的对立面,共同体是在个体通过他人并且为了他人时才会发生的汇聚。经历了一战的乔治·巴塔耶,从未停止对上述问题的探索。然而,直到在二战期间的手记中,他才终于写下了"否定的共同体"这个深刻影响了布朗肖和南希的命题。事实上,早在二战初期,巴塔耶就与布朗肖相识并成为好友。在战后巴塔耶所创办的《批评》(*Critique*)杂志上,布朗肖还发表过重要文章。如此密切的交往,也就解释了为何巴塔耶的思想印记频频出现在布朗肖的文本中,尤其是当"共同体"这个主题出现时。对巴塔耶来说,人之所以需要共同体,是因为每个存在的根基都有着不充分性。布朗肖接过此思路并进行拓展,他指出,正是存在对它自身的质疑,使它意识到自己存在的根基是不充分的,因而只有他者的到来才能实现存在的完满。换句话说,当某种根本他异之物出现时,个体才会产生严格意义上的经验。召唤他者就是召唤共同体,"目的不是要在他者身上获得某种客观的现实(这会使其立刻失去本质),而是通过在他者身上分享自身,使得自身被质疑,从而反思自身"②。

南希对共同体的思考也是从对巴塔耶思想的评论开始的,他承认巴塔耶的思想已经探入共同体的现代经验的深处,但认为巴塔耶对共同体的论述仍未能摆脱关于主体的思想。巴塔耶期许的共同体是一种"情人间的共同体",它用爱来表现对国家和社会的持续抵抗。南希肯定这种爱所展露的潜力,因为恋人永远不会成为具有主观政治性的同胞公民,他们只在爱的内部才相互联结。

---

① 让-吕克·南希:《解构的共通体》,夏可君编校,郭建玲等译,上海:上海人民出版社,2007年,第57页。

② Maurice Blanchot, *La communauté inavouable*, Paris: Minuit, 1983, p.34.

然而，布朗肖已经注意到，"情人共同体"是两个存在仅仅向对方的展露，它虽然让存在脱离日常社会的婚恋契约，但其边缘性和私密性决定了它不能建构起一种足以撼动社会的力量。因此，"情人共同体"的不幸就在于，当真正直面其对手时，它不得不凝聚为某个主体的形象，否则就无法从私人领域迈入公共领域。此时，爱就不再是无所传达的纯粹行动，而是被迫具有了某种意义的暴力。

正如南希所言，如今所有关于爱的哲学研究都不可能避开伊曼努尔·列维纳斯的影响。当巴塔耶关于爱和共同体的讨论陷入困境时，重新回到列维纳斯也许是最好的选择。就在巴塔耶开始集中关注共同体问题的20世纪20年代，布朗肖在法国的斯特拉斯堡大学结识了列维纳斯，并在其影响下对现象学和海德格尔产生了浓厚兴趣。在布朗肖后来逐渐成熟的友爱论中，列维纳斯思想中最强大的一面浮现了：在承认分离的必然性后思考他人并走向他人。友爱就是一种"没有关系的关系"，它不包含任何防备和算计，不接受任何利用和操纵。在友爱存在的地方，自我总是感到他者在发问，于是它在回应的同时产生了一种责任感，这种对他者的责任将自我从其主体的封闭中抽离出来。南希关于爱的伦理思想也依赖于列维纳斯的一个关键区分，即《总体与无限》中对多样性（pluralisme）和多数性（multipicité）的讨论。南希将爱阐释为多样性的激发，因为多样性正是独一性的亲缘概念，它们都指向由差异产生的聚合。① 爱是每个人都应得的最低限度的东西，它是超越一切得失计算和衡量的纯粹行动。由于爱不具有任何倾向性，故它不会结成带有偏好的共同体。爱并不是个人的私有物，它恰恰是

---

① 让-吕克·南希：《解构的共通体》，夏可君编校，郭建玲等译，上海：上海人民出版社，2007年，第318页。

要穿过公与私的防线,将对方视为独一的人。

不过,布朗肖已经意识到,列维纳斯伦理学中有个让人不安的部分,它太过于强调他人这一端,甚至将他人抬高为比自我更接近上帝的存在,这就导致伦理关系陷入一种非相互性中,甚至连爱也可能成为伦理的阻碍。布朗肖和南希决定从列维纳斯那里回撤一步,为不对称关系加上"平等"这个限定词,现在,自我和他者的关系就是在平等中的不对称性,它引发了交流和分享的可能。除此之外,列维纳斯认识到了人是在爱之中爱自己,但他怀疑这种对自我的返回是否带有一种自我中心主义的危险。南希则认为这种担忧是不必要的,因为即使人会在爱之中返回自身,这个经历过爱之后的自我,也不再是原来的自我。南希用爱的"碎片"(éclats)这个描述来表明,只要爱的时刻开始了,只要爱的行动发生了,自我和他人就被爱切开了一道裂口,原本自足的主体性由此被侵犯。在南希更为晚近的文本中,爱的激进性在"闯入者"这个概念中得到了充分体现。1991年,备受癌症折磨的南希不得不接受了心脏移植手术,这个经历使他对来自他者的爱的"闯入"有了更为深切的感受。缺口在人的躯体和意识中都被打开了,器官移植的成功意味着排异反应的消除,一个人接受并妥善安置了另一个人的"闯入"部分,他也因此不再是原来的那个封闭的主体。

在当代法国哲学家中,还有一位学者也对巴塔耶和列维纳斯的思想十分熟悉,他就是雅克·德里达。自布朗肖在20世纪30年代从政治时评转入文学评论开始,德里达就受其吸引,并在此后持续关注他的创作和思想。20世纪80年代到90年代,德里达曾多次与南希共同出席会议,并在各自的著作中回应对方。当南希在1987年为获得国家博士学位而进行答辩时,德里达正是答辩主持人之一。在两年后的一个研讨班上,德里达以"友爱的政治学"为题发表了著名讲演,其主要动机正是批判性地回应布朗肖和南希。德里达指出,友爱被错认为博爱已经很久了,作为友爱之博爱的经典结构是以男性的兄弟情谊为中心的,而朋友关系几乎就是兄弟情谊的无血缘变体。无论是着重谈论友爱的布朗肖,还是更多强调爱的南希,都未能识破博爱共同体的本质,即一种对家系和世代的重新命名。①

布朗肖和南希并未直接回应德里达,不过在南希看来,德里达的文本恰恰缺乏对伦理的尊重,他所谓的解构也未能超越既有的伦理话语及其形而上学的尺度。虽然德里达正确地指出封闭和自足使伦理学陷入了危险,但他错误地将未来的任务推定为对追问的保持。尤其是在《暴力与形而上学》中,德里达对责任问题的回答是哲学的而非伦理的,他仍寄希望于哲学及其知识成果能够使一种道德法则自动现身。但是对于南希来说,爱的法则就是没有法则,由于不包含任何规定内容,爱成了一个超越所有伦理概念的绝对律令。在布朗肖那里,责任和义务也不是由某个道德法则来规定的,相反,恰恰是通过友爱产生的对他者的责任,才成为自我的伦理律令。

二、总体主义:同一性的误用

在总体主义(totalitarianism)的共同体中,同质性(homogénéité)取代了同一性(mêmeté),前者体现了集体主体对抹除所有他异性的要求,后者则与他异性直接相关,因为正是在对各自差异性的分享中,每个个体才共同拥有了某种同一性。当同质性成为共同体

---

① Jacques Derrida, *Politiques de l'amitié*, Paris: Galilée, 1994.

的目标后,总体性(totalité)就被视为一种更加高级的主体,它能够规定共同体内诸多独一性的各自界限。同时,总体性标志着一个完成了的整体,它将其各部分视为达到统一目的的工具性环节,因此任何会危及整体稳定的杂质都必须被消灭。在布朗肖和南希看来,共同体是同一性的世界,但绝不是同质性的世界。共通的融合是一个错误命题,巴塔耶曾将这种融合式完成的典型指认为基督教的共契(communion),布朗肖对此深表认同,因为这种共契远远超出了满足存在之不充分性的需求,从而陷入了过度的迷狂,它会使共同体的成员彻底消失于高度统一中。或许正是因为独一性已被抹尽,于是当中世纪末期基督教价值体系崩溃后,西方文明的个体在纷乱的现代世界中再难自持。

还在青年时期的南希,就因为法国贝尔热拉克爆发的天主教运动而开始关注基督教的危机。在后来的学术研究中,他也在基督教和共同体的关系问题上投入了更多精力。南希在基督教的灵契中辨认出一种内在动机,为了突显只有神圣事物的回归才能救治现世苦难,基督教虚构了神圣共契的失落,或者说某种神圣共同体的失落。神圣共契的寻回,被宣称发生在具有可渗透性的基督身体的深处,而神圣启示的每一次出现,都是共同体的再确认。基督教的问题就在于,它只承认神秘之体这个唯一的形式,并强行将它赋予其他所有身体。对南希来说,即使真的存在着某种"身体的共同体",它也仅仅表现为"toucher"(触及)的共通。[①] 沟通是在界限上发生的,而触及就是对界限的试探,但这种试探保留了而非摧毁了边界,它是对相互渗透的根本否定:人总是需要一个身体,一

---

① 让-吕克·南希:《解构的共通体》,夏可君编校,郭建玲等译,上海:上海人民出版社,2007年,第375页。

个不可能与他人进行交换的肉体位置。除此之外,身体就是它自身,是一个没有附带象征体系的自我。正是在这一点上,基督教暴露出它的问题,它要借由身心二元论的经典结构,将身体做成神圣的心灵和意义的容器。南希强调,只有外展能够打碎身体的容器,在一次次的彼此触及中,身体的外展就为共同体的出现提供了可能。

南希承认,基督之爱的观念在西方世界中至今仍具有整合力,但是在共通中存在所需要的爱,绝不能被视为基督之爱的变形。基督之爱当然也强调分享,但这种分享是具有神圣功效的,它通过对某个超越性权力的崇敬和恐惧为基督教共同体的形成和持存提供保障。然而共契的爱要求的是完全融合,它也因此变得十分危险:爱世人的神一方面教导其信徒要爱邻如己,另一方面又保留了邻人与敌人相互转化的可能性。于是,神之博爱与神圣战争成为基督教共同体的双刃,人们必须审时度势,正确地择其一而从之。

在《唯一神的解构》和《基督教的解构》这两个文本中,南希展开基督教批判的原因彻底显露出来。现代世界正是由基督教所生成的,它最显著的那些特征,尤其是无神论的高涨,能够而且必须通过其唯一神论的起源来分析。对于现代欧洲人来说,基督教形式的唯一神论就是其最为古老和牢固的文化形式,也是新的思想能够重新生长的土壤。无论如何,为了理解现代世界的现在和未来,首先应该回到其西方式的同样也是基督教式的源头。因此,南希的根本意图不是完全否弃基督教,恰恰相反,他决定重新召唤基督教,借用在西方世界的开端处就存在的一种古老的智慧:无须任何外来的解构力量,基督教本来就是悖论性的存在。基督之爱是不可能的爱,然而正是基督之爱的不可能性产生了基督教的概念和内涵。允诺既是已经实现了的,又是仍将到来的,于是"意义"的存在既被确保又被阻止。因此,基督教正是一种"自我解构"的经典呈现。在对整个西方文化传统的审视中,这种自我解构的力量将开启新的理论可能性。

"法西斯主义是共契顽念的怪诞或卑贱的复活;它把有关它的所谓丧失的动机以及对它融合的意象的怀念具体化了。从这方面来说,它是基督教的痉挛,而且全部现代基督徒终究都受到它的蛊惑。"[①]南希的这番话揭示了所有经历过二战的思想家们的共同噩梦。在那个战争年代,青年布朗肖从纳粹德军的枪口下死里逃生,并多次对身处险境的列维纳斯一家伸出援手。1980年,布朗肖写下了《灾异的书写》并将它献给列维纳斯这位终身挚友,此文本以片段式的、格言式的文字展现了布朗肖对二战历史的重新思考。灾异就是与总体性的一切形式相分离,它模糊了存在与非存在的界分。无论是神圣的还是世俗的,总体性都是独一性个体的刽子手,它甚至会对存在本身构成威胁。在思考纳粹主义、集中营和死亡等问题时,布朗肖从未遗忘他在大学时期所热衷的海德格尔思想,他将出生和死亡视为每个存在者最初和最后的事件,正是对这些看似不可分享之物的分享,才奠定了一个共同体能够生发的场域。

南希的表述与布朗肖十分接近,他将"有限性共显"视为共同体的本质。共显首先是个人独一性的向外展露,它先于一切身份认同的锚定。当所有人在外展中分享其自身时,个体存在就成为为了他者并经由他者的存在。因此,共同体就是在共通中的存在,也是在存在中的共通。显然,南希受到了海德格尔的"共在"(Mitsein)等概念的深刻影响。不过在南希看来,海德格尔未能充

---

① 让-吕克·南希:《解构的共通体》,夏可君编校,郭建玲等译,上海:上海人民出版社,2007年,第33页。

分地阐明"共在",因为"共通体并不是一个融合筹划,不是一般方式上的生产或操作筹划……也根本不是筹划(这里又是它与'民族精神'的根本差异之处,从黑格尔到海德格尔,这种'民族精神'都把集体性作为筹划来设想,而且反过来把这个筹划设想成集体性的——但是这并不意味着我们可以不去思考某个'民族'的独一性)"①。海德格尔在 20 世纪 30 年代对德意志民族和欧洲命运的思考,不应被草率地归为纳粹主义的思想先声,但它的确指向了某种关于民族和历史的更高秩序,具有一种总体性神话的倾向。然而,南希的判断似乎忽略了海德格尔晚期思想的重要性,尤其是天地神人"四重体"(Geviert)的提出,它意味着"在拯救大地、接受天空、期待诸神和护送终有一死者的过程中,栖居发生为对四重整体的四重保护"②。这相互归属的四重体,并不是一种总体主义的筹划,而是对存在的基本结构的揭示。

就渴求总体性这一点而言,布朗肖和南希认为西方现代民主国家的冲动并不逊色于极权主义国家,这种冲动被自然法的神圣光晕所掩盖,因而变得十分隐蔽。在西方民主政治所向披靡的现代世界中,合法的个体性并不是所谓自然的、自有的,恰恰相反,它是由共同体的认可所批准的。布朗肖和南希非常清楚,这种民主政治涉及的永远是可量化从而可计算的意见主体,只有那些能够被计入总数的个数,才被视为平等和自由的"大多数"。和其他所有属于主权民族国家的政治形式一样,西方现代民主政治必定会为了总体而指定每个存在的利益,同时消除任何不能融入其中的

---

① 让-吕克·南希:《解构的共通体》,夏可君编校,郭建玲等译,上海:上海人民出版社,2007 年,第 31 页。
② 马丁·海德格尔:《海德格尔选集》,孙周兴选编,上海:上海三联书店,1996 年,第 1194 页。

特异性。因此，当政治被视为共同体的本质时，西方民主主义所默认的牺牲程度丝毫不亚于法西斯主义。

布朗肖和南希所讨论的总体主义，被汉娜·阿伦特称为极权主义，"极权主义是一种现代形式的暴政，是一个毫无法纪的管理形式，权力只归属于一人"①。在阿伦特的论述中，极权主义意味着唯一的总体统治，它蔑视一切法律，采用极权措施以排除其他所有类型的统治，显示出重建大型政治实体的恐怖狂热。布朗肖和南希承认，阿伦特的理论是非常重要的参考，但鉴于阿伦特武断而偏狭地将1930年后的布尔什维克专政与法西斯主义相提并论，并将二者视为没有本质差别的极权主义形式，他们选择对阿伦特的整体思想持保留态度。更为重要的是，由于总体主义如今已渗透到经典极权主义批判之外的其他生活领域，因此相较于阿伦特几乎纯粹政治性的理解，布朗肖和南希更倾向于将总体化现象阐释为主体哲学在其现代形式中的完成。

三、书文的共同体主义

对于20世纪中后期的知识界来说，共同体主义（communisme）这个概念并不陌生，它涉及一个自20世纪80年代起就对新自由主义者发难的知识分子群体。在他们看来，无论是约翰·罗尔斯所提出的平等主义的自由主义，还是罗伯特·诺齐克所主张的自由至上的极端自由主义，都不能在人与人之间建立起团结的纽带，无法提供一种具有现实意义的共同体构想。对他们来说，20世纪70

---

① 汉娜·阿伦特：《极权主义的起源》，林骧华译，北京：生活·读书·新知三联书店，2014年，第575页。

年代末到 80 年代中期英国撒切尔夫人和美国里根总统执掌政权，印证了新自由主义方案在政治实践上的霸权地位，然而当自由主义思想主导公共哲学领域后，原本就激烈的社会论争却愈演愈烈、解决无望。为此，以桑德尔、麦金太尔和沃尔泽等人为代表的共同体主义者，呼吁重新回到亚里士多德的思想传统。他们强调共同的善就内在于共同体的目标，它与个人的善相一致而非相冲突，因为正是通过既有理性又有德性的共同体成员的讨论和协商，共同善的内容才得到确定。

在大西洋另一端的欧洲国家没有直接参与这场大论战，但也显示出不小的思想震动。以英国的安东尼·吉登斯和德国的乌尔里希·贝克为代表的欧洲思想家，喊出了"超越左与右"的口号，准备走社会民主主义这条道路。事实上，他们与共同体主义的亲缘性是非常明确的，正如吉登斯所说，共同体主义对欧洲社会民主党派的思想和实践都产生了直接影响，共同体的巩固或重建被视为社会整合的重要契机。不过，吉登斯和贝克的理论视野从民族国家跃进到了更为广阔的全球社会，在他们看来，全球化和个体化将成为通向"世界主义共同体"的双重动力。如果说共同体主义者多少带有些共和主义的倾向，那么世界主义者则更愿意保留社会主义的核心价值。

对南希来说，当前时代形形色色的共同体主义的复兴，恰恰暴露出整个西方思想传统的贫乏，面对个人和共同体这两个主题之间的居间状态，它们根本无法给出让人满意的回答。重新发现共同体的位置（lieu），这是布朗肖和南希所面对的首要任务。它要求排除一切在理论或现实中已被错置的共同体，返回到有关共同体的"littérature"（文学/书写）经验上来。在南希的"le communisme littéraire"（书文的共同体主义）和布朗肖的"la communauté littéraire"（书文的共同体）这两个重要概念中，"littérature"这个词都具有了超出日常的含义，它真正要表达的是对共通经验的铭写，这种铭写包括一切写实的或虚构的、文字的或非书面的话语。①

布朗肖所阐释的"不可言明的共同体"，成为理解上述概念的一个关键切口。共同体之所以是不可言明的，是因为每当我们谈论共同体时，都能感受到一种言不尽意的无奈。言语很容易沦为权力的工具，只有以片段形式出现的言语才能避开系统性的暴力。言语无法持久，但共同体正是在这种失败中与书写（écriture）相联系：它们都是一种"离奇的沉默"。无能力也无权力的言语，就是走向交流的第一步，"所以要试着在文学作品中抓住一点，在那，语言中的关系无关权力，是最原始的状态"②。在没有任何强制关系的空间中，每个人都是独一的，他们共享着沉默的书写和阅读，建立陌生人之间的友谊，并因此秘密地形成了共同体。因此，文学之力就是用缺席来呈现、用距离来展示，正是沉默使书写成为必要，因为"文学通过让自身沉默，说出了它之所说。文学中存在着一种建构文学的文学之空虚"③。

如果说布朗肖侧重于沉默的沟通，那么南希则注重言说的分享。文学就是作品的分享，而每部作品都开启了一个共同体的可能性。写作和阅读都是一种言说的方式，是在共通之中发出的声音。我们之间唯一共通的东西，就是我们都是有限的存在；有限的

---

① littéraire 通常被译为"文学"，但由于布朗肖和南希赋予此概念以全新的内涵，因此二人著作的中译本通常采用"书文"的译法以区别于传统概念，本文在涉及此概念时将根据论述的语境择用这两个译法。
② 莫里斯·布朗肖：《未来之书》，赵苓岑译，南京：南京大学出版社，2015 年，第 46 页。
③ 莫里斯·布朗肖：《无尽的谈话》，尉光吉译，南京：南京大学出版社，2016 年，第 752 页。

存在同时就是独一的存在,于是我们分享的恰恰是不可分享之物。在共同体的书写之中并通过这种书写,我们听见来自他人和世界的诸种声音。因此,文学不是理性,它既不传递信息也不生产知识,它只是召唤人们并使之聚集。一种具有文学性的联系就意味着,共同体用"书写"这条线来穿过人们,"在那里,文学作品被混进言语的最简单的公众的交换中去了"①。因此,对南希来说,如何在共通中存在这个命题既是政治的决断,也是书写的伦理。书文的共同体主义并不想建构任何新的政治学或伦理学,它仅仅提供一种另类的、以话语为中心的政治和伦理,展现一切写作与声音的分享者的经验。

因此,书文的共同体主义既不是指以共同体为主题的文学创作,也不是指将文学的共同性作为成员资格,它的真正含义是:文学的不适合性正是唯一适合共同体的沟通。文学产生的是不可通约的沟通:文学使每个人发现新的自己,亦即在自我之内却又具有异质性的部分;同时它也使人发现他者的不同一性,因为每个人都独有其最切身的经验。不过,不可通约并不影响分享,只要人进入书写和阅读,经验就开始传送,独一性的共同存在就发生了。至关重要的是,共通的分享不生产共同意识,不要求一致意见,因而使通过文学经验而达至的共同体摆脱了任何目的论的辖制。

于是,作为一种拒绝成品的文本,书文的共同体就是创作与再创作、阅读与再阅读的重复,是自我与自我、他者和世界的每一次相遇和分离。为了标示出这种特性,布朗肖和南希共享了"désœuvrement"

---

① 让-吕克·南希:《解构的共通体》,夏可君编校,郭建玲等译,上海:上海人民出版社,2007年,第69页。

(去劳作)这个关键概念①,它意味着作品是对劳动、生产和制作的弃绝,是遭到中断和悬置因而无法完成的东西。共通——特别是文学性的共通——并不具备什么功能,尤其没有建立或产生一个共同体的功能。书文的共同体是一份礼物,而不是一个被计划进而被完成的作品,它没有目的,不事生产,无所服务。

那么书文的共同体是如何长久维持自身的呢?在这个问题上,布朗肖和南希并未给出让人信服的解释。如果依二人所言,书文共同体不能进行内在的自我生产和繁殖,那么它就需要来自外界的进入才能持续。然而二人的论述并未明确导向这一点,他们只是不断地强调:人们处于共同体的内部与外部、里面与外面的界限上,共同面对着"书写"的未完成。可以进一步追问,这些分享着书文共同体的"人们"究竟是谁?尽管布朗肖和南希重新阐释了"littérature"这个概念,但它依然无法丢弃书写、阅读和文学这些基本内涵。这难道不是一种对共同体成员资格的默认设置吗?一道隐蔽的门槛,已经体面地将所有不通"书文"者拒之门外。就此而言,通过文学性联系而结成的共同体,似乎并不比其他共同体更加持久,或者更加开放。

四、结语

综上所述,由于不能破除对自足性的执迷,主体形而上学始终

---

① 参见 Maurice Blanchot, *La communauté inavouable*, Paris: Minuit, 1983, p.56。让-吕克·南希:《解构的共通体》,夏可君编校,郭建玲等译,上海:上海人民出版社,2007年,第56页。国内译者对"désœuvrement"这个概念的主要译法包括"非功效""无作""非劳动"等,本文则根据行文语境译为"去劳作",以强调书文共同体的特征,待与读者商榷。

不能真正地思考共同体。无论是个体主义的主体,还是总体主义的主体,它们都无法逃脱共同存在的灾难场景。主体形而上学太容易屈服于一种实体化的欲望,它强调在某个组织实体中获得的主体归属感。长久以来,共同体正是这样被铭记在思想史上的,它成了一个具有专有本质的实体。对布朗肖和南希来说,即将来到的共同体是没有主体的,这就意味着共同体并不具有对自身的意识,它恰恰是对自我意识的中断。没有主体的共同体也不拥有一个有机的实体,布朗肖的"虚位"(non-lieu)和南希的"非实在场域"(aréalité)概念,表达了相同的内容:共同体是实体的悬搁和规制的缺失,这既是由独一性造成的裂缝,也是同一性不至于使人窒息的原因。正是通过保留这个"无"(rien)的位置,共同体才能拒绝一切自足的个体和集体,成为他异性的无限增补。

书文(littérature),就是将自己置身于"无"并提取和表达"无"。"文学之力并不在于呈现,而是创造性地让某事某物缺席,以缺席之力让它在场。"① 布朗肖和南希对文学经验进行了重新开掘,确认了这种经验的分享性和未完成性的价值。在共同体问题传统的社会性构想之外,他们增加了一种文学化想象的可能性:书文的共同体只能被经验,不能被生产,对书文共同体的筹划就是排除一切筹划。布朗肖和南希相信,我们真正的命运是一种"没有共同体的共同体",它像这个悖论句式一样向一切可能性开放,邀请所有人来书写和阅读。② 这就是为什么南希谈论一种共通的"到来着",亦即共同体总是不停地在到来,正如他的良师益友布朗肖将未来共同

---

① 莫里斯·布朗肖:《未来之书》,赵苓岑译,南京:南京大学出版社,2015年,第64页。
② 让-吕克·南希:《解构的共通体》,夏可君编校,郭建玲等译,上海:上海人民出版社,2007年,第111页。

体的不可预测性确认为一种无限的临近。

德国学者恩斯特·罗伯特·库尔提乌斯曾指出,法国文化基本上是文学性的。[①] 作为浸润于卓越文学传统的法国思想家,布朗肖和南希的确格外青睐文学性的力量,他们将书文的事实本身视为一种文学的行动。然而,就人们如何共同生活这个宏大议题来说,书文交流的理想共同体方案并不十分有力。如果个体能因对同一性的诉求而进入共同体,也能为坚持独一性而选择退出,那么仅仅诉诸文学性的分享,恐怕不足以克服这种进退的随意性和偶然性。如果希望文学上的沟通能成为人与人之间的纽带,但同时又承认文学经验的不可通约性,那么所谓的在共通之中的存在,就同时缺乏真实性和现实性。一种书文的共同体,似乎不能也不打算摆脱文学的"虚构"命运。

于是,德里达式的幽灵始终在发问:如果书文共同体的实现就是其自身的废除,那么这样的共同体是否还值得追求?作为一个共同体之缺席的书文共同体,与其说这个理想是自相矛盾的,不如说它是具有空想性的,以至于书文的共同体主义似乎停格在了"不去实现"的节点上,并将此节点作为终点来维持自身。布朗肖和南希对共同体的文学化想象,拒绝一切政治化和实体性的解读,这种过于文人化的思路一旦被推到极限,恐怕就会陷入无政府主义的深渊。

[①] 对法国文化文学性的讨论,可参见 Ernst Robert Curtius, *The Civilization of France: An Introduction*, trans. Olive Wyon, New York: Macmillan, 1932 以及 Priscilla Parkhurst Clark, *Literary France: The Making of a Culture*, Berkeley: University of California Press, 1987。

解放·治理·共同体:阿甘本政治美学的三个向度*

王大桥　刘　晨**

内容提要:作为当代批判理论的重要思想家,阿甘本以生命政治分析当代社会现实,批判生命权力对个体的无差别渗透。审美解放、审美治理和审美共同体构成了阿甘本政治美学的主要内容,他以回撤现实的潜在性感知思考生命的解放,考察生命权力以审美和语言形式对个体日常生活的感性治理,并以无属性共通的生活方式思考共同体。阿甘本的政治美学具有强烈的实践品性,参与和推动了当代美学的政治转向。

关键词:阿甘本　政治美学　审美解放　审美治理　审美共同体

批判理论参与并推动了当代美学的政治转向。早期批判理论以审美救赎为进路,思考一种超拔的审美乌托邦拯救现实的可能。受后结构主义影响的后批判理论将宏大的审美救赎拆解为现实生活中微观的感性实践。后批判理论尽管将感知的变革指向现实生

---

* 本文原载《文艺争鸣》2021年第10期。
** 作者简介:王大桥,文学博士,兰州大学文学院教授、博士生导师,主要研究方向为当代美学与文论、艺术理论和批评;刘晨,广西大学文学院讲师,主要研究方向为当代美学。

活,但脱离个体实际融入的生活语境,难以上升为一种群体之间普遍的社会行为。当代批判理论渗入既有的经验语境和生活空间,其审美政治粘连社会现实的多重向度,具有参与、分析并改写现实的政治能量,呈现审美介入社会生活的实践品格。作为当代批判理论的重要思想家,阿甘本以生命政治分析当代社会现实,批判生命权力在日常生活中对个体的无差别渗透。他的生命政治粘连美学思想,呈现浓厚的审美政治的理论底色。审美不再以超拔的自律论视角俯视现实,而是重新触摸生活经验的纹理,个体日常的感觉、经验和生活方式与生命政治关联。阿甘本将审美解放的视角转向日常生活的感知方式的革命,以贴近现实的潜在性状态,让生命抵御生命权力的分割并充溢无限的可能。他考察生命权力对日常生活感性空间的渗透,思考语言、审美和影像媒介等感性治理的形式,吸纳、填充并切分生命与生活内容的复杂关系。共同体问题是阿甘本生命政治的重要向度,他以无属性共享的感觉逻辑塑造生命共通的生活方式,回应共识与差异的当代社会问题。阿甘本将美学回落于生命切身经受的生活事实,以生命个体感觉方式的转变,指向具体的社会现实问题,丰富了当代批判理论审美政治的理论光谱。

一、生命解放:向现实之外回撤的感知

阿甘本以至高主权与赤裸生命的二元结构指认权力的内在逻辑,将生命的解放指向生命与法律间潜在性的感知关系。通过重新聚焦于主权-司法的中心权力,阿甘本将福柯的生命政治翻转为自上而下的"死亡暴力"。其源于古希腊城邦政治对生命存在形式的切分,即"zoe"的生物性生命和"bios"的政治性生命。城邦政治

的根基并非公共事务中公民自由言说与行动的政治生命,而是被排斥和压制的生物生命,它是至高主权以例外状态剥夺公民政治生命后的赤裸生命,直接遭受主权的死亡暴力。阿甘本将施密特维护正义的"例外状态"指认为至高主权与赤裸生命的联结。主权者作为"活法律"超然于法律之上,公民被动处于无法保护的例外状态。例外状态的无法暴力内在地铭刻于法律逻辑中,当代社会的司法-权利的话语边界内,每一生命都潜在地沦为赤裸生命。生命的解放源于一种"真正的例外状态",其是法作为无效化的空白文本,被生命的潜能还原为意义敞开的潜能状态。潜能是生命拒斥现实化的感知状态,即切割实在性目的后不可实在化的非潜能(impotentiality)。沃特金总结"潜能并不是等待着发生的实现,它是一个纯粹的存在领域"[①]。潜能并非能力无法实现的匮乏,而是通过对既有形式和属性的否定性后撤,强调主体以不作、不为的姿态,在既有生活形式之上持存的充足可能性。

阿甘本与德勒兹等后批判理论家共同强调主体对实在性的感知机制的消解,但两者在抵达生命潜能的路径上是对立的。正如两人对梅尔维尔笔下巴特比的共同评价,巴特比以"我宁愿不"的姿态悬置资本社会的话语秩序,德勒兹认为纯粹生命即生命与形式撕裂后,在内在性平面无尽的生成,这是一种在去现实化的内在性平面上再现实化的运动,阿甘本则以非潜能的感知方式,通过后撤的姿态调和德勒兹于内在性平面无尽生成的激进。他不同于德勒兹、福柯等人以感性生命的主动创造追逐纯粹的生命状态,而是以潜能返回生活形式的内部,建构一种不可剥离生活语境的形式

[①] William Watki, *Agamben and Indifference: A Critical Overview*, London: Rowman & Littlefield International, 2014, p.154.

生命(form-of-life)。"形式生命"①是一种不可被剥离形式的生命，"在其中生存的唯一方式、行动和过程绝不可能是直接的事实，而总是且首先是生命的可能性"②。作为生命于无所定型的形式上的生成，形式生命呈现为亵渎(profanation)的行为方式，其将神圣化的法律悬置，以生命行为的去目的化重启人与日常生活语境的关联。作为生命与法则粘连后自由嬉戏的亵渎，不同于德勒兹穷竭一切形式后重返空无的内在性平面，嬉戏行为并非对生活形式的简单拆解，而是对既有形式的游戏化使用。

德勒兹、福柯和德里达等人以解构一切的姿态，使感知在完全缺乏生活意义参照的情况下，在个体的真实经验之外雕刻另一种现实，整个世界面对一个自由的无羁绊生命沉默并崩塌。当一切生活形式被分子式的革命裂解为无质性的感知颗粒后，正如国内学者的评价："这是一个无法分解的外部，是穷尽了一切言说和声音的可能性后剩下的东西，一个绝对的空白，一个裂隙、黑洞和裂口。"③阿甘本则不同于德勒兹，他以粘连既有法则和形式裂隙的亵渎，将超拔的感觉重新导入生活地平，基瑟齐韦尔就认为"阿甘本反对一种生命绝对的内在性，一种最终对自身变得完全透明的社会实践，而转向一种纯粹亵渎的神秘性"④。亵渎是拆解生活规范

---

① 阿甘本区分了生命形式(forms-of-life)与形式生命(form-of-life)，前者是至高权力分割后碎片化的复数形式，铭刻于虚假、碎片化的法律条文上的生命随时有被例外状态剥离的可能，后者处于不可化约、难以预置的生成状态，是完整充实、未被切分的整一存在。
② 吉奥乔·阿甘本：《无目的的手段：政治学笔记》，赵文译，郑州：河南大学出版社，2015年，第4页。
③ 蓝江：《穷竭与潜能：阿甘本与德勒兹论内在性》，《安徽大学学报(哲学社会科学版)》2017年第2期，第28页。
④ Adam Thurschwell, "Specters of Nietzsche: Potential Futures for the Concept of the Political in Agamben and Derrida", *SSRN Electronic Journal*, Sep. 2004, p. 23.

所预置的目的性后,以建构的方式在生活语境基底上的嬉戏,生命解放的路径恰恰在于重返布满生命权力触角的现实,以潜在性的感知腾挪于僵化的生活形式之上,从生命权力的内部使之解体。德勒兹、福柯等后批判理论家以感知的激进革命预先裂解了现实,被穷竭的感知碎片消解整一的经验内容时,也让生命无所定形,难以真正影响并撬动现实生活,生命游牧的激进思考一定程度上成为追求生命纯粹性的浪漫化想象。阿甘本将阿多诺的审美乌托邦回落于饱含生活经验的真实空间,否弃审美解放越出现实生活的可能。阿多诺等早期批判理论家据守现代美学,消极地否弃现实社会的解放可能,通过与日常生活的切身经验切割,寄望于一种抛弃现实的审美乌托邦。他的理想受众是面对"谜一般"的艺术作品陷入沉思的鉴赏家,以静观的态度思考抽象复杂的艺术形式,他赞扬卡夫卡、贝克特和勋伯格等现代主义作家,以片段化、碎片式的艺术形式粉碎、重组并逃离异化的现实。阿甘本则将这种构想指认为"一门按信息理论图示进行科学研究的学问"[①],作品被审美判断的理论框架预置,成为博物馆和画廊供人参观的展品,创作者的天才般的意志吞没了鲜活的日常经验,审美难以嵌入现实的实际语境,触碰大众切己的生活感受。阿甘本认为艺术存在于生命与生活彼此关涉和相互生成的潜能中,其将一切既有的生活形式感知为敞开的无意义的纯粹中介,调动观者以切身生命体验去沉浸其中并生成自我。超脱现实的审美救赎则消解了生活的这种可交流性,以拒不交流的封闭姿态拒绝与异化的现实交流,最终远离底层大众的生活经验,干瘪为一种晦涩的美学理论。布莱恩·萨洛

---

① Giorgio Agamben, *The Man Without Content*, trans. Georgia Albert, Stanford: Stanford University Press, 1999, p.32.

韦对阿多诺不无质疑地评价道,"如果将阿多诺对生命的思考置于现实,我们会质疑生命如何像超现实主义者和达达主义者一样……愈发转向荒诞的领域,他们的生命是如何度过的"①。不同于阿多诺以审美感知过滤现实内容,阿甘本的潜能、亵渎和形式生命将审美解放拉回具体的社会现实,关注日常生活具体琐碎的感知过程,引导生命重新打量权力侵蚀的生活空间。早期批判理论宏大的审美乌托邦在起始处就抛弃了个体真实的生活现象,正如奥尔特加在现代艺术的发端的预言,这种"非人化"的艺术特质脱离生活,将平凡大众忽略并排斥于审美解放的边缘地带,难以真正地介入并改变社会现状。

阿甘本否认完全超越现实的生命意志,在他看来不存在一个超验的纯粹生命,可以理想地挣脱一切生活形式的束缚。海德格尔对存在的思考影响着他,人被抛掷于此在的生存境况中,是隅于在世有限性的生成,我们难以设想一个笛卡尔式纯粹的"我思",此在本真的超越性根植于个体与他人共在的历史性的世界。正如海德格尔对康德感知思想的赞同,除非由感官预先提供材料并由先验的想象组织,否则就不可能有知性的概念性运作,"感性的本质存在于直观的有限性中"②,感性生命的有限性与被动接受性是此在展开自身的基础,而德勒兹将生命还原为一种生物性生命自身意识强化的极致,这种无形式依托的生命在阿甘本看来无异于赤裸生命,阿多诺超拔的审美乌托邦则更是彻底疏离了现实。阿甘

---

① Brian Sudlow, "Agamben, Girard and the Life That Does Not Live", in *Intensities: Philosophy, Religion and the Affirmation of Life*, eds. Katharine Sarah Moody and Steven Shakespeare, Farnham: Ashgate, 2012, p.40.

② Martin Heidegger, *Kant and the Problem of Metaphysics*, trans. Richard Taft, Bloomington: Indiana University Press, 1997, p.19.

本的潜能、生命与亵渎概念受海德格尔的存在论影响,在他看来,一种与生活无羁绊的生命难以直面生命权力,生命解放的唯一可能是在日常生活的经验缝隙中松动生命权力,达到一种生命与生活形式间的张力关系。正如他所说,"一个被毁灭的人类存在的形象,其'否定性轮廓',同时也在他此时此地的生活的亲密性中"①。生命解放需要既定的形式为依托,不存在于生命的旷野上自由游牧的纯粹生命,也没有一个超脱于异化现实的自在自为的审美王国。当代批判理论让感知回归现实的语境,既有的感知秩序并不完全规制经验的自由生成,而为生命意义的再创造预留了空间。

当代批判理论强调审美介入现实的实践品格,阿甘本则提供了一种以审美改写社会现状的独特进路。奈格里和阿甘本共同以生命政治审视当代社会现实,强调个体的生命事实沦为权力展布的根基,但两人的生命政治理论呈现不同范式。汤姆斯·莱姆克认为奈格里在生命权力的增殖中发现生命自我构造的解放性,阿甘本则在超历史的视域下,以赤裸生命与至高主权的二元结构预先终结了解放的可能。② 奈格里以情感、符号和趣味的非物质生产,指认生命政治的母体内裂变的反抗性,阿甘本则消极地看待当代生命全面政治化的趋势,认为解放的唯一可能在于生命非潜能的感知让既有生活形式停滞。奈格里批判性地评价这种向潜在回撤的解放进路,"生命潜能被限定为宗教上的幻觉,即非潜能,因为对其力量的依赖恰恰是不可能的……在这里甚至连主体和创造的影子都丢失了,生产似乎完全脱离了实践,脱离了技术,最重要的

---

① 吉奥乔·阿甘本:《潜能》,王立秋、严和来译,桂林:漓江出版社,2014年,第263页。
② Thomas Lemke, "'A Zone of Indistinction': A Critique of Giorgio Agamben's Concept of Biopolitics", *Outlines*, 1 (2005), p.2.

是其脱离了反抗"①。巴迪欧则以真理政治反对阿甘本的悲观思考,正如他对阿甘本生命政治的讽刺,"每一次爱的邂逅,每一次科学的发现,每一次艺术的创造,每一次解放政治的进程,都揭示了不可能的可能性,这是唯一的原则,其反对以死亡为真正根基的生命伦理"②。他以真理的降临刺破生命政治的内循环,生命解放是主体以意志和信念在现实中走向事件的破裂,以此开启真理的降临。

奈格里与巴迪欧等当代批判理论家某种意义上共同强调一个创生性主体,阿甘本则不同于两者,他放逐了生命积极主动的感性实践,认为在生命全面政治化的时代去创造、去生成即意味着被权力捕获,生命主体一开始就隅于生命权力编织的罗网。阿甘本以潜在性的感知否认生命意志的创造,认为不存在一股超越生命政治的思想意志,主体一旦实践则为一个实在的目的预置,隐性地内嵌于生命权力的构造中。阿甘本的生命政治并非生命的纯粹匮乏和无能,他以潜能退守纯粹的可能性空间,悬停并中止生命权力的展演,他不强调生命的创造性,而通过赋予生命受动性让存在的可能涌现。在阿甘本看来,现实不过是生命权力封闭的内循环,在全面生命政治化的时代,一切的目的和意义都已完全被生命权力捕捉,必须回溯生命内在的潜在状态以退出实在的现实,只有通过亵渎的方式中止生命权力的运转,才能以不直接介入现实的方式拯救现实。生命对现实的无力并非生命解放的无望,而恰恰在于以不作、不为的姿态去重回现实。

---

① Antonio Negri, "The Sacred Dilemma of Inoperosity: On Giorgio Agamben's Opus Dei", http://www.uninomade.org/negri-on-agamben-opus-dei.

② Alain Badiou, *Ethics: An Essay on the Understanding of Evil*, trans. Peter Hallward, London: Verso, 2002, p.16.

阿甘本在当代批判理论内部持有自身独特的思想进路。他不将生命的希望寄托于疏离现实的审美乌托邦,也并不以感性实践的绝对创造回返生命紊乱混沌的状态,前者是早期批判理论宏大的审美救赎进路,后者是后批判理论绝对超脱生活语境的生命状态,难以深入并改写现实。阿甘本将生命的解放渗透于生活事实的缝隙,将抽象的审美溶解为日常生活中生动的感受,在生命于世界经验之上构造的潜在性空间中,让惯常生活所遮蔽的政治能量涌入现实。阿甘本不同于当代批判理论家大多将审美解放指向感知向现实的转化,强调感知批判、改写甚至生成现实的力量,他通过回归生命不可现实化的潜能,以非实在性的感知方式不直接坐落于日常生活的具体经验,以不直接指向现实的姿态重返现实。阿甘本的政治美学进路呈现不介入现实的审美解放性,为当代美学的审美解放问题提供了新的思考。

二、生命治理:日常生活的感性治理

阿甘本的生命政治渗入日常感性生活,涉及生命治理的问题。他接续福柯对生命权力作用于个体身体行为的思考,指认权力对生命形式的潜在塑造而呈现的隐性机制,"通过这些施加于自我之上的技艺,主体化的诸种过程是个体自身绑定在他的认同与意识上,并与此同时绑定到一个外部权力之上"①。权力以话语、制度和知识的形式渗透、切割和塑造生命的感性事实。不同于福柯治理术概念的谱系式研究,他以两种超历史的原始结构指认生命权力

---

① 吉奥乔·阿甘本:《神圣人:至高权力与赤裸生命》,吴冠军译,北京:中央编译出版社,2016年,第8页。

的展布，即政治神学和安济神学①，后者即上帝不在场的状况下人遵从神意的"自我构序"(immanent ordering)，神权不再显示为一种至高的核心，而以匮乏的形式隐性地延续，强调上帝创世后隐去万物的自我治理。阿甘本进而通过词源学分析指出安济与装置的同源性，生命权力的自我治理即装置的伪主体化，其建构虚假同一的生命形式。阿甘本发展福柯的装置概念，指认体制、知识和话语等要素集合的装置为生命权力对生命的感性事实的塑造，遮蔽本真的形式生命的生成。装置建构的生命并非笛卡尔意义上的理性主体，而是将生命内容编码并压缩的伪主体，装置即一套"主体化的程序"(process of subjectification)，它引导个体自发建构同一性的生命形式。伪主体化的过程即一套分割性机制，其将物从个体的自由使用中移除，以可用与不可用的分割的形式潜在为个体填充虚假的生命形式。阿甘本进而以海德格尔的存在论将政治社会学的装置纳入本体论的视域，装置即生命权力"捕捉活生生的存在"的工具，它通过主体与客体严格切分的工具论，规定人的生活行为和感知方式，使生命经验被权力已然预置的意义所填充。

阿甘本将习性、情感和感觉与生命权力相关联，它们以感性治理的形式成为隐秘生产赤裸生命的审美装置。在阿甘本看来，现代美学并非以反抗姿态疏离异化的现实，以审美自律的面孔张扬主体的生命意志，自律论美学在具体审美实践中翻转为繁复的审美准则，以高度抽象的形式与生命切己的生活感受分离。装置化的现代美学以既定的感知方式规制生命的审美体验，抹平了生命

---

① "安济"源于希腊语"oikonomia"，它在古希腊指区别于城邦政治的家庭管理，是家主对家庭活动经营安置的一种家政学。中世纪的神学家为解决上帝三位一体导致的泛神论，以此概念阐释神权以不在场的在场对世界的管理。上帝创世后并不直接在场，神谕不直接显现，通过圣母玛利亚诞生基督，以道成肉身的形式救赎选民。

复杂流动的内在性空间。正如威廉姆·沃特金的分析:"在仿佛如此的魔咒下,美学变成了一个可怕的术语'审美化':哲学审美化,政治审美化,生活审美化,甚至艺术审美化。在这些现代性形式中,每种都有一种预设的恰当之处,美学被添加到一切恰当的、思想的、国家的、生活的和创造性的领域。"①实在的艺术边界吞噬了生活中层叠涌动的隐秘情感,转而成为僵化生命的流动性经验的手段,机械的艺术形式规制了生活潜在性界域流溢的可能性和创造力,实际与生命权力媾和。

布迪厄将福柯政治治理的问题在文化视域展开,考察权力对人隐秘的习性的作用,关注审美趣味和文化品位与权力再生产的关联。托尼·本尼特则翻转康德的自律论美学,开启了现代美学与权力治理的问题,他将自由自觉的审美体验指认为权力引导个体自我管理的方式,艺术机构、文化政策和文化知识分子都成为权力展布的要素,生产、建构并巩固人的生活方式和审美体验。但阿甘本不停留于文化领域对品位的区隔系统、博物馆策展或文化政策的思考,将审美治理的问题从一种文化心理倾向的塑造转向一种感知方式的构成。尽管托尼·本尼特以审美治理的概念发展了福柯的政治治理思想,但其总体仍然将审美指认为一种文化政策对个体性情倾向的塑造,阿甘本则将美学指认为对生命的感性形式的管理。审美通过分割生活形式,将生命的鲜活丰富的感受锚定于一个美学的边界,以审美切割、过滤并架构生活中细碎的经验,将生命的经验压缩为一种静态的感知结构。

阿甘本对感觉治理的思考越出博物馆、政府机构和文化政策

---

① William Watkin, *The Literary Agamben: Adventures in Logopoiesis*, New York: Continuum International Publishing, 2010, p.91.

的层面,拓展至日常生活的一切感性行为。后现代以反美学的姿态将美学解构为话语-权力编织的幻象,但艺术界限的模糊促使感知再次被权力钝化并捕获。不同于本雅明对可复制性艺术的积极思考,阿甘本将后现代的审美消费指认为对预置资本概念的现实化,可复制的工业艺术品被制造为用于文化消费的目的。珍妮·杜桑分析了影像媒介与生命权力的关联逻辑,"如果不把生命从可复制的图像认知状况中解放出来并展开一种全新的使用方式,我们很难设想一种脱离包含性排斥逻辑的幸福生命"①。审美消费消解现代艺术的原真性后为商业逻辑收编,文化工业的愉悦和快感分割了生命多重异质的日常感受。尽管阿甘本一定程度承认后现代先锋艺术的积极,它模糊艺术与非艺术的界限,消解了体制化美学对感性生活内容的切分,但艺术的原真性与技术可复制性的瓶贴使审美的边界模糊,沦为一种"否定的无"②,虽然它"将艺术从其本源的真实性幻觉中剥离,但在生命的真实性的原点和作品的本真存在间构造了一个不可跨越的深渊"③,即通过先锋艺术,生命仅仅处于逃逸审美装置捕获后的一切皆可或皆无的紊乱状态。布迪厄、托尼·本尼特切断了美与某种超验价值的联系,指认审美自律作为权力治理的幻象,但他们并未审视反本质主义美学本身被权力渗透的可能。阿甘本则认为后现代艺术将生活的可能性裂解为一种空无的感受,以消解一切的姿态拔除了生命建构自我形式的地基,其在对权力的激进解构中隐秘地为权力捕获。

---

① Jenny Doussan, *Time, Language, and Visuality in Agamben's Philosophy*, New York: Palgrave Macmillan, 2013, p.58.

② Giorgio Agamben, *The Man Without Content*, trans. Georgia Albert, Stanford: Stanford University Press, 1999, p.41.

③ William Watkin, *The Literary Agamben: Adventures in Logopoiesis*, New York: Continuum International Publishing, 2010, p.98.

生命权力的感性治理根植于异化的语言经验,其以明晰的语言系统掏空生命的意义并在现代景观社会中达到顶峰。阿甘本将居伊·德波的景观社会指认为生命权力展布的顶点,"自我呈现为一种景观的巨大的积累,在这无边的景观之积累中,直接被经验的一切,都在某种再现中被疏远"①。景观对实存的异化是现实与影像、内容与媒介关系的异化。人与生活的关系被景观装置掏空,强制性地置换为人与虚拟影像的关系,生命与生活形式的流动关系在虚拟的意象集合中被撕裂并重新架构。景观装置的实质是生命权力对人与生活的意向性关系的构造,它以可复制的虚拟影像使得人与现实生活彼此关联的可能性消失。而现代语言系统本身即一种语言装置。索绪尔以能指符号链消解语言与意义的先在联系,语言研究转向科学研究的范式,语言成为一套自律的静态结构。本维尼斯特和福柯以话语的概念刺破语言自律的幻象,分析存在于具体言语行为的社会文化要素,语言传递意义的中介性背后是社会、权力和文化斗争的场域。阿甘本则以感知的钝化,推进了语言与权力治理的思考。语言作为共同体内部构造生命形式的装置,其之所以能如本维尼斯特、福柯的分析,以既定的话语内容让个体自发地嵌入权力构造的主体形象,使生命在日常的语言行为中被纳入一个共有的经验,这是基于语言结构本身对生命感觉方式的切割。

语言经验的切割发端于古代的誓言,它作为元语言由三部分组成:其一是信仰,其以神灵的权威和神圣确保言辞与行为之间的一致关系;其二是言说的誓言系统,其规定词与物的对应关系;其

---

① Giorgio Agamben, *The Coming Community*, trans. Michael Hardt, Minneapolis: University of Minnesota Press, 2007, p.78.

三是誓言所命名的实存，即起誓行为界定的一系列政治秩序。誓言以特定的情景统摄个体的生命经验，生命的根基被强制性地置于神圣的起誓行为，主体对语言的自由言说被神圣的仪式束缚。科尔比·狄金森即谈到了誓言与生命权力关联的独特方式："赤裸生命超出了我们用语言来定义它的能力……我们在语言作为圣礼的恰当形式中透视了神圣形象的几种表征模式。"[①]语言与权力的关联方式即将潜在性的生活抽象为一种不可变更的意义模式，生命治理的问题实际是语言意指、阐释并分割生活的过程。阿甘本由此以溶解于日常生活的感性治理拓展审美治理问题的思考向度，推动了当代批判理论以审美介入现实的思考。装置化的审美感受和语言经验不囿于某种文化品位对主体习性的塑造，而指向现实一切系统性、体制化的生活事实对感性经验的填充，感觉与意义的先在一致性架构了生命政治空间内个体共有的感知模式，生命由此潜在地退化为赤裸生命。

三、差异与共同：无属性共通的感觉方式

阿甘本的生命政治包含共同体的问题，他接续后批判理论，以感觉方式的流动变化重审现代本质主义的共同体。阿甘本将生命权力指认为一种"禁止"(ban/abandon)的共同体，它以"禁止"的方式剥离生命的流动生成以及不可预置的潜能，使得共同体内的个体潜在沦为"赤裸生命"。"禁止"行为包含两种，第一是生命权力以法律装置展布的显性机制，通过例外状态包含性地排斥生命，共

---

① Colby Dickinson, "Beyond Violence, Beyond the Text: The Role of Gesture in Walter Benjamin and Giorgio Agamben, and Its Affinity with the Work of René Girard", *The Heythrop Journal*, 6 (2011), p.955.

同体内部的公民置于被法弃置的"禁止"状态;而第二种"禁止"是生命权力内化于个体的日常生活的隐性机制,其以装置潜在切割人与物相互生成的关系,将人的存在局限于特定的意义边界内。生命解放的可能在于以不确定、无中心的感觉方式,解构生命政治编织的同质化共同体,让个体与对象事物保有复杂异质且流动生成的意义关系。阿甘本同后批判理论一同强调一种开放性的社群关系,他以"任意的独体"强调生命应包含任何存在的形式,以不可现实化的流动性潜能拒斥实在性的生活事实的规约。正如艾德伍德·汤普森对威廉斯的情感结构或共同文化的质疑,"在威廉斯先生的历史中根本没有好人坏人,有的只是居于统治地位后不断复述的'情感结构'"①。这种共同的情感倾向一定程度上将现实个体普泛化为一种共同体文化的载体,忽视了现实个体真实存在的经验的矛盾差异。布迪厄即以文化的区隔指认法国社会不同阶层的生活习惯,德勒兹进一步将生命的解放指认为不可还原的生成运动,德里达也指出符号表意的延异过程中一种不可能的可能性主体。阿甘本将理想生命看作一切即可的纯粹可能性,其以生命意义的不可区分,刺破国家主权以生命的神圣不可侵犯性建构的虚幻表象。德里达构想的主体性处于"皆非亦是"的状态,是一种不可能的可能状态,阿甘本则对部分与整体或部分自身划分不可能后的剩余,超越部分与整体以预置的属性对生命意义的板结化,两者共同以超越既有经验秩序的不可能性的主体作为社群的根基。这种差异性的生命基于个体自身此时此刻流动变化的经验感受,其否弃任何实在性的文化秩序的预设,以其生成运动的感觉方式,

---

① Edward Thompson, "Reviews of Raymond Williams's *The Long Revolution*", *New Left Reviews*, 9 (1961), p.28.

让自我的生活意义不断丰盈。

阿甘本的主体以"来临中"的生命状态消解了德里达不可能性主体的模糊和不确定。"不可能性"源于偶然性事件的降临,是一种未到来的幽灵状态,主体的不可能基于对异质性经验降临的等待,是"将要来临"(future-to-come)的将来时,我们仅保持对于未来不确定事件的降临所敞开的责任,当下的现实生活则囿于既定的目的、不带有救赎的可能。阿甘本则通过将过去、未来叠合于当下的时间感知,消解幽灵性时间中生命向未来等待的消极,他以生命的"来临中"状态指出一种当下个体此时此刻生成自我的可能。亚当·瑟齐韦尔以此将阿甘本的弥赛亚时间指认为对"幽灵性"向度不稳定与模糊性气质的拯救。① 阿甘本以感知于当下的流动提供了一种透视新型社群关系的切口,"他提供了一个新的视角,打破了我们对人民和民主的陈旧观念"②,促使生命在多维叠合的当下生成不可表征的无属性生命。

不可表征的生命感知基于一种空无的语言经验,它在景观社会中呈现为对法律、文化规范等禁止结构的拆解。景观社会在导致语言异化时自身裂变出解放的可能,如利兰·泰拉杜兰德的分析,"景观社会以相反的形式映射语言被剥夺的本质,这种潜在的毁灭性体验带来了生命彻底逆转的可能性,一种积极的潜能"③。它以特定的广告媒介、商品消费的展示价值、消费价值拆解文化身

---

① Adam Thurschwell, "Specters of Nietzsche: Potential Futures for the Concept of the Political in Agamben and Derrida", *SSRN Electronic Journal*, Sep. 2004, p.70.

② 吉奥乔·阿甘本:《无目的的手段:政治学笔记》,赵文译,郑州:河南大学出版社,2015年,第57页。

③ Leland Delad Uurantaye, "Agamben's Potential", *Diacritics*, 30 (2010), p.11.

份与生活规范的神圣性，让一种无意义的纯粹语言经验出场。主体与语言存在本身相遇，以内在的生命体验与语言交融并自由言说。景观社会的解放潜能基于"纯粹"的语言经验，纯粹语言是一种先于说话主体的尚未言说的语言经验，即语言作为尚未意义化的纯粹媒介的无言状态，其突破语言意义预置的可能性边界，在主体于特定情境对语言的言说中向可能性敞开。阿甘本以海德格尔将语言作为存在者向真理敞开的场域观念思考语言，语言开放性经验的出发点并非特定属性的政治实体，而是人在语言中可沟通的语言能力本身。不同于海德格尔对语言不可说的否定性思考，阿甘本以人与语言自身交遇后主动言说的"幼年"（infancy）经验，将语言的不可说置换为可说语言的尚未言说。幼年是语言尚未被预先语意化的言说，是主体存在于言说事件本身的经验，处于将说未说、能说不说的持续生成的状态，从而将神秘的不可知的语言世界溶解于日常生活的言说事实，使否定性的主体重新充溢对生活经验重新表述的积极可能。

阿甘本接续后批判理论，以无中心、不确定的感知方式思考主体，同时反思主体碎裂、社会濒临解体的消极性，重审共有与差异的关系。以福柯、德勒兹为代表的后现代理论以主体经验的不稳定性解构了共同体先验的属性，福柯以异彩纷呈的"异托邦"安置边缘、差异和变动的生命，德勒兹以分子式的感知革命生成与现实毫无羁绊的纯粹生命，让差异作为一种不断变动的旺盛生命力，在生成与流动中摧毁固定的生命形态。后批判理论以强烈的反形而上学精神撕裂现代本质主义倾向，将先验的意义结构溶解于主体日常的生活经验，其使得主体颠沛于各要素彼此难以同化的矛盾运动，难以安顿自我的生命意义，从而使后现代个体呈现混乱模糊的文化状态。朱莉安·赫弗南由此谈到阿甘本等当代思想家对后现代碎片化主体困境的回应,"费什、罗蒂等人基于后结构主义对主体差异性和不确定性的追逐,停留于碎片的动态化矛盾冲突保持的平衡中,南希、阿甘本和布朗肖则以一种基于主体不可能性的共有逻辑回应他们"[1]。当代批判理论反思后现代原子化的紊乱个体,思考一种在不抹平生命经验的差异基础上共性的社群关系。朗西埃即以"歧感共同体"思考多种异质性感性方式间的碰撞,其彼此共享的仅是共通的歧感逻辑;南希基于文学叙事与语言意义的不可完成性,在主体与他者的沟通与交流中生成一种"无用的共通体";阿甘本则以"来临中的共同体"思考生命非本质的共通,无属性的生命个体是共同体的存在形式,他们彼此间以共通的感觉方式构成共属关系。当代批判理论警惕现代本质主义的共同体,他们以主体流动生成的感知方式凝聚共通的生活空间,从而呈现为一种无本质、无意义的感知方式的共同体。

　　阿甘本"来临中的共同体"根植于对差异与本质的独特思考。他通过对黑格尔的绝对与现象辩证运动的阐释,思考无本质共通的共同体。绝对是形式与现象预设的一,但其并非作为自在自为的实体存在,而是在返归现象的运动中完满。共同的要素作为结果并非某种居于超验的时空之外的理念,而需要回落于生活经验的运动中,在具体鲜活的情境中实现自身。如果说德勒兹将纯粹生命看作对黑格尔式的宏大目的论的超越,他突破现象在永恒轮回中对精神的回归,精神对特定属性的规定被生命的穷竭撕裂,生命以游牧的方式肆意游荡于无羁绊的旷野,那么阿甘本则通过对现象与精神的阐释,赋予生命向某种无属性本质回归的必然。生

---

[1] Julián Jiménez Heffernan, "'A Panegyric Preached Over an Empty Coffin': Waugh, or, the Inevitable End of Community", in *Community in Twentieth-Century Fiction*, eds. P.M. Salván, *et al.*, London: Palgrave Macmillan, 2013, p.31.

命并非生命权力对形式生命禁止后的赤裸生命,没有有待完成的历史命运,但也并非生命旷野外自由游牧的纯粹生命,生命间彼此共享一种无基础的感知形式。德勒兹沿着后批判理论的进路,以生命的生成运动激进地解构一切将生命板结化的冲动,其摧毁了固定的生命形象;阿甘本则在后现代之后审视这种离散的生命形式,以一种无本质共通的生活状态避免滑入取消普遍后生命的虚无。

阿甘本以共同体不可转化的来临中状态介入现实问题的思考,但其共同体本身难以现实化为具体实际的社群关系。阿甘本将无国籍难民指认为具有"新历史意识的人民先锋"。他们并非一个民族、文化或政治概念的集合,而是刺破领土、主体与公民、国家的虚假联系,不居于任何民族、国家和文化边界内,呈现无内外之分的无定向性,阿甘本将此指认为对现实形式"撤退中"(Being-in-exodus)的状态,不为任何国家、民族和法律框架束缚。"来临中的共同体"不同于朗西埃、南希等当代批判理论家的思考,其粘连生命的潜能,以感知的非实在性的形式悬于现实之上,呈现为生命感知对现实的受动性中所持守的不作、不为的共通,前两者则通过让不可见的可见者出场,是存在于现实中的实在性感性经验的凝结。阿甘本的共同体处于不可向现实转化的来临中的状态,其并非重构既有的感性秩序,也并非在主体间的交往对话中让鲜活的经验涌现,而是存在于生命于当下时刻潜在性的感知状态。但正如奈格里对阿甘本的社群思想的批判,"这种对大众的思考,如同列维纳斯对他者焦虑的等待,在生命的无力与虚弱中导致了神秘主义"①潜在性的感知方式,尽管以纯粹的可能性空间作为"禁止"共同体的对立面,消解了生命权力的运行逻辑,但其构想的无意义、无内容的潜能空间本身即拒斥现实,这使它难以存在于现实经验之中。"来临中的共同体"的消极被动性受海德格尔伦理思想的影响,他将"共同体"指认为一种"命运",其并非人与周围环境的既定关联,而是人作为此在的在世的过程中让本质意义的不断显现。阿甘本以感知的非现实性思考共同体的存在形态,从而将当代的社群关系指认为一种无本质的潜在的生命过程,但其理论本身的出发点即已经消极地撤出了现实生活,如布莱恩·艾略特所言,"尽管他的共同体被认为是激进的,但也使集体实践的变革失去可能,转而成为一种支持神秘的或毫无根据的集体命运的弥赛亚式转变"②。当潜在性的感知本身以来临中的状态拒绝实在化后,其理论也就丧失了参与现实的集体实践的能力。

当代批判理论以情感、感觉和经验方式作为当代共同体构建的核心,但彼此以审美介入现实社群问题的进路呈现差异,阿甘本将共同体还原为生命对生活形式的潜在性感知,朗西埃、南希则以一种生成创构的力量,让生命于现实生活中不断生成并碰撞。阿甘本无法转化的生命潜能构造了无属性、无意义的社群关系,其呈现为生命对现实展开受动性之中持守的不作、不为的共通,尽管其理论本身呈现现实的不可介入性,无法转化为现实中坚实的社会行动,但其本身对共有与差异的思考,推动了当代批判理论产生对当代社群关系的新理解。来临中的共同体的核心指向经验与意义

---

① Antonio Negri, *Time for Revolution*, trans. Matteo Mandarini, New York and London: Bloomsbury Academic, 2003, p.192.

② Brian Elliott, "Community and Resistance in Heidegger, Nancy and Agamben", *Philosophy and Social Criticism*, 3(2011), p.265.

的流动,其消解共同体的本质主义倾向,也以生命共通的感觉方式弥合后现代社会分异离散的困境,在当代对后现代之后我们该走向何处的问题做出了自己的回答。

小结

当代美学的政治转向强调审美参与、介入并改写现实的实践品格,当代批判理论作为其中的重要进路,为思考审美与现实的关系提供了重要的理论资源。当代美学的审美介入性使其不同于自律论的传统美学,而是回归日常生活的感性经验现场,向社会、经济、文化、政治等多重领域渗透并延展,考察审美介入社会现实的条件机制。当代批判理论的审美介入品格不同于伯林特的审美介入,后者以当代艺术的沉浸式体验,关注观者的身体感官参与并与艺术一体化的形式。当代批判理论在当代美学审美政治的问题域中,聚焦审美与自由解放、权力治理与平等正义等问题的关联,强调其参与并推动社会政治进程的可能。当代美学的政治转向本身包含多条进路,英国文化马克思主义与美国晚期马克思主义共同以审美介入现实,审美介入概念作为一个理论整体,包含繁杂的矛盾与裂隙。当代批判理论将感性问题与政治问题建立联系,以独特的情感、感觉和经验方式的变革,思考了审美介入社会现实的理论可能。

阿甘本的美学思想丰富复杂,呈现后马克思主义、当代批判理论和当代左翼等多种研究视角。以当代批判理论为研究进路是侧重于感觉政治的问题语境,分析其如何在具体的现实生活中发掘感觉方式激变的政治能量,推动了批判理论的审美政治进路的转换。当代批判理论研究视角本身的价值也未穷尽,研究深度和研究广度还可进一步延展并完善。当代批判理论的审美政治总体以一种感觉政治学的进路呈现,在此意义上阿甘本、朗西埃和齐泽克等人都以感觉方式的激变思考社会政治问题,但当代批判理论本身作为一个理论的星丛,阿甘本难以覆盖其广袤的审美政治思想。朗西埃以感性的再分配通达社会平等公正的问题,奈格里和哈特等以当代经济领域的情感的非物质生产思考政治解放,巴迪欧和齐泽克的美学思考共产主义的问题,他们与阿甘本的思想相互抵牾又交流对话,共同推动了当代批判理论的生长。

作为肯定性生命政治的免疫共同体范式：
罗伯托·埃斯波西托与生命政治的未来[*]

蓝　江[**]

内容提要：罗伯托·埃斯波西托的生命政治思想在承袭了福柯和阿甘本的生命政治理论的基础上，探索了让共同体得以成立和维持的机制。在埃斯波西托看来，共同体并不是建立在预先设定的共同善的理念和公意基础上，也不是建立在之前的共同的日常生活基础上，而是建立在共同负债和亏欠的munus基础上。不过，为了维持共同体的存在，在共同体之中必须形成将具有资格的成员与不正当的人区别开来的规范，并建立防止他者破坏共同体存在的免疫机制。在福柯和阿甘本那里，免疫机制太过消极和负面，无法为未来共同体提供正面积极的价值，而埃斯波西托强调，在共同体的免疫机制中实际上可以产生一种肯定性的生命政治，让免疫机制成为一种让共同体与他者共生的生命政治，这样，生命政治将从凌驾于生命之上的政治变成属于生命的政治，从而为未来共同体提供有效的范式。

关键词：生命政治　免疫　共同体　埃斯波西托

---

[*] 本文原载《国外理论动态》2020 年第 4 期。

[**] 作者简介：蓝江，南京大学哲学学院教授、博士生导师，主要研究方向为国外马克思主义研究、当代欧洲激进左翼思想研究。

2020年的确是不平凡的一年,这一年不仅出现了迫使全世界大多数国家进入紧急状态的新冠疫情,也发生了因乔治·弗洛伊德(George Floyd)被暴力执法致死而引起的席卷美国的政治风暴。从表面上看,针对新冠疫情采取的隔离、保持社交距离(social distancing)措施,同美国黑人以及其他少数族裔和底层群众喊出的"我们不能呼吸了"的口号是两件事情,但是这两个问题同时指向了西方政治学中的一个重要概念:共同体。保持社交距离是为了防御一种突然出现的外来病毒而不得不采取的强制性措施,其目的就是保存人类共同体。而弗洛伊德事件则表明,为了保护共同体,一些被认定为不正当的人(the improper)会遭到国家暴力的镇压。或许从一个更长远的历史时段来看,新冠疫情和弗洛伊德事件不过是一两朵微弱的浪花,但这两个事件都暴露出,那种长期以来支配着西方自由主义意识形态的假设在今天遭到了挑战,这一假设认为理性的自由人通过社会契约联合起来形成了市民社会,而这种市民社会恰恰是民主政治理论的基础。也正是在这个意义上,当代意大利政治思想家罗伯托·埃斯波西托在2019年的一篇文章中提出:"尽管民主制度的形式今天还在,但其政治实体早就山穷水尽,它们所沿用的体制不能再被称为'民主'制度。这是表征、合法性和主权三重危机的产物,也就是说,30多年来的全球化的动力的一个衍生效果是逐渐蚕食了现代民主制的根基,也蚕食了让民主制得以产生并得到发展的民族-国家。"①在这个意义上,现代民主政治的基础概念——人的权利——被掏空了,取而代之的是一种权力直接作用于人的生物性身体的政治:生命政治

---

① Roberto Esposito, "Postdemocracy and Biopolitics", *European Journal of Social Theory*, 22.3 (2019), pp.317-318.

(biopolitics)。换言之,在今天的西方政治体制下,实际起作用的不再纯粹是人权、民主、自由等抽象概念,而是一种重要的事实性因素:生物性身体。在埃斯波西托看来,现代共同体的构成不再纯粹是一种"自由的人"的联合体,而是直接作用于生物性身体的免疫机制,也正是在这种免疫机制的基础上,埃斯波西托重构了共同体的概念。

一、共同体如何可能?

"人在本性上,是一个政治的动物。"①对于亚里士多德的这句名言,历史上许多思想家给出了十分丰富的解读。但可以肯定的是,绝对不能以现代意义上的"政治"概念来解读这里的"政治(πολιτικόν)的动物"的概念。一种通俗的解读是,作为生命个体的人在自然状态之下并不具有独自生存的能力和条件,于是,为了能保存生命,人被迫与其他生命个体结成共同体,这个共同体就是城邦(πόλις)。在这个意义上,亚里士多德的"人在本质上,是一个政治的动物"可以进一步被解读为"人是一种归属于城邦的动物",或者说"人是一种生活在共同体中的动物"。正如李猛教授所指出的:"人作为政治的动物,意味着人的生活最终得以超出在自然必然性的限制和逼迫下不得不如此的生活,能够在一种具有内在目的性的共同生活中求取自身本性的成全,而人的自然政治性就意味着,人的装置共同体最终能够为这一作为整体的生活方式建立真正的目的或尺度。"②这样,人通过结成一种超自然的共同体而摆

---

① 亚里士多德:《政治学》,吴寿彭译,北京:商务印书馆,1965年,第7页。
② 李猛:《自然社会:自然法与现代道德世界的形成》,北京:生活·读书·新知三联书店,2015年,第51页。

脱了自然状态，进而可以在共同体或城邦的庇护之下为个体的生命寻得一丝保障。同时，人由于成为城邦的成员或公民，因此也是归属于共同体的人。

不过，这种解释面临着两个问题。首先，实际上人类的共同体不仅是城邦，也有以血缘为纽带的氏族和家庭。值得注意的是，亚里士多德除讨论城邦中的治理和生活方式的《政治学》(*Politics*)外，也写作了《家政学》(*Economics*)。家政学讨论的基本单位是家庭(οἶκος)，与城邦政制的民主制不同，家庭实行的是以家长(κύριος)为核心的等级制，但家庭也构成了人们组合成群体的基本方式。在古代部落制中，没有血缘关系的不同部落也通过联姻的方式将血缘关系扩大，试图在氏族或家族的框架下来统治人类群体，从而构成一种基本的人类社会的结构。但是，为什么亚里士多德不说"人在本质上，是家庭的动物"呢？这不仅仅是因为，动物也有着血缘群居的方式，如猴群、蚂蚁、蜜蜂都保持了一种群居的方式，从而保障了弱小的生命体借助群体的方式在自然界中存活下来。更为重要的是，以血缘为纽带的家庭并没有真正摆脱自然的属性，也就是说，血缘关系的纽带让家庭仍然在一定程度上停留在自然的框架之下，也没有赋予人之为人的本性。而城邦是一种完全不同的架构，借用吉奥乔·阿甘本的说法，城邦来自家庭的纷争和内战，从而将血缘的纽带从内部打破，构成了一种没有任何血缘归属的社会关系。阿甘本说："在新兄弟之间，并没有家庭的血缘关系，他们纯粹是超越血缘关系的政治性的兄弟关系，这样，城邦摆脱了'家庭内的争斗'。"[①]在这个意义上，新兄弟关系，即城邦的关系是一种

---

① Giorgio Agamben, *Stasis: Civil Was as a Political Paradigm*, trans. Nicholas Heron, Edinburgh: Edinburgh University Press, 2015, p.9.

超越了自然血缘纽带的关系,它是在一个全新的基础上的联合,这种新联合的共同体,即政治共同体是动物所不具备的。政治共同体完全是人类在超越了自然的血缘纽带之后的人为的产物。

家庭的联合体是很容易理解的,因为家庭有一个自然的血缘纽带,这个纽带产生了一种向心力,将同属于这根血脉的生命联合在一起。由此,带来了第二个问题:如果我们将城邦或政治共同体理解为超越自然的血缘关系的存在物,那么共同体是如何将那些没有任何自然关联和共同属性基础的个体联合为一个共同体的?保障这个共同体团结的基础是什么?

实际上,历史上对这个问题的解释大致分为两种。第一种解释,其本身就滥觞于古希腊,在苏格拉底、柏拉图和亚里士多德那里,尽管他们表达的细节不同,但他们都认为城邦旨在创造一种"共同善"(common good)的生活,结合成城邦的人们并不是因为自然的需求,而是因为一种正义的理念,一种指向最终的美好生活的共同追求而形成的共同体。正如亚里士多德所言:"人类无论个体而言或合为城邦的集体而言,都应具备善行而又配以那些足以佐成善行善政的必需事物,从而立身立国以营善德的生活,才是最优良的生活。"①这种以"共同善"的理念凝结共同体的方式也被启蒙思想家所承袭,如卢梭在《社会契约论》中的"公意"(volonté générale)就是让彼此分离的个体缔结契约、形成市民社会的重要动因。"我们每个人都以其自身及其全部的力量共同置于公意的最高指导之下,并且我们在共同体中接纳每一个成员作为全体不可分割的一部分。"②无论是亚里士多德的共同善,还是卢梭的公

---

① 亚里士多德:《政治学》,吴寿彭译,北京:商务印书馆,2009年,第348页。
② 卢梭:《社会契约论》,何兆武译,北京:商务印书馆,1980年,第24-25页。

意,实际上都是一种抽象观念。这种解释都将差异性的个体能结成统一的共同体的原因归结为一种先天的绝对观念(共同善或公意),这种绝对观念是构成共同体的理念上的根基。也就是说,只要人先天地具备这种善的观念,就有着共同追求更美好生活的意愿,并在这个意愿的基础上结成了共同体,而这种共同的善或公意成为人之为人的基本属性。

  实际上,还存在另一种关于个体结成共同体的基础的解释。德国社会学家斐迪南·滕尼斯在其《共同体与社会》中并没有从先天的共同善和公意,而是从现实生活中的"默认一致"(consensus)来解释共同体(Gemeinschaft)。"相互之间的共同的、有约束力的思想信念作为一个共同体自己的意志,就是这里应该被理解为默认一致的概念。它就是把人作为一个整体的成员团结在一起的特殊的社会力量和同情。"[①]对这种"默认一致",滕尼斯很迅速地给出了解释,即"默认一致是建立在相互间密切的认识之上的,只要这种认识是受到一个人直接参与另一个人的生活,即同甘共苦的倾向所制约,并反过来促进这种倾向。因此,结构和经验的相似性越大,或者本性、性格、思想越是具有相同的性质或相互协调,默认一致的或然率就越高"[②]。滕尼斯的共同体的基础不是绝对的先天观念,而是来自具体生活中的共同体验,而且滕尼斯强调,这种共同的默认一致是建立在"或然率"的基础上的。换言之,滕尼斯的共同体并不具有柏拉图、亚里士多德以及卢梭式的必然性,它只是在偶然的共同生活层面上通过同甘共苦结合成的一致性经验,这种

[①] 斐迪南·滕尼斯:《共同体与社会:纯粹社会学的基本概念》,林荣远译,北京:北京大学出版社,2010年,第58页。

[②] 斐迪南·滕尼斯:《共同体与社会:纯粹社会学的基本概念》,林荣远译,北京:北京大学出版社,2010年,第59页。

一致性经验促成了共同体。之后,滕尼斯的共同体概念成为社群主义用来批判自由主义契约论的共同体的基础。对这种解释,埃斯波西托曾经有过评价:"滕尼斯类型的共同体建立在根本上从属于个人成员一致的一般性基础上。"①也就是说,这种共同体更倚重的是参与共同体的个体成员在行为经验中形成的彼此心照不宣的框架和默认。

显然,对埃斯波西托来说,这两种解释都不足以解释共同体如何能维持自身的长期存在。对前者来说,的确有人可以为了一种抽象的理念或信仰去牺牲自己,将自己奉献给一个共同体,但是在共同体中,很难保障人人都能为一个抽象的理念去牺牲自己的一切。同样,在共同生活中形成默认一致也不足以保障共同体的维系,因为这种以观念和经验来维持的共同体不可能长久。对共同体的保障来说,最重要的是如何去面对共同体的叛徒,如在温泉关战役中替薛西斯带路的斯巴达人埃彼阿提斯,或者在伯罗奔尼撒战争中投向斯巴达的雅典将领、苏格拉底的弟子阿尔基比亚德。

这正是埃斯波西托对传统共同体理论表示不满的地方,无论是亚里士多德的共同善或卢梭的公意,抑或滕尼斯的默认一致或查尔斯·泰勒(Charles Taylor)的日常生活的框架,实际上都建立在一种和谐的人与人之间关系的假定之上。也就是说,他们认定,在一个理想的概念或共同生活的经验之下,人与人之间能免除政治中最血淋淋的场面,让政治在温馨和煦的普遍之光的照耀下,在神话般的伊甸园式的假设中,完成共同体的设定。埃斯波西托和他的意大利同胞十分清楚地看到,政治从来不是这种温馨和煦的

---

① Roberto Esposito, *Communitas: The Origin and Destiny of Community*, trans. Timothy Campbell, Stanford: Stanford University Press, 2010, p.143.

局面，相反，真正的政治史都是在血腥的斗争和屠戮中形成的，奥斯维辛的残酷不过是这场斗争的最新版本而已。也就是说，共同体的成立从来没有远离过生物性身体的界面，在政治哲学家将生物性身体的腥臭从干净整洁的政治教科书中祛除之后，他们也基本上丧失了读懂政治的可能性。这样，从一开始，政治共同体的历史就是一种建立在对生物性身体进行占用（appropriation）和剥夺（expropriation）的基础上的历史。因此，阿甘本毫不客气地说道："从一开始，西方政治就是生命政治的。"①

如何理解共同体从一开始就是生命政治的？这涉及阿甘本与埃斯波西托等人对共同体的重新理解。如果我们将亚里士多德、卢梭以及滕尼斯、泰勒等人的共同体概念全部称为实在论的共同体，即共同体的构成在于个体具有的实在属性，无论这种属性是先天性的共同善或公意，还是在经验中形成的默认一致，都表明共同体是在其成员所拥有的共同属性（理念或经验）基础上构成的。阿甘本和埃斯波西托代表着另一条路径，我们可以称之为模态论（modalism）的共同体主义。换言之，他们不认为构成共同体的成员在形成共同体之前具有任何相同的实质属性，他们构成共同体完全依赖于与公意和默认一致不同的东西——munus。

二、munus：共同体的投名状

在《水浒传》中，林冲初上梁山时遇到了一个难题，这就是必须纳上入伙的投名状。对于什么是投名状，朱贵给出了解释："但凡

---

① Giorgio Agamben, "What Is a Destituent Power?", *Environment and Planning D: Society and Space*, 32.1 (2014), p.65.

好汉们入伙,须要纳投名状。是教你下山去杀得一个人,将头献纳,他便无疑心。这个便谓之投名状。"①如何来理解林冲的投名状?这里涉及一个身份的转变,上了梁山,林冲就需要与这些人结合成一个新的共同体。在这个意义上,需要一个装置(disposition)来实现从之前的官家身份转变为真正落草为寇的好汉。

林冲的投名状为我们思考共同体的形成提供了另一条路径,一条常常被温馨和煦和冠冕堂皇的政治理论所掩盖的路径。无论是亚里士多德、卢梭还是滕尼斯,实际上都只将话说了一半,即他们只描述了共同体成员之间最显白的部分,就如同宋江所树的"替天行道"的杏黄旗。"替天行道"的杏黄旗是可以在官面上拿出来说的共同善,它够大义,能够在江湖上博得一个好名声。但真正将梁山好汉凝聚在一起的,是那声"哥哥"背后的身体政治——投名状。经过投名状之后,无论你之前是村子的保长还是县衙的押司,是渔民还是游侠,是杀人如麻的混世魔王,还是曾经征战沙场的宿将,这些身份统统被悬置,取而代之的是一个新身份:梁山好汉。

埃斯波西托从另一个角度谈到了投名状的共同体,他将这个概念回溯到了罗马法的一个概念——munus。埃斯波西托写道:"munus是某人与其他人相关联的义务。"②这种关联并不是亚里士多德所强调的在城邦共同体中的道义上的关联,而是一种具体将各种身体连接在一起的义务。在引述罗马法的过程中,埃斯波西托强调了munus实际上有三种含义,分别为债务、誓言和礼物。这三种内涵实际上都建立了一种生命政治的装置,即将个体的身体强制地纳入共同体之中。以债为例,无论欠债人的身份之前是什

---

① 施耐庵、罗贯中:《水浒传》,北京:人民文学出版社,1997年,第151页。
② Roberto Esposito, *Communitas: The Origin and Destiny of Community*, trans. Timothy Campbell, Stanford: Stanford University Press, 2010, p.5.

么,如农夫、商贩或一个贵族,一旦欠债,他们在罗马法中就是一样的,都是债主的欠债人(debitor)。欠债构成了一个亏欠(lack),甚至是永恒的亏欠。如早期的基督教会强调人的原罪就是信徒相对于基督耶稣的永恒的亏欠。同样,投名状是一种债,让林冲彻底掏空了原有身份的内容:一旦纳投名状,就与王伦等人背上了同样的血债,从而可以在这种债务关系上构成共同体的新身份。这样,债或投名状构成了共同体的munus,即共同体的装置,这是一种新的本体论。正如格雷格·博德(Greg Bird)所指出的:"在本体论中,在munus中,存在先于拥有,在伦理学中,munus是异质性交换的模式。munus开启、改变并交换了主体,剥夺并消除了他们之前的身份,让他们变成完全的亏欠,负债去承担其约定的义务。"[1]实际上,munus具有的另外两种含义,即誓言和礼物也可以被理解为一种债,正如阿甘本曾十分明确地指出过的,誓言从来不仅仅是对当事人的誓言,更是对不在场的诸神的誓言,因为"诸神在誓言中会被提及两次,第一次是作为誓言的见证人,第二次是在诅咒中作为对伪誓的惩罚者"[2]。由此可见,在誓言中最重要的不是信守誓言,而是违背誓言的可能性,后者构成了宣誓之人相对于诸神的共同的债。而在马塞尔·莫斯(Marcel Mauss)的研究中,礼物表面上是一种赠予,但实际上在原始社会的案例中,赠予礼物总是期望着一定的回礼,礼物和回礼之间构成的象征交换也形成了munus的装置。

---

[1] Greg Bird, "Debt and the Proper in Agamben and Esposito", in *Roberto Esposito: Biopolitics and Philosophy*, eds. Inna Viriasova and Antonio Calcagno, New York: State University of New York Press, 2016, pp.58-59.

[2] 吉奥乔·阿甘本:《语言的圣礼:誓言考古学》,蓝江译,重庆:重庆大学出版社,2016年,第80页。

显然，对阿甘本和埃斯波西托等意大利的共同体研究者来说，munus 的最大意义并不在于负债和共同亏欠的关系，而是他们在一个新的基础上奠定了共同体概念。在他们之前，共同体是基于共同所有的观念或属性，人们往往相信，我们只有拥有共同的信念、共同的价值观、共同的生活经历，才能形成共同体。也就是说，他们将共同体建立在一个拥有实在属性的共同性质之上。阿甘本和埃斯波西托并不否认共同的观念和经验在构成共同体中的基础性作用，但对他们来说，这种共同体不足以充分保障共同体的实际功能，即保障共同体实际运转的装置。对阿甘本和埃斯波西托来说，共同体的构成并不在于去构成一个同质性的共同体，而是在某种条件和形式的促使下，可以将根本不存在关系的个体凝结成一个共同体。

阿甘本在《最高的清贫》一书中谈到了拉丁语 habitus 最初的意思是着装，例如，早期的基督教修道院会让加入修道院的僧侣脱下尘世的服装，穿上粗麻布做成的僧袍，系上麻绳搓成的腰带。阿甘本借用教父卡西安的话指出："这意味着他们已经与俗世的行为和劳作一刀两断。"[①]阿甘本强调的是，一旦加入修道院，之前的身份和实质属性在新的共同体（修道院）中就已经变得无足轻重，无论之前是高贵还是贫贱，在新的共同体中都以新的身份（僧侣或兄弟）来坦诚相见。

在 munus 构成的共同体中，各个成员在加入共同体之前的身份有多少共同性或差异性并不重要，因为在形成 munus 的事件之后，身份的实际性已经被 munus 掏空。这样，埃斯波西托十分深刻

---

① Giorgio Agamben, *The Highest Poverty: Monastic Rules and Form-of-Life*, trans. Adam Kotsko, Stanford: Stanford University Press, 2013, p.14.

地写道:"munus 构成的共同体并不是建立在共同属性和共同所有的基础上。它不拥有任何东西,恰恰相反,它是一种债务、誓言、需要给出的礼物,因此,munus 构成了一个亏欠。共同体的各个主体是在亏欠基础上结合在一起的。"①munus 构成的亏欠不仅仅是人身关系的亏欠,更重要的是,新形成的共同体不是一个实质性的共同体,而是一个空洞的共同体,它的各个成员完全是在一个空洞的名称(如梁山好汉)的名义下组成的,这个名称的实质含义是在共同体成立之后逐渐补充的。在另一个地方,埃斯波西托给出了更为明确的解释:"拉丁语中的 munus 被理解为相互之间的给予或亏欠,而它就是让共同体概念得以成型的东西。这种角度可以帮我们精确地理解 munus 构成的空洞。共同体建立在这个空洞之上,也就是说,在共同体之前,各个成员没有任何共同之处,从而让预先具有共同体属性的主体逻辑遭到了质疑。与之相反,共同体的主体的属性不是预先确定的,他们就是源自这种空洞的状态。"②

不过,埃斯波西托建立在 munus 基础上的对共同体的理解也带来了一个现实的问题:由于共同体成员的身份不是在共同体之前预先设定的,他们在共同体原初发生的那一刻形成的新的共同体身份是一个空洞身份,那么,对共同体的捍卫实际上不能通过捍卫内在的属性来保障,也就是说,一旦捍卫共同属性,就意味着他们在捍卫一种在共同体基础上已经被废除的东西。这样,从共同体角度来看,捍卫所谓的共同价值观,如正义和自由,只能是一些虚无缥缈的空中楼阁,而在现实层面上,或者说在生命政治的层面

---

① Roberto Esposito, *Communitas: The Origin and Destiny of Community*, trans. Timothy Campbell, Stanford: Stanford University Press, 2010, p. 6.
② Roberto Esposito, *Living Thought: The Origins and Actuality of Italian Philosophy*, trans. Zakiya Hanafi, Stanford: Stanford University Press, 2012, p. 256.

上,真正维持着共同体的是另一种机制。埃斯波西托认为,这个机制才是他相对于米歇尔·福柯和阿甘本的生命政治学的独创,即免疫机制(immunitary mechanism)。

三、免疫机制与肯定性生命政治

在福柯对生命政治学的归纳中有一个非常值得注意的点:现代社会的治理技术所针对的对象并不是活生生的人,而是人口统计学上的人。在人口概念面前,所有的其他差别都变得次要,无论是贵胄还是佃农、黑人还是白人、男性还是女性,在人口统计学中,都被还原成了一个统计数字,具体的差别消失了。而按照埃斯波西托的观点,这种消失恰恰是现代的munus的结果,因为进入资本主义社会之后,所有人都成了负债之人,利用债务进行统治和治理显然已经成为当代资本主义得以运转的奥秘。正如意大利马克思主义思想家毛里齐奥·拉扎拉托(Maurizio Lazzarato)所指出的:"货币将我们从人格奴役的枷锁中解放出来,因为货币形式的债务让这种奴役关系变得非人格化、匿名化,变得可以移转。"[①]也就是说,由于变成了货币形式,在前资本主义社会中具有明确人格属性的债务,其人格属性在一定程度上消失了,具体的债务通过货币变得抽象化和普遍化。生活在整个社会中的个体都成了匿名的负债者,而这种负债的匿名形式让整个社会变成了新的munus,这是一种共同体的现代变型。与具有人格属性的债务不同,抽象的债务变成了一种无法偿还的债务,将所有的负债人都变成了这个庞大

[①] Maurizio Lazzarato, *Governing by Debt*, trans. Joshua David Jordan, South Pasadena CA: Semiotext(e), 2015, p.62.

的利维坦共同体的一部分。活生生的生命不仅被城邦的 munus 变成了公民，而且在具有了公民的形式躯壳以及成为没有任何内涵的有资格的人（bios）之后，他们进一步被现代货币体制讨论，成为抽象的欠债人。而现代资本主义社会得以运转的奥秘就是恒定地将活生生的人和具有人格内涵的人变成欠债之人，让自己的生物性身体持久地随着资本主义的生命政治的治理机制而运转。

不过，在这个共同体之中，有一类特殊的存在，他们生活在共同体之中，但并不分担债务或被免除了债务，在这个意义上，他们成了无债之人（sine munerbus）或空债之人（muneribus vacuus）。因此，埃斯波西托指出："从豁免和免除角度来说，那些对任何人都不负债的人被定义为免疫个体：无论他们是原初就是自由个体，还是后来被免除了之前约定的债务，在免疫个体的定义中所考察的就是他们不具有 munus 的义务。"①从表面上看来，免疫个体相对于共同体来说具有绝对的优势，因为由于债务或 munus，共同体的成员在身体上不得不从属于共同体，并承担相应的债务。但是，埃斯波西托更关注的是免疫个体，这种被豁免了债务或 munus 的个体的状态。

让我们还是回到林冲的例子。纳投名状之前的林冲是一个免疫个体。倘若没有投名状将林冲从一个教头或配军变成梁山好汉，那么林冲永远具有一种优势，但这种优势同时也是劣势，也就是说，由于林冲的身份背景太干净了，他不可能真正入伙梁山。即便他身处梁山之上，也并没有真正与梁山诸人构成共同体，他没有 munus，也意味着免疫，免疫就意味着林冲始终是一个外人。由此

---

① Roberto Esposito, *Immunitas: The Protection and Negation of Life*, trans. Zakiya Hanafi, Cambridge: Polity, 2011, p.5.

可见，免疫个体实际上在埃斯波西托这里有了另一层含义，免疫并不意味着特权，而是一种区分的界限，将拥有 munus 的人和不拥有 munus 的人区别开来，从而维系共同体的安全存在。没有纳投名状的林冲始终是一个免疫个体，他无法真正融入共同体。用阿甘本的话来说，在这个时候，林冲是处在包含性的排斥（inclusive exclusion）状态之中，他上了山，但没有在 munus 上被王伦、朱贵等人接纳，称不上好汉。于是，没有纳投名状之前的林冲在梁山上仅仅是一种身体性存在，无法与众人推心置腹。

这样，免疫个体与负有债务或 munus 的共同体成员之间的关系在这里被颠倒了。在共同体之中，不负有债务的人实际上就是外人，他遭受共同体的包含性排斥，沦为了赤裸生命。这里有一个十分有意思的地方，林冲与王伦、朱贵等人的区分并不是预先设定和实质性的，也就是说，王伦对林冲的排斥并不纯粹是因为林冲的身份。在上山之后，林冲的实际身份已经被悬置，不起作用（inoperativity）。最重要的区分是那套规范，即林冲需要纳投名状，才能从外人变成山上的好汉。回到福柯在《安全、领土与人口：法兰西学院演讲系列 1977—1978》（*Security, Territory, Population: Lectures at the Collège de France 1977-1978*）中对规范的强调，也就是说，在规范设定之前，不存在正常的人与不正常的人的实质区分，我们不能从籍贯、肤色、性别来奠定共同体的基本构成。共同体的构成基于 munus 与 immune 的区分，即一种建立在共同体的空洞点上的规范。这个在缔造共同体的事件中被人为树立起来的规范成为共同体规训和安全的基础。这套规范就是区分机制的形式，也正是基于这套机制，梁山上的人可以轻易地将好汉与外人区别开来，但这套区分机制不是实质性的，而是虚无性的。埃斯波西托指出：

共同体在表面上可以是无法维持下去的。为了让共同体可以在风险中存活下来,它的关系性内涵就必须是越来越弱。这样必然会导致munus逐渐被免除,最后让共同体从内部走向堕落败坏,让共同体解体。为了解决这个问题,就需要使用各种形式(规则、制度、体制)来将生命与其共同内容区分开来。共同的东西无非是共同的区分。很明显,这就是免疫辩证法给哲学人类学带来的虚无主义的一个方面:能让人类从根本上摆脱虚无的就是虚无本身。①

从这段话中,我们可以得出如下几个结论。

(1)埃斯波西托十分强调,共同体是无法维持自身的,即便有着原初的munus,但随着时间的推移、债的免除和礼物的回赠完毕,共同体也丧失了维持的动力。这样,随着时间的流逝,使共同体得以维持的基础也越来越弱。不过,每当一个事件制造一个新的外部,共同体就会在事件中产生新的munus,让共同体重新获得生命力。这就是为什么当新冠疫情来临时,它就构成了一个共同的外部,对于不希望染疫的人来说,他们形成了一个新的munus,从而造就了一个新的共同体的基础。我们既可以把这个基础理解为我们身体相对于病毒的免疫,也可以将其理解为一种相对于绝对威胁的体制性免疫范式(immunitary paradigm)。

(2)为了维持共同体的长期存在,就必须有一种现实的保障机制。由于共同体原初并不是建立在实质理念或经验基础上的(不可能用共同善的理念或正义来维持共同体,只有迂腐的学究才相

---

① Roberto Esposito, *Immunitas: The Protection and Negation of Life*, trans. Zakiya Hanafi, Cambridge: Polity, 2011, p.13.

信现实的共同体可以用善的观念来长期维持),它的共同体是一个虚无,因此捍卫任何实际的共同理念是无用的。真正维持共同体的是一种机制,即免疫机制。免疫机制的原理就是在共同体之中区分出具有资格的成员(这些成员承担着债务,具有 munus),从而将那些被包含性排斥的赤裸生命或者不正当的人(the improper)分辨出来,进而将它们作为共同体的威胁而隔离出来。在这个意义上,阿甘本也看到了这种免疫机制对维持共同体的作用,他指出:"只要有身份的人与善良之人在人们那里具有独立的地位(占有一个位置),那么大地上的生命就会变得无限美好(我们仍然认识那些具有身份地位的人)。不过,那些没有任何归属的不正当的人,根本没有任何占有地位的可能性,因为对身份的肯定实际上排斥了没有身份的人,而道德在这些没有身份的人面前筑好了围墙。越追求善,意味着恶会进一步加深,天堂的城墙垒得越高,地狱的深渊会更加万劫不复。"①由此可见,一旦共同体陷入危机,首先需要做的是制造一个外部,甚至是从内部制造一个外部,从而保障共同体能够长期维持下去。

(3) 尽管福柯已经看到了维持生命政治的机制是用来区别正常人(有资格的人)与不正常的人(外部,被还原为赤裸生命)的规范,但他并没有看到这种规范的维持机制事实上是一种免疫机制。也就是说,在福柯那里,生命政治是消极的,因为他看到了规训和安全机制,这个机制对内进行规范,对外排斥不正常的人,所有有生命的人都被这个机制掏空了,只留下了 bios 的空壳。而阿甘本和埃斯波西托看到了让这种共同体得以维持的免疫机制,即不断

---

① Giorgio Agamben, *The Coming Community*, trans. Michael Hardt, Minneapolis: University of Minnesota Press, 1993, pp.10 – 11.

地制造外部,来维持共同体的长期存在。

不过,在最后,我们需要对阿甘本和埃斯波西托的立场做出区分。阿甘本的策略是,他看到了免疫机制[在主权者宣称的永恒的例外状态下,生命政治的装置(apparatus)剥除了某些人,使其不能成为 bios,将他们还原成赤裸生命],但是阿甘本只认为免疫机制是一种消极意义的存在,他将这种对赤裸生命实施包含性排斥的机制类比于纳粹统治下的集中营,认为这种免疫机制或例外状态就是现代社会治理的特征。他将福柯的结论进一步扩展为"整个社会都是集中营"。埃斯波西托对这个结论表示了不满:"阿甘本将纳粹的生命政治同现代民主政治等同起来,认为他们都在例外状态下。其结果就是,他强调了纳粹的生命政治特征与当代民主制并无二致,也看不到它们各自的独特性。"[①]或者说,阿甘本的生命政治论调太过灰暗了,他对运行的免疫机制或生命政治机制抱有了太多的敌意,在阿甘本那里,免疫机制就是消极的、对活生生的生命的扼杀。

当然,埃斯波西托认为,阿甘本的那种灰暗色调的生命政治的的确确是存在的,但是阿甘本的错误在于,他将所有的免疫机制都视为邪恶的和灰暗的。对此,埃斯波西托给出了一个反例:"从所有常规免疫学标准来看,婴儿的胚胎都是一个'他者',它何以会被母体所包容?除了在极少数情况下,保护性的免疫机制如何能允许作为另类存在的胚胎的成长?"[②]尽管母体与胚胎的例子是比喻性的,但实际上埃斯波西托认为,除了那种排斥性的生命政治,一定

[①] Roberto Esposito, *Bios: Biopolitics and Philosophy*, trans. Timothy Campbell, Minneapolis: University of Minnesota Press, 2008, p.200.

[②] Roberto Esposito, *Immunitas: The Protection and Negation of Life*, trans. Zakiya Hanafi, Cambridge: Polity, 2011, p.169.

还存在着一种共生性的生命政治,排斥性的生命政治不断地制造他者和另类,从而让自己越来越少,也越来越弱。这是一种免疫机制过度强化的必然结果,埃斯波西托称之为一种肯定性的否定(affirmative negation)。过度保护导致共同体越来越弱,甚至丧失了生命的机能,因此一种过度强大的免疫机制就是共同体的自杀。相反,埃斯波西托寄希望于一种否定的肯定(negative affirmation):像胚胎与母体的关系一样,通过不断地接纳他者形成共生性的共同体。这样,生命政治就能从规训和压制性的生命政治走向共生和敞开的生命政治,从否定性的生命政治(negative biopolitics)走向肯定性的生命政治(affirmative biopolitics),从凌驾于生命之上的政治(politics over life)走向属于生命的政治(politics of life)。用埃斯波西托自己的话来说:

> 只有这样——在当代各种关于这个方面的思考的交集和张力关系上——我们才有可能追溯到最终成为肯定性的生命政治的基本特征。它不再是凌驾于生命之上的政治,而是属于生命的政治,它不会将任何现成的(迄今为止已经被摧毁的)现代政治范畴强加于生命,而是赋予生命革新的能力,在同一种政治中来重新思考生命的复杂性和关联。[1]

---

[1] Roberto Esposito, *Bios: Biopolitics and Philosophy*, trans. Timothy Campbell, Mineapolis: University of Minnesota Press, 2008, p.157.

寻找新的主体：
西耶斯、黑格尔与青年马克思的政治共同体构想[*]

梁　展[**]

内容提要：法国大革命奠定的人民原则是青年马克思政治哲学的灵感来源及其政治共同体构想的出发点和基石。本文通过分析西耶斯对第三等级政治使命的论述与黑格尔从国家形而上学的角度对君主和市民诸等级的规定，探讨19世纪40年代初期马克思为寻求新的革命和社会主体而付出的种种思想努力，揭示无产阶级政治共同体的思想谱系。

关键词：马克思　第三等级　共同体　市民社会　普遍等级

一

在1848年革命前夕，欧洲的民主主义知识分子习惯以1789年法国大革命创制的现代政治原则和政治语言，如"等级""民族""国家""立法权"等等来观察、分析和思考那个时代由各种原因引发并

---

[*]　本文原载《外国文学评论》2018年第4期。
[**]　作者简介：梁展，中国社会科学院研究生院文学博士，中国社会科学院外国文学研究所研究员，主要研究领域为近代中西思想史和文化史。

困扰着英、法、德等欧洲各国的经济、社会和政治危机。马克思自然也不能例外,他出生和成长的莱茵兰地区晚至1814年才从拿破仑的强权统治下摆脱出来。那里浓厚的革命精神和知识氛围早已铸就了他的那一颗不甘守旧的心灵。在特里尔中学,威滕巴赫、施蒂尼格、施尼曼的教诲让他充分领略到了法兰西精神和大革命的思想风采。在柏林大学求学期间,黑格尔的学生、法哲学家爱德华·甘斯与圣-玛丽·吉拉丁一起赋予了他以1789年的原则看待欧洲现实和世界历史的眼光。他随后花费了数年时间集中阅读了黑格尔的著作,其中《精神现象学》和《法哲学原理》则是这位被称为"普鲁士官方哲学家"对莱茵河彼岸爆发的革命及其政治后果的理性反思、批判和修正。[1] 从马克思留下的大量读书笔记看,自19世纪40年代始,他便有意地搜集、阅读和研究了关于法国大革命和法国古代史方面的著作、档案和个人回忆录等,并计划在这些丰富的材料基础之上撰写一部《国民公会史》。在青年马克思看来,革命前夕诞生的国民公会标志着法兰西人民在"政治动力、政治势力和政治理智"方面所能达到的顶点。[2] 缔造和命名这个非凡的政治机构的人就是大革命的主要理论家——埃马努埃尔-约瑟夫·

---

[1] 关于马克思与法国大革命的关系,参见 Jean Bruhat, «La Révolution française et la formation de la pensée de Marx», *Annales Historiques de la Révolution française*, 184 (1966), p.125 - 170; Maximilien Rubel, «La Révolution française dans la formation du jeune Marx», *Diogène*, 148 (1989) p.3 - 27; François Furet, *Marx et la révolution française, textes de Marx présentés réunis*, trans. Lucien Calvié, Paris: Flammarion, 1986; Joachim Ritter, *Hegel und die franzosische Revolution*, Köln: Westdeutscher Verlag, 1957。

[2] *Marx-Engels-Gesamtausgabe (MEGA²)*, I/2, Berlin: Dietz Verlag, 1975, S.455(后文出自同一著作的引文,将仅标出该著作名简称 *MEGA²*、所属部分、卷数和引文出处页码);中译文参见《马克思恩格斯全集》第1卷,北京:人民出版社,1956年第1版,第478页(后文出自同一著作的引文,将仅标出该著作名简称《全》、版次、卷数和引文出处页码)。

西耶斯神父①,也就是《第三等级是什么?》(1789)一书的作者。西耶斯以这份篇幅不长但意义重大的政治宣言揭开了法国大革命的序幕。马克思阅读西耶斯名作的时间应该不会晚于1842年5月。② 在同一时期就莱茵省议会的一场辩论所发表的评论文章中,我们看到,作者对这位神父的政治学说显然非常熟悉,尤其是他对现代国家里的个人具有双重身份即公民和市民(citoyen/bourgeois)所做的细致区分。③ 在莱茵兰省议会就应否禁止出版自由的问题展开的辩论中,来自"城市等级"的一位辩论者声称赞同西耶斯的意见,认为"出版自由只要没有坏人参与就是美妙的东西","要防止这一点,直到现在还没有找到可靠的办法"。④ 马克思立刻意识到这位代表是在以市民身份表达自己的私人观点,而非站在国家公民的立场上表达公众的自由意志,二者的冲突在《黑格尔法哲学批判》(1843)中被表述为政治国家与市民社会之间的分离。马克思的评论文章发表在自己担任主编的《莱茵报》(1842年1月—1843年3月)上,这份报纸遵循大革命的政治原则和黑格尔的理性精神,高举民主和改革的旗帜反对普鲁士的专制主义。⑤

---

① 参见 Jean-Denis Bredin, *Sieyès: La clé de la Révolution française*, Paris: Editions de Fallois, 1988, p.106 – 112。有关西耶斯在1789年大革命中所发挥的作用,参看 François Furet, *The French Revolution: 1770 – 1814*, trans. Antonia Nevill, Oxford: Blackwell Publishing, 1992, pp.45 – 51。

② 马克思阅读的是1796年出版的西耶斯著作德译本,即 Emmunel Joseph Sieyès, *Politische Schriften 1788 – 1790, mit Glossar und Sieyes-Bibliographie*, Hg. v. Konrad Engelbert Oeslner, Leipzig, 1796, Bde. 1 – 2。这部近1300页的译著几乎囊括了西耶斯在当时全部已发表的著作、论文和发言稿,后文还将提及它的译者。

③ 参见 Jaques Guilhaumou, *Sieyès et l'ordre de la langue: L'invention de la politique moderne*, Paris: Editions Kimé, 2002, p.187。

④ $MEGA^2$,I/1, S.157;《全》,1/1,第81页。

⑤ 关于马克思和卢格等人创办《莱茵报》的过程,以及马克思通过该报与保守主义者展开论战的情况,参见 Jonathan Sperber, *Karl Marx. Sein Leben und sein Jahrhundert*, München: C.H.Beck, 2013, S.90 – 115。

1842年9、10月间,来自德国、英国、比利时、俄国以及法国当地的学者在斯特拉斯堡召开了一次学术讨论会,会议的中心议题是"一无所有的等级要求占有目前掌握治国大权的中间等级的一部分财产"。《莱茵报》对本次会议的辩论情况作了报道,该报提出的解决方案是"和平方式",其原因在于"现代的中间等级在避免遭受突然袭击方面比1789年的贵族优越得多"。马克思评论道:"西耶斯的预言应验了,tiers état〔第三等级〕成为一切,并希望成为一切……现在一无所有的等级要求占有中等阶级的一部分财产,这是事实,即使没有斯特拉斯堡的演说,也不论奥格斯堡如何保持沉默,它仍旧是曼彻斯特、巴黎和里昂大街上引人注目的事实。"①马克思及其《莱茵报》的合作者虽然承认"一无所有的等级"要求夺取"中间等级"的财富是当时欧洲社会的普遍事实,但是他们既不认同以慈善的方式改善"一无所有"等级的地位这一共产主义的"实际实验",同时也对共产主义的理论保持"慎重"的态度,尽管在短短五年后发表的《共产党宣言》里,阶级斗争和共产主义的信仰迅速被马克思和恩格斯确立起来。在马克思看来,上述问题想要得到有效解决还需彻底贯彻法国大革命确立的法律原则,将那些尚未写入法典的"习惯法",如农民捡拾森林里被风吹落的树枝以供家庭取暖的习惯,以法律的形式规定下来。透过黑格尔法哲学的眼光,马克思认为权利或法应当是理性在现实社会得到持续实现的过程:它"不再取决于偶然性,即不再取决于习惯是否合理;恰恰相反,习惯成为合理的是因为权利已变成法律,习惯已成为国家的习惯"②。法国大革命通过将社会财产归于第三等级的方式改变了旧的所有

---

① *MEGA²*,Ⅰ/1,S.238;《全》,1/1,第131页。
② *MEGA²*,Ⅰ/1,S.206;《全》,1/1,第143页。

制,并将私有财产权作为法律规定下来,它不仅没有能够挑战私有制,反而使其从法理上得到了巩固。然而,在马克思和当时的欧洲社会主义者看来,财产的私有制是产生普遍社会贫困的根源。对普鲁士专制主义的失望使马克思将解决社会普遍贫困问题的目光投向了法国这个拥有丰富的政治智慧和政治实践的国度。从1842年10月移居科隆主持《莱茵报》以来,马克思就开始孜孜不倦地阅读同时代法国著名的社会主义者如维克多·贡西德朗、皮埃尔·拉罗和蒲鲁东等人的著作。① 在两年之后撰写的《神圣家族》中,马克思高度称赞蒲鲁东对曾经被视为政治经济学之"不可动摇"的基础的私有制进行了批判性的检验,断言其《财产是什么?》(1840)一书对现代政治经济学的意义"正如同西耶斯的著作《第三等级是什么?》对现代政治学的意义一样"②。

  从西耶斯到蒲鲁东,马克思考虑的问题是:究竟什么原因导致了"一无所有的等级"的普遍贫困?倘若私有制是社会普遍贫困的总根源,那么,这是自然的结果还是人为的产物,或者说是政治(法律)的后果?答案当然是后者。西耶斯眼中的社会建立在劳动基础之上,遵照亚当·斯密的教导,劳动创造了一切社会财富。从事具体劳动的等级不是国王也不是贵族更不是教士,而是第三等级,其每个成员都担负着繁重的日常劳动、发挥着各自不同的社会功能,服务于整个政治体之生存和需要,从而推动着社会不断走向进

---

  ① 参见 Gareth Stedman Jones, *Karl Marx: Greatness and Illusion*, Cambridge: Harvard University Press, 2016, p.139。马克思是通过洛伦兹·冯·施泰因的著作《当今法国的社会主义和共产主义》(Lorenz von Stein, *Der Socialismus und Communismus des heutigen Frankreichs. ein Beitrag zur Zeitgeschichte*, Leipzig: Wigand, 1842)接触到蒲鲁东等人的学说的。

  ② *Marx-Engels-Werke (MEW)*, Bd.2, Berlin: Dietz Verlag, 1962, S.33,(后文出自同一著作的引文,将仅标出该著作名简称 MEW、卷数和引文出处页码);《全》,1/2,第39页。

步。另一些人则凭借世袭特权稳居于一般的社会运动当中,享受着他们丝毫未曾伸手创造的劳动成果中最好的部分。因此,贵族被西耶斯称之为不从事生产活动的寄生等级,"他们是一个伟大民族中孤立的人群"①。第三等级虽然强壮有力却被束缚住了双手,不能得到应有的荣誉和地位。西耶斯将这种待遇看作对第三等级实施的"社会犯罪"②,如同蒲鲁东说"财产是什么?这就是盗贼"一样,西耶斯说:"第三等级是什么?一切。迄今为止,它在政治秩序中拥有什么?什么都没有。它要求什么?要拥有某种东西。"③废除前两个等级独享的特权、放开第三等级的手脚,其结果不但没有使后者失去什么,反倒使他们获得了许多,由此形成了一个完整的民族。④ 与西耶斯不同,蒲鲁东希望通过"无财产的占有"来夺回被工厂主盗取的财产,恢复正常的社会秩序,也就是说,他希望通过一种道德原则来消除贫困的问题。⑤ 在《神圣家族》中,针对布鲁诺·鲍威尔的阵营对蒲鲁东学说发起的攻击,马克思花费了大量篇幅为后者辩护。⑥ 然而,同蒲鲁东的道德原则相比,他自己显然更愿意选择西耶斯的政治原则。因此,在 1843 年 3 月至 8 月撰写的《黑格尔法哲学批判》中,马克思借西耶斯创制的核心政治术语——"等级"(l'ordre/Stand)、"民族"(nation)、"民族主权"

---

① Emmanuel Sieyès, *Qu'est-ce que le Tiers-État?* 3e édition, [S. L.], 1789, p. 13.
② Emmanuel Sieyès, *Qu'est-ce que le Tiers-État?* 3e édition, [S. L.], 1789, p. 7.
③ Emmanuel Sieyès, *Qu'est-ce que le Tiers-État?* 3e édition, [S. L.], 1789, p. 3.
④ Emmanuel Sieyès, *Qu'est-ce que le Tiers-État?* 3e édition, [S. L.], 1789, p. 10.
⑤ Pierre-Joseph Proudhon, *Qu'est-ce que la propriété? Ou recherche sur le principe du droit et du gouvernement*, Paris: J.-F. Brocard, 1840, p. 140.
⑥ *MEW*, Bd. 2, S. 23—56;《全》,1/2,第 27—67 页。

(Souveraineté nationale)——批判了黑格尔基于"神秘的形而上学"之上的理性国家学说。于是,主权由作为国家普遍伦理的化身的君主那里重新回到了第三等级即或人民手中,西耶斯的民族主权因而转变成了马克思的"人民主权"(Souveraineté populaire),"等级"转变成了"阶级"(Klass),取代作为民族主体出现的第三等级的是一无所有的"无产阶级"。在西耶斯那里,第三等级就是"所有"或"一切","民族"是由第三等级单独组成的政治共同体,那么,对青年马克思而言,既往的阶级与民族之间是什么关系?新生的无产阶级和民族又是什么关系?在1848年2月发表的《共产党宣言》里,马克思坚定地回答道:

> 无产阶级没有祖国。绝不能剥夺他们所没有的东西。因为无产阶级首先必须取得政治统治,上升为民族的阶级,把自身组织成为民族,所以它本身还是民族的,虽然完全不是资产阶级所理解的那种意思。①

这个答案显然过于凝练和概括,非常遗憾的是,除此之外,马克思和恩格斯终其一生也没有系统论述过民族问题。那么,如何从马克思主义观点出发定义民族?如何处理无产阶级运动与民族的关系问题?什么是民族自治权?这些难题在德国社会民主党、奥地利社会主义者、第二国际乃至两次世界大战前后的理论家们之间引起了巨大的争议。爱德华·伯恩斯坦、卡尔·考茨基、海因里希·库诺、罗莎·卢森堡、卡尔·莱纳、奥托·鲍威尔、列宁和斯大

---

① MEW, Bd. 4, S. 479;中译文参见《马克思恩格斯文集》第2卷,北京:人民出版社,2009年,第50页(后文出自同一著作的引文,将仅标出该著作名称、卷数和引文出处页码)。

林先后加入了这场旷日持久的论争。① 具体到《共产党宣言》中上述语句的解释方面,罗曼·罗斯杜尔斯基指出,以 20 世纪 10 年代—20 年代德国社会民主党理论家海因里希·库诺为代表的修正主义者错误地认为,马克思主张在无产阶级夺取政治权利之后依然要保持自身的民族性,继而"将自身组织成为民族"。众所周知,库诺在第一次世界大战爆发之后的 1914 年 8 月曾经一度反对过德国的战争贷款政策,但进入 1915 年之后他突然从社会民主党的左翼转向了极右翼的多数派,宣称支持艾伯特政府采取的种种战争举措。② 罗斯杜尔斯基暗示,上述解释方式可以被视为库诺为自己的背叛行为所做的开脱。③ 应当公正地说,库诺除了理论家的身份之外,还是一位民族学教授,他曾对"Nation"做过详细的历史语义学考察,指出在《共产党宣言》诞生的 19 世纪中期的欧洲,"Nation"与德语中另一个表示民族的词汇"Volk"混用,二者同指居住在某一国土境内的全体居民,并无一战前后流行的种族和族裔甚至族裔民族主义的含义。④ 早在库诺提出这一解释之前的 1899—1904 年,奥地利社会民主党就主张建立在民族原则之上的"民族文化自

---

① 参见 Leszek Kolakowski, *Main Currents of Marxism, vol. 2, The Golden Age*, trans. P. S. Falla, Oxford: Oxford University Press, 1978, Chp. III/5, Chp. XII/12, Chp. XVI/3; Michael Löwy, "Marxism and the National Question", *New Left Review*, I/96 (March-April 1976), pp. 81 - 100; Maxime Rodinson, «Le marxisme et la nation», *L'homme et la société*, 7 (1968), p. 131 - 149。

② Helga Grebing, „Cunow, Heinrich Wilhelm Carl", *Neue Deutsche Biographie*, 3 (1957), S. 439 - 440.

③ Roman Dosdolsky, "Worker and Fatherland: A Note on a Passage in the *Communist Manifesto*", *Science and Society*, 29.3 (1965), pp. 330 - 337.

④ Heinrich Cunow, *Die Marxsche Geschichts-, Gesellschafts- und Staatstheorie. B2: Grundzüge der Marxschen Soziologie*, Berlin: Buchhandlung Vorwärts, 1921, S. 9 - 11.

治"政策是挽救饱受尖锐的族群纷争困扰的奥匈帝国免于解体的正确方案。① 上述语句的另一种解释来自列宁。这位布尔什维克党的领袖将无产阶级组织成为民族看作前者在资本主义国家不断走向成熟的必要条件,尽管在某些发达的资本主义国家里"工人没有祖国"。列宁的解释显然不同于《共产党宣言》中的民族论述,马克思和恩格斯明确提出无产阶级在夺取政权之后,而不是在夺取政权之前将自己组织成为民族。② 罗斯杜尔斯基认为,当马克思说"工人阶级没有祖国"时,其中的"祖国"应当是指资产阶级的民族国家,而不是族裔意义上的国家,也不是族裔意义上的民族共同体,而是压迫人民的机器;无产阶级夺取政权之后组织而成的民族无非是通向无阶级、无国家社会的过渡形态。③ 罗斯杜尔斯基的这一态度可以被归结为经典马克思主义在民族问题上所持的立场,它强调阶级意识和阶级互助对于民族利益的优先性。无论如何,马克思主义在民族问题上表现出的三种态度和品质都承认马克思的民族论述的一致性。伊芙莱姆·尼米尼总结道,问题的实质就是从一个现代国家的观念出发来定义在历史中形成的地方现象,以西欧大民族国家如英国和法国为模式来抓取和稳固一切有利于保持资本主义生存和发展的东西,从而在物质方面最终为无产阶

---

① 参见 Otto Bauer, *Die Nationalitätenfrage und die Sozialdemokratie*, Wien: Der Wiener Volksbuchhandlung, 1907, Ⅰ./§10, S. 95 – 119; Ⅱ./§2, S. 149 – 163; Ⅶ, S. 454 – 484.

② *V. I. Lenin Werke*, Bd. 21, Hg. v. Institut für Marxismus-Leninismus, Berlin: Dietz Verlag, 1960, S. 62.

③ Roman Dosdolsky, "Worker and Fatherland: A Note on a Passage in the *Communist Manifesto*", *Science and Society*, 29.3 (1965), pp. 330 – 337.

级的革命做出准备。① 相反,史劳姆·阿维奈里认为,1848年欧洲革命之后,民族主义的兴起使马克思在对待民族问题上的态度经历了一个明显的转变。在1848年之前,马克思认为无产阶级应以世界主义和国际主义为武器来对抗作为阶级压迫工具的资产阶级民族主义;1848年之后,尤其是德国和意大利的统一及其民族国家的建立使马克思认识到民族主义反而有助于资本主义的发展,从而加速其灭亡的进程。② 按照上述两种看法,我们似乎可以得到如下结论,即无产阶级与民族在哲学思想上根本无法相容。正如康纳所说,民族主义建立在人类是由不同族群组成的前提之上,这一划分是在纵向上进行的,而马克思主义相信人类更为根本的划分应当是横向的阶级划分;民族主义相信联系人们的纽带是民族意识和民族情感,而马克思主义认为,阶级意识相比民族意识和民族情感而言则更为强大,它最终能够打破各民族的心理和地理界限,促成人类在更大范围内的联合。③ 我们的问题是:假如在现代国家中,民族意识和民族情感在联合人类方面更能发挥功效,那么政治的意义又在哪里?民族意识和民族情感难道仅仅是自然和历史的产物而非政治的结果?如果不能将无产阶级和民族以政治的方式联系起来,我们就无法解释"无产阶级首先必须取得政治统治,上升为民族的阶级,把自身组织成为民族"这句话的含义,也就无从理解徘徊于法国大革命的政治理念和黑格尔法哲学之间的青年马

---

① Ephraim Nimni, "Marx, Engels and National Question", in *The Rights of Minority Cultures*, ed. Will Kymlicka, Oxford: Oxford University Press, 1995, pp.57-78.

② 参见 Shlomo Avineri, "Marxism and Nationalism", *Journal of Contemporary History*, 26.3/4 (1991), pp.637-657。

③ 参见 Walker Conner, *The National Question in Marx-Leninist Theory and Strategy*, Princeton: Princeton University Press, 1984, p.5。

克思对理想的政治共同体的构想过程。《共产党宣言》中的民族论述虽然十分简略,但我们依然能够从中看到青年马克思坚信无产阶级将成为未来民族的主体,他们能够组织成一个理想的政治共同体——民族。接下来的问题是:马克思是如何将来自法国大革命尤其是西耶斯的政治语言"等级"转换成"阶级",又如何将资产阶级的政治共同体"民族"转换成无产阶级的理想政治体——民族的?

二

西耶斯是法国大革命公认的最卓越的象征。斯达尔夫人说,他的著作和观点开启了一个新的政治时代,邦雅曼·贡斯当认为其在思想和制度方面对后世的人们产生了根本性的影响。[①] 在大革命左翼历史编纂学传统的代表人物阿尔贝·索布尔看来,18世纪的法国历史主题便是旧制度的危机以及贵族和第三等级的阶级冲突,西耶斯的身影贯穿了这段激昂动荡的历史,他说:

---

① 参见 Jean-Denis Bredin, *Sieyès: La clé de la Révolution française*, Paris: Editions de Fallois, 1988, p.16. 西耶斯给同时代人留下的是一个偏执和孤傲的形象,后来因为参与拿破仑发动的雾月政变,他在人们的心目当中又增添了冷酷和恐怖的面影。在1814年拿破仑失败之后,西耶斯避居布鲁塞尔,自此永远退出了政治舞台,直到1830年才重新返回法国。作为政治家,西耶斯生性沉默寡言,加上晚年拒绝撰写回忆录,以致这位大革命的发动者和终结者在私生活方面不为外人所知。除了《论特权》《论1789年法国代表可运用的行政手段》和《第三等级是什么?》等公开发表的著作之外,西耶斯还留下了大量的手稿、笔记、书信和公文,这些曾经一度被认为已经丢失的材料,于20世纪60年代在其后人家中被发现,现收藏于法国国家档案馆。从这些手稿来看,青年时期的西耶斯涉猎的知识范围非常广泛,除政治学、哲学和经济学之外,他还对音乐、数学和自然科学抱有浓厚的兴趣,参见 Marcelle Adler-Bresse, «Le fonds Sieyès aux Archives nationales», *Annales Historiques de la Révolution Française*, 201(1970), p.519-529.

西耶斯这位拥有一颗优异的政治心灵的人，早在1789年发表的《第三等级是什么？》中就奠定了1789年和1793年的人们借以支撑其全部革命斗争的基石：制宪权，即将所有权力集中在制宪议会和后来的国民公会以及专政手中的基础和正当性。①

"索布尔的18世纪就是西耶斯及其《第三等级是什么？》的世纪"②，就连从自由主义政治立场猛烈抨击这位左翼史学家的弗朗索瓦·傅勒也认为西耶斯的名作"道出了法国大革命最大的秘密，形成了革命最深刻的推动力，即对贵族的仇恨"③。

等级制是法国中世纪以来实行的封建制度，按照精神价值的高低，人们被划分为教士、贵族以及第三等级，区别于分别负责信仰和政治事务的前两个社会等级，第三等级从事普遍的农业和经济活动，其中包括农民、城市手工业者和商人。法国著名的人类学家杜梅齐尔将等级制的起源追溯到了中世纪印欧社会普遍存在的"三元功能制"（trifonctionalisme），即这些地方的人们在思考和分析事物的秩序时普遍采用的一种特定方式。历史学家乔治·杜比认为由生活在亨利四世时代的法学家夏尔·卢瓦索引入法国社会的等级制度④实际上是将上述三重思维结构与当时诸多的社会关系两相适应的结果，卢瓦索把前者整合成一个包罗万象的结构并

---

① Albert Soboul, *Understanding the French Revolution*, trans. April Ane Knutson, New York: International Publisher, 1988, p.66.

② François Furet, *Penser la révolution française*, Paris: Gallimard, 1978, p.148.

③ François Furet, *The French Revolution: 1770 – 1814*, trans. Antonia Nevill, Oxford: Blackwell Publishing, 1992, p.51.

④ 参见 Charles Loyseau, *Le traité des ordres et simples dignités*, Paris: Abel L'Angelier, 1610, p.4 – 12。

使之扩展到整个可见和不可见的世界,旧制度便建立在仿此模式创制的三级会议和各个等级之上。杜比指出,在历史上,这个三重社会功能模型的前提和公理及其存在从未被证明过,也从来没有被召唤过,但是它与一种宇宙论和神学,确切地说与一种道德关联起来,在它的上面树立起一种被视为"争辩性的话语建构"(discursive polemical formations)的意识形态。它衍生出一种力量,并获得了一种简朴的、理想的和抽象的社会组织意象,杜比质疑道:"这个模型是如何与具体的社会关系发生联系的?"这位颇具批判性的历史学家断言,按照三个等级的划分制定的社会制度在法国只不过是一种与历史现实不符的意识形态,是一种想象中的封建秩序而已。①

西耶斯的第三等级定义摧毁了杜比所说的"想象的封建秩序"以及想象中的等级政治,恢复了前者真实的起源和根基,即建立在劳动和劳动分工基础上的社会关系。因此,承担具体社会劳动的第三等级应当单独组成一个完整的民族,不事劳作却享有世袭特权的贵族等级理应被排除在民族之外。于是,"第三等级是什么?"就变成了"民族是什么?"这个新的问题,对此,西耶斯的回答是:

> 生活在一部共同的法律之下并由同一立法机关等所代表之人的联合体。②

---

① Georges Duby, *The Three Orders: Feudal Society Imagined*, trans. Arthur Goldhammer, Chicago and London: The University of Chicago Press, 1978, p.8.
② Emmanuel Sieyès, *Qu'est-ce que le Tiers-État?* 3e édition, [S. L.], 1789, p.13.

排除教士和贵族的第三等级单独组织成为一个完整的民族①,这意味着等级制度造成的政治差异的消失和一个以劳动为共同标准的同质政治空间的形成:第三等级就是一切。决定某一等级是否能被民族接纳的唯一标准是视其从事劳动与否。第三等级是劳动的等级,它的劳动成果供养着前两个等级,其劳动目标在于公共利益;享有特权的贵族奴役第三等级,给它带来痛苦进而损害公共利益。假如有人辩称贵族压迫和奴役第三等级的权利来自前者作为征服者的高卢人和罗马人的种族和血统,西耶斯反驳道,那么他们的血统不比西甘布尔人、威尔士人和其他远古时期的野人更加高贵,相反,只有第三等级才可称得上是整个民族之父,贵族的奴役行为则无异于历时千年的"弑父"行径,"应该将它(指贵族——笔者)驱逐到另一边去,第三等级要重新成为贵族和征服者"②。第三等级应当夺回与自己所付出的劳动数量和性质相称的荣誉和地位,使自己成为一个"普遍的等级",用西耶斯的话来说,"应把第三等级理解为从属于普遍等级③的所有公民整体"。④

"一部共同的法律和一个共同的代表造就了一个民族。"⑤德国学者伊丽莎白·菲伦巴赫调查了"nation"这个词或术语在 1789 年

---

① "第三等级就是排除了教士和贵族的民族","这是一个伟大的真理",参见 Emmanuel Sieyès, *Qu'est-ce que le Tiers-État?* 3ᵉ édition,[S.L.],1789,p.14。
② Emmanuel Sieyès, *Qu'est-ce que le Tiers-État?* 3ᵉ édition,[S.L.],1789,p.17-18。
③ "l'ordre"即"等级",源于拉丁语"ordo",它在古罗马和中世纪法学家那里兼有等级和秩序之义,参见 Georges Duby, *The Three Orders: Feudal Society Imagined* trans. Arthur Goldhammer, Chicago and London: The University of Chicago Press, 1978, pp.73-75。
④ Emmanuel Sieyès, *Qu'est-ce que le Tiers-État?* 3ᵉ édition,[S.L.],1789, p.18。
⑤ Emmanuel Sieyès, *Qu'est-ce que le Tiers-État?* 3ᵉ édition,[S.L.],1789, p.18。

具有的三种相互争辩的意义:(1) 与等级社会相对,民族是在政治和经济意义上同质和自足的整体。当路易十六希望召集中断了数百年的三级会议之际,1789 年六月政变以及由西耶斯和第三等级代表组成的国民制宪议会(即国民公会)的召开摧毁了旧制度的"哥特空间",第三等级组成的民族整体代替了国王成为新的政治主体;(2) 与传统中神圣的君主主权相对,民族是主权的唯一来源——民族主权;(3) 作为一个对贵族制和特权的排斥性原则,民族的理念被置于公法内部,这个围绕敌我关系展开的新政治概念推进了一种新政治秩序的形成,并由此开启了内战的道路。① 应该说,民族的这三重意义均源于西耶斯对民族政治共同体的话语建构。在 1789 年法国大革命中,民族不仅是抽象的政治原则,同时它也是基于特定的政治情形召唤人们采取政治行动的实践原则,或者说是福柯意义上的话语实践。1789 年 5 月 4 日召开的三级会议本意是为了解决法国面临的财政危机,但是前两个等级在投票方式上与第三等级发生的争执使会议长久地陷入了僵局。6 月 10 日,第三等级代表接受了西耶斯的提议,向教士和贵族发出最后邀请,呼吁他们加入自己的行列并声称:"针对所有大法官辖区的普遍召集令已经于今日发出,假如他们不能出席,那么无论特权等级出席与否,确权的行动将会如期举行。"6 月 16 日,西耶斯提出将第三等级议会的名称由"公社"改为"国民公会",目的是把第三等级和一部分教士一起包括进来,这个提议最终被会议通过。其实,"国民公会"(Assemblée nationale)的命名过程也是一波三折。就在 6 月 15 日这一天,第三等级的代表们为此进行了一场激烈的讨

---

① 转引自 Pasquale Pasquino, *Sieyès et l'invention de la constitution en France*, Paris: Editions Odile Jacob, 1998, p.55 – 56。

论。西耶斯最初建议的名称是"由法兰西民族熟知和认可的代表议会",米拉波的提议是"法兰西民族代表",穆尼埃的提议是"由占民族大部分并可在少数人缺席条件下付诸行动的代表组成的合法议会",拉香巴理埃提议的是"合法认可的民族代表",马洛埃的提议是"民族多数派议会"。最后,来自布尔热的代表勒格朗建议出席会议的现有代表组成"国民议会",这就回到了西耶斯早在1789年2月发表的《第三等级是什么?》中首次提出的建议上。① 拉香巴理埃说,"从25 000 000位公民那里取得权利的公民代表们普遍认为,在国民公会里,按照人数投票将会有利于国家,有利于国家的前途,有利于使公众的自由得到稳固","国民公会所有成员整体"将让人们能够预见到"你们组成的是国民公会,而非相互分离的等级和第三等级的团体"。在翻阅了1789年5月7日至6月12日的国民公会档案后,皮埃尔·拉马克发现,"国民公会"一词不仅频繁地出现在第三等级议会团体"公社"中,而且还能从贵族和国王口中听到。6月13日,贵族拉里-托朗达尔伯爵已经承认"国民公会"作为一个"积极的会议"已经成为事实。在三级会议召开的第二天,国王在演说中说:"先生们,我心里期待已久的这一天终于到来了,我看到自己的周围聚集起了一个民族的代表,能够对他们发号施令令我感到非常荣幸。"此番话表明国王在内心里已经将民族与自己分离开来,这与路易十四的"朕即国家"形成了鲜明的比照。②

  第三等级或者说获得自由的个人如何组成民族?在《第三等级是什么?》一书的第五章,西耶斯分析了政治社会最终形成需要

---

  ① 参见 Jaques Guilhaumou, *Sieyès et l'ordre de la langue: L'invention de la politique moderne*, Paris: Editions Kimé, 2002, p.91。

  ② Pierre Lamarque, «Naissance de l'Assemblée nationale», *Dix-Huitième Siècle*, 20 (1988), p.111-118.

经历的三个不同的阶段:(1)一定数量孤立的个人愿意联合在一起,因为拥有彼此联合的意志,他们就同时拥有了权利(droit,即"法")并且实施了这一权利(法),"单单就这一事实而言,他们就已经形成了民族"①。也就是说,民族首先是个人意志的产物,后者是一切权利或法的来源。(2)联合起来的个人欲求稳固他们既有的联合,并赋予这一联合以目标,他们聚集一处商定什么是共同的需求以及能够满足这些需求的权利,个人意志经此变成了公共意志。尽管个人意志是公共意志的来源,但假如将二者分开来考虑,个人意志便什么也不是:没有个人意志的联合,公共意志就根本无法形成"一个意志和行动的整体"②。(3)公共意志或民族意志以及实施公共意志的权利被委托给代表整个民族的政府来实施,由此现实的公共意志转变成为代表性的公共意志,其组织方式和形式便是政治制度,后者的来源只可能是民族,反过来说,政治制度是民族根据自己的意愿赋予自己的形式。在这个意义上,西耶斯说:

> 民族先于一切而存在,它是一切的根源。其意志总是合法的,它就是法本身。③

政治制度得以形成的第(2)阶段正是现实社会中民族真正形成的阶段。在西耶斯的理论框架里,民族共同体的形成基于个人联合的意愿,因而它是自然法(权利)所致。在第(3)阶段产生的政府则

---

① Emmanuel Sieyès, *Qu'est-ce que le Tiers-État?* 3e édition, [S. L.], 1789, p.106.
② Emmanuel Sieyès, *Qu'est-ce que le Tiers-État?* 3e édition, [S. L.], 1789, p.107.
③ Emmanuel Sieyès, *Qu'est-ce que le Tiers-État?* 3e édition, [S. L.], 1789, p.111.

是人为法或实定法的结果,也就是说,由公民代表组成的政府是受民族委托的代理执行者,"民族是唯由其自身的存在所能做到的一切"①,而非由在民族之外、具有神圣起源(上帝——引者注)的君主所为。在西耶斯1789—1791年撰写的著作当中,"民族"与"一切"的合用相当于政治学家和法学家通常使用的"民族主权"。②

西耶斯接下来讨论的民族与制度或民族与政府的关系实际上就是主权与宪法,即自然法(民法)与政治法、社会秩序与政治秩序之间的关系,他说:

> 两种法的差异在于,自然法和民法是为了保持和发展社会所形成的东西,而政治法则是社会借以形成和保持的东西。为了表达上更加清晰,第一种法可被称为消极法,第二个为积极法。③

自然法和政治法(实定法)的共同来源是民族,后者首先是个人基于"相互需要"自愿联合起来的社会体,其次是通过赋予自己形式即宪法的方式而成为一个政治体。这与其说体现了黑格尔意义上的市民社会与政治国家的分离,不如说二者是民族共同体的一体两面,因为民族形成过程中的上述两个阶段在逻辑上是连续的,然而我们的问题是:联系市民社会与政治国家的纽带究竟是什么?

西耶斯将生活在国家内部的所有人群划分为四类:(1) 从事田

---

① Emmanuel Sieyès, *Qu'est-ce que le Tiers-État ?* 3ᵉ édition, [S. L.], 1789, p.111.

② 参见 Jaques Guilhaumou, *Sieyès et l'ordre de la langue: L'invention de la politique moderne*, Paris: Editions Kimé, 2002, p.87。

③ Emmanuel Sieyès, *Préliminaire de la Constitution françoise*, Paris: Chez Baudion, 1789, p.36.

间劳动,为他人提供物质需要的类别;(2)从事产业劳动,使自然产品增值的类别;(3)介于生产和消费之间的商人和批发商;(4)从事特殊的工作,直接服务于人或者为人提供娱乐的类别,其中包括科学职业或其他各类自由职业者。① 以上对阶层而非对社会等级的划分是以普遍劳动为标准的。在《论财富的信》中,西耶斯说,"普遍劳动是社会的基础,社会秩序无非是最佳的劳动秩序",因此,"我们应付出所有的努力来保障并促进物资的再生产,它要求我们共同参加劳动,于是这个特殊目标变成了全社会的普遍目标;除了服务于全部社会成员之外,它难道还有别的目的? 联合无非是每个人渴望以最为富足和最为确定的方式得到自己所想要的东西即财富的最佳手段。社会需要生产物资的活力,一种共同生产财富的活力,它不依自然的力量而存在"。② 拥有生产活力的个人是一个运动的因而是自由的个体。在《形而上学笔记》(1773—1776)中,西耶斯沿着莱布尼茨开创的理性哲学和孔狄亚克的唯物主义哲学,将自我定义为一个行为原则,这不同于流行于17世纪的笛卡尔式处于静态冥思中的自我。自我的行动不仅表现为把握自我身份的总体(statue,孔狄亚克)③所凭借的反思行为,而且还能推动自我对外在相似性的认知,促进对行为与认识、判断以及对诸事实间之关系的理解,换言之,自我的行动先于并推动自我的认知活动。在此,"孤立的人"变成了一个不断被投入实验当中的人,他的自由表现在"其行为将会因经验的不断丰富而得到完善"。更重

---

① Emmanuel Sieyès, *Qu'est-ce que le Tiers-État?* 3e édition, [S. L.], 1789, p.5-6.

② 转引自 Jacques Guilhaumou, *Sieyès et l'ordre de la langue: L'invention de la politique moderne*, Paris: Editions Kimé, 2002, p.87。

③ 参见 Jacques Guilhaumou, *Sieyès et l'ordre de la langue: L'invention de la politique moderne*, Paris: Editions Kimé, 2002, p.39。

要的是，自我能够通过类比和抽象的方式确定自己与其他个人之间的相似性，建立与他们之间的公共性，并以公共性为尺度来衡量自我和他人，进而通向获取最佳行动方式的途径。西耶斯说，"取得质量、衡量数量，这是我们的行动目标"，所谓最佳的行动方式无非就是由自由的个人联合起来组成的一个被命名为民族的整体。[①] 在这个意义上，个人与民族本为一体，即所谓"个人—民族"，西耶斯解释道，"民族就是处在自然状态中的个人，他们没有任何差别，个人（在民族中——引者注）也完全是为自己而存在，没有任何困难"[②]。

一切拥有生产活力的、自由的个人均应成为民族共同体的一员，成为国家公民。伴随人口众多的第三等级组织成为民族，公民的数量、范围和空间得到了巨大的扩展，所有的公民都应当享有选举权和被选举权，以及行使管理公共事务的权利。然而现实的情况并非如此。西耶斯认为，民族主权必然要由受公民委托的代表组成的政府来行使，也就是说，现代国家施行的不是纯粹的民主，而是代表性的民主。那么，哪些公民有资格代表民族？代表与公民、与公民的自由联合体——民族是什么关系？贵族被排斥于民族之外，自然不能够代表公民管理公共事务，尽管他们当中不乏才俊。即便在第三等级内部也存在着各种各样的差别，法律因此也必须对委托者和被委托者的资格做出限制。西耶斯认为，法律一方面应规定合格的委托人应当具备的适当年龄、性别、职业，未足

[①] Jacques Guihaumou, «Nation, individu et société chez Sieyès», *Genèse*, 26 (1997), p.4-24.

[②] Emmanuel Sieyès, «Délibérations à prendre pour les Assemblées de Bailliage», 转引自 Jacques Guihaumou, «Nation, individu et société chez Sieyès», *Genèse: Sciences sociales et histoire*, 26(1997), p.4-24。

龄者、妇女、游民、乞丐、仆役和依附于主人者,还有未入籍的外国人等均不能代表公民。① 另一方面,应当信任出自第三等级的可用之才,后者指那些"可以轻松地接受一种自由教育、培养自己的理性,最后对公共事务感兴趣的人"②。接着,西耶斯区分了两类公民:

> 一个国家的所有公民均应享受消极公民的权利:所有人都有权保护自己的人格、财产和自由等等。然而不是所有人都有权利积极参与公共权利的组织:并非所有人都是积极的公民。③

劳动分工学说是西耶斯区分消极和积极公民的依据,这位亚当·斯密的门徒视政治为"一种和其他所有生产性劳动一样的劳动","公共利益与社会状态自身的改善呼吁我们将政府的工作看作一种特殊的职业"。④ 在古代社会,特别是在斯巴达和罗马,由于国土狭小、人口稀少,更多的是由于奴隶承担了全部的社会劳动而且缺乏独立意识,自由民便拥有了充足的时间直接参与公共事务,西耶斯将这种民主方式称为"纯粹的民主"。在他看来,这一粗疏的民主形式根本无法满足现代社会的需要。劳动的普遍化制造了大量缺乏智慧、兴趣和能力的"不可用之人",他们只能消极地享受法律提供的保护,不能积极地参与公共事务。由此看来,按照劳动分工原则设计出来的代议制政府最能适应现代商业社会的要求,也最

---

① 参见 Emmanuel Sieyès, *Qu'est-ce que le Tiers-État*？3e édition,［S. L.］, 1789, p.38。

② Emmanuel Sieyès, *Qu'est-ce que le Tiers-État*？3e édition,［S. L.］, 1789, p.40。

③ Emmanuel Sieyès, *Préliminaire de la Constitution en France*, Paris: Chez Baudion, 1789, p.36。

④ Emmanuel Sieyès, *Observations sur le rapport du comité de constitution, concernant la nouvelle organisation de la France*, Versailles: Baudouin, 1789, p.35。

有利于增加社会的生产性能,因此它是社会进步和真正的文明原则。①

民族代表来自第三等级中的"政治阶层",要在联合体中做一个成功的"积极公民",他必须拥有适合政治劳动的"头脑、心灵和知识",具备"政治能力、社会教育、自觉的贡献","擅长军事或者至少擅长一种公共职能"。② 选举公民代表的过程实质上是甄别他们的政治资质和代表性。如何理解这种代表性? 在《社会契约论》里,卢梭遵循霍布斯的直接民主原则,指出人民既是主权者,又是臣民,二者之间无需代表作为中介:"主权既不能被代表,也不能被让渡;从本质上说,它存在于公共意志,而意志根本不能被代表:它要么是同一个,要么是别的东西;不存在所谓中介。人民的使者既不能构成也不能是代表,他们无非是受委托的人而已。"③这位日内瓦公民认为,关于代表的思想只是到近代才出现的东西,它源于封建政府,人类在那时尚处境卑微,甚至连人这个名字也处在不名誉的状态。④ 在卢梭这里,代表制被视作分离的公共意志或权利分工而加以拒绝,这意味着取消政治权利在公民和国家之间的实际运作⑤,遗憾的是,这一方案仅适用于小国寡民的状况,难免给人一种乌托邦的印象。

---

① Pasquale Pasquino, *Sieyès et l'invention de la constitution en France*, Paris: Editions Odile Jacob, 1998, p.33 – 41.

② 参见 Lucas Scuccimarra, «Généalogie de la nation: Sieyès comme fondateur de la communauté politique», *Revue Française d'Histoire des Idées Politiques*, 1(2011), p.27 – 45。

③ Jean-Jacques Rousseau, *Du contrat social ou Principiels du droit publique*, Amsterdam: Marc-Michel Rey, 1762, p.173 – 174.

④ Jean-Jacques Rousseau, *Du contrat social ou Principiels du droit publique*, Amsterdam: Marc-Michel Rey, 1762, p.174.

⑤ 参见 Pasquale Pasquino, *Sieyès et l'invention de la constitution française*, Paris: Editions Odile Jacob, 1998, p.44。

西耶斯反对卢梭的抽象原则,在民族(即由个体公民组成的联合体或曰人民)和代表之间建立了一种新型的关系,二者一方面相互制约,另一方面又相互联系并保持信任,从而呈现出一种非常复杂的关系:(1)由民族委派的特殊代表组成的国民公会的任务是在"例外状态"出现之时为民族制定一部宪法,所谓例外状态是指传统政体断裂,其合法性受到挑战的特殊情形,此时,国民公会行使的是制宪权(pouvoir constitutant),赋予其制宪权的公民(民族)行使的是委托权(pouvoir commettant);(2)由民族委派的普通代表负责执行公共意志中能够维护良好社会秩序的部分,他们所行使的是宪法规定的权利,因而被称为宪制权(pouvoir constitué);(3)人民权利仅限于委托权即选择和委派行使真实权利者,以及在例外状态下组成行使制宪权的公共机构;(4)无论是单个的公民,还是公民总体(民族或人民)均不能行使理应委托给代表来执行的制宪权和宪制权,反之,假如没有人民的委托,没有底层的批准,制宪权和宪制权的行使就是非法的。①

三

在法国旧制度下,国会中一些贵族反对派声称受民族的委托,代表法兰西统一和不可分割的民族主权,他们以正义最终属于国王的名义行使司法权,但常常越过国王本人对他发出的成命进行监察、争辩、修改甚至是驳回。② "是宫廷而不是君主在统治。是宫

---

① 参见 Emmanuel Sieyès, *Qu'est-ce que le Tiers-État?* 3ᵉ édition,[S.L.],1789, p.119; Emmanuel Sieyès, *Préliminaire de la Constitution française*, Paris: Chez Baudoin, 1789, p.8, 19, 36。

② 参见 Pasquale Pasquino, *Sieyès et l'invention de la Constitution en France*, Paris: Editions Odile Jacob, 1998, p.56。

廷在行事和败事、任命和委派大臣、设置和分配官职。"① 鉴于宫廷的僭越行为愈演愈烈,路易十五有时不得不亲自出面维护自己的利益,在1766年3月3日最高法院举行司法会议时,他说:"公共秩序完全出自我,民族权利和民族利益必须与我的权利和利益结为一体,而且也只能掌握在我的手上,有人竟敢拉帮结伙试图将它们从君主这里分离出去。"② 时隔22年之后,在路易十六亲临三级会议试图调解贵族和第三等级争端未果之后,后者的首领巴伊喊出了"国民公会决不接受什么王命"的口号,米拉波甚至说,"除非使用武力,否则我们绝不离开"。革命爆发后,无论是西耶斯神父,还是有"人民口舌"之称的米拉波伯爵均无意立即废黜国王,而是将君主与臣民的法律关系颠倒过来:"民族设立了君主,而非君主设立了民族"③,在第三等级组成的民族共同体里,最适合国王的位置莫过于"民族首脑"和"第一公民"。在革命进入高潮的1789年8到9月,是否保留国王"搁置性否决权"成了国民公会的重要议题。9月7日,西耶斯神父打破习惯性的沉默,突然出现在国民公会的议席上,发言反对授予国王上述权利。他提请与会代表注意,路易十六在三级会议的讲话中自以为与民族是一体,那么其个人利益和思想与整个民族的利益须臾也不能分离,否则就会有损于国王的尊严。④ 他

---

① Emmanuel Sieyès, *Qu'est-ce que le Tiers-État?* 3ᵉ édition, [S. L.], 1789, p.26.
② 转引自 David Bastide, «Notes sur la naissance de la nation modern: le raport entre le roi et la nation dans le discours des constituants 1789–1791», *Revue historique de droit français et étranger*, 2 (1999), p.246。
③ 参见 David Bastide, «Notes sur la naissance de la nation modern: le raport entre le roi et la nation dans le discours des constituants 1789–1791», *Revue historique de droit français et étranger*, 2 (1999), p.250。
④ Emmanuel Sieyès, *Dire de l'abbé Sieyès, sur la question du veto royal, à la Séance du 7 Septembre 1789*, Paris: Imprimeur de l'Assemblée nationale, 1789, p.4.

作为民族中的一个普通的公民,可以表达个人的意志,有权选举其他代表也有权被选入各级议会。然而,否决权和准许做事的权利一样属于立法机构,假如国王被授予这样的权利,那他不是以执政者而是以民族首脑或"第一公民"的名义,而他在立法上并不比其他代表拥有额外的权威。西耶斯认为,国王行使否决权的效果如同以一纸带有印鉴的文件来攻击民族的意志、攻击整个民族。① 在1789年宪法草案当中,国王被降格为国家的普通官员,拥有有限的行政权,但必须宣誓效忠于民族。数月之后发生的一场外交和政治危机再次将国王在公法中的地位问题提上了议事日程。1790年4月,英国和波旁王朝统治下的西班牙因争夺弩特卡峡殖民地爆发冲突。自从路易十四的孙子接替哈布斯堡王朝的卡尔二世做了西班牙皇帝之后,两国订立了外交互助和家族协约。根据这一协约,当法国国王接到西班牙皇帝也就是路易十四的孙子的求救信后,他答应派出军舰援助盟国。路易十六的行为在本来就对国王的专断心有余悸的国民公会里激起了轩然大波。罗伯斯庇尔强调,国王是民族代表的说法并不准确,他应当只是受民族委派执行民族意志的使者而已,换言之,对民族来说,国王是一种"最高的用途",他肩负着民族的"崇高使命"。② 在国王法律地位的问题上,皮埃尔·罗德尔律师的意见最接近于西耶斯:

国王并非真正的代表,因此可以称之为虚设,这一虚设对

---

① Emmanuel Sieyès, *Dire de l'abbé Sieyès, sur la question du veto royal, à la Séance du 7 Septembre 1789*, Paris: Imprimeur de l'Assemblée nationale, 1789, p.9.

② 参见 David Bastide, «Notes sur la naissance de la nation modern: le raport entre le roi et la nation dans le discours des constituants 1789–1791», *Revue historique de droit français et étranger*, 2 (1999), p.254.

以此名分赋予其否决权的职能来说是必要的,后者是立法权的一部分。①

从 1789 年 7 月开始经历了数月的酝酿和辩论最终于 1791 年 9 月 3 日颁布的法兰西宪法废除了君主主权,确立了主权在民的原则,严格限制了国王拥有的行政权和立法权,降低了君主在民族政治生活中的地位,旧制度下掌握生杀予夺大权的君王单从政治上而言成为普通的国家官僚。按照西耶斯和罗伯斯庇尔的主张,国王在新的政治社会中几近虚设,尽管二人的出发点并不相同。②1688—1689 年光荣革命之后形成的英国议会君主制,其设计理念旨在维持国王与议会两方的权力平衡,这个二元制在法国革命政府建立的"自由君主制"那里根本不存在。西耶斯在《第三等级是什么?》中宣称民族完全自由,不受任何外来形式的制约,它自愿赋予自身以形式、组织和宪法,是一切权利和法的共同来源,其彻底的一元性与立宪君主国家以及黑格尔对它的理性解释大相径庭。

法国大革命爆发时,在图宾根神学院学习的年仅 19 岁的黑格尔和他的朋友荷尔德林、谢林为此感到欢欣鼓舞,相传在 1793 年 7 月 14 日也就是革命第四个纪念日这一天,三位挚友相约一起种下了一棵象征自由的树。从图宾根到伯尔尼、法兰克福、耶拿,直到他去世的 1831 年,黑格尔保持着每天早晨都要阅读当地报纸的习惯,他持续关注着莱茵河彼岸的法国政局,雅各宾派执政造成的大

---

① J. Madival, et al., Archives parlementaires de 1787 à 1860: recueil complet des débats législatifs & politiques des Chambres françaises, Paris: Société d'Imprimerie et librairie administratives et des chemins de fer, 1888, tome XXIX, p.323.

② 参见 Pasquale Pasquino, Sieyès et l'invention de la constitution en France, Paris: Editions Odile Jacob, 1998, p.50 sq。

恐慌、改革、战争、神圣同盟的反击、拿破仑的溃败以及七月王朝的复辟等事件，就连大革命影响下在南美法殖民地海地爆发的奴隶造反运动也尽为其所熟知。① 尧希姆·利特毫不夸张地说："在黑格尔那里，哲学与时代相关的所有规定，尤其对问题的拒斥和抓取均围绕着一个事件聚集在一起，这个事件就是法国大革命，再没有第二种哲学像黑格尔的哲学那样在其最深刻的动力方面就是革命的哲学了。"② 革命的原因究竟是什么？为何法国革命会一浪接着一浪、接连不断地发生而无法完结？如何从哲学上解释这一历史进程？从耶拿时期始，尤其是在《现实哲学讲座》(1805/1806)和《精神现象学》(1806)里，黑格尔对上述诸问题进行了严肃的思考，诸如财产、契约、公正、道德、君主、等级和国家等主题汇集成了1820年面世的《法哲学原理》一书的主要内容。

在伯尔尼期间(1793年10月—1796年7月)，黑格尔结识了康拉德·欧斯勒纳，后者作为法兰克福派往巴黎的新闻记者曾经于1792—1793年亲身经历了法国大革命的一系列重大事件，他结交了许多革命中的大人物，甚至曾一度列席了雅各宾俱乐部的会议。由于对罗伯斯庇尔等人造成的政治大恐慌感到震惊，他随后又接近了吉伦特派。欧斯勒纳在《米涅瓦》杂志上发表的《巴黎信札》首次向德国人报道了法国革命的情况，黑格尔在一封致谢林的信件中提到了这些令他印象深刻的文字。③ 在两人交往的这段时间，欧斯勒纳恰好在翻译西耶斯的《政治著作》，这部内容完备、篇幅长达

---

① Susan Buck-Morss, *Hegel, Haiti and Universal History*, Pittsburg: University of Pittsburg Press, 2009.

② Joachim Ritter, *Hegel und die französische Revolution*, Köln: Westdeutsche Verlag, 1957, S.15.

③ Horst Althaus, *Hegel und die heroischen Jahre der Philosophie. Eine Biographie*, München: Carl Hanser Verlag, 1992, S.56.

1300页的两卷本文集于1796年出版。对西耶斯在法国革命时期的政治思想,作为欧斯勒纳朋友的黑格尔应该是非常熟悉。在对待大恐慌的态度上,他和欧斯勒纳并无二致。如何遏制人民的革命激情,结束革命造成的混乱秩序,重建后革命时代的政治稳定？1794年7月,罗伯斯庇尔被处死,吉伦特派上台,大恐慌年代宣告结束。西耶斯这位被罗伯斯庇尔诅咒为"大革命鼹鼠"的人在亲身经历了死亡的恐怖之后,庆幸地喊出了:"我终于活了下来！"从那时起,上述问题就一直萦绕在这位法国"公法之父"的脑海里。直至1799年他再次出手策划了雾月十八日政变,将一个革命者拿破仑推上了皇帝的宝座,这一切正如当时人们的评论那样,说他"送走了一位国王,迎来了一位皇帝"。法国血淋淋的事实就摆在前面,当回首审视普鲁士国家现行的君主制时,晚年黑格尔自然觉得其合理性是不言而喻的。如何从超越经验层面的哲学上,准确地说,如何从世界精神的发展、从人类普遍历史的角度解释其国家合理性呢？

从青年时代起,黑格尔就把国家看作历史的产物,哲学为国家的历史合理性提供了解释。在他看来,《理想国》并非只是对柏拉图理想中的国家的简单论述,而只能被把握为在作者眼中希腊道德风俗走向衰败的表征。柏拉图渴望从古希腊道德风俗的外在形式方面探索导致其国家衰败的原因,以期遏制希腊人内心的深刻冲动即其人格自由的无限扩张。由此,黑格尔说出了其从事的历史解释工作所依据的核心原则:"合理的就是现实的,现实的就是合理的。"① 同柏拉图的《理想国》、亚里士多德的《政治学》、霍布斯的《利维坦》以及卢梭的《社会契约论》比肩,1821年出版(1820年

---

① G. W. F. Hegel, *Grundlinien der Philosophie des Rechts oder Naturrecht und Staatswissenschaft im Grundriss*. Werke 7, Frankfurt: Suhrkamp Verlage, 1989, S.24.

定稿)的《法哲学原理》一书是西方法哲学史上为数不多的名著之一。从1816年至1831年,黑格尔在海德堡和柏林先后七次讲述法哲学,除了1821/1822年冬季学期的讲义尚未发现之外,其他六次课程的讲义均已出版。① 这段时期正是欧洲从拿破仑失败后普遍建立的君主制走向资产阶级革命的特殊时期。1814年6月,路易十八结束了流亡生涯,在法国加莱主持制定了《宪章》,1815年7月开始实行的《宪章》虽然继承了大革命的世俗平等、公共自由和财产所有权等政治成果以及拿破仑时代形成的中央集权制,却无限扩大了国王的权力直至其可以越过两院直接颁布敕令,这意味着他将民族或人民主权恢复到了旧制度下的君主主权。随后十数年,围绕选举制改革发生了一系列政治动荡,直到1830年7月25日,盛怒之下的查理十世颁布敕令终止了立宪制,加强了本已开放的新闻检查制度,国王的行为引发了巴黎街头的七月革命,最终将一位支持革命的、非波旁王朝的奥尔良公爵路易·菲利普推上王位。② 1814年11月至1815年6月召开的维也纳会议在维持大国权力平衡的原则下对德意志国家的领土重新进行了划分。1815年6月8日,奥地利、普鲁士、拜因、汉诺威和黑格尔的家乡符腾堡联合起草了《德意志联邦法案》,这个由38个(随后增加到41个)拥有

---

① 参见 Karl-Heiz Ilting, „Einleitung. Die ‚Rechtsphilosophie' von 1820 und Hegels Vorlesungen über Rechtsphilosophie", in Georg Wilhelm Friedrich Hegel, *Vorlesungen über Rechtsphilosophie 1818 – 1831. Bd. 1*, Edition und Kommentar v. Karl-Heiz Ilting, Stuttgart: Friedrich Frommann Verlag, 1973, S. 111 – 112; Georg Wilhelm Friedrich Hegel, *Vorlesungen über Naturrecht und Staatswissenschaft. Heidelberg 1817/18*, Hg. v. C. Becker, Hamberg: Felix Meiner Verlag, 1983; Georg Wilhelm Friedrich Hegel, *Philosophie des Rechts. Die Vorlesung 1819/1820 in einer Nachschrift*, Hg. v. Dieter Henrich, Frankfurt: Suhrkamp, 1983。

② 参见 Georges Duby, *Histoire de la France: des origines à nos jours*, Paris: Larousse, 1999, p.586 sq。

主权的公国和自由城市组成的松散联邦的目标是"维护全体德意志国家对内和对外安全以及每一个德意志国家的独立和不受侵犯"。维也纳会议的主导者、奥地利首相梅特涅主张保持联邦内单个国家的主权及其合法性原则的做法遭到了自由主义者和民族运动的批评和抵抗,在他们看来,德意志联邦实际上就是应维也纳会议倡导的君主制原则建立的,是保守的秩序观念、合法性及其安全性的保护地。① 伴随着维也纳会议最终决议的形成,德意志国家进入了一个政治和社会复辟的历史阶段,来自德意志联邦各个公国的青年大学生、教授、公众人物和市民纷纷呼吁执行联邦法案第13款各国召集等级会议的规定,要求兑现政府在拿破仑战争中的宪法许诺。于是,君主制的守护者与主张德国制宪和统一的年轻一代自由主义者和民族主义者之间成了仇敌。在此期间发生的三个历史事件均与黑格尔有关,并且对其法哲学观念的曲折发展造成了深刻的影响。1817年10月8日,德国大学生社团(Bursenschaften)在瓦特堡举行集会表达其统一和自由的诉求,黑格尔与施莱尔马赫、德维特一起受邀参加了该组织于1819年5月2日在皮歇尔堡举行的另一次集会,他甚至被同事们视为德国大学社团的领导者②;1819年3月23日,基森的"社团无条件者协会"领导者和法学讲师卡尔·福伦斯的学生与追随者卡尔·路德维希·森德在曼海姆谋杀了公开为俄国服务的作家奥古斯特·冯·

---

① 参见 Martin Vogt, *Deutsche Geschichte. Von den Anfängen bis zur Gegenwart*, Stuttgart: J. B. Metzler Verlag, 1997, S.416。

② 参见 Karl-Heiz Ilting, „Einleitung. Die ‚Rechtsphilosophie' von 1820 und Hegels Vorlesungen über Rechtsphilosophie", in Georg Wilhelm Friedrich Hegel, *Vorlesungen über Rechtsphilosophie 1818 – 1831. Bd. 1*, Edition und Kommentar v. Karl-Heiz Ilting, Stuttgart: Friedrich Frommann Verlag, 1973, S.44;关于黑格尔与德国大学生社团的关系,可参看 Jacques D'Hondt, *Hegle en son temps: Berlin, 1818 – 1831*, Paris: Editions Sociales, 1968, p.147 – 170。

库茨布,黑格尔在这一事件上与其死敌雅各布·弗里德里希·弗里斯等人就"信念伦理"和"目的是否使手段神圣化"的问题发生了一场争论,前者赞赏森德的思想但对谋杀行为有所保留①;迫于当时的安全形势,1819年8月6日到31日,由梅特涅提议,奥地利、普鲁士、巴登、麦克伦堡和拿骚在卡尔斯巴登秘密召开会议,决定对煽动民众造反的人进行追捕,限制他们在大学的教学活动、出版和言论自由,并取缔大学生社团。这些被怀疑和追捕的人包括:自由主义者维尔克、民族主义者阿恩特、"体操之父"雅恩、改革者威廉·冯·洪堡、神学家施莱尔马赫等,与黑格尔过从较密的学生乌尔里希、海宁、弗罗斯特、阿斯福鲁斯也都先后遭到当局的怀疑和逮捕,卡罗维还因此失去了大学教职。② 黑格尔一方面致信普鲁士警察部长维特根斯坦为自己的学生阿斯福鲁斯的"煽动"行为开脱,帮他撇清与德国大学生社团的关系③,另一方面就政府以煽动民众之名解聘德维特大学教职一事表示支持,后一行为遭到了施莱尔马赫的攻击,两人甚至在一次聚会中发生了激烈的争吵。④ 对黑格尔来说,1819年夏天是"交织着恐惧和希望的、永不得安宁的时期"。在写于1819年12月5日的一封书信中,柏林新闻记者

---

① 参见 Karl-Heiz Ilting, „Einleitung. Die ‚Rechtsphilosophie' von 1820 und Hegels Vorlesungen über Rechtsphilosophie ", in Georg Wilhelm Friedrich Hegel, *Vorlesungen über Rechtsphilosophie 1818 - 1831. Bd. 1*, Edition und Kommentar v. Karl-Heiz Ilting, Stuttgart: Friedrich Frommann Verlag, 1973, S. 47 - 51。

② 参见 Karl-Heiz Ilting, „Einleitung. Die ‚Rechtsphilosophie' von 1820 und Hegels Vorlesungen über Rechtsphilosophie ", in Georg Wilhelm Friedrich Hegel, *Vorlesungen über Rechtsphilosophie 1818 - 1831. Bd. 1*, Edition und Kommentar v. Karl-Heiz Ilting, Stuttgart: Friedrich Frommann Verlag, 1973, S. 51 - 55。

③ 参见„Hegel an das preuss. Polizeiministerium (27 Jul. 1819) ", in Georg Wilhelm Friedrich Hegel, *Briefe von und an Hegel. Bd. 2*, Hg. v. Johannes Hoffmeister, Hamburg: Felix Meiner Verlag, 1953, S. 216 - 217。

④ 参见 Terry Pinkard, *Hegel: A Biography*, Cambridge: Cambridge University Press, 2000, pp. 445 - 447。

冯·柯林茨呼吁设在柏林大学的政府委员会将"施莱尔马赫、黑格尔和孔帕尼作为亲政府力量的敌人"解聘,这封信经普鲁士警察部长维特根斯坦公爵之手转交给了文化部长阿尔滕斯坦因。在致朋友尼特哈默的书信中,黑格尔袒露了自己时时刻刻面临被追捕的危险。① 卡尔斯巴德法令不但使1819年晚夏就已经完稿的《法哲学原理》延期出版,而且还促使黑格尔不得不花费很长时间就已经变化了的政治形势对行将付印的手稿做了详细的修改,该书直至1820年6月25日才再次定稿。在致普鲁士国务总理哈登堡的信中,黑格尔表示要将哲学与普鲁士国王陛下领导的政府和在哈登堡英明领导下的普鲁士国家保持一致视为自己的科学追求。②

对青年马克思来说,黑格尔对现代国家制度的理性和历史分析非常具有吸引力,实际上,自1837年开始直至从《莱茵报》去职,马克思都是黑格尔国家理论和君主立宪原则的热情支持者。1843年之后,他从卢格那里接受了费尔巴哈唯物论思想的影响,由黑格尔中派阵营逐渐转向了以鲍威尔为首的黑格尔左派。由于不满鲍威尔及其追随者将批判的工作单纯局限在宗教和思想领域,加上对普鲁士政治环境的日益反感和对黑格尔形而上学观念的怀疑,马克思从政治批判的角度接连撰写了《黑格尔法哲学批判》《论犹太人问题》和《〈黑格尔法哲学批判〉导言》,这些手稿和文章的发表

---

① 参见 Karl-Heiz Ilting, „Einleitung. Die ‚Rechtsphilosophie' von 1820 und Hegels Vorlesungen über Rechtsphilosophie", in Georg Wilhelm Friedrich Hegel, *Vorlesungen über Rechtsphilosophie 1818 – 1831. Bd. 1*, Edition und Kommentar v. Karl-Heiz Ilting, Stuttgart: Friedrich Frommann Verlag, 1973, S. 62。

② 参见 Karl-Heiz Ilting, „Einleitung. Die ‚Rechtsphilosophie' von 1820 und Hegels Vorlesungen über Rechtsphilosophie", in Georg Wilhelm Friedrich Hegel, *Vorlesungen über Rechtsphilosophie 1818 – 1831. Bd. 1*, Edition und Kommentar v. Karl-Heiz Ilting, Stuttgart: Friedrich Frommann Verlag, 1973, S. 67。

显示出马克思已经转变成了一位共产主义者。① 《黑格尔法哲学批判》②又称《克罗茨纳赫手稿》,是新婚之际的马克思在1843年秋天于温泉小镇克罗茨纳赫开始写作的,同样是在这个地方,他集中地研读了法国大革命以及国民公会的历史。因此,马克思用以批判黑格尔的主要武器除费尔巴哈有关人是社会存在的思想之外,更重要的是他一直信奉的法国大革命的政治原则,这集中体现在他对黑格尔《法哲学原理》中的王权、市民社会与政治国家的分析和批判上面。在黑格尔看来,普遍的历史之所以是合乎理性的,乃因为它就是理性或者说是(绝对/自由)精神的现实存在;反之,现实世界中发生的历史就是客观精神的现实存在。具体而言,客观精神作为客观的伦理,其发展过程经历了三个不同的环节,即家庭、市民社会和国家。其中,家庭是伦理的直接状态;市民社会是伦理之必要和被理解的状态,它代表着经济上的自由主义,在这个阶段,国家还只是被视为服务于个体需要的工具;真正意义上的国家是精神发展的最后一个环节,它是政治生活的有机统一体。用黑格尔的话说,"国家是伦理理念的现实性"。③ 在此,黑格尔的"现实性"并非是指现实世界中真实发生的事情,而是伦理理念的抽象存在方式。一方面,在国家这个伦理理念发展的最后环节,道德精神是一种敞开的、清晰的意志,也是一种求知的意志,唯其如此,它才

---

① 参见 Norman Levine, *Marx's Discourse with Hegel*, New York: Palgrave Macmillan, 2012, p.180; Dieter Henrich, *Hegel im Kontext*, Frankfurt: Suhrkamp Verlag, 2010, S.187-208。

② 对《黑格尔法哲学批判》的全面分析,参见 David Leopold, *The Young Karl Marx: German Philosophy, Modern Politics, and Human Flourishing*, Cambridge: Cambridge University Press, 2007, pp.17-99。

③ G.W.F. Hegel, *Grundlinien der Philosophie des Rechts*, Hg. v. Ludwig Siep, Berlin: Akademie Verlag, 1997, S.398(后文出同一著作的引文,将仅标出该著作的作者、著作名称和引文出处页码)。

能在经验世界完全实现自己,也就是说,它能够在一个民族的风俗习惯中直接展现出来;另一方面,道德精神还存在于每个人的自我意识,即存在于其知识和行为当中,每个人在国家中都能够享受到实体性的自由,因为他们都认识到国家就是其所作所为的本质、目的和产物。古代国家表现为尚未划分的、单纯的整体性,而现代国家虽然从外部来看是一个整体,但其内部已经出现了各种各样的差别,不同的个体均拥有自己的地位、权利和自由,那么如何在保障主观自由即个体自由的前提下组成一个政治国家?反过来说,如何避免主观的自由即个体的自由无限蔓延以至于冲破政治国家的界限,造成法国革命悲剧性的恐慌局面?这个紧迫的问题是大革命之后的法国,尤其是其主要设计者西耶斯所面临的现实问题,它也是黑格尔的"国家科学"首先需要解决的问题。卢梭主张将国家建立在意志之上,但黑格尔指出,卢梭和费希特构想的意志同样都是"特定形式的单个意志",彼此独立的意志基于某种公共性形成了所谓"公共意志",然而实际上后者无外乎是源于人的社会冲动和神圣的权威而已。循此,在一个国家里,人与人的结合变成了契约,支配它的因素是个人的随性、短见和不经意的认同,并给"自在而自为的神灵及其绝对权威和君主的尊严带来一种纯粹有意识的毁灭性后果"。因此,一方面,抽象的思想一旦被派上用场,就会导致有史以来第一次令人吃惊的场面:"在摧毁了既有的一切制度之后,一个现实中的大国制度于人们的想象当中从头开始构建,并被赋予一种仅仅是在臆想中存在的合理性;另一方面,由于这些抽象的东西缺乏理念,它们将这场实验搞成了最恐怖和最残酷的事变。"[1]尽管西耶斯欲以代议制代替卢梭的直接民主制,以经验领域

---

① G.W.F.Hegel, *Grundlinien der Philosophie des Rechts*, S.441-442.

的劳动分工为依据为代议制辩护,从类比和抽象的认识手段来解释代议制的功效与合法性,但是它所造成的后果却与卢梭无异。黑格尔希望借助形而上学的方式解决这个问题:在认识活动中,我们将国家理解为一个自为存在(自我意识到的)的合乎理性之物,无论组成国家的单个人知道和愿意与否;其对立面——主观的意志、自由的主观性或者单个的意志只能被看作推动国家形成的那个理性意志理念的一个环节,唯此设置才能使国家权力起到约束个人意志的作用。不难看出,黑格尔在这里直接批判了革命时期的法国政治制度,希望以理性来约束革命激情导致的恐怖政治。①

按照黑格尔的逻辑学观念,作为合乎理性的概念,国家整体必须在其内部分化或区分出不同的权利和不同的活动,并且保障这些权利和活动能够毫无障碍地、自由地得到行使和进行。换言之,构成国家不同环节的各项权利和活动必须在形成自由的个体性的同时不能失去与国家这个整体的有机联系。然而,国家这一合乎理性的概念如何区分组成自身的抽象环节?非常有意思的是,黑格尔并没有直接引出英国意义上的立法权、行政权和司法权三权分立的原则。对于他而言,后者仅限于具体事物的层面,不属于哲学应当思考的对象。为了防止三种权利之间发生冲突而试图使三者相互制衡,在黑格尔看来,这就是人们出于对国家的恶意、不信任情绪而做出的非理智之举,黑格尔进而将孟德斯鸠基于权力制衡目的而奠定的三权分立思想称为"贱民观点"。② 反之,假如从哲

---

① 多数学者认为黑格尔的国家理念不指向任何一个当时现存的国家,参见 Shlomo Avineri, *Hegel's Theory of the Modern State*, Cambridge: Cambridge University Press, 1994, p.177,但从这句话来看,我以为,它至少是在批判当时法国革命政府的基础上形成的。

② G.W.F. Hegel, *Grundlinien der Philosophie des Rechts*, S.434.

学上将三种权力理解为各自独立的环节,而非出自同一整体(国家)的分化,那么三者之间就会处在永无休止的斗争当中,其结果是要么国家整体走向解体,要么借助权力重建三者的统一。在这里,黑格尔又一次援引法国大革命的政治教训,指出导致其政治混乱局面的原因正在于此。① 为了克服三权分立在现实层面上的上述弊病,黑格尔仍旧用形而上学,具体而言,要用他的逻辑学来解决问题。在其独特的逻辑学观念中,"概念"或者作为"概念"之现实性的"理念"包含了普遍性、特殊性和单一性三个逻辑环节。相应地,政治国家内部也有三种实体性的差别:(1)立法权规定国家的普遍性;(2)行政权将国家各种权利及活动置于普遍性之下;(3)王权作为立法权与行政权的统一,是"最终的意志决断"。② 在黑格尔的逻辑学中,单一性是普遍性和特殊性的结合,简而言之,后两者在单一性中以否定之否定的方式结合在一起:普遍性否定自身显现出了自己的特殊性,特殊性否定自身显现出自己的普遍性,单一性作为纯粹的否定性构成了"纯粹概念"的整体,是普遍性和特殊性的出发点和归宿。③ 黑格尔赋予王权以逻辑上的单一性地位,它本身包含了国家制度和法律的普遍性、与之相联系的特殊性——咨议程序,以及作为自我规定的"最终决断"三个环节,王权经过了上述逻辑推理最终成为一种"富有灵魂的和活生生的原则"。④ 于是,黑格尔修正或者说更新了法国大革命的政治原则,在"君主主权还是人民(民族)主权?"的问题上选择了前者。此一推

---

① 参见 G.W.F. Hegel, *Grundlinien der Philosophie des Rechts*, S.435。
② G.W.F. Hegel, *Grundlinien der Philosophie des Rechts*, S.435.
③ 参见 G.W.F. Hegel, *Werke in 20 Bänden und Register, Band 6, Wissenschaft der Logik* II, Berlin: Suhrkamp, 1986, S.299-301。
④ G.W.F. Hegel, *Grundlinien der Philosophie des Rechts*, S.434.

论无论从逻辑结构,还是从经验层面上都颇令人费解。希波利特质疑道:"国家的理念为何只是在君主个人及其家族那里而非人民那里显现?"① 许斯勒甚至认为黑格尔在这里犯了一个"概念的谬误":先就逻辑方法而言,王权作为单一性环节应当出现在普遍性的立法权和特殊性的行政权之后,但是黑格尔打破了上述逻辑规则,将不同的权力集中在君主个人的同一性之上,王权因此成为"整体的顶峰和开端"。② 为了扫除理解上的障碍,黑格尔说明了主权在国家这一合乎理性的概念整体当中的地位及其历史。他指出主权最初意味着立法权和行政权两个环节相互统一的普遍思想,它仅仅作为一种意识到自身的意志,或者是作为意志的主观性而存在,这也只是抽象的、因而是无根据的意志赋予自身的规定,最后的决断恰恰落到了这个主观性的头上。国家的普遍精神正是通过能够意识到自身存在的主观的个体因素才成为一个现实的事物。从国家概念到主观性,再到最后决断的意志,就是从普遍性到特殊性直至单一性的逻辑推理过程。随着国家制度向着更趋实在的合理性方向发展,包含在国家之内的三个环节各自发展出被它们自己所意识到的,或者说是自为的、现实的特殊形态,于是,意志的主观性自然也就形成了单个的主体,其人格也就成了真实的个人即君主。普遍的精神或伦理出现为国家人格,国家人格再现身为君主个人,唯有如此,国家的概念即国家的理想性才最终与现实吻合从而成为真理;相反,家庭、同业公会、社会团体、自治团体无论如何合乎理性地发展,也只是在抽象的法律人格环节面前停滞不前。再就经验层面来说。与君主主权具有的神圣的自然法起源

---

① Jean Hyppolite, *Etudes sur Marx et Hegel*, Paris: Librairie Marcel Rivière et Cie, 1955, p.129.
② G.W.F. Hegel, *Grundlinien der Philosophie des Rechts*, S.250.

相比,黑格尔认为,人民主权建立在混乱的民族(das Volk)观念之上。一个民族只有对外享有独立地位、对内组成国家才称得上是人民(民族)主权,如大不列颠是人民主权,而英格兰、苏格兰、爱尔兰、威尼斯、热那亚和锡兰就非人民主权。在他看来,将君主主权和人民主权对立起来是非常荒唐的。尽管在国家之内我们可以说主权在于人民,但是如果没有君主就根本无所谓人民主权:"假如没有君主,缺乏一个将国家的每个成员出于必要而直接联结起来的纽带,那么民族就是一盘散沙,它便不再是国家,不再拥有那些只有在组成国家整体的任何民族那里才具有的规定——主权、政府、法庭、官僚等等。"①因此,君主主权是国家合乎理性的发展的必然结果。黑格尔认为,在理性尚未使民族形成拥有发达形态的国家里,尤其是那些尚在实行贵族制和民族制的国家里,国家首脑的选择往往是出于特定事态的需要而做出的偶然之举,这样产生的首脑其决断也是事出偶然,而且往往要服从于或受自身之外的因素制约,例如,古希腊人将最终的决断系于神灵的告谕。相反,只有在国家理性强大到足以使构成它的三个环节各自发展出属于自己的自由形态之时,君主即意志的自觉的最终决断才能取得自己的现实性,成为国家有机体的一个环节,进而成为一个具体的个人。可见,在发达的国家形态里,君主的决断并非来自在自身之上和自身之外的偶然因素,相反,它完全出于人类的内部和君主自己的意志,"只有被提升到为自己赢得超乎一切特殊性和制约之上的特殊地位的顶峰之时,这个最终的自我规定才进入了人类自由的领域,唯有如此,君主才能从概念上说是现实的"②。君主概念不是

---

① G.W.F. Hegel, *Grundlinien der Philosophie des Rechts*, S.447.
② G.W.F. Hegel, *Grundlinien der Philosophie des Rechts*, S.449.

从其他既有的东西那里推导出来的派生物,它是"直接从自己开始的概念"①,其中包含着自然的规定性,后者通过与生俱来的自然方式得到了保证,因此君主的尊严是自然的出生所赋予的。源出于自然的规定使君主成为没有根据的意志自身和没有根据的存在,造就了其不为任性所动的王者威严,在黑格尔看来,君主身上这一伟大的品质能够起到维护国家统一的作用,防止国家陷入个人或团体的利益之争中去。②

四

1831年11月14日,黑格尔于法国七月革命的尾声中死于柏林爆发的一场瘟疫。当他的学生和朋友、时在巴黎的甘斯在书信中欣喜若狂地将查理十世的四条敕令引发的又一轮法国革命盛况报告给他时,黑格尔不但没有表现出任何为之振奋的情绪,反倒是陷入了深深的焦虑和不安之中。在他看来,七月革命非但不能代表普遍精神的进步,而且只不过是在40年后再一次重复了1789年革命所犯的一个同样致命的错误:"单纯聚集在一起的个人无法形成一种能够承担政治和伦理权威的'普遍观点',进而导致政府基于派系斗争造成的堕落后果。"③他甚至担忧七月革命将会把整个世界带向崩溃的边缘。在生命的最后岁月里,在青年学生的心目当中,黑格尔成了跟不上政治形势的一位老人,甘斯代替他成了

---

① G.W.F. Hegel, *Grundlinien der Philosophie des Rechts*, S.446.
② 参见 G.W.F. Hegel, *Grundlinien der Philosophie des Rechts*, S.452。
③ Terry Pinkard, *Hegel: A Biography*, Cambridge: Cambridge University Press, 2000, p.638.

"现代理想主义的火炬"。① 《法哲学原理》发表不久,冯·塔登就在一封致黑格尔的书信中称他为"御用哲学家"或者"哲学上的保皇主义者"。② 就在黑格尔去世25年之后,曾经参加过德国大学生社团、后来成为俾斯麦支持者的鲁道夫·哈姆斥责了黑格尔在1819年夏天支持普鲁士政府迫害大学生社团的态度以及对其领袖人物弗里斯发起攻击的行为,这位主张德国民主和统一的作家以《法哲学原理》为依据,将黑格尔描述为政治复辟的倡导者和普鲁士君主制的辩护者。③ 第二次世界大战之后,卡尔·波普尔和悉尼·胡克延续了哈姆的批评方向,前者指出假如将黑格尔的"精神"和"理性"替换成"鲜血"和"种族",那么其政治倾向将与纳粹无异④;后者对黑格尔把战争视为民族伦理健康之必要手段的看法极为不满。⑤ 针对这一保守的官方哲学家形象,在黑格尔去世之后,甘斯就开始努力纠正人们对其思想的种种误解。自20世纪50年代以来,埃里克·韦依、吉约姆·里特尔和阿维纳里重新将黑格尔置于普鲁士王国的改革时代,以期从普鲁士改革支持者的立场来重新看待其法哲学在政治上的积极意义。韦依指出,除了马克思之外,生活在19世纪下半叶的所有作者都对黑格尔产生了种种误解和不公的评

---

① Terry Pinkard, *Hegel: A Biography*, New York: Cambridge University Press, 2000, p.656.

② 冯·塔登与黑格尔通信,参见„v. Thaden an Hegel, 8 Aug. 1821", in G. W. F. Hegel, *Briefe von und an Hegel. Bd. 2*, Hg. v. Johannes Hoffmeister, Hamburg: Felix Meiner Verlag, 1955, S.279。

③ Rudolf Haym, *Hegel und seine Zeit. Vorlesung über Entstehung und Entwicklung, Wesen und Werth der Hegelschen Philosophie*, Berlin: Rudolph Zaertner, 1857, S.363-364.

④ Karl R. Popper, *The Open Society and Its Enemies, vol.2: Hegel and Marx*, London: Routledge, 1945, p.63.

⑤ Sidney Hook, *From Hegel to Marx: Studies in the Intellectual Development of Karl Marx*, Ann Arbor: University of Michigan Press, 1962, p.56.

价,原因在于他们混淆了各自心目中的普鲁士国家形象与黑格尔生活在其中并为之写作的那个真实的普鲁士国家。他们认为,与法国的复辟政府和1832年改革之前的英格兰以及梅特涅治下的奥地利相比,当时的普鲁士并非一个反动国家,而是一个进步的国家:就在《法哲学原理》出版当年,哈登堡制定了普鲁士未来的国民议会制度,黑格尔曾受普鲁士文化部长阿滕施坦因的召唤进入了这位改革家的圈子。两年后,威廉三世设立了代表民意的地方议会,而此时的英格兰议会尚没有真正掌握在人民的手中。普鲁士的政治优势还表现在相对完备的行政体系,其西部省份保留了拿破仑帝国的政治制度,而且在其掌控的区域里推动了现代化进程。① 在黑格尔去世后15年间,没有任何针对《法哲学原理》的批评声音,而这本书在1848年之后却突然成了众矢之的,其中的原因可谓不言而喻。② 里特尔进一步指出,普鲁士历史上真正反动的时期是在19世纪30—40年代,不能将这个时期与黑格尔开始在柏林大学讲述和撰写《法哲学原理》的1818年等同。③

1818—1819年,普鲁士一方面受益于拿破仑战争的积极政治后果,切实推进了封建君主制向立宪君主制的改革,另一方面又要维护正常的国家秩序,防止类似德国大学生社团采取的激进革命

---

① Eric Weil, *Hegel et l'État: Cinq conférences suivies de Marx et la philosophie du droit*, Paris: J. Vrin, 1970, p.19.

② Eric Weil, *Hegel et l'État: Cinq conférences suivies de Marx et la philosophie du droit*, Paris: J. Vrin, 1970, p.19, note 12. 最早指出黑格尔的国家概念同普鲁士现实政治状况不符的是卡尔·罗森克朗茨:"黑格尔开始对普鲁士作为一个模范国家感兴趣,但作为哲学家,他却拥有另一个与普鲁士现实状况绝对不符的理想",参见 Karl Rosenkranz, *Hegel als Deutscher Nationalphilosoph*, Leipzig: Duncker & Humelot, 1870, S.149。

③ Joachim Ritter, *Hegel und die französische Revolution*, Köln: Westdeutscher Verlag, 1957, S.50.

行动。毋庸置疑,在此意义上,黑格尔的法哲学论述与普鲁士国家的现实政治需要之间存在着十分明显的共同点,韦依甚至认为黑格尔希望借助《法哲学原理》一书介入并且推动普鲁士合乎理性原则的民主改革。① 然而,黑格尔试图综合旧制度与现代政治国家的思想努力同时也使该书出现了一系列前后不一或者矛盾之处,其中最为突出的莫过于"论王权"一节。人们普遍认为这些段落是《法哲学原理》中最薄弱的部分,武断、晦涩、可笑、矛盾重重,不能令人信服。② 我们知道,逻辑体系、自然体系和精神体系是组成黑格尔哲学的三大体系,其中的精神体系又被划分为主观精神、客观精神和绝对精神。主观精神是专门破坏一切既有社会秩序的空无意志,又被称为自由精神;客观精神是一种渴望借助营造"第二自然"的方式回归自身的精神;绝对精神是在诸多差异中认识到自己是同一个精神的精神。法哲学属于精神体系的第二个环节——客观精神。按照黑格尔的定义,"法就是自由意志的定在"③,法哲学探讨的是作为自由意志的精神在历史当中不断进行客观化的过程,它包括两方面的内容,一是关于法的概念科学,二是关于历史中形成的制度的概念科学,其主要的方法就是使欧洲历史中成长起来的法律文化在其思想前提上明确化。④ 无论是法还是作为"自由主体的自我反思"的道德,在黑格尔这里都是抽象的"理想环节";而伦理则是法和道德概念成为现实事物的理念,是同时作为

---

① Eric Weil, *Hegel et l'État: Cinq conférences suivies de Marx et la philosophie du droit*, Paris: J. Vrin, 1970, p.23.

② Thom Brooks, *Hegel's Political Philosophy: A Systematic Reading of the Philosophy of Right*, Edinburgh: Edinburgh University Press, 2007, p.114.

③ G. W. F. Hegel, *Grundlinien der Philosophie des Rechts*, S.80.

④ Ludwig Siep, „Vernuftsrecht und Rechtsgeschichte. Kontext und Konzept der *Grundlinien* in Blick auf die *Vorrede*", in G. W. F. Hegel, *Grundlinien der Philosophie des Rechts*, S.8.

存在和反思、现实和概念的"理性的现实性"。因此,抽象的法和道德作为思维的中介扬弃自身使伦理呈现为整体和现实,这些伦理整体分别是家庭、市民社会和国家,后者处在历史的变化当中。① 这一方法被阿兰·伍德称为"思维决定"②方法,在马克思看来,其实质是将现实世界里发生的矛盾提升到思维世界里的概念加以解决,其结果不但未能解决现实的矛盾,反倒使人们趋向于唯灵论和形而上学的神秘主义。在阅读《法哲学原理》时,马克思既不了解1818—1821年普鲁士复杂的政治形势与黑格尔法哲学思想的共振,也不了解黑格尔对王权的分析经过了一番仔细的修改。套用里特尔的话说,马克思是在19世纪40年代与普鲁士现实的反动政策作斗争的过程中将黑格尔的哲学与普鲁士的落后政治等同起来③,认为前者正是德国的国家哲学和法哲学"最系统、最丰富和最终的表达",对它的否定也就意味着否定"德国政治意识和法意识"④,唯有如此才能使德国在一个比英国革命和法国革命更高的层次上完成革命的任务。在黑格尔通过"纯粹的概念"即逻辑形式把矛盾的双方统一起来的时候,马克思又将其置回到经验领域。他很快就发现,在黑格尔国家学所面临的诸多矛盾中,最为突出的莫过于市民社会与政治国家的矛盾。在《法哲学原理》第261节,黑格尔说:"对私法和私人福利即对家庭和市民社会两个领域而

---

① Otto Pöggeler. „Einleitung", in G. W. F. Hegel, *Vorlesung über Naturrecht und Staatswissenschaft. Heidelberg 1817/18*, Hamburg: F. Meiner, 1983, S. XXⅢ.

② 参见 Allen W. Wood, "Method and System in Hegel's Philosophy of Right", in *Hegel's Political Philosophy: On the Normative Significance of Method and System*, eds. Thom Brooks and Sebastian Stein, Oxford: Oxford University Press, 2017, pp.82 - 102。

③ Joachim Ritter, *Hegel und die französische Revolution*, Köln: Westdeutscher Verlag, 1957, S.49.

④ *MEGA²*,Ⅰ/2, p.176;《全》,2/3,第 206 - 207 页。

言,一方面国家是外在必然性和它们的最高权力,二者的法律和利益均从属并依存于国家普遍的最终目的与个人特殊利益的统一,即个人对国家尽多少义务,同时也就享有多少权利。"①首先,国家的"纯粹概念"是与自身的同一性,即逻辑上的普遍性环节;其次,国家将自身区分为家庭和市民社会两个领域即普遍性否定自身显现为其特殊性;最后,家庭与市民社会认同于国家权力意味着特殊性否定自身形成了作为单一性的有机体,纯粹概念由此得以实现,成为国家的理念。用黑格尔的术语来说,就是国家借助概念的运动实现了自己的本质和存在。马克思曾经对黑格尔的逻辑学做过专门的研究②,他显然非常清楚市民社会与政治国家二者之间的逻辑过渡方式,但他评论道:"过渡不是从家庭等等的特殊本质以及从国家的特殊本质中引申出来的,而是从必然性和自由的普遍关系中引申出来的。这完全是在逻辑学中所实现的那种从本质领域到概念领域的过渡。这种过渡在自然哲学中是从无机界到生命。永远是同样的一些范畴,它们时而为这一些领域,时而为另一些领域提供灵魂。问题只在于为各个具体规定寻求相应的抽象规定。"③"整个法哲学只不过是逻辑学的补充。"④马克思抓住作为黑格尔法哲学灵魂的逻辑结构,拆解了后者所营造的、被黑格尔本人称为"理性象形文字"⑤的国家概念,从而使无法为国家理念完全包

---

① G. W. F. Hegel, *Grundlinien der Philosophie des Rechts*, S. 407.
② "对这些逻辑范畴的运用值得我们进行完全专门的研究",参见 *MEGA²*,Ⅰ/2,S. 11。马克思私人藏书里有一册1840年出版的、由雷欧波德·冯·海宁编辑的黑格尔《哲学百科全书·第一部分"逻辑"》,书页边留有马克思本人的批注,参见 *MEGA²*,Ⅳ/32,S. 315。
③ *MEGA²*,Ⅰ/2,S. 10-11;《全》,2/3,第13-14页。
④ *MEGA²*,Ⅰ/2,S. 19;《全》,2/3,第23页。
⑤ G. W. F. Hegel, *Grundlinien der Philosophie des Rechts*, S. 449.

容的历史内容呈现出了真实的面目。① 首先,推动国家概念进行逻辑运动的是客观精神;反过来说,客观精神在国家环节上造就了一个自在而自为存在着的或者说是一个自由的有机体,国家的概念接下来又造就了家庭和市民社会两个同样享有自由的环节。黑格尔如此强调国家概念或者马克思所说的"理念"②的强大,乃出于其解释现代国家的需要。在他看来,现代国家区别于古代帝国的地方在于前者"不排除或不压抑现代的自由形式,而是将其整合起来"③。以集团形式出现的个人承担对国家的义务,于是,自由的法和"不自由的"义务被综合起来,这显示出黑格尔试图糅合封建义务制度与现代法治国家的努力,其结果是"个人的特殊利益表现为个人的牺牲"④,也就是说国家既让个人自由成为现实,又为其克服或超越私人性提供了可能。合乎理性的国家成了主体,而家庭和市民社会便成了客体。"精神"外化的种种形式变体诸如"概念""理念""必然性""内在性""抽象的现实性""实体性"和"理想性"等都成了主体(主语),而现实世界里的人、家庭和市民社会变成了谓语,"现实性没有被说成是这种现实性本身,而被说成是某种其他的现实性。普通经验没有把它本身的精神,而是把异己的精神作为精神;另一方面,现实的理念没有把从自身中发展起来的现实,而是把普通经验作为定在"⑤。在这里,马克思重拾了费尔巴哈在

---

① Jean Hyppolite, *Etudes sur Marx et Hegel*, Paris: Librairie Marcel Rivière et Cie, 1955, p.120.
② 本文将黑格尔的术语"idee"统一译为"理念"而非"观念"。
③ Oliver W. Lembcke, „Staat und Verfassung bei Hegel", in *Der Staat-eine Hieroglyphe der Vernunft. Staat und Gesellschaft bei Georg Wilhelm Friedrich Hegel*, Hg. v. Walter Pauly, Baden-Baden: Nomos, 2009, S.117.
④ Bernard Bourgeois, „ Der Begriff des Staats ", in G. W. F. Hegel, *Grundlinien der Philosophie des Rechts*, S.233.
⑤ $MEGA^2$,Ⅰ/2, S.9;《全》,2/3,第10页。

两年前出版的《基督教的本质》(1841)中提出的结论,即包括基督教在内的一切宗教是被异化为类的人的自我意识的表达,无限的爱、正义和怜悯这些被视为超验神灵的品质都是作为类的人的最高品质,它们却被赋予了神秘的最高本质。在马克思看来,黑格尔神秘的逻辑类似于宗教神灵的化身,将国家视为脱离了具体的人的精神产物,这是主谓倒置。① 他敏锐地发现,这种主谓倒置造成的一个直接的、明显的而且严重的后果是政治国家与市民社会之间的分离和冲突。《法哲学原理》第262节说:

> 现实的理念,精神,把自身分为自己概念的两个理想性的领域:家庭和市民社会,即分为自己的有限性的两个领域,目的是要从这两个领域的理想性而成为自为的无限的现实精神,于是这种精神便把自己的这种有限的现实性的材料,分配给上述两个领域,把所有的个人当作群体来分配,这样,对于单个人来说,这种分配就是以情势、任性和本身使命的亲自选择为中介的。②

国家将以群体的形式将所有个人分派给自己的两个理想性领域,同时还要使得组成群体的个人葆有选择的自由。黑格尔想要说的可能是个人选择加入某一集团与国家分配他们到两个理想性领域同样是合乎理性的,即不受任何外在因素的制约因而是自由的行

---

① 关于马克思所受费尔巴哈的影响,参看 Warren Breckman, *Marx, the Young Hegelians, and the Original of Radical Social Theory: Dethroning the Self*, Cambridge: Cambridge University Press, 1999, p.279.

② G.W.F. Hegel, *Grundlinien der Philosophie des Rechts*, S.410. 中译文参考黑格尔:《法哲学原理:或自然法和国家学纲要》,范扬、张企泰译,北京:商务印书馆,2018年,第300页。

为,这样就避免了卢梭被人诟病的国家强迫个人自由的主张。① 黑格尔鄙视卢梭,认为《社会契约论》作者提出的"公共意志"只是个人的任性而为,缺乏理性支撑的公共意志最终会导致派系纷争和政治混乱。但是,现在这个问题又落到了他自己头上。黑格尔争辩道,个体在选择自己的归属时表现出来的"任性"(Willkür)本身就是理性的意志,但这似乎又与他拒绝承认人民主权的做法相矛盾。政治国家只有超越于市民社会之上,才能确保自己的主权,失去了市民社会这一基础,国家就蹈入了神秘的形而上学,正如马克思所说:"家庭和市民社会仿佛是黑暗的自然基础,从这一基础上燃起国家之光。"②

在黑格尔的逻辑世界当中,国家的形象非常明晰。这个被颠倒的主体不仅有抽象的人格,而且它可以完全地实现自己,成为一个肉身的个人——君主。相反,家庭、共同体、社会和法人这些通常在我们看来是非常具体的事物,却被认为是无法成为现实的东西。按照黑格尔的说法,它们不是具备现实性的抽象概念,也不是与现实相互吻合的理念,它们只有抽象的人格,而不是活生生的个人。③ 马克思从费尔巴哈手中接过唯物论的旗帜,决意要揭开黑格尔国家神秘而虚幻的面纱,寻找真正的主体。横亘在这条道路上的第一个障碍就是君主。在黑格尔的政治国家概念中,成为个人和肉身的君主是介于立法权和行政权之间的王权寻求自我实现的结果,因此作为逻辑中介的王权兼有三个环节的统一:(1)普遍性

---

① "假如有任何人拒绝服从公共意志,全体就应约束其就范,这无外乎是说强迫他自由。"见 Jean-Jacques Rousseau, *Du contrat social ou Principiels du droit publique*, Amsterdam: Marc-Michel Rey, 1762, p. 29 - 30.
② *MEGA²*, Ⅰ/2, S. 7;《全》,2/3,第 9 页。
③ G. W. F. Hegel, *Grundlinien der Philosophie des Rechts*, S. 445.

环节的立法权。王权肩负着统一国家各项权利的重任,它既要保证后者得到自由的实施,又要限定其运用的范围,以便能够在理想性的推动下形成一个国家有机整体。(2)特殊环节的行政权。被选拔出来的特殊的个人接受君主的任命成为官员来执行各项职能,但是任用官员的标准仅仅涉及这些人的抽象人格,而非私人。(3)作为单一性环节的王权是国家各项特殊职能和权利的根源,它化身为"赋有灵魂的和活生生的"君主个人。国家人格为何会化身为君主个人而不是组成国家的每一个个人?黑格尔解释道:"主观性在其真理中只能是主体,人格在其真理中也只能是个人。"①这句话本意是主权的主观性只有借助主体才能成为现实,人格只有借助个人才能成为现实,但马克思将其主谓语翻转过来,拆解了黑格尔的人格神话。"主观性是主体的规定,人格是人的规定",主权的化身不应是一个主体即君主个人,而是许多人、许多主体,"任何单个的人都不能把人格的整个领域容纳于自身,任何单个的主体都不能把主观性的整个领域容纳于自身"②。人格不是精神的产物或抽象概念,"人格脱离了人,当然只是一个抽象,但人也只有在自己的类存在中,只有作为人们,才是人格的现实的理念"③。根据费尔巴哈,人不是孤立存在的个人,他在与其他个人进行交往中思考自己的本质,因此人的本质区别于动物是类本质,人类的所有知识均以其社会性为尺度,理性不过是类意识的产物。④马克思以费尔巴哈的类本质改造了黑格尔的人格主义,将"现实的

---

① G.W.F. Hegel, *Grundlinien der Philosophie des Rechts*, S.444.
② *MEGA²*,Ⅰ/3,S.25;《全》,2/3,第32页。
③ *MEGA²*,Ⅰ/3,S.28;《全》,2/3,第36页。
④ 参见 Ludwig Feuerbach, *Das Wesen des Christentums*, Hg. v. Werner Schuffenhauer u. Wolfgang Harich, Berlin: Akademie Verlag, 2006, S.28.

人"重新放回到主体的地位上,恢复了政治国家的理性所掩盖的市民社会的主体性。所谓法人、社会团体、区乡组织和家庭不过是"类形式",现实的人借助它们"实现了他的现实内容,使自己客体化,抛弃'人'本身的抽象"①。沃伦·布雷克曼认为,与费尔巴哈相比,马克思赋予社会和历史因素以更大的优先性可能反映了他对19世纪早期法国社会主义著作的阅读②,而我认为这更多地应该归功于马克思对西耶斯的阅读,后者在表述废除国王否决权的理由时,围绕着国王个人的特殊意志与人民的公共意志之间的矛盾,也就是围绕着君主主权与人民主权的冲突展开问题,西耶斯所说的君主个人意志就是黑格尔的主权概念中除了君主人格之外的另一种现实性——最终决断的自我规定。马克思注意到黑格尔在《法哲学原理》第12节对意志的种种规定:在面临许许多多的冲动时,人作为理性的主体完全不能像动物那样成为被冲动支配的奴隶,也就是说,人是完全不能被后者确定的存在,恰恰相反,他天然地能够掌控这些冲动,并将其确立和设置成为"我"自己的冲动。在普遍性的意志当中充满了这些特殊的冲动,这一个接一个的冲动既是"我"的冲动,同时又是普遍的和不确定的,其中包含了能够满足这些冲动的种种对象和不同方式。遵循黑格尔的逻辑学,普遍性的意志要成为现实的意志就必须赋予自己单一性的形式即个人,这就是意志的决定。③ 当黑格尔说主权是"作为意志具有的一种抽象的以致无根据的、能做出最后决断的自我规定"时,这意味

---

① $MEGA^2$,I/3,S. 28;《全》,2/3,第37页。

② Warren Breckman, *Marx, the Young Hegelians, and the Original of Radical Social Theory: Dethroning the Self*, Cambridge: Cambridge University Press, 1999, p. 288.

③ G. W. F. Hegel, *Grundlinien der Philosophie des Rechts*, S. 63.

着普遍意志经过特殊意志(诸多不确定的冲动)最终过渡到了单一的意志;平行于这一逻辑上的过渡,主权由抽象的国家人格过渡到了君主个人。问题是为什么黑格尔说主权的决断是"无根据的"?应当特别引起我们注意的是,当马克思认为黑格尔的"任意是王权""王权就是任意"①时,这里存在着一个明显的误解。黑格尔说王权的决断是"无根据的"(grundlos),后者并非等同于"任意的"(willkürlich),尽管这两个德文词汇都有"任性""任意"和"无端地"等类似的含义。在《法哲学原理》中,作者有意对二者做了明确的区分。"无根据的意志"仅是对君主的规定,而"任意的"意志则永远属于个人、私人、群体、盲众、贱民等,它是《法哲学原理》全书中出现频率最高的词汇之一。"无根据的"和"任意的"是意志概念在不同运动环节之上的不同规定性,其逻辑运动的过程可以简单表述如下:(1)普遍性的意志是纯粹的不确定性或纯粹的自我反思。主观的意志破坏一切对天性、需求、欲望和冲动做出的任何限制,是一种纯粹否定因而是空无的意志。(2)普遍性的意志区分、确定和设置自身的内容和对象(诸多冲动及满足它们的对象),使自己成为被规定的普遍性意志——特殊意志。(3)特殊意志借助自我反思并通过它返回到普遍性的意志,最后形成了单一性的意志。②在上述第(2)个环节上,普遍性(理性)的意志超脱于各种冲动、需求和欲望以及满足这些冲动、需求和欲望的对象之上而不为它们所动;反过来,这些意志的内容和对象对普遍性的意志即一个纯粹反思的"我"来说呈现出了种种的可能性,此时在意志自由中就出现了偶然性,即任意。③ 可见,任意并非真正的自由,反倒是自由的

---

① *MEGA²*,Ⅰ/3,S. 21;《全》,2/3,第 28 页。
② G. W. F. Hegel, *Grundlinien der Philosophie des Rechts*, S. 44 ff.
③ G. W. F. Hegel, *Grundlinien der Philosophie des Rechts*, S. 66.

矛盾,其中的原因是:面对眼前的(意志)内容和对象,"我"的选择受制于"情势、任意和自我规定(自主性)",因而是不自由的,正如黑格尔在谈到政治国家里的个人如何加入各个集团时所说的那样。换言之,这些意志内容和对象并不是"我"出自自己意志的自然(Natur)选择,"我"的选择反倒因受到它们的羁绊而不自由,其不自由的状态还表现在即便是个人做出了自己的决断,但普遍性的意志也会扬弃它,因为对任意之举来说,任何可能性都存在,无论个人决断如何任性,意志都逃不出不确定、不决断和抽象的环节。最后,任意的矛盾还会导致冲突:一方需要的满足会导致对另一方的压迫和牺牲。① 我们看到,黑格尔对意志的规定绝非局限于纯粹的思辨领域,而是对现实政治的反思。法国大革命中的社会混乱就是普遍意志即单纯希求摧毁一切社会秩序的否定意志所为②;意志无休止的决断正是导致革命时期政府不断更迭的原因;而任意的矛盾引起的社会纷争直指缺乏理性支撑的卢梭主义及其在大革命时期产生的恶果。既然普遍意志、任意都不是真正的自由,那么真正的自由如何才能实现? 摆脱意志的内容和对象的束缚,按照理性的原则行动,把自由本身当作意志追求的内容和目的,由作为意志的单一性环节出现的个人做出最后的决断,这个人就是君主。不受地位(因为他天生就是君主)、特殊利益(因为他凌驾于国家各项职能和权力之上)等等外在因素的制约,因而他的意志决断是真正自由的、"无根据的"。在合乎理性的国家制度下,君主无根据的意志决断既与个人以及由个人单纯聚集起来的群体意志的任意性形成了对比,又与专制下为所欲为的君主不可同日而

---

① G.W.F. Hegel, *Grundlinien der Philosophie des Rechts*, S.68.
② G.W.F. Hegel, *Grundlinien der Philosophie des Rechts*, S.52.

语。国家制度和法律的普遍性是君主的基本原则,经过政府的咨议环节,对个别事物在形式上的最后决断落在了君主个人身上:"他必须说:我意愿如此;这是个体最后的决断环节;这一最终的确定性本质上落到了一个直接的数字一上,即单纯的自我决断。"①君主的决断之所以是形式上的,乃因为其仅仅拥有主观性和偶然性,而决断成为理性所依赖的客观性、内容以及法律和智慧依据则是由政府经由与各个社会领域的商议提供,君主本人并不对政府的行为负责。当政府官员将行动的客观性、根据和对具体事务的知识呈现在君主面前时,后者可以按照以上根据做出决断或者不做决断,"意志可以随意地做出决断,然而在国家的政治安排中,理性的东西必须发生"。就在君主做出最后的、形式意义上的决断那一刻,其意志的主观性、任意性和偶然性被国家意志的客观性和必然性所扬弃,也就是说通过"特殊的教育",君主能够超脱中间等级的特殊利益及其傲慢、自负、嫉妒、仇恨等一切私人情感而选择最有利于国家的行动方式。在这里,旧制度下的最高统治者降格为人民的最高代表,他既非在西耶斯那里由人民委托、选举和供养的最高国家官员,亦非与人民处于卢梭式的契约关系,而是在基于种种特殊的根据和反根据做出的决断及其导致的政治纷争之上,以"我意愿"的方式终结了种种无休止的个别决断。也就是说君主只有置身于市民社会中"人与人战争"的现实之外进行最后的决断,才能使国家免于革命和纷争的困扰,"在经由国家合乎理性和固定的组织而形成的制度当中,君主的个体性无足轻重,制度正是在君王

---

① Georg Wilhelm Friedrich Hegel, *Vorlesungen über Naturrecht und Staatswissenschaft. Heidelberg 1817/18*, Hg. v. C. Becker, Hamberg: Felix Meiner Verlag, 1983, S.201.

人格的无意指(义)性中获得了力量和理性"①。黑格尔接着说,"我们君王的所有作为无非就是签下自己的名字而已"②。以上对君主个体在政治国家中的地位和职能的描述出自黑格尔于 1817/1818 年冬季在海德堡大学的法哲学讲义。慑于 1819 年 8 月出台的"卡尔斯巴登命令",黑格尔在 1820 年 10 月正式出版的《法哲学原理》中删去了这段文字。③ 两年之后,也就是在 1819/1820 年冬季于柏林大学的同一门课程讲义中,他将君主的作用描述为说"是"并将重点设置在一个大写的"I"之上,但其性格却不指示(Bedeutende)任何内容。④ 句中的"I"显然是内在性"InnerlichkeIt"的首字母,同样是在 1817/1818 年冬季学期的课堂上,黑格尔曾说,君主的"最后决断在国家中是外在的;在道德中它却是内在的,是良心,它根据最佳的观点做出决断,因而它是内在性的点"⑤。基于上述分析,我以为,在黑格尔的国家概念中,君主与其说是最高统治者和最高的民族代表,不如说他就是将制度和法的普遍性与自由意志的最后决断结合于一身的"这一个",简而言之,君主就是国家理性塑造的最理

---

① 参见 Georg Wilhelm Friedrich Hegel, *Vorlesungen über Naturrecht und Staatswissenschaft. Heidelberg 1817/18*, Hg. v. C. Becker, Hamberg: Felix Meiner Verlag, 1983, S. 202。

② Georg Wilhelm Friedrich Hegel, *Vorlesungen über Naturrecht und Staatswissenschaft. Heidelberg 1817/18*, Hg. v. C. Becker, Hamberg: Felix Meiner Verlag, 1983, S. 203.

③ 参见 Georg Wilhelm Friedrich Hegel, *Naturrecht und Staatswissenschaft im Grundrisse. Zum Gebrauch für seine Vorlesung*, Berlin: Nicolaische Buchhandlung, 1821, §280, S. 290-291。

④ Georg Wilhelm Friedrich Hegel, „Phiosophie des Rechts. Nach der Vorlesungsnachschrift von H. G. Hotho 1822/1823", in *Vorlesung über Rechtsphilosophie 1818-1831, Bd. 3*, Edition und Kommentar v. Karl-Heinz Ilting, Stuttgart: Friedrich Frommann Verlag, 1973, S. 764.

⑤ Georg Wilhelm Friedrich Hegel, *Vorlesungen über Naturrecht und Staatswissenschaft. Heidelberg 1817/18*, Hg. v. C. Becker, Hamberg: Felix Meiner Verlag, 1983, S. 201.

想也是最崇高和最威严的个人。然而,这个理想的个人由于本身表现为简单和直接的单一性,加之生而为君的自然性,又是一个被抽去了任何其他内容的个人。① 君主地位的双重性在于他既是国家的"第一"或最高的权力与政府的根源,又是一个地位最低下的、纯粹空洞的个人。当黑格尔从上述观点出发诋毁普鲁士国王弗里德里希·威廉三世时,后者反驳说:"假如国王就是不设置这个(内在性的)点,那又如何?"罗森茨威格评论道,"此时教授感到自己完全被国王理解了",在这位著名的黑格尔学者眼中,君主一方面体现了国家自由和富有活力的本质,另一方面体现了其形式、法和规则,这两个相互影响的方面构成了黑格尔的君主形象。②

在黑格尔看来,君主决断的自由即无根据性,以及由世袭继承权保障的其存在的无根据性造就了君主的威严和崇高,使其天然超越了群体的任意、目的和观点从而体现了国家的真正统一。在《法哲学原理》第281节,黑格尔补充道,君主的存在并非出自对国家和人民福祉的考虑,即他不是通过因果关系的推论和人民的选举而被制造出来的,相反,君主存在的无根据性就直接包含在国家的抽象理念当中。③ 恰恰是在这里,在黑格尔认为以君主的存在和决断的无根据性很好地化解了政治国家和市民社会之冲突的地方,马克思看到了导致现代国家之无根基性的根源。基于对法国大革命政治后果的忧虑,黑格尔反对西耶斯从外在的功利主义角

---

① Georg Wilhelm Friedrich Hegel, „Phiosophie des Rechts. Nach der Vorlesungsnachschrift von H. G. Hotho 1822/1823", in *Vorlesung über Rechtsphilosophie 1818 – 1831*, Bd. 3, Edition und Kommentar v. Karl-Heinz Ilting, Stuttgart: Friedrich Frommann Verlag, 1973, S.762.

② Franz Rosenzweig, *Hegel und Staat*, Bd.2, Müchen: R.Oldenbourg Verlag, 1920, S.141 – 142.

③ G.W.F.Hegel, *Grundlinien der Philosophie des Rechts*, S.452.

度将国王塑造为"民族的首脑"和"国家第一公民"即最高国家官员的做法。西耶斯借助1789年奠定的宪法原则摧毁了法国的君主制,20年后当他将拿破仑推上皇位时,却没有为其提供一个合乎法理的基础。西耶斯没有做到的这一点黑格尔却做到了,假如说他以这种形而上学的方式拒绝了西耶斯在1789年对君主制所持的立场,那么马克思则借批判其君主主权的无根据性方式又回到了西耶斯缔造的人民(民族)主权原则。费尔巴哈的类本质思想仅仅为马克思提供了其用以拆解黑格尔君主人格的工具①,而他用来批判君主主权的工具则来自西耶斯:

> 如果君王,就其代表人民统一体来说,是主宰,那么他本人只是人民主权的代表、象征。人民主权不是凭借君王产生的,君王倒是凭借人民主权产生的。②

在黑格尔笔下,人民是任意而为的私人、没有定型的盲众和囿于庸俗见解的贱民。在政治国家中,他们只能由家庭、自治团体和同业公会这些抽象人格来代表因而失去了肉身,真正的肉身只有一个,那就是君主。在西耶斯那里,构成整个民族的第三等级即人民被划分为积极公民和消极公民,只有受过教育且拥有政治智慧和能力的人才成为国家官员。尽管如此,同时代人眼中的西耶斯却是一个非常仇视人类的人,就连欧斯勒,他的德国崇拜者和翻译者,也是黑格尔的朋友,也说"没有再比他更自私的人了,他把人心看

---

① 马克思和费尔巴哈从未谋面,后者明确拒绝过马克思的合作请求,参见 Jonathan Sperber, *Karl Marx. Sein Leben und sein Jahrhundert*, München: C. H. Beck, 2013, S.77。
② *MEGA*², I/3, S.29;《全》,2/3,第37页。

得太轻,头脑里漂浮着各种各样模糊的理念,他的傲慢膨胀成了一个模糊理想的气泡"①。但是,此刻马克思笔下的人民却是在政治上无差别的公民全体,他们构成了一切政治国家的主权基础,"只有人民才是具体的东西"②,无论是君主制、共和制还是民主制,在这些国家里,"政治的人同非政治的人即同私人一样都具有自己的特殊存在"③。马克思采用黑格尔的逻辑范畴颠覆了黑格尔的逻辑结论,政治国家或国家制度这个普遍性环节被降格为特殊的环节,它仅仅是市民社会的自我规定,是市民社会的组织方式、存在方式和内容而已。像拆解君主人格及其主权的逻辑结构一样,马克思就这样拆解了黑格尔的政治国家本身:

> 在真正的民主制中政治国家就消失了……因为在民主制中,政治国家作为政治国家,作为国家制度,已经不再被认为是一个整体了。④

五

黑格尔认为在家庭之外市民社会构成了国家的第二基础。在《法哲学原理》中,市民社会被划分为三个不同的等级:(1) 实体性等级,即土地贵族和普通农民,由于其财富源于自然的赐予,它不需要付出太多的反思能力和意志;(2) 产业等级,即从事加工制作

---

① 转引自 Jean-Denis Bredin, *Sieyès: La clé de la Révolution française*, Paris: Editions de Fallois, 1988, p.532。
② *MEGA²*,Ⅰ/3, S.29;《全》,2/3,第38页。
③ *MEGA²*,Ⅰ/3, S.31;《全》,2/3,第40页。
④ *MEGA²*,Ⅰ/3, S.28;《全》,2/3,第41页。

者,它需要运用思考和理智在他人劳动的基础上获得自己的财富;(3)普遍等级,即以社会的普遍利益为职业者,它不直接从事劳动却应当被国家给予财富和待遇。① 最后一个等级就是介于国家和市民社会之间的中间等级,它将国家的普遍利益和法律因素稳固地竖立在国家的各项特殊权利之中,同时能够使这些特殊权利与国家的普遍利益和法取得统一,这个等级就是由政府官员和国家官吏共同组成的官僚等级。他们之所以在黑格尔看来是普遍等级,原因首先在于他们是君主委托以行政权的"全权代表";其次,无论君主对官员的任命,还是他们所承担的行政事务都与其私人人格和出身没有任何联系,相反,自身拥有的知识和才能是其获得选拔的唯一凭证;最后,国家为他们提供生活所需,保证他们能够独立办事,奉公守法。黑格尔认为官僚等级作为中间等级是"国家在法和知识方面的主要支柱"②。然而,就在黑格尔认为官僚等级作为一个普遍等级弥合了政治国家与市民社会之间的距离之时,马克思恰恰在这里看到了二者相互分离的基础。官僚等级直接接触的等级首先是君主,他们必须面临后者的亲自挑选,其次是要联系区乡组织、自治团体和同业公会,但拥有特殊利益的个人这个构成市民社会最根本现实的东西却因为不具备"国家个体"和"国家品质"而被排除在国家的政治生活之外。因此,马克思指出,以官僚政治作为中介来统一政治国家和市民社会的做法只是一种在抽象的概念层面停滞不前的"国家形式主义"③。在谈及官僚政治具有的国家精神的来源时,黑格尔说:"同业公会在维持自己的特殊利益的合法性时所形成的精神同时转化成了国家精神,因为前者

---

① G.W.F. Hegel, *Grundlinien der Philosophie des Rechts*, S.334 ff.
② G.W.F. Hegel, *Grundlinien der Philosophie des Rechts*, S.291 ff.
③ *MEGA²*, I/3, S.50;《全》,2/3,第59页。

能够将国家用作实现自己特殊目的的手段。"①马克思熟练地运用黑格尔的逻辑方法揭示了上述命题中隐藏的一个悖论:按照正常的逻辑推演,官僚政治是普遍环节,同业公会是特殊环节,官僚等级是单一环节,以后者为中介,官僚政治否定自身成为受限定的普遍性——同业公会,同业公会否定自身成为受限定的特殊性——官僚政治,二者在官僚等级这个环节达到了统一,于是国家精神成为现实。然而,黑格尔在这里显然预设了官僚政治与同业公会的同构关系,将二者均视为普遍环节,这样一来,同业公会就丧失了其特殊性,这与黑格尔对其的定性,即它是"国家中一个特殊的、封闭的社团"相悖。可见,同业公会的普遍性即作为国家精神来源的公共性就是官僚政治想象出来的东西,既然同业公会的普遍性是想象之物,那么与之连同在一起的官僚政治也是"各种实际的幻想的网状物,或者说'国家的幻象'",马克思甚至指斥其为国家神学②。上述逻辑归谬并非没有现实意义。在现实生活中,市民社会、官僚政治和同业公会常常处于不断的冲突之中:成熟的、理性的市民社会会起身反对同业公会,发展完备的同业公会也会反过来攻击官僚政治,官僚政治为了完成国家赋予自己的职责,既要反对又要保护同业公会。果真如此,官僚政治就会彻底失去其效用。就官僚等级自身而言,这个在理念层面被设计为将普遍的公共利益视为自己的特殊利益予以追求的等级实际上常常将其特殊利益置于公共利益之上,它要么单纯地追求一己的物质生活,要么单纯追求"创造一切,就是说,它把意志推崇为始因"③。马克思在这里显然指的是法国大革命中的罗伯斯庇尔,在 1844 年 7 月发表的一

---

① G.W.F. Hegel, *Grundlinien der Philosophie des Rechts*, S.458.
② 参见 *MEGA*², I/3, S.50;《全》,2/3,第 59 页。
③ *MEGA*², I/3, S.51;《全》,2/3,第 61 页。

篇文章中,马克思曾经严厉地指责前者"相信意志是万能的","分不清意志的自然界限和精神界限"。①

自耶拿时期始,黑格尔一直在尝试寻找一个能够实现国家精神和伦理的普遍等级:它既是一个特殊的等级又是一个社会的等级,既代表自身又能兼顾共同的利益。首先进入黑格尔视野的是警察、学者和士兵等级,它们的特殊利益与国家的普遍利益紧密融合在一起,因而获得了普遍等级的殊荣。② 在《精神现象学》(1806)中,贵族意识被提升到了普遍意识的地位,它将国家权力和财富视为与自己相同的东西,它在公共权利中拥有找到了自己的本质及其确证,意识到国家权力这个普遍的实体就是"自己的本质、目的和绝对的内容"。它"积极地对待前者,消极地对待私人的目的、特殊的内容和定在,并令其消失",黑格尔把贵族的品质称为"乐于奉献的英雄主义即美德",后者将贵族塑造成一种甘愿为普遍的存在牺牲自己单个存在的"人格",他们可以"拒绝自己的财产和享受,为维护既有的(公)权利而行动,是国家权力所倚重的东西"。③ 他们可以为国家付出自己的生命,应当也能够承担普遍阶级的使命。阿维纳瑞猜测在耶拿时期的《现实哲学》中没有出现贵族的原因"可能是法国经验直接影响黑格尔的一个后果",并认为贵族是在19世纪20年代才出现在黑格尔的著作当中。④ 相反,在几乎是同一时期撰写的《精神现象学》中,贵族以普遍等级的面目出现恰恰

---

① $MEGA^2$,Ⅰ/3,S.107;《全》,2/3,第387页。

② G. W. F. Hegel, *Jenaer Systementwürfe* Ⅲ. *Naturphilosophie und Philosophie des Geistes*, Hg. v. Rolf-Peter Horstmann, Hamburg: Felix Meiner Verlag, 1987, S. 247–252.

③ G. W. F. Hegel, *Phänomenologie des Geistes*, Werke 3, Frankfurt: Suhrkamp Verlage, S. 372–374.

④ Shlomo Avineri, *Hegel's Theory of the Modern State*, Cambridge: Cambridge University Press, 1994, p.156.

是对法国大革命"群氓政治"的批评和纠正。由于受到拿破仑和普鲁士改革者的影响,贵族的普遍等级地位才在《法哲学原理》中被现代国家的官僚等级所取代。①

官僚等级由政府官员和国家官吏组成,它介于最后决断环节的君主与国家各个特殊领域(区乡组织、自治团体和同业公会)之间,是行政权的全权代表。官僚等级之所以是普遍等级,是因为在黑格尔的国家概念中,它能够深入而全面地了解国家的整体及其各个方面的需要。"将普遍的国家精神作为其基本行为的目的"②是其自我规定或使命。在《法哲学原理》第 300 节中,作者按照我们已经熟知的逻辑将立法权划分为三个不同的环节:(1) 作为最高决断环节的君主权;(2) 作为咨议环节的行政权;(3) 等级因素。君主权是立法权的对象即法律和公共事务的普遍方面,国家高级官员将他们对"国家设施和需要的深刻而全面的了解"即法律和国家事务的客观方面上达君主。等级因素作为中介是前两个环节的统一,是自在和自为地存在的法律和公共事务,立法权的概念至此得以成为现实。③ 黑格尔对立法权中的等级因素做了详细的规定。普遍等级即官僚等级是行政权的全权代表,它非但不能像法国 1791 年宪法那样依据立法权和行政权分离的原则被排除在制宪会议之外,反倒应当根据普遍等级的自我规定性成为立法权的一个必要环节。与普遍等级在立法权中直接拥有的政治等级地位相对,私人等级只能以其现有的(社会)等级面目出现在立法权中,并从中取得"政治意义和政治效果"。在政治国家中,私人等级既非

---

① 参见 Jean Hyppolite, *Etudes sur Marx et Hegel*, Paris: Librairie Marcel Rivière et Cie, 1955, p.134。
② G. W. F. Hegel, *Grundlinien der Philosophie des Rechts*, S.473.
③ G. W. F. Hegel, *Grundlinien der Philosophie des Rechts*, S.291 ff.

"单一的不可分割的整体,也非分解为原子的个人"①。在这里,我们再一次听到了黑格尔对西耶斯和法国大革命原则尖锐的批评声音。"第三等级就是一切",这个高亢的声音从具有政治宣言性质的《第三等级是什么?》一书中传了出来,并响彻了1789年的法兰西天空:第三等级要求排除贵族和教士两个特权等级成为一个普遍的社会等级,要求单独组成民族整体,缺少了贵族等级的民族变成了第三等级独享的政治共同体。然而,这究竟是一个怎样的民族?它难道就是"由源自公民教育的爱国心联结起来的,由知识、技术和风俗造就的小资产者的民族吗?"②尽管西耶斯以是否受过教育和是否具有政治智慧为尺度区分了同在一个民族共同体中的积极公民和消极公民,然而这种区分终究是基于第三等级内部的区分,它改变不了整个民族的同质性结构,分离的双方组成的仍旧是一个不可分割的民族整体。然而,在黑格尔的政治国家中,曾经作为普遍等级的第三等级分裂为两个异质的方面:一个是"建立在实体性关系基础之上的等级"即土地贵族和农民等级;另一个则是"建立在特殊需要以及为满足这些特殊需要而付出的劳动基础之上(产业——笔者注)的等级"③,二者共同构成了"市民社会"的两个方面。君主和官僚基于它们所代表的普遍利益各自被赋予了独特的政治等级地位,相反,构成市民社会的两个等级则因为是基于特殊利益的"私人等级"而仅仅具有政治意义和政治效能。在立法权中,前两个等级即君主和官僚以独立的逻辑环节即政治等级的面目出现,第三等级(私人等级)则只能以协会、自治团体和同业公

---

① G. W. F. Hegel, *Grundlinien der Philosophie des Rechts*, S. 473.
② Jean-Denis Bredin, *Sieyès: La clé de la Révolution française*, Paris: Editions de Fallois, 1988, p. 547.
③ G. W. F. Hegel, *Grundlinien der Philosophie des Rechts*, S. 473.

会这样的集团形式作为"等级因素"成为立法权整体的一个补充环节。孟德斯鸠有关荣誉在封建社会乃贵族生存原则的说法给黑格尔留下了深刻的印象,在《法哲学原理》的政治国家构想当中,在市民社会诸等级中,有教养的土地贵族拥有特殊的地位。尽管它不再被认为是普遍等级,但是它与农民组成的实体等级依然享有比产业等级更高的政治地位。黑格尔赋予实体等级以如此特殊的地位缘于这一等级"财产的无依赖性"。具体来说,土地贵族和农民的财产以土地为基础,无需仰赖行政权(政府)和众人的恩惠,实体等级甚至由于受制于长子继承权的约束,不能自由地处置自己的私有财产;实体等级的生活以家庭为基础,奉行的是自然伦理。实体等级的上述特征确保了其在政治国家中的政治地位和政治意义,换言之,财产的独立性使其在参与国家公共事务时不为身外的利益所动,其独立的意志本身构成了普遍的政治关系即国家精神。同时,由于实体等级生来就具有政治地位和政治意义,而非凭借其私有财产的多寡,这也使其等级原则中包含了作为国家精神之化身的王权因素,因此贵族和农民等级既有资格也有权利肩负国家的政治使命,服务于大家的共同利益。[1] 以上是实体等级所拥有的普遍性的一部分,其另一部分则与产业等级"具有同样的需要和权利"[2],这是其作为私人等级的一个方面。产业等级由于其"经营和利润的不稳定"及其"财产的流动性"或者说由于其追逐私利的目标而构成了市民社会中"流动的一面"。[3] 黑格尔说,相对于王权或君主制原则这一纯粹普遍性的极端,产业等级是"经验普遍性的另一极端",它既包含与普遍性"相一致的可能性",又包含了与普遍

---

[1] G. W. F. Hegel, *Grundlinien der Philosophie des Rechts*, S. 474 - 475.
[2] G. W. F. Hegel, *Grundlinien der Philosophie des Rechts*, S. 476.
[3] G. W. F. Hegel, *Grundlinien der Philosophie des Rechts*, S. 476.

性相"敌对的可能性"。① 一方面,这些可能性的存在彰显了身处市民社会当中、拥有特殊利益的个体出于任意或偶然而做出的"自由"选择;另一方面,受私利驱动的个体由于与意志的自然以及作为最终的无根据意志的(自然)决断(君主主权)相悖,因而成了普遍的意志自由的羁绊。为了消除个体选择的偶然性和非理性,弥合普遍意志和特殊意志之间潜在的冲突,黑格尔在国家的概念中将市民社会在政治上的等级要素(私人等级)定位为中介,"只有在其中介作用得以实现之时,它的抽象地位才能够成为合乎理性的关系"②。这样的设计一方面保留了在面对集团和国家时个人在选择上的自由,另一方面又涤除了特殊利益的偶然性和非理性,唯有如此才能确保普遍意志的自由即国家理性真正成为现实。

在黑格尔看来,很多单个的人单纯聚在一起形成的众人,即通常意义上的"人民"既非显现为西耶斯式的、同质化的第三等级单独组成的民族整体,也非在家庭和市民社会中早已消失的"许多原子式的群体"。这位国家法学家眼中的人民"只是散乱的群体,其运动和行为仅仅是零散的、无理的、野蛮的和恐怖的"③。然而,"国家本质上是由这样一些成员构成的一个有机组织,他们有意地形成了自己的圈子或集团(Kreise),在这些圈子或集团当中没有任何东西显现为无机群体的环节"④。市民社会中单个的人只能以其本来的面目出现在政治国家当中,即出现为他们自愿加入的各种协会、自治团体和同业公会,它们构成了立法权中的等级要素这一环节。众人或人民通过这些集团在个人与个人之间、集团与集团之

---

① G. W. F. Hegel, *Grundlinien der Philosophie des Rechts*, S. 473.
② G. W. F. Hegel, *Grundlinien der Philosophie des Rechts*, S. 474.
③ G. W. F. Hegel, *Grundlinien der Philosophie des Rechts*, S. 473.
④ G. W. F. Hegel, *Grundlinien der Philosophie des Rechts*, S. 474.

间,也在各个集团与国家之间建立了政治联系。集团赋予其成员——单个的人——以双重的规定性:一是其私人人格,二是其体现普遍意识和意愿的公共人格,个人在政治国家中拥有既是私人又是公民的双重身份。在此,黑格尔又一次熟练地运用了其逻辑学方式将市民社会中的个人视为介于作为普遍性环节的国家理性和作为特殊性环节的私人意愿之间的单一性环节——个人,他是充实着特殊意愿并焕发出勃勃生机的普遍意志,这个特殊的等级和规定体现了国家理性的现实性。基于信任原则,按照个人之"本来面目"选派出来的,具有处理普遍事物所需的知识、品质和意志的议员自然也更具备上述双重人格:他们虽然来自某一个自治团体和同业公会,但"他们不会为某一自治团体和同业公会的特殊利益而反对普遍利益,相反,他们使普遍利益获得效力"[①]。

在立法权诸环节当中,等级要素的规定在于普遍事物或国家理性通过它获得自在和自为的存在,它能够避免市民社会与政治国家之间产生分离。相反,马克思在这里看到的恰恰是二者在现实中日益分离的状况及其导致的政治国家自身的消失。首先,等级要素与国家的普遍事务是分离的。一方面,代表特殊知识和意志的等级要素与国家相对立;另一方面,国家的概念要求构成等级要素即市民社会的众人时时刻刻都要有意识地将普遍事务视为自己的事务和公众意识的对象,在黑格尔看来,这一公众意识只不过是"多数人观点和思想的经验普遍性"而已。换句话说,普遍的国家事务归君主及其委任的官僚等级来管理,国家的高级官吏熟知人民的需要,他们甚至在没有等级要素存在的情况下依然能够把事情处理好;由各等级成员构成的人民既不知道自己的需要,也没

[①] G. W. F. Hegel, *Grundlinien der Philosophie des Rechts*, S. 478.

有服务于公共利益的意志。因此,等级要素或市民社会只不过是普遍事务的主观的形式自由环节,后者徒有形式而没有现实的内容。马克思说:

> 普遍事务是现成的,然而不会是人民的现实的事务。人民的现实的事务是在没有人民行动的情况下实现的。等级要素是作为人民的事务的国家事务的虚幻存在。①

王权和官僚等级从形式上垄断了等级要素,人民的利益沦为了空洞的形式。在此意义上,马克思宣称"等级要素是市民社会的政治幻想"②,是"立宪国家批准的谎言"③。其次,等级要素是国家与市民社会分离状况的表征。黑格尔的国家概念要求私人等级以其本来面目出现在政治国家当中。马克思指出,进入政治国家的私人等级并非其本来的面目,并没有获得君主和官僚所享有的政治等级和地位。相反,它只有在保存和废除自身的特殊利益和需求之后才能变成以国家普遍利益为导向的国家公民。黑格尔试图通过这种方式重建中世纪以来市民社会和政治国家之间的同一性。尽管马克思认同黑格尔关于市民等级在中世纪就是政治等级本身的看法,但他马上指出,那时市民社会的各个等级所具有的普遍的立法效能乃是"它们的现实而普遍的政治意义和政治效能的简单表现",纯粹的普遍事务便是它们的私人事务,主权便是它们私人的主权④。相反,黑格尔的出发点则是现代国家里市民社会与政治国

---

① $MEGA^2$,Ⅰ/3,S. 66;《全》,2/3,第 78-79 页。
② $MEGA^2$,Ⅰ/3,S. 66;《全》,2/3,第 79 页。
③ $MEGA^2$,Ⅰ/3,S. 69;《全》,2/3,第 82 页。
④ $MEGA^2$,Ⅰ/3,S. 79;《全》,2/3,第 91-92 页。

家已经分离的事实,他将这种独特的现象解释为"理念的必然环节"和"理性的绝对真理",并将"国家的自在自为地存在着的普遍东西与市民社会的特殊利益和需求对立起来"。这样一来,市民社会作为对国家理性的反思关系而存在,这不仅无法改变国家的本质,而且还构成了国家概念诸环节的最高的统一。然而后者根本就无从实现,因为等级要素的存在本身意味着市民社会与国家之间具有敌对性的一面。可见,在立法权中引进等级要素这个中介不能解决国家与市民社会之间现实存在着的矛盾和冲突,相反,等级要素本身就是上述分离状况的表现。最后,市民社会的个人既是具有普遍意识的国家公民,又是合法地拥有个人需求的私人,其双重身份之间是分离的。个人要想作为公民在国家的政治生活中获得政治意义和政治效能,"就必须抛弃自己的等级,即抛弃市民社会,抛弃私人等级",简言之,就要抛弃自己的真实生存;反过来,市民社会内部的差异,即基于个人不同生存方式和行为而产生的差异,对国家而言"只具有私人意义,而不具有政治意义"。①

六

当黑格尔将中世纪以来的等级制度引入现代国家,从而使私人等级的差别成为立法权中的即政治上的等级要素之时,后者获得了既不同于封建的等级制度也不同于市民社会内部真实存在的等级差别的意义。首先,政治差别与社会差别表面上或者说幻想中的同一似乎源于同一个"现实的主体"——真实存在的人。但是,马克思指出人在这里并非主体,而是与人同一的"等级",黑格

---

① $MEGA^2$,Ⅰ/3,S.87;《全》,2/3,第97—98页。

尔的错误在于，把人在政治领域和社会领域里的等级差别混同起来，并把它们视为人具有的两种并存不悖的规定性，其结果是将二者共同加以神秘化。在马克思看来，在黑格尔这里，无论是政治等级差别还是社会等级差别都不是人或者等级这个主体的自我规定，而是"象征性的、附加的规定"①。其实质是用现代国家的新世界观去解释等级制度的旧世界观。其次，等级要素作为王权与市民社会（人民）的中介无法消解双方真实的对立状况。黑格尔的立法权构想出于其对国家概念的现实性考虑，等级要素的作用在于中和作为经验单一性极端的王权和作为经验普遍性极端的人民，从而为国家理性最终成为现实提供保证。马克思分析道，君主通过委任国家官吏的行为使自己失去了经验单一性；市民社会派出的等级代表构成了立法权中的等级要素，因而失去了经验普遍性而成为经验的特殊性，这些等级代表"既忠于国家和政府的意愿和信念，又忠于特殊集团的和单个人的利益"；"前者失去了自己的偏执性，后者失去了自己的流动性"。等级要素的中介作用似乎以上述方式得以体现，但马克思断言，与其说这是等级要素的体现，不如说是现实中不可调和的矛盾的体现。按照黑格尔的逻辑，在立法权中处于"极端地位的特定环节"的王权是居间者，同时也是构成立法权整体的一个有机环节，它又反过来充当了政府要素和等级要素之间的中介。这样一来，充当王权与人民中介的等级要素又变成了与人民这个极端相对立的另一个极端。② 王权、行政权和等级要素三个环节之间互为中介、互为极端和相互过渡的做法混淆了同一本质的内部差别（存在上的差别）和不同本质之间的差

---

① MEGA², Ⅰ/3, S.92；《全》,2/3,第104页。
② 参见 G.W.F.Hegel, *Grundlinien der Philosophie des Rechts*, S.427。

别。在黑格尔那里,立法权诸环节是真实存在的王权、行政权和市民社会的抽象,而作为极端出现的对立面也只是作为现实的对立面的抽象,这种将从真实对象那里抽象出来的极端认定为真实存在的极端的思想方法的后果在于:(1)"因为唯有极端是真实的,任一抽象和片面性都自命为真实的,所以任何一个原则不是表现为自身的总体性,而是其他东西的抽象";(2)将对立面的自我认识和冲突视为国家理性的障碍和有害物;(3)试图为解决这些冲突寻求中介。① 最后,等级要素是政治国家的"浪漫幻想"。马克思认为,在黑格尔的立法权构想中,与王权这一孤立的极端对立的另一极端本来应当是市民社会,而不是等级要素,因为后者与王权之间不存在实质性的对立关系。假如以市民社会内部的差别为出发点,将市民社会的规定视为政治规定,那么立法权就不再是从形式上对抽象的国家精神的体现,而是从市民社会角度对政治国家的规定。果如此,黑格尔从各个同业公会和不同的等级那里引申出来的政治上的等级要素就失去了效用,后者从理念上对王权和人民的统一实质上掩盖了政治国家与市民社会的分离。不仅如此,马克思继续分析道,为了使等级要素与君王要素拥有"谐和一致的可能性",黑格尔必须取消市民社会包含的"敌对反抗的可能性",等级要素就此失去了"作出决断和进行思考的自由",因此它也就失去了"政治上的等级"要素,从而"成了君王的要素"。② 于是,

> 等级要素应该被设定为君王意志,或者,君王意志应该被设定为等级要素。③

---

① 参见 $MEGA^2$,Ⅰ/3, S. 98;《全》,2/3,第 111 - 112 页。
② $MEGA^2$,Ⅰ/3, S. 101;《全》,2/3,第 115 页。
③ $MEGA^2$,Ⅰ/3, S. 102;《全》,2/3,第 116 页。

黑格尔将等级要素引入作为国家总体的立法权非但没有消除市民社会与政治国家的分离，反倒使私人等级同其政治等级的分离凸显出来，结果使"政治国家总体也消失了"①。在黑格尔看来，等级要素中最能体现与君王要素"谐和一致"的是农民等级或"拥有权势的农民等级——贵族土地占有者"。我们已经非常熟悉这个在黑格尔那里曾经被视为普遍等级的社会等级，其特殊性在于"具有以自身为基础的意志"和"生来如此"的自然规定，这同样也是君王要素的特殊性所在。然而，马克思指出，农民等级与其说是"以自身为基础的意志"，不如说它是"以土地为基础的意志"，或者不如说它是以"国家信念"或"以整体为基础的意志"。土地或者地产作为生活资料为农民等级的国家信念的产生提供了可能性，这是通过为这一等级独享的"长子继承权"来实现的。在《法哲学原理》第306节的补充解释中，上述关系被表述为："国家不仅考虑信念的单纯可能性，而且还要考虑某种必然的东西。信念固然与财产没有关联，但二者之间存在着一种相对而言的必然性：谁拥有独立的财产，谁便不受外部环境的约束，并毫无阻碍地走出来为国家做事。"②由于其财产的这种无依赖性，农民等级在黑格尔的立法权即总体国家中被赋予了不同于普遍等级和产业等级的政治地位和政治意义。后两个等级的财产分别仰赖行政权和民众的恩惠，它们直接和间接地分享了政治国家的普遍财产或社会财产，相反，农民等级的财产由于长子继承制的实行不仅与社会而且与家庭相隔绝，因而是"独立自主的私有财产"。长子继承制的冷酷性破坏了"爱"这个被黑格尔奉为家庭生活原则的东西，也同其国家普遍伦

---

① $MEGA^2$，Ⅰ/3，S.98；《全》，2/3，第41页。
② G.W.F.Hegel, *Grundlinien der Philosophie des Rechts*, S.475.

理相违背,更谈不上与国家普遍精神的化身——君王要素——的一致了。在这个意义上,"土地占有等级则是反对家庭生活的私有制的野蛮力量"①。不仅如此,马克思继续批评道,黑格尔赋予以土地为基础的农民等级与君王要素乃至普遍伦理以谐和一致性的做法无异于证明

> 政治制度就其最高阶段来说,是私有财产的制度。最高的政治信念就是私有财产的信念。②

正如马克思所说,黑格尔没有让构成市民社会等级要素之一的农民等级来规定政治国家;相反,他把长子继承权"描写成政治国家对私有财产的权力",并从政治方面规定了农民等级具有的"使命"③,其"只是为了让脱离开家庭和社会的私有财产的意志得以存在,并承认这种存在是政治国家的最高存在,是伦理生活的最高存在"④。首先,私有财产不再是私法领域里受"我"的意志支配的东西,而是作为"抽象的独立物"凌驾于"我"之上并占有"我"的意志、伦理和宗教。其次,"私有财产的'不可让渡'同时就是普遍意志自由和伦理的'可以让渡'"⑤。私有财产在此被提升为形而上学的实体并获得了抽象的主体地位,其占有者——人——反过来沦为这一实体的"偶性",或者降格为私有财产这个主体的谓语。于是,"占有者(农民等级——引者注)的任意领域已从一般人的任意转

---

① $MEGA^2$,Ⅰ/3,S. 108;《全》,2/3,第 123 页。
② $MEGA^2$,Ⅰ/3,S. 108;《全》,2/3,第 123 页。
③ G. W. F. Hegel, *Grundlinien der Philosophie des Rechts*, S.476.
④ $MEGA^2$,Ⅰ/3,S. 109;《全》,2/3,第 124 页。
⑤ $MEGA^2$,Ⅰ/3,S. 118;《全》,2/3,第 126 页。

变成私有财产特有的任意",这种"极端狭隘的、非伦理的、粗陋的"私人意志不仅破坏了家庭伦理,也使市民社会的伦理荡然无存。最后,与农民等级财产的不可让渡相比,普遍等级和产业等级的财产来自对共同意志范围内的社会财产的分享,后者符合基于人与人相互依赖的国家伦理,前者则以土地私有制造就了"无依赖性的私人"。马克思指出,黑格尔以这种方式无非证明了:

> 现代国家同道德分离是合乎道德的,道德是非国家的,国家是非道德的。①

非常明显,这个结论完全走向了黑格尔的国家构想的反面,在《法哲学原理》第 257 节里,作者曾经说"国家是伦理理念的现实"②。

与农民和贵族等级一样,君主也是黑格尔现代国家中基于私有财产制度之上的、最理想的政治人格。在 1817/1818 年冬季学期的法哲学讲义中,黑格尔认为,将整个民族的福祉系于君主个人的偶然性主要是现时代的人们才有的浅见,过去的君王位居民族的中央,"在他的身上,人们目睹了全民族所有的财富、奢华和荣光"③,他继续说道,为了使君主成为普遍财产的拥有者,他必须以"最富有之人"的奢华面目出现在其所有的臣民们面前。相反,仅仅占有私人财产的人民既"无法设置一切,也无法达成全体,单个

---

① *MEGA²*,Ⅰ/3,S. 118;《全》,2/3,第 135 页。
② G. W. F. Hegel, *Grundlinien der Philosophie des Rechts*, S. 498.
③ Georg Wilhelm Friedrich Hegel, *Vorlesungen über Naturrecht und Staatswissenschaft. Heidelberg 1817/18*, Hg. v. C. Becker, Hamberg: Felix Meiner Verlag, 1983, S. 201.

人是贫困的,他们只能在普遍的财富中取得自己的财富"①。私有财产作为政治国家的最高伦理成为"一个普遍的范畴""一种普遍的国家纽带",组成国家的各个集团如协会、自治团体和同业公会,乃至国家本身均成为私有财产,商业和工业是各种同业公会的私有财产,宫廷官职和审判权是各个特殊等级的私有财产,各个省是王侯们的私有财产,为国效劳是统治者的私有财产,圣灵是僧侣的私有财产。"我履行自己义务的活动是别人的私有财产,同样,我的权利则是特殊的私有财产。主权,这里指民族,是皇帝的私有财产。"②这实际上意味着黑格尔政治国家的全面解体,意味着一般意义上的政治也解体了。

  罗马人承认占有这一构成私有财产的基础"是无可解释的事实",他们在历史上首先制定了私有财产法。因此,罗马皇帝的权力并非源于黑格尔建构的日耳曼式的神秘的、抽象的私有财产权,而是源于经验层面的个人意志。换言之,不是私有财产支配皇帝的意志,而是皇帝像支配自己的私有财产那样支配社会财富。在此意义上,马克思指出,在罗马人那里,私法的发展是共同意志即政治解体的结果;相反,在将个人、等级以及国家视为私有财产之特质的德国,私有财产将是导致其政治解体的根本原因。③ 当各个等级和政治国家解体之后,市民社会迎来了自己的全面解放。从历史上看,君主专制将中世纪的政治等级转变为与王权和贵族对立的市民等级,官僚政治消除了国家内部各个等级集团的特殊利

---

① Georg Wilhelm Friedrich Hegel, *Vorlesungen über Naturrecht und Staatswissenschaft. Heidelberg 1817/18*, Hg. v. C. Becker, Hamburg: Felix Meiner Verlag, 1983, S.202.
② *MEGA²*,Ⅰ/3, S.118;《全》,2/3,第135页。
③ 参见 *MEGA²*,Ⅰ/3, S.120;《全》,2/3,第138页。

益,但市民等级在政治国家中仍然具有政治地位和政治意义。只有法国大革命才通过第三等级单独组成民族的方式废除了中世纪的政治等级,并将那个时代遗留下来的等级差别完全转变成市民社会内部的差别。马克思说,过去用来划分不同社会等级的标准即需要和劳动失去了效用,建立在特殊需要和为满足这些需要所付出的直接劳动和间接劳动之上的独立团体(协会、自治团体和同业公会)被"以任意为原则的流动的不固定的集团"所代替,"金钱和教育是这里的主要标准"①。

按照马克思的观点,黑格尔将私有财产认定为国家伦理生活的最高存在和从政治上联系各个等级的纽带,那么"丧失财产的人们和直接劳动的即具体劳动的等级"被排除在了市民社会各个等级以及国家的政治生活之外。它在黑格尔的政治国家中所遭受的普遍苦难成就了德国普遍解放的可能性,后者在于这个特殊等级能够形成一个"并非市民社会等级的市民社会等级,形成一个表明一切等级解体的等级,形成一个由于自己遭受普遍苦难而具有普遍性质的领域"②。正是在这里,马克思找到了能够代替西耶斯的第三等级和黑格尔的官僚等级的一个新的普遍等级——无产阶级。那么,作为一个特殊阶级的无产阶级为什么同时又是一个普遍阶级?首先,在批判黑格尔将官僚等级认定为普遍等级的做法时,马克思说,普遍利益只有在实际上而不是仅仅在思想上和抽象中成为特殊利益时才有可能,同样,特殊利益只有在实际上成为普遍利益时才有可能。③ 无产阶级正是被排除在黑格尔非现实的国家和等级之外,从"现实的人"的特殊地位出发,从事社会的普遍解

---

① *MEGA²*,Ⅰ/3,S.89;《全》,2/3,第100页。
② *MEGA²*,Ⅰ/3,S.182;《全》,2/3,第213页。
③ 参见 *MEGA²*,Ⅰ/3,S.52;《全》,2/3,第61页。

放。其次,无产阶级的普遍性还在于它是私有制国家制度和社会实际解体及其造成的普遍后果:工业运动制造了大量的贫民;"中间等级的解体而产生的群众";"自然形成的贫民和基督教日耳曼的农奴也正在逐渐跨入无产阶级的行列"①,甚至"统治阶级中的一小部分人"如资产阶级的思想家们也"转到无产阶级方面来了",正如在 1789 年法国大革命前夕一部分"爱国的"贵族和教士响应西耶斯的召唤加入了第三等级一样。② 最后,"宣告迄今为止的世界制度的解体"意味着无产阶级要将真实生存的人从私有财产的抽象以及以私有财产为最高伦理存在的抽象政治国家的异化中解放出来,使人完全回复到自己本身,这绝非某一个特殊等级的解放,而是"全人类的解放"③。无产阶级如何组织自己的政治共同体?西耶斯的民族共同体是由第三等级单独组成的"同质化"的整体,它掩盖了民族内部私人身份与国家公民、积极公民与消极公民的分离和冲突;为了克服市民社会与政治国家的上述分离状况,黑格尔把中世纪遗留下来的政治等级作为抽象的等级要素引入了总体国家当中,试图以此充当王权与人民之间的中介,从而构造出一个统一的国家共同体。在黑格尔看来,抽象的私有财产权理应能够为农民和土地贵族提供形成其普遍的国家信念的基础,却反过来使国家共同体面临解体。黑格尔心目中理想的共同体原型非中世纪的同业公会莫属,后者是基于特殊的需要和劳动而被组织起来的稳固的自治体。马克思分析道,在旧制度下,同业公会作为共同体来吸纳个体,但是在现代的等级中,个体是流动的和任意的,他所从事的劳动与其所意愿从属的等级之间没有固定的和必然的关

---

① $MEGA^2$,Ⅰ/3,S.182;《全》,2/3,第 213 页。
② MEW,Bd.4,S.471-472;《马克思恩格斯文集》,第 2 卷,第 41 页。
③ $MEGA^2$,Ⅰ/3,S.182;《全》,2/3,第 210 页。

系,同以经商为业的人可以从属于不同的阶级、拥有不同的社会地位。简而言之,"他们的形成本身是任意的而且不是组织的"①。无产阶级要成为普遍的、解放者的阶级或者成为"整个社会的等级",就必须以另一种不同的方式和原则组成一个不同于以往历史中的政治共同体。在《〈黑格尔法哲学批判〉导言》里,马克思向无产阶级发出了西耶斯式的政治呼吁:

> 我没有任何地位,但我必须成为一切。②

在西耶斯那里,第三等级成为普遍等级的原因在于它在旧制度的三个政治等级中人数最多,是从事直接的劳动并以此供养前两个等级的等级;在马克思这里,无产阶级处在一切社会等级之外,"是市民社会各集团赖以安身和活动的基础"③。第三等级是民族内部的普遍等级,无产阶级则是超越民族之上,承担着全人类解放事业的普遍阶级。对于马克思来说,第三等级和无产阶级的界定标志着法国革命和将要发生的德国革命所采取的不同道路:前者是从第三等级的解放走向民族解放,也即从部分解放走向全体解放;后者则遵从全人类的解放是无产阶级解放的前提,亦即全体解放是部分解放的前提。在西耶斯的民族共同体中,人民的主权意味着民族性;在黑格尔的《法哲学原理》中,人民的主权这一普遍性环节必然通过作为经验单一性的君主成为现实,因此,民族性成为君主的原则。马克思批评道:

---

① $MEGA^2$,Ⅰ/3,S. 90;《全》,2/3,第 100 页。
② $MEGA^2$,Ⅰ/3,S. 180;《全》,2/3,第 211 页。
③ $MEGA^2$,Ⅰ/3,S. 180;《全》,2/3,第 100 – 101 页。

各国人民通过各自的君主能最好地巩固和表现各自的民族性。一个绝对的个人和另一绝对的个人之间的鸿沟,也同样存在于这些民族性之间。①

如此充满私有制和利己主义色彩的民族性,就是黑格尔建立在抽象的因而是神秘的私有制之上的国家伦理精神,与西耶斯同样神秘的"民族"一样②,它成了现代政治国家的组织原则。西耶斯不以"国家"(l'état)而以"民族"来命名第三等级组成的新的政治共同体,是为了切断后者同君主主权的联系;黑格尔以高居民族(Volk)之上的国家(Staat)来定义民族共同体是为了突出国家的神圣起源。然而,在马克思看来,无论是国家还是民族,均是现代政治国家的抽象形式,伴随着黑格尔式的政治国家以及一般意义上的政治的普遍解体,民族性的内容必然会产生深刻的变化。因此,标志着上述解体的无产阶级及其政治共同体——民族——必然立足于同政治国家对立的市民社会之中,既要摆脱中世纪的等级共同体,摆脱农民的民族、皇帝的民族以及资产阶级的民族,也要摆脱对一种抽象的政治国家因而也是非现实国家的信念。

"工人阶级没有祖国。决不能剥夺他们所没有的东西。因为无产阶级首先必须取得政治统治,上升为民族的阶级,把自身组织成为民族。"正是在这里,我们看到,挣脱私有制的抽象权利束缚的民族是无产阶级"利用一切社会领域"或从民族的一切领域包括从资产阶级那里取得"金钱"和教育即"文化知识"③从而赢得普遍阶级地位的必由之路。

---

① *MEGA²*,Ⅰ/3,S.40;《全》,2/3,第50页。
② 参见 Jean-Denis Bredin, *Sieyès: La clé de la Révolution française*, Paris: Editions de Fallois, 1988, p.541 sq.
③ *MEGA²*,Ⅰ/3,S.179;《全》,2/3,第210页。

《德意志意识形态》中的"共同体"概念*

臧峰宇　赵　嘉**

内容提要：马克思恩格斯在《德意志意识形态》中使用的"共同体"概念大致包括两方面内涵，即作为 Gemeinschaft 的"共同体"和作为 Gemeinwesen 的"共同体"。与汉译"共同体"概念相对照，在《马克思恩格斯全集》历史考证版（MEGA²）中可以发现，马克思恩格斯在表述"共同体"时使用的德文词主要有 Gemeinschaft（Communauté）、Gemeinwesen、Gemeinschaftlich 和 Gemeinschaftlichkeit。对这些概念做语义分析，并就其在中文版中的不同译法做比较研究，可以发现以往被忽视的思想细节，从中彰显作为唯物史观范畴的"共同体"概念及其在当今时代为把握人类共同命运提供的重要思想资源。

关键词：《德意志意识形态》　共同体　词频　语义　考据

马克思恩格斯在《德意志意识形态》中以直面现实的视角批判青年黑格尔派的自我意识哲学，从中阐述了"共同体"概念与人类历史演进逻辑。无论是对 Gemeinwesen 做"以共同体为基础的所

---

* 本文原载《马克思主义与现实》2020 年第 2 期。

** 作者简介：臧峰宇，中国人民大学哲学院教授，研究方向为马克思主义哲学与政治哲学研究；赵嘉，中共中央党校国家行政学院党的建设教研部讲师，研究方向为马克思主义哲学和党的建设研究。

有制形式"或"共同性本质"的阐释,还是对 Gemeinschaft 做以"真正的共同体"为社会理想的论述,均表明马克思恩格斯在世界历史语境中对共同体形式的历史流变及其与人的内在一体性关系的深刻认识。通过考据和解读《德意志意识形态》中"共同体"的词频、语义、汉译的多种表达以及与马克思恩格斯"共同体"概念相关的阐释,可以发现以往被忽视的思想细节,从中彰显作为唯物史观范畴的"共同体"概念及其在当今时代为把握人类共同命运提供的重要思想资源。

一、《德意志意识形态》中的"共同体"词频考

马克思在《德意志意识形态》中多次使用"共同体"概念,在该文本中文版中可见 39 次。其中 33 次出现在"费尔巴哈"章,分布在 15 处论述中,具体涵盖"共同体""共同体的形式""冒充的共同体""虚假的共同体""虚幻的共同体""真正的共同体""古典古代的和中世纪的共同体""封建的共同体""自然形成的共同体"等,用于描述现实的个人及因其生活条件的差异所形成的不同社会发展状况。马克思恩格斯旨在阐明处于各个历史时期的共同体的不同表现形式,指明了摆脱"虚幻的共同体"的桎梏、通往"真正的共同体"的实现路径,强调只有在"真正的共同体"之中,通过各个人的自由的联合,才能彻底实现个人与共同体之间现实的历史的统一。此外,在《德意志意识形态》第一卷第二、三章以及第二卷中,"共同体"概念出现 6 次,包括"共同体""古代的共同体""原始共同体"等表述,更多的是基于对古代社会"共同体"形式的阐释。

与汉译"共同体"概念相对照,在《马克思恩格斯全集》历史考证版(MEGA^2)中可以发现,马克思恩格斯在表述"共同体"时使用

的德文词主要有 Gemeinschaft（Communauté）①、Gemeinwesen、Gemeinschaftlich 和 Gemeinschaftlichkeit。其中，Gemeinschaft 在全书中出现 23 次，在各个章节中均出现过。被译为"共同体"的有 11 次，集中于"费尔巴哈"章中对个人与共同体之间关系的论述；在余下章节中，马克思恩格斯在批判"圣麦克斯"和"真正的社会主义者"时分别使用 Gemeinschaft 2 次和 5 次；还有 1 次出现在 MEGA² 收录的附录——赫斯撰写的批判卢格的文章《"格拉齐安诺博士"的著作：〈巴黎二载（阿·卢格的文稿和回忆录）〉》中，另有 3 次是马克思恩格斯在摘录费尔巴哈《未来哲学原理》的笔记［Notizen］中使用的。值得一提的是，在［Fragment］3 中谈及古典古代的公社所有制和国家所有制的时候，受马克思恩格斯原手稿编排的影响，Gemein‖schaft②一词被分成 Gemein 与 schaft 两个部分，分置于页面结尾和下一页开头，这里我们也将其纳入关于 Gemeinschaft 的词频统计中。

关于 Gemeinwesen，马克思恩格斯均是在"共同体"的意义上使用的，全篇共计出现 18 次，在"费尔巴哈"章中使用 13 次，在"圣麦克斯"章中使用 5 次。附录中赫斯的文章也 5 次使用过 Gemeinwesen，其内涵与马克思恩格斯的理解是相似的。至于 Gemeinschaftlich 与 Gemeinschaftlichkeit，当作为"共同体"概念被使用时，文中各出现 1 次，集中于"费尔巴哈"章中用以描述共同利益同个人利益相脱离的独立的、虚幻的"共同体的形式"。

除表示"共同体的形式"的意义外，gemeinschaftlich 与 ge-

---

① Communauté，法文词，与 Gemeinschaft 同义，有"社团""团体""共同体""社群""群体"等含义。在 MEGA² 中出现 6 次，分布在第 1 卷"圣麦克斯"章与第 2 卷"真正的社会主义"中，均以引文的形式出现。

② 符号"‖"，表示无编号页面的开头或页面的结尾。

meinsam、allgemein 等同，都由 gemein 变化而来，包含"共同的""公共的"语义，还有"共同关系"（gemeinschaftlich Verhältniß）、"共同利益"（gemeinschaftlich Interessen）、"共同财产"（gemeinschaftlich Privateigenthum）等。在这个意义上，对 gemeinschaftlich 的使用，实际上源自马克思恩格斯在"圣麦克斯"章中对施蒂纳的引用和批判①。以 gemeinschaftlich Interessen 为例，在"圣麦克斯"章中，马克思恩格斯根据施蒂纳对三种利己主义者的划分，从个人利益与共同利益的关系着手加以批判，在"共同利益"（gemeinschaftlich Interessen）中呈现 gemeinschaftlich 概念，共使用 7 次。

基于上述考据，可以发现，马克思恩格斯在使用"共同体"概念的时候，较为重视 Gemeinschaft 和 Gemeinwesen。当然，掌握马克思恩格斯在《德意志意识形态》中论述"共同体"问题的主要思路与核心观点，需要回到文本语境中，通过还原与梳理做进一步阐释。

二、《德意志意识形态》中的"共同体"语义析

在 Gemeinschaft、Gemeinwesen、Gemeinschaftlich 和 Gemeinschaftlichkeit 这四个词中，Gemeinschaftlich 与 Gemeinschaftlichkeit 同根于 Gemeinschaft。我们可以对"共同体"概念做如下归类，即作为 Gemeinschaft 的"共同体"概念和作为 Gemeinwesen 的"共

---

① 在《德意志意识形态》的写作过程中，马克思恩格斯先完成了对鲍威尔与施蒂纳的批判，进而实现了对费尔巴哈的批判及对他们自己的理论的澄清。同时，"圣麦克斯"章是马克思恩格斯针对施蒂纳《唯一者及其所有物》所做的分析，在《德意志意识形态》中占据大量篇幅。所以，从文本写作顺序来考察，可以发现，gemeinschaftlich 是马克思恩格斯在批判施蒂纳的过程中使用的。

同体"概念。

首先,我们分析作为 Gemeinschaft 的"共同体"概念。在《新德汉词典》(第 3 版)中,Gemeinschaft 的含义是:(1)(由共同的思想、目的、职业等联系起来的)组织、集体、团体;(2)(有共同经济、政治等目的的)(国家之间的)结盟、联盟、共同体;(3)结合、联合、联系、关系。① 可见,Gemeinschaft 或特指由某种共同物或共同性质联结起来的群体、组织或共同体;或表现为不同事物之间存在的某种联结关系,是对事物内在本性之公共的、共有的、共同本性的把握,由此可分别引申出 Gemeinschaftlich 与 Gemeinschaftlichkeit 这两个概念。

马克思恩格斯在"费尔巴哈"章中使用的"共同体"概念是 Gemeinschaft,反映了他们对社会历史进程中不同的共同体形式及其与个人之间关系的探究。通过对特殊利益与共同利益之间矛盾的考察,马克思恩格斯发现了一种"虚幻的共同体的形式"。他们用 illusorische Gemeinschaftlichkeit 和 das Allgemeine illusorische Form des Gemeinschaftlichen 两个词组来说明这一概念。Gemeinschaftlichkeit 是在 Gemeinschaftlich 的基础上添加名词后缀-keit 组成的不可数名词 unz. ,其中 keit 同 heit,有方式、方法和性质的含义。因而,Gemeinschaftlichkeit 表示"共有性""共同性",被看作一种相互依存关系,但这种关系以一种虚幻的(illusorische)特征表现出来。在 das Allgemeine illusorische Form des Gemeinschaftlichen 这个词组中,Gemeinschaftlich 以形容词第二格修饰普遍的、虚幻的形式(das Allgemeine illusoriche Form),表

---

① 潘再平:《新德汉词典》(《德汉词典》修订本),上海:上海译文出版社,2000 年,第 466 页。

示一种所属关系,可以理解为"共同的""完全虚幻的形式"。

在马克思恩格斯看来,正是由于特殊利益和共同利益之间的对立,公共利益才会以国家的姿态采取一种与实际利益相脱离的独立形式,即一种虚幻的共同体的表现形式——统治阶级将自身利益冒充、虚假化为公共利益。正是在这种表现形式中,统治阶级通过确立虚假的意识形态,以一种更抽象且普遍的形式制约人们的社会关系。生活在这种共同体中的人们看似能自由地从事物质生产与生活,或在一定程度上联合起来组织生产与活动,但实际上这种自由仅仅是一种不存在的幻象,人与人之间的相互依存关系也不过表现为一种共同的"虚幻的"存在方式。在这种"虚幻的"共同体中自始至终都是一个阶级反对另一个阶级的联合罢了。

基于对"虚幻的共同体形式"的阐述,马克思恩格斯进一步根据不同历史时期的社会演进,以及人们的不同生存状态,将"共同体"(Gemeinschaft)划分为"冒充的共同体"(Surrogaten Gemeinschaft)、虚假的共同体(scheinbare Gemeinschaft)、虚幻的共同体(illusorische Gemeinschaft)与真实的共同体(wirklichen Gemeinschaft)。[①] Gemeinschaft 具有"共同体"或"联合体"之意,在这里表现为两种截然对立的社会形态,一种是真正的共同体,具有现实性、实际性、被确实的、真实的、真正的特征,另一种是与之相对立的、被冒充的、虚假的、虚幻的政治国家或共同体。

马克思恩格斯将"真正的共同体"与过去种种被冒充的、虚假的、虚幻的共同体加以区分,其差别主要体现为实现自由的适用范围。在过去虚幻的共同体中,只有作为统治阶级成员的个人才能实现真正的自由,他们只能实现那种受偶然性支配的发展。与上

---

① 参见《马克思恩格斯文集》第 1 卷,北京:人民出版社,2009 年,第 570—574 页。

述情形相反,"真正的共同体"完全打破虚幻的共同体存在的桎梏与壁垒。一方面,人们是作为现实的个人参与到共同体的实践中的,"个人只是作为一般化的个人隶属于共同体",个人与共同体之间实现了完全内在的统一与融合。另一方面,在真正的共同体中,个人的自由不再是一种具有偶然性的、有条件的既定的存在,而成为一种必然,个人必然存在于共同体之中,共同体必然保障个人自由的实现。这样,共同体中的每个人不仅能够作为个人融入共同体,还能够控制自身的生存条件,在"自由的联合中并通过这种联合获得自己的自由"。这样的自由才是真实有效的。

究其根本,马克思恩格斯论证的核心在于,通过揭露虚幻的共同体形式,对其内在虚假性以及人们对虚幻的自由的盲目追求的批判与反思,试图确立并实现以共同体(Gemeinschaft)为目的、以人的自由全面发展为终极目标的"真实的共同体"或"自由人的联合体"。在这个意义上,作为 Gemeinschaft 的"共同体",更多地代表着社会历史发展进程中的一种将在未来完成的表现形态,反映了马克思恩格斯对一种自由且有待实现的目标的追求。

其次,我们分析作为 Gemeinwesen 的"共同体"概念。与 Gemeinschaft 相对照的、同被译为"共同体"概念的还有 Gemeinwesen。在《新德汉词典》中,Gemeinwesen 被译为"(政治)集体,国家,公社"[①]。其中,"-wesen"作为词缀,具有"本质、本性、有生命之物"等含义。此外,Gemeinwesen 还可以理解为"共同存在物、共同存在性、共同本质",在一定程度上与"类本质""类存在物"等概念具有一致性。

---

① 潘再平:《新德汉词典》(《德汉词典》修订本),上海:上海译文出版社,2000年,第466页。

马克思恩格斯分别在正文和注释中15处提及作为Gemeinwesen的"共同体"概念,用于描述前资本主义社会中以共同体为基础的所有制形式,具体包括"古典古代的和中世纪的共同体"(antiken & mittelalterlichen Gemeinwesen)、"自然形成的共同体"(naturwüchsigen Gemeinwesen)、"封建的共同体"(feudale Gemeinwesen)和"原始的共同体"(Ursprüngliche Gemeinwesen)等。通过对前资本主义社会中不同历史条件下社会分工的考察,马克思恩格斯在历史语境中使用作为Gemeinwesen的"共同体"概念,用以表达具有共同本质或共在性含义的、以"共同所有"为形式规定的"共同体的形式"或一种体现人与人之间自然状态的共同联合。在中文版中,Gemeinwesen被译为表示"政治国家"或"政治集体"等意蕴的概念,表现为存在于人类历史中的不同共同体形式。其中内蕴财产关系、所有制形式等意涵。需要注意的是,马克思恩格斯在这里对作为Gemeinwesen的"共同体"概念的使用,同他们在早期文本中加以批判和反思的"政治共同体"或"政治国家"概念完全不同。

具体说来,马克思恩格斯根据社会分工的差异,将所有制划分为三种表现形式,即部落所有制、古典古代的公社所有制和国家所有制、封建的或等级的所有制,它们都是"以一种共同体[Gemeinwesen]为基础的"所有制形式。以部落所有制为例,在人类社会初期,人们使用简单的、原始的、自然形成的生产工具,以狩猎、畜牧和耕地为生,从事相应的生产劳动,并根据需要的不同而自发地形成社会分工或交往。在这种自然形成的原初的劳动分工中,人们的交往相应地是在个人与自然之间以及人与人之间依据其是否联合成"共同体"为标准而展开的。在这个意义上,一方面,受社会生产力条件的制约,基于家庭、部落或土地聚集在一起的人们作为一种原初的有限的类存在,在共同体中开展活动;另一方面,其生产劳动具有一定的类本质的要求,人们在协同生产、共同劳动的过程中,展现其相互依赖、互相依存的共同关系。在前资本主义社会的经济结构中,共同体(Gemeinwesen)的形成基于人们对现实的考量,走向一种以共同所有为目标的社会关系。在这种共同体(Gemeinwesen)中生活的个人,成为一种具有原初性、有限性和社会性的存在。作为人的内在本性,Gemeinwesen之"wesen"就在于其"共同性"与"公共性",这就要求个人与其他人共同存在,形成社会群体,从事共同的社会活动。

随着社会发展,人们不断改进生产方式,使生产工具和改造自然的能力不断升级,并优化社会分工。在马克思恩格斯看来,伴随农业、畜牧业、家庭手工业与商业之间分工的发展,整个社会实现了物质劳动与精神劳动的分离,并导致城市与农村相分离。这种分工的发展,由部落所有制的解体,到古典古代的公社所有制和国家所有制形态的产生,再到封建的或等级的所有制的确立,前资本主义社会陆续都会被与现代私有制相适应的现代国家所取代,真正体现"野蛮向文明的过渡、部落所有制向国家的过渡、地域局限性向民族的过渡"。在城市与乡村分离的过程中,产生了不同的阶级,不同阶级之间彼此对立。如此,作为Gemeinwesen的"共同体"不再表现为家庭、部落或土地等共同形式,而是以民族国家为表现形式。作为家庭、部落共同体中存在的成员的共同活动,将被从属于不同阶级的个人之间相互依存的"虚假的"共同关系所取代;部落成员之间自发的生产活动,逐渐转变为民族国家中不同阶级的成员受阶级结构制约的交往。因此,基于分工的发展,现代私有制关系的形成,不仅扬弃了以往的"共同体"(Gemeinwesen)形式,也使社会关系由共同所有逐渐转变为私人所有。于是,所有制形式

"变为抛弃了共同体的一切外观并消除了国家对所有制发展的任何影响的纯粹私有制"①,尽管"起初它大部分仍旧保存着共同体的形式,但是在以后的发展中越来越接近私有制的现代形式"②。

正如马克思恩格斯所言:"私法是与私有制同时从自然形成的共同体的解体过程中发展起来的……在现代民族那里,工业和商业瓦解了封建的共同体,随着私有制和私法的产生,开始了一个能够进一步发展的新阶段。"③由于生产方式的变化、私有制与私法的产生,以往那种以家庭、部落、公社等为形式规定的自然形成的共同体(Gemeinwesen)被虚幻的共同体(Gemeinschaft)所取代,由此进入以"纯粹的私有制"为前提的共同体的发展阶段。其中,共同体中个人内在具有的共同本质逐渐丧失,取而代之的是一种孤立、原子式的生存状态。个人隶属于不同阶级而独立存在于社会共同关系之中,在其虚幻的共同体形式下开展各个不同阶级之间的斗争。如此,同为"共同体"的 Gemeinwesen 与 Gemeinschaft 两个概念之间的联系也就呈现出来了。

再次,我们分析 Gemeinschaft 与 Gemeinwesen 的联系。通过上述对这两个德语词的词义分析,可以发现,作为一种关系性的存在,Gemeinschaft 与 Gemeinwesen 都包含由关系的联结所带来的"共同性""公共性"的含义,不仅用以描述人与人之间的共同的联结关系,还反映了人与共同体之间相依赖的共生关系。然而,Gemeinschaft 与 Gemeinwesen 也存在较为显著的差别。

其一,共同性关系的适用范围。Gemeinwesen 一方面立足于政治层面,表现为政治国家或集体,包括古典古代国家、封建制度、

---

① 《马克思恩格斯文集》第 1 卷,北京:人民出版社,2009 年,第 583 页。
② 《马克思恩格斯文集》第 1 卷,北京:人民出版社,2009 年,第 579 页。
③ 《马克思恩格斯文集》第 1 卷,北京:人民出版社,2009 年,第 584 页。

君主专制等"共同体"的具体形式,另一方面又侧重于对社会关系中共同经济关系的考察,指前资本主义社会中"以共同体为基础的所有制形式"。相较而言,在表明"冒充的共同体""虚假的共同体""虚幻的共同体"以及"真正的共同体"的过程中,Gemeinschaft 具有更强的广泛性和普遍性,内在蕴含更强的"共同性"。因为人们是在某种共同利益的制约下而形成某种共同的社会关系的,所以这种关系不仅表现为一种政治关系或经济关系,还包括文化关系、宗教关系或伦理关系等。同时,在作为 Gemeinschaft 的共同体中,诸个人也都映现了共同体的本质属性。

其二,从历史形态分期的意义考察,大致可将 Gemeinwesen 所代表的古典古代国家、封建制度、君主专制等"共同体"概念看作自然形成的共同体(naturwüchsigen Gemeinwesen)的具体形式,是同虚假的共同体(scheinbare Gemeinschaft)或真实的共同体(wirklichen Gemeinschaft)等并存的社会历史形态。换言之,从人类社会历史发展进程来看,由 Gemeinwesen 向 Gemeinschaft 的发展与转变,实际上就是由部落、奴隶社会、封建社会向政治国家进而向自由人的联合体发展与演进的过程。其中,Gemeinwesen 表现为相对较低层次的社会历史样态,Gemeinschaft 则指向一种面向未来的高级形态。

三、《德意志意识形态》中的"共同体"中译辨

在《马克思恩格斯全集》中文第 1 版、《马克思恩格斯文集》《马克思恩格斯选集》中文第 1 版、中文第 2 版、中文第 3 版,《费尔巴哈:唯物主义观点和唯心主义观点的对立》1988 年单行本、《德意志意识形态(节选本)》中文版中,对 Gemeinschaft 与 Gemeinwesen

有不同的译法。例如,曾将 Gemeinschaft 译为"共同体""集体"或"社会统一",曾将 Gemeinwesen 译为"共同体""世界"或"社会制度"等。在最新译本中上述不同的译法大都被统一为"共同体",但在特定语境中仍有差异。这里主要考察收入《马克思恩格斯全集》中文第 1 版第 3 卷的相关译法与统一译为"共同体"的合理性。

首先,关于 Gemeinschaft,在《马克思恩格斯全集》中文第 1 版第 3 卷中涉及个人与共同体关系的论述共有 13 处,Gemeinschaft 被译为"集体",包括"冒充的集体""虚构的集体""完全虚幻的集体"与"真实的集体"①。在《现代汉语词典》中,"集体"被定义为"许多人合起来的有组织的整体","共同体"指"人们在共同条件下结成的集体"或"由若干国家在某一方面组成的集体组织"②。从词义本身看,共同体是集体的一种表现形式,即当集体高度组织化地发展起来的时候,共同体就成为一种体现共同关系的社会集体。广义的集体概念指代的范围更宽泛,泛指不同的社会组织形式,小到家庭、部落、村庄、公社,大到民族、国家,乃至整个人类,都可以看作集体的表现形式。因此,广义上理解的集体可以用来指称共同体。

但是,在狭义层面上,"集体"更多地表现为经济范畴。随着交往日益紧密,人与人之间逐渐形成一种普遍的共同利益或共同意志,并通过不同利益关系中不同个人有组织的联合,形成相应不同的社会集体,内蕴着人们共同的价值理想和奋斗目标。这时,集体利益就成为共同体或集体赖以存在的现实基础。通过意志力的发展与壮大,集体不再表现为人与人之间有组织的简单集合,而成为

---

① 参见《马克思恩格斯全集》第 3 卷,北京:人民出版社,1960 年,第 84、85 页。
② 《现代汉语词典》第 7 版,北京:商务印书馆,2016 年,第 611、458 页。

由那些有着共同利益和共同意志的个人组织起来的经济共同体。在《德意志意识形态》中译本中，"集体"及其相关概念如"集体"（Gesammtheit）、"集体群众"（Gesammtmasse）、"集体意志"（Gesammtwillens）、"集体经营"（gemeinsame Bewirthschaftung）和"集体权力"（Collektigewalt）①等，均是从狭义层面规定的。所以，尽管从广义上可译为"虚幻的集体"或"真实的集体"，但在狭义上还应保持"共同体"的译法。

此外，在"费尔巴哈"章中，马克思恩格斯谈及由社会分工和私有制所导致的城市和乡村相分离的问题时明确指出："消灭城乡之间的对立，是共同体的首要条件之一。"②其中，共同体（Gemeinschaft）在《马克思恩格斯全集》中文第1版第3卷和《费尔巴哈：唯物主义观点和唯心主义观点的对立》1988年单行本中，均被译成"社会统一"，即"消灭城乡之间的对立，是社会统一的首要条件之一"。虽然Gemeinschaft具有对未来理想社会的美好希冀之意，但在一定程度上实现社会统一与构建"真正的共同体"之间所包含的现实指向具有一致性。

其次，关于Gemeinwesen，除"共同体"外，在《马克思恩格斯全集》中文第1版第3卷中，Gemeinwesen也被译为"社会制度形式"和"古代世界"。

其一，"共同体形式"与"社会制度形式"。马克思恩格斯在论述占领活动与生产活动之间的必要矛盾的时候认为，征服者在占领过程中要适应被征服者的生产力发展水平，并以其联合或共同体形式为基础从事生产活动，强调"定居下来的征服者所采纳的共

---

① 参见《马克思恩格斯全集》第3卷，北京：人民出版社，1960年，第410、413、454、472页。
② 《马克思恩格斯文集》第1卷，北京：人民出版社，2009年，第557页。

同体[Gemeinwesen]形式,应当适应于他们面临的生产力发展水平,如果起初情况不是这样,那么共同体形式就应当按照生产力来改变"①。其中,"共同体形式"在《马克思恩格斯全集》中文第1版第3卷中被译为"社会制度形式"。社会制度是在不同历史时期,建立在经济基础之上,适应社会发展需要的制度形式。它在一定程度上反映了不同历史时期社会的经济、政治、文化等状况。以前资本主义社会为例,社会制度形式主要表现为与部落所有制、古典古代公社所有制和封建所有制等生产方式相适应的社会关系以及上层建筑。伴随以共同体为基础的所有制形式的更迭,社会制度形式也不断变化和发展。总体而言,社会制度形式在宏观层面包含以共同体为基础的所有制形式。因此,由于引文中涉及生产的必要性问题,对生产力发展水平及对一般财产关系或所有制等加以论述时,相较于"社会制度形式",将 Gemeinwesen 译为"共同体形式"更能明确表达共同经济关系的内涵。

其二,"古典古代的共同体"与"古代世界"。在论述封建的或等级所有制的过程中,马克思恩格斯用 Gemeinwesen 旨在强调以共同体为基础的所有制形式,认为"这种所有制像部落所有制和公社所有制一样,也是以一种共同体为基础的。但是作为直接进行生产的阶级而与这种共同体对立的,已经不是与古典古代的共同体相对立的奴隶,而是小农奴"②。在这段表述中,"与古典古代的

---

① 《马克思恩格斯文集》第1卷,北京:人民出版社,2009年,第578页。
② 《马克思恩格斯文集》第1卷,北京:人民出版社,2009年,第522页;参见 *Gesantausgabe(MEGA)*, Ⅰ/5, Berlin: De Gruyter Akademie Forschung, 2017, S.133(后文出自同一著作的引文,将仅标出该著作名简称 *MEGA*、所属部分、卷数和引文出处页码),"Es beruht, wie das Stamm-& Gemeinde-Eigenthum, wieder auf einem Gemeinwesen, dem aber nicht wie dem antiken, die Sklaven, sondern die leibeignen kleinen Bauern als unmittelbar produzirende Klasse gegenüber stehen".

共同体相对立的奴隶"曾在《马克思恩格斯全集》中文第 1 版第 3 卷中被译为"古代世界中的奴隶"。在马克思恩格斯看来,无论是受部落所有制和公社所有制影响的古代世界的奴隶,还是在封建所有制条件下从事生产活动的小农奴,他们在本质上都试图改变自身的生存现状而实现自由发展,从而同他们所处的、与之相对立的共同体展开斗争。在这个意义上,个人在共同体中受到个性和自由的制约,具体表现为同古典古代的共同体相对立的奴隶,以及同封建所有制下的共同体形式相对立的小农奴。通过对比不同版本中"共同体"概念的翻译可见,"古代世界的奴隶"的译法不能体现个人与共同体之间的关系,因而在新版中统一译为"共同体"是合理的。

四、与马克思恩格斯的"共同体"概念相关的解读

首先,马克思恩格斯在撰写《德意志意识形态》"费尔巴哈"章的过程中,对费尔巴哈的《未来哲学原理》做了摘录和评论〔Notizen〕。例如,"人的本质只是包含在团体(Gemeinschaft)中,包含在任何人的统一中,但是这个统一只是建立在自我和你之间的差别的现实性上"①。在这里,Gemeinschaft 被译为"共同体"或"团体",意为人与人之间的"共同性"。马克思恩格斯认为,费尔巴哈强调的共同性实际上是一种具有神秘性质的"自我和你的共同性"(die Gemeinschaft von Ich & Du)之统一的表现形式,仅仅局限于一种(性行为或)自然联系起来的交往关系之中。在这个意

---

① 《费尔巴哈哲学著作选集》上卷,荣震华等译,北京:商务印书馆,1984 年,第 185 页。

上,Gemeinschaft 被费尔巴哈单纯地理解为"两个人之间的交往",其原本具有的社会关系的普遍性与共同性被忽略了。

其次,在[Fragment]3 中,关于三种所有制形式中古典古代的公社所有制与国家所有制的论述。Gemein‖schaft 因编排被拆成两部分,并不影响对概念本身的理解。在古典古代的公社所有制和国家所有制发展初期,动产私有制与不动产私有制均以从属于公社所有制的形式出现,"公民仅仅共同拥有支配自己那些做工的奴隶的权力,因此受公社所有制形式的约束"(Die Staatsbürger besitzen nur in ihrer **Gemein‖schaft** die Macht über ihre arbeitenden Sklaven, & sind schon deßhalb an die Form des Gemeindeeigenthums gebunden①)。Gemein‖schaft 原意指"古典古代的共同体",旨在说明公民在"共同体"中能支配做工的奴隶。这里被译为"共同",强调每个公民都共同享有支配奴隶的权力,并在支配奴隶的过程中保持这种联合的方式。

再次,马克思恩格斯在批判施蒂纳、格律恩、库尔曼等人的过程中也多次使用 Gemeinschaft 或 Gemeinwesen。(1)在"怪想"章,马克思将施蒂纳称作乡下佬雅各(Jacques le bonhomme),认为他用"观念"或"圣物"理解禁止血亲婚配和一夫一妻制的规定,实际上与一切市侩或庸人一样(und sich in **Gemeinschaft** mit jedem spießbürger einbildet)②,缺乏对社会现实或物质成因的充分认识。这里的 Gemeinschaft 为"共同体"或"社会团体",指施蒂纳自己(sich)同共同体中每个庸人(spießbürger)一道,意为"共同";同时,

---

① 《马克思恩格斯文集》第 1 卷,北京:人民出版社,2009 年,第 521 页;参见 MEGA,Ⅰ/5,S. 130。
② 《马克思恩格斯全集》第 3 卷,北京:人民出版社,1960 年,第 173 页;参见 MEGA,Ⅰ/5,S. 214。

马克思引用"圣麦克斯"的原文"由于共有原则在共产主义中已登峰造极,因此共产主义＝爱的国家的神光"(Weil das Prinzip der **Gemeinschaft** im Kommunisum kulminirt, darum ist der Kommunismus＝"Glore des Liebesstaats.")①,试图驳斥其逻辑推论,澄清施蒂纳对共产主义的误解。其中,Gemeinschaft 具有"共有""共同"之意,指共产主义(Kommunisum)中的"共有"原则。(2)在批判鲁特夫·马特伊"社会主义的四块建筑基石"的段落中,马克思将马特伊看作"幼稚的哲学神秘主义的典型",认为他将自然界和人的意志之间的关系神秘化。马特伊论述了自然界中"个人的生命"和"总合的生命"的对立,认为"人只能在总合生命的范围内,并通过总合的生命才能发展起来",在人类社会,"按照自己的本性,只有通过共同体(Gemeinschaft),并在共同体中同他人一起发展,才能达到自己生活的发展"②。如此,Gemeinschaft 被看作同自然界中"总合的生命"相对存在的一种共同体形式。接着,马克思又从个别性(Einzelnheit)和普遍性(Allgemeinheit)的关系角度继续探讨"单个的生命"和"总合的生命"之间的关系。马特伊试图以一种看似具体、实则抽象的形式区分"特殊"与"普遍"概念,其中,"普遍性按次序表现为:自然界、无意识的总合生命、有意识的总合生命、普遍生命、世界的机体、包罗万象的统一、人类社会、共同性、宇宙的有机统一体、普遍幸福、总合福利等等"③,Gemeinschaft 被译为"共同性",即马特伊谈及的"普遍性"

---

① 《马克思恩格斯全集》第 3 卷,北京:人民出版社,1960 年,第 230 页;参见 *MEGA*,Ⅰ/5,S.265。

② 《马克思恩格斯全集》第 3 卷,北京:人民出版社,1960 年,第 560、561 页;参见 *MEGA*,Ⅰ/5,S.535,538。

③ 《马克思恩格斯全集》第 3 卷,北京:人民出版社,1960 年,第 565 页;参见 *MEGA*,Ⅰ/5,S.539。

(Allgemeinheit)概念中空洞的表达形式之一。在马克思恩格斯看来,马特伊这种将人分裂为特殊本性和普遍本性的对立,并由普遍性引申出"人类平等"和共同性(Gemeinschaftlichkeit)的做法,实际上错误地将"一切人所共有的关系(gemeinschaftlichen Verhältniß)变成了'人的本质'的产物",无视这些关系实际上都是历史发展的产物。(3)在《德意志意识形态》第二卷第四章"卡尔·格律恩。'法兰西和比利时的社会主义'(1845年达姆斯塔德版)或'真正的社会主义'的历史编纂学"中,格律恩对圣西门主义产生了诸多错误理解,马克思恩格斯在引证格律恩的一席话中有一处涉及Gütter-& Weiber-**gemeinschaft** zu lehren[①],gemeinschaft表示"共有的"之义。(4)在第五章"'霍尔施坦的格奥尔格·库尔曼博士'或'真正的社会主义'的预言"中,马克思恩格斯根据霍尔施坦的库尔曼博士"从这个悲哀的现在通向欢乐的未来"的断言发现,"我们这位先知用真正的田园诗的笔调描绘从现在的社会孤立状态向团体生活(Gemeinschaft)的过渡……同样,他把已经在所有文明国家中成为严峻的社会变革的先驱者的现实社会运动,变为安逸的、和平的改变,变为宁静的、舒适的生活,在这样的生活中世界上的一切有产者和统治者可以高枕无忧了"[②]。在这里,Gemeinschaft被译为"团体生活"。该词不仅具有共同、联合之义,还含有从过去、现在直至面向未来的、发展的,追求未来理想社会的生活写照。这一章由莫·赫斯撰写,后经马克思恩格斯修订,其中对Gemeinschaft的使用有同"真正的共同体"相似的哲学内涵。

[①] 《马克思恩格斯全集》第3卷,北京:人民出版社,1960年,第600页;*MEGA*,Ⅰ/5,S.565。
[②] 《马克思恩格斯全集》第3卷,北京:人民出版社,1960年,第639页;参见 *MEGA*,Ⅰ/5,S.600。

最后，作为附录的《"格拉齐安诺博士"的著作：〈巴黎二载（阿·卢格的文稿和回忆录）〉》("Moses Heß unter Mitwirkung von Karl Marx·Dottore Graziano's Werke. Zwei Jahre in Paris, Studien und Erinnerungen von A. Ruge")一文，是赫斯应马克思恩格斯要求对卢格的批判所做的评论。赫斯从马克思对德国理论家提倡的政治解放的最高幻想的批判中认识到，这些理论家没有能力为现实争取真实的东西，没有认清现实世界中的存在关系，却依靠"神圣"的语言，用哲学范畴或观念认识世界、理解现实。其中谈到的"社会"（Gesellschaft）和"共同体"（Gemeinschaft）①均是对他们批判时使用的概念。此外，在论述西里西亚织工起义以及普鲁士国家对德国工人的评价问题时，赫斯指出，卢格不仅认为"在人们不幸离开共同体（Gemeinwesen）而孤立，他们的思想脱离了社会原则的情况下爆发的起义一定会被扼杀"，同时高喊"没有政治精神的社会革命是不可能的"，对此，"马克思以极大的耐心来对待卢格"，并指明德国社会问题的现实性根源。马克思强调，所有起义都是在个人与共同体（Gemeinwesen）之间相脱离的关系中产生的②，正如1789年法国大革命中法国公民脱离了压迫他们的政治共同体，西里西亚起义也是人们为争得自身权利、以脱离"政治共同体"为目的而展开的社会运动。在这个意义上，工人脱离的共同体，无论就其现实性而言，还是就其规模而言，完全不同于政治共同体（politische Gemeinwesen）③。马克思还指出卢格强调的"政治精神"实际上就是脱离现实生活的抽象观念。卢格强调的具有"政治精神"的社会革命只能是一种企图建立政治共同体的政治革命，而

---

① MEGA，I/5，S. 562.
② MEGA，I/5，S. 655.
③ MEGA，I/5，S. 656.

非彻底的社会革命。须知唯有通过社会革命实现自身的解放,才能真正建立一个全新的社会,真正实现人的自由与全面发展的共同体。卢格在使用 Gemeinwesen 时,具体表现为政治共同体;而马克思所指的 Gemeinwesen 不仅指政治共同体概念,还具有作为生活本身、体现人的现实生活的共同体的意蕴。

艺术与共同体*

邹建林**

内容提要：本文认为，当代艺术产生的背景之一是博物馆逻辑的失效，也即无法区分艺术和非艺术。这一失效使博物馆中的物品不再理所当然地具有艺术作品的地位。为此需要假定艺术共同体的存在，艺术作品的地位和意义是艺术共同体赋予的。为了形成艺术共同体，需要一种临界状态。临界状态分为两种：主体的临界状态和媒介的临界状态。在神话失落的现代和当代艺术中，临界状态是艺术作品获得意义的重要机制。

关键词：艺术　共同体　临界状态　博物馆　巴塔耶

在当代艺术的繁荣表象背后，似乎一直隐藏着一种意义危机。普通观众见怪不怪，开始接受行为、装置等艺术形式，在周末或闲暇时偶尔也会参观博物馆和展览，不过在他们眼中，严肃的艺术展览跟商业、娱乐性质的商品交易会、明星演唱会、度假旅游没有什么两样。如蒂埃利·德·迪弗所说："多半由于达达解放运动似是

---

* 本文原载《文化研究》第 33 辑（2018 年·夏），北京：社会科学文献出版社，2018年。

** 作者简介：邹建林，博士，毕业于北京大学艺术学院，四川美术学院艺术人文学院教授，主要研究领域为图像理论和中国近现代美术史。

而非的成功的缘故……如今,一般大众才失去了对当代艺术的一切兴趣,在当代艺术中,他们什么也看不到,只有'无论什么'的王朝,而艺术界的既定势力则竭力向公众,或者也向他们自己证明,这个'无论什么'也并非'什么都可以'的东西。至于对这个'无论什么'的感觉,如今已经很少由恐惧和愤怒构成;在大多数情况下,它是由漠不关心构成的。"[1]在当代艺术甚至无法激起观众愤怒的情况下,它是否还具有存在的理由?如果有,其意义由什么来保证、在多大范围内有效?本文尝试把这些问题放到"共同体"的衰落和重建这个背景下来考察,以期对认识当代艺术的性质和意义有所助益。

一、博物馆废墟

众所周知,丹托用来证明艺术已经"终结"的主要证据是安迪·沃霍尔的《布里洛盒子》。按丹托的说法,当我们面对这些盒子,无法凭肉眼区分艺术和非艺术时,艺术就脱离了感性(审美)的领域,变成了哲学,于是也就终结了。然而,从贝尔廷、朗西埃等人的角度看,艺术与非艺术的难以区分,并不是从沃霍尔甚至杜尚开始的,而是从艺术作为一个自律领域确立以来就一直存在的一个结构性的问题。

艺术作为自律领域的出现,发生在18世纪的西方,主要依赖于两个前提:一个统一的艺术概念的出现,以及博物馆等相关机构的建立。博物馆是一种福柯意义上的"异托邦",它的主要功能就

---

[1] 蒂埃利·德·迪弗:《杜尚之后的康德》,沈语冰、张晓剑、陶铮译,南京:江苏美术出版社,2014年,第266-267页。

是在日常生活之外为艺术作品提供一个存身的空间或场所,因此是艺术作为自律领域赖以维持的制度媒介。如果没有博物馆,那么艺术作品就无法跟日常生活分开,艺术也就无法作为一个独立领域而存在。正因为博物馆是艺术与生活之间的一个缓冲中介,所以它的职责之一,就是区分哪些物品是艺术作品,可以收藏;哪些物品不是艺术作品,必须排除在外。

从这个角度看,丹托在面对《布里洛盒子》时碰到的问题,不是他个人的问题,而是整个博物馆系统产生了危机。无法区分艺术和非艺术,博物馆系统就无法保持艺术相对于日常生活的自律地位了。如果把博物馆看作艺术赖以存身的媒介,可以说《布里洛盒子》和杜尚1917年的《泉》都属于媒介事件:当日常物品也以"艺术"的身份进入博物馆时,那种建立在排斥基础上的博物馆逻辑便开始崩溃。

丹托的《艺术的终结》一文发表于1984年。实际上早在1980年,克里姆普就在《十月》发表了一篇文章,名为"论博物馆废墟",宣告了博物馆逻辑的崩溃。克里姆普的思考有一部分是针对马尔罗的"无墙的博物馆"的。按照马尔罗的说法,摄影可以把世界各地的物品——包括绘画、雕塑和其他工艺品,如挂毯、彩色玻璃、书籍插图、阿拉伯图案等——汇集到他所说的"无墙的博物馆"。但是,克里姆普说,马尔罗在《无墙的博物馆》的临近结尾处犯了一个"致命的错误",因为他承认摄影也是一种艺术。"只要摄影仅仅是一种使艺术物品进入想象博物馆的工具,某种一致性就还可以获得。但一旦摄影本身跟其他物品一样也进入博物馆,异质性就会在博物馆的核心处重新确立起来。"①对克里姆普来说,异质性的确立意味着将艺术作品统一起来的那种同质性无法维持。

在朗西埃看来,克里姆普的这个论断其实有些可疑:它似乎假定博物馆是同质性的,而摄影则是异质性的。但实际上,"博物馆同时意味着同质性和异质性。摄影既意味着可复制性,也意味着独一无二性"②。因此朗西埃并不认为博物馆的崩溃是由一种"后现代断裂"引起的。对他来说,博物馆本身就不纯粹,既可以收藏艺术作品,也可以收藏日常物品(如民族志博物馆和早前的"珍奇室");同样,他根据罗兰·巴特的《明室》指出,摄影不仅可以复制对象,而且它本身也可以成为独一无二的东西。

尽管朗西埃不同意克里姆普的看法,但克里姆普把摄影、博物馆跟艺术自律问题联系起来,还是具有启发性的。从媒介的角度看,就维持艺术的自律地位而言,博物馆和摄影的作用确实有相同之处。本雅明在讨论艺术与大众的关系时说:

> 一幅绘画往往具有被一个人或一些人观赏的特殊要求;而一个庞大的观众群对绘画的共时观赏,就像19世纪所出现的情形那样,却是绘画陷入危机的一个早期症状。绘画的危机绝不是孤立地由照相摄影引起的,而是相对独立于照相摄影,由艺术品对大众的要求所引起的。③

---

① Douglas Crimp, "On the Museum's Ruins", in *The Anti-Aesthetic: Essays on Postmodern Culture*, ed. Hal Foster, New York: The New Press, 1998, p.51.
② Jacques Rancière, "Contemporary Art and the Politics of Aesthetics", in *Communities of Sense: Rethinking Aesthetics and Politics*, eds. Beth Hinderliter, et al., Durham: Duke University Press, 2009, p.36.
③ W.本雅明:《机械复制时代的艺术作品》,王才勇译,杭州:浙江摄影出版社,1993年,第72页。

所谓"庞大的观众群对绘画的共时观赏",自然是博物馆导致的结果。对本雅明来说,正如摄影因其可复制性而导致了艺术作品"灵韵"的消失,博物馆也同样因其面向数量众多的观众而催生了一种"漫不经心"的观赏态度。这两种后果都会危及艺术作品的自律地位。"灵韵"消失后的艺术作品很难与日常物品区分开来,同样,"漫不经心"的观赏态度也意味着观众会把博物馆中神圣的艺术品当作普通物品来理解。

可见博物馆作为艺术与生活之间的一种媒介性机构,一方面固然可以使二者保持一定的距离,但另一方面又无法把它们完全隔离开来。按照朗西埃的分析,由此便形成两种发展艺术的方案,一种方案强调艺术的独立和纯粹,主张拉开艺术与生活之间的距离;另一种方案则主张取消艺术与生活之间的界线,把艺术等同于生活。我们从朗西埃的归纳中不难辨析出熟悉的内容:前一种方案是以格林伯格为代表的现代主义,后一种方案则是以杜尚为代表的前卫艺术。

不过具体到杜尚的小便池事件而言,情况似乎要稍微复杂一点。《泉》被拒绝以后,杜尚和他的朋友在他们创办的刊物《盲人》上为"穆特先生"辩护时,完全是一副现代主义,即维护艺术自律的姿势。匿名的《理查德·穆特事件》提到,评委们拒绝该作品,是基于两个方面的理由,一些人认为它不道德,另一些人认为它不是出自艺术家之手,属于剽窃,但这两种理由都是"荒谬"的。然后是一篇署名为路易斯·诺顿(Louse Norton)的小文章《浴室中的佛》指出:

> "独立艺术家协会"的评委非常草率地取消了由理查德·穆特提交的一件名为"泉"的雕塑,因为这件物品无可挽回地

让他们返祖性的心灵联想到某些见不得人的自然功能。然而对任何"天真的"眼睛来说,它简单朴素的线条和色彩多么可爱啊!有些人说,"像一尊可爱的佛";有些人说,"像塞尚笔下女子的大腿";但那些修长圆润的裸体女子,不也总会让你想到堕落的陶瓷洁具那些平静的曲线吗?①

同一期《盲人》还刊登了斯蒂格利兹的一封"读者来信",建议下一届独立协会展隐藏所有作者的名字,只给作品编号。他认为这样就可以使展览从"传统和对名字的迷信"中解放出来,不会落入画商、批评家乃至艺术家之手,而是让作品靠自己的品质说话——因为,"独立展应该只为一件事而举行:作品本身的独立性"②。

尽管最后的结论看起来也有些"荒谬",但杜尚的这些朋友确实都是站在艺术的独立性这个角度来为小便池辩护的。按照他们的看法,艺术的独立或自律,意味着艺术应该和一切日常的、工业的、商业的活动切断联系。当这些联系被全部切断以后,小便池就不会跟任何有名气的艺术家有关联,也不会被看作一件肮脏的卫生用具,人们甚至会发现它形式上的美感。诺顿甚至含沙射影地嘲笑那些评委是舍不得割掉尾巴的"猴子",而"人"——也就是认识到艺术与生活无关的艺术家——在习惯了没有尾巴的生活以后,过得也很自在。

我们不清楚杜尚的真实意图;但从这些辩护来看,杜尚的做法也可以解读为一种现代主义立场,即追求艺术的充分独立。这就

---

① Louse Norton, "Buddha of the Bathroom", *The Blind Man*, 2 (1917), pp.5-6.
② Louse Norton, "Buddha of the Bathroom", *The Blind Man*, 2 (1917), p.15.

是说，在艺术自律或独立的前提下，艺术家可以做任何事情——包括把小便池放到博物馆。因此在前卫艺术和现代主义之间，似乎存在着一种共同的观念，即相信展览和博物馆系统可以或应该是中立、纯洁的，不会或不应该受到政治、经济、道德等因素的干扰。可是，如果作为媒介的博物馆系统根本就不纯洁，总是受特定的政治、经济、道德环境影响呢？杜尚的小便池以一种反讽的方式表明，博物馆无法切断它跟现实生活的关联（藏品总是跟它在现实生活中的意义和功能有关，跟艺术家的名气和地位有关，跟商业价值有关），也就无法保证艺术作为一个自律领域的存在，从而也无法通过博物馆系统来区分艺术和非艺术。这正是当代艺术面临的状况。就此而言，如果说在艺术"终结"以后当代艺术还继续存在的话，那么它的背景就是博物馆逻辑的崩溃：当代艺术是从博物馆废墟中诞生的。

二、审美共同体

如果博物馆不能保证它收藏的物品具有艺术上的意义，那么这种意义究竟是由什么来保证的呢？1935—1936年，也即本雅明写作《机械复制时代的艺术作品》的时期，海德格尔也在讲《艺术作品的本源》。在该讲座中，海德格尔区分了艺术作品的两种存在方式，即作为普通物品的"对象存在"和作为艺术作品的"作品存在"。他指出：

> 在慕尼黑博物馆里的《埃吉纳》群像，索福克勒斯的《安提戈涅》的最佳校勘本，作为其所是的作品已经脱离了它们自身的本质空间。不管这些作品的名望和感染力是多么巨大，不

管它们被保护得多么完好,人们对它们的解释是多么准确,它们被移置到一个博物馆里,它们也就远离了其自身的世界。……所有艺术行业,哪怕它被抬高到极致,哪怕它的一切活动都以作品本身为轴心,它始终只能达到作品的对象存在。但这种对象存在并不构成作品之作品存在。①

"作品存在"意味着,只有当我们把艺术作品当作艺术作品看待的时候,它们才成其为艺术作品;否则它们就只是普通的物品。就赋予作品以意义而言,博物馆的功能是可有可无的。那么普通的物品如何才能达到"作品存在"呢?海德格尔说,"作品存在"具有两个基本特征,这就是"建立一个世界和制造大地"。按照伯恩斯坦的解释,这实际上意味着,艺术作品——尤其是康德意义上作为天才的产物、不遵循先前惯例的自律性艺术作品——是可以"创造共同体的"②。

海德格尔已经看到,博物馆不能自动地赋予艺术作品以意义。那么个人和艺术机构呢?艺术作品的作品地位,是不是像迪基设想的那样,是由艺术界的权威机构授予的呢?现在看来也很成问题。博物馆本身就是一种艺术机构,但不管是博物馆还是艺术界的其他权威人物和组织,都没有办法确保一件艺术作品不被当作普通物品看待,也不能把随便什么人的作品提升到艺术的地位。实际上,只有当艺术作品的"作品存在"得到其他人承认的时候,该作品才能获得艺术上的资格和地位。这种承认不是单方面的,不

---

① 马丁·海德格尔:《林中路》,孙周兴译,上海:上海译文出版社,1997年,第24页。
② 参见 J. M. Bernstein, *The Fate of Art: Aesthetic Alienation from Kant to Derrida and Adorno*, Cambridge: Polity, 1992, p.123。

是个人或机构的事务,而是共同体的事务。具体说,是审美或艺术共同体的事务。

按照朗西埃的观点,艺术这种"感觉共同体"是18世纪伴随着作为艺术话语的美学一道出现的。古代没有艺术共同体,因为那时没有艺术自律的观念,艺术也就无法作为一个独立的领域获得认可。他把艺术的认同体制分为三种:古希腊以柏拉图为代表的伦理体制,以亚里士多德为代表的诗学/再现体制,以及近代以席勒为代表的审美体制。伦理体制不承认艺术的独立性,因此在柏拉图那里,诗人的活动被直接等同于一种政治活动。诗学体制承认艺术是一种不同于政治的活动,但要求它服从政治的惯例和规则。只有在审美体制中,艺术才真正获得独立。为什么这样说呢?朗西埃说,因为自法国大革命以来,人们一直追求平等,这种平等在政治上无法实现,却能够在艺术领域实现。通过重新解读席勒的《美育书简》,朗西埃指出,艺术的审美体制体现了两个方面的平等,首先是感觉之间的平等,也即感性获得了跟理性平等的地位;其次是社会阶层的平等,也就是不再有统治阶级和被统治阶级的区别。

朗西埃所理解的艺术自律,首先是相对于政治而言的,但同时也跟政治相关:审美意义上的平等意味着对政治不平等的否定或补偿,因此艺术就具有了解放或批判的潜能。艺术不是政治的工具,但也不排斥政治上的诉求和关怀。或者说,艺术与政治的关系,不是一种正面和顺从的关系,而是一种否定和反抗的关系。它并不诉诸直接的政治行动,而是通过改变特定事物中可说与可见之间的关系("可感物分配")来塑造观众的感知方式,以获得间接的政治效果。因此他一方面批评格林伯格意义上的"现代主义范式",因为这种"现代主义范式"以艺术自律的名义试图撇清与政治的一切关联;另一方面他也批评那种认为艺术已经彻底失去自律,无法跟商品区分开来的"后现代主义"观点。对朗西埃来说,审美共同体跟追求平等的政治共同体是一同出现的,其动力也来自政治。因此,只要政治共同体尚在完善之中,其平等理念没有完全实现,审美共同体就有存在的理由;只要审美共同体存在,艺术就不会终结。

但是"审美共同体"这样的说法遭到了伊夫·米肖的质疑。1991—1997年,在法国发生了一场关于当代艺术是否具有价值的大争论,让·克莱尔、鲍德里亚、迪迪-于贝尔曼等一批著名的知识分子卷入争论。在回顾这场争论时,米肖认为,无论是当代艺术的反对者还是辩护者,都是用一种传统的观念来理解当代艺术的,因而都没有看清一个事实,这就是,隐含在18世纪康德和席勒美学中的那种艺术乌托邦或审美共同体,在当代条件下实际上已经分崩离析了。他把这一事实概括为"艺术表征"(représentation de l'art,也即艺术观念)的危机。关于审美共同体,米肖指出:

> 表面上,艺术的确提供了审美交往原则,然而事实上,任何人之间都不能相互认同。所有人都确信自己的体验是可以普遍化的,然而一旦意见不同,没有人能够说服其他任何人。19世纪的沙龙史,是不同意见扰乱公众、造成公众对立的历史,直至沙龙解体,瓦解成为相互竞争、对立的多个沙龙。所谓审美共同体,其实意味着对抗。①

---

① 伊夫·米肖:《当代艺术的危机:乌托邦的终结》,王名南译,北京:北京大学出版社,2013年,第191页。

尽管米肖对当代艺术的危机有非常深入的揭示，但他把审美共识的缺乏看作艺术乌托邦的终结，似乎有点问题。这一判断似乎意味着，审美共识在康德时代是可能的，只是到今天才遭遇危机。然而在经验层面上，即使在康德时代，要使人们就"某件作品是美的"这一类审美判断达成共识，也同样困难。如果这种状况与今天没有区别，那么当代艺术的危机又从何而来呢？如果回到康德关于审美经验的论述，那么需要注意的是，米肖所理解的审美共同体是经验意义上的，也就是说由一些具体的人组成，他们之间能够就审美问题达成共识。从激进民主的当代经验出发，米肖认为这种审美共同体已经无法存在。但这种经验意义上的共同体概念似乎并不符合康德的原意。康德认为，审美判断虽然是主观的，只具有主观有效性，但原则上也要求所有的人都同意，为此甚至需要假定一种"共通感"。显然，审美判断的这种形式上的主观普遍性仅仅是一种理论上的假设，而不是就经验事实而言的。

三、异质性

虽然康德、席勒和海德格尔对艺术和审美问题的讨论都可以从共同体的角度来进行解读，但他们并没有直接把审美和共同体联系起来。明确提出"感觉共同体"这个概念的是朗西埃。即便如此，朗西埃对"感觉共同体"的理解也没有离康德太远。他说："我用'感觉共同体'这个短语，并不是指一种由共同情感塑造的集体性。我把它理解为一种可见性和可理解性的框架，这一框架将事物和实践合并到相同的意义之下，从而形成某种意义上的共同体。感觉共同体是一种切割，把在时空中联系在一起的实践、可见性形式和可理解性模式切割出来。"①

按照这一定义,所谓审美共同体,就是以审美为依据切割出来的一个社会领域,或者以审美为纽带切割出来的一个交流空间。从本质上说,这是一个异质空间,不同于日常生活的世界——朗西埃把后者称为"异化生活的共同体"。经过这番还原,我们似乎又回到了传统的审美自律概念,即审美活动从社会的日常生活中分化出来,构成一个独立领域。但情况并非如此。审美自律隐含着一种客观性,也就是说,不管人们承认与否,审美都构成一个独立的社会领域,博物馆和艺术机构就是这个领域的硬件设施。而当我们从共同体的角度来理解审美活动时,这种客观性就减弱了:一个人可以选择加入共同体,也可以随时退出。

那么对于个人和社会来说,审美共同体是不是一种可有可无的东西呢?这个问题可以用审美共同体出现的原因来回答。按照朗西埃的说法,审美共同体是18世纪出现的,在此之前,艺术和生活没有明确分开,尽管也存在着阅读诗歌、欣赏绘画之类的审美活动,但它们并不构成一个独立的领域。正是由于这个时期发生了传统社会向现代社会的转变,宗教失去了整合社会的力量,所以才需要审美来承担类似的功能。至此,如果仅仅把审美看作工作之余调节和放松心情的活动,当然是可有可无的,因为它并不是每个人必须从事的活动;但是从共同体的角度来看,情况就很不一样。

审美共同体不是实体性质的,因此跟古典社会学意义上的共同体虽然有关系,但不是一回事。毋宁说,这种非实体性质的共同体,是古代实体性质的共同体在现代条件下的一种转换形式。之

---

① Jacques Rancière, "Contemporary Art and the Politics of Aesthetics", in *Communities of Sense: Rethinking Aesthetics and Politics*, eds. Beth Hinderliter, *et al.*, Durham: Duke University Press, 2009, p.31.

所以会发生这种转换，则是因为宗教和神话的缺席。巴塔耶曾经对神话缺席条件下的共同体及其重建问题进行过深入的思考，因此他的理论有助于我们理解这种非实体性共同体的性质和作用。巴塔耶对共同体的思考，着眼点是共同体与整体性的关系。整体性可以从两个层面来理解：社会存在的整体性和个体存在的整体性。由此引出共同体的另外两个特点：一是共同体与异质性的关系，二是共同体内部个体之间交流的特殊性。

巴塔耶所说的异质性是跟同质性相对的概念。同质性主要跟社会的生产相联系，例如在现代社会的商品生产中，一切事物都变成了可以用货币衡量的商品，也即物。与此相应，一切没有用的要素都被排除在同质性之外。这些被排除在同质性之外，无法作为有用物品进入生产的东西，就属于异质性的范畴。异质领域包含的东西非常广泛，从超自然的曼纳（mana）、禁忌，到令人反感又无力消除的垃圾、乞丐、穷人、罪犯、疯子和不以生殖为目的的反常性行为，甚至也包括贵族、首领和艺术家，因为它们要么不属于世俗的物质世界，要么在物质世界中无法作为有用因素纳入生产过程。

这些异质因素之所以跟社会的整体性相关，乃是因为它们构成一个超越于物质生产活动的神圣领域。同质性领域是一个商品和物的世界，在这个世界中，人的存在被归结为物，他的行动受到目的理性也即功利性原则的支配。由于每一个行动都服从特定的目的，因此他的存在是不完整的，是碎片化的。每个人都追求自己的利益，他们也就无法构成一个整体。而异质性的神圣领域则意味着对物和功利性原则的否定。对巴塔耶来说，这一否定的典型形式即非生产性的"耗费"，例如献祭。在献祭中，人类把有价值的物品、动物甚至活人当作祭品献给神灵。这些有价值的东西被杀死和毁坏，是一种纯粹的"耗费"，无法产生任何收益，因此它们就变成了无用之物，进入了异质性的领地。

巴塔耶用来解释这种"非生产性耗费"的主要理论资源是莫斯在《礼物》一书中提出的"散财宴"（potlatch）和"曼纳"概念。莫斯的《礼物》讨论的是象征交换问题。在礼物这种交换系统中，接收礼物的人有义务还礼，并且最好以价值更高的礼物赠予送礼者，或者以"散财宴"的方式浪费掉自己的财产。按照莫斯的解释，这是因为原始人相信礼物中存在着一种超自然的神秘力量"曼纳"，如果不通过还礼和浪费的方式把"曼纳"送出去，"曼纳"就会给自己带来坏运气。在他看来，这种交换模式甚至可以扩展到人与神的关系上。以活人或动物献祭，这是对生命的浪费；不过，如果把作为祭品的被杀者（牺牲）看作人送给神灵的礼物，这种浪费就是值得的：通过这种交换关系，人就可以让神灵觉得有亏欠，就可以向神灵索取庇佑，要求神灵满足自己的愿望。

礼物、献祭和"散财宴"都属于非生产性的耗费。当社会中的人以这种方式行动时，就否定了自己在物质世界中彼此分离、为特定目的所限定的个体生存状态，共同向一个异质、神圣的领域开放。在这个基础上，他们就形成一个共同体。在同质性的日常世界中，有用的物品，即使是那些名义上属于某个集体的物品，归根结底也只能属于单个的人；而当它们在上述情形中被浪费掉以后，无法为任何个人所有，就从整个共同体中溢出，反倒变成了共同体与异质的神圣领域进行象征交换的一个中介。在莫斯的解释模式中，只有当共同体中的所有成员都相信礼物中存在着"曼纳"时，礼物这一象征交换系统才能够维持。否则，象征交换就会蜕变为普通的商品交换，共同体也随之解体了。

社会与异质领域的这种关系，同样适用于审美共同体。由于审美是一种非功利的活动（正如康德所规定的那样），因此它就属于巴塔耶所说的异质、耗费这些范畴。在审美活动中，人否定了自己在现实世界中作为物和个体的存在方式，融入现实之外的一个领域。由于这个领域不再区分个体，也不遵循功利性原则，因此也就不可能出现关于审美判断和艺术作品优劣的争论。那么如何解释审美共识的缺乏呢？只有一种可能，就是这些争论发生在同质的现实世界中。而博物馆和各类艺术机构，作为现实生活中由有目的的行动个体经营和管理的组织，也同样不是艺术共同体的制度保证。

四、临界状态

审美共同体是由个体组成的，只有当个体否定自己在现实世界中作为物的存在方式时，才能进入这个非实体性的共同体。在巴塔耶看来，这样的共同体实际上也是个体的一种内在要求，因为人本来就生活在社会之中，他生命的意义离不开社会这个背景。"如果我希望我的生活对我来说具有意义，它必须对他人有意义；没有人敢赋予生活只有他独自一人意识到的意义。"[1]那么生活在社会中的人是否自动地属于某个共同体呢？这倒未必。我们可以说他属于社会这个整体，但不一定属于某个特定的共同体。原因在于，共同体是通过特殊的交流方式形成的。

从词源上看，共同体（community）的形成自然离不开交流（communication）。但由于共同体跟异质性有关，因此其交流方式也不同于现实世界。现实生活中的交流主要是通过语言进行的，

---

[1] 乔治·巴塔耶：《内在经验》，程小牧译，北京：生活·读书·新知三联书店，2017年，第90页。

同时也诉诸理性。而在跟异质、神圣、超越之物进行交流时,语言的作用就大打折扣,甚至归于无效,而个人内在体验的重要性则急剧上升。巴塔耶认识到的一个事实是,语言实际上不能准确地描述我们的真实感受,只会通过词语把我们的注意力从被描绘的对象上移开。试想,语言真的能够表达出凉风吹拂在脸上的舒适、天空中蓝色的纯净、草丛里花朵的芬芳吗?如果不能,那么这些感受状态又如何进入共同体,为别人所共享呢?

如前所述,在共同体中,作为个体的人已经消失,不再以个体身份活动,因此与共同体相关的交流,不是孤立个体之间的交流,而是个体在融入共同体时产生的交流。这方面的一个例子是笑。巴塔耶指出,"当一群人因一句揭示了荒诞的话或一个心不在焉的动作而发笑时,有一种密切的交流在他们之间传播。……而他们的统一也像水的激荡一般,不确定也不稳固。"[①]在古代的献祭、巫术仪式等神圣场合,每个人都被一种特殊的情感氛围控制,因此个人的体验就从属于一种集体性的共同体验。尼采在讨论悲剧时所说的"个体化原理"的失效以及狄奥尼索斯代表的那种醉的状态,也可以从这个角度来理解。

巴塔耶把这种"迷狂"(ecstasy,狂喜、恍惚)看作交流的形式。从词源上说,"ecstasy"的希腊文词根是 ek(在外、往外)和 stasis(站立),本义为"离开原来的位置,移往他处",引申为因强烈的情感或喜悦而不能自持的心理状态。是什么离开了自身呢?是意识和理智。在这样一种忘我状态中,意识已经不起作用了,让位于身体生理机能的自发活动。用巴塔耶的话来说,这种交流只能建立在"非

---

① 乔治·巴塔耶:《内在经验》,程小牧译,北京:生活·读书·新知三联书店,2017年,第178-179页。

知"的基础上。由于这种以"非知"为基础的交流不可能纳入现实生活中有用性的范畴,因此它们实际上也是一种耗费:

> 内心世界与现实相对立……一旦主体开始考虑未来,它便脱离自身的领域并从属于现实范畴内的物。因为当主体没有被强制劳动时,它便成为一种消耗。……倘若我如此不加节制地消耗,那么我便向同类显露出自己内在的本质:消耗是分离的生物之间相互交流的途径。①

交流是在分离的个体之间进行的。个体与个体之间的分离,虽然是人类社会的一个普遍特征,但这一特征在现代条件下尤其显著。而现代人之所以失去整体性,变成单个的碎片,最主要的原因就是有理性、有目的的行动。行动(例如职业分工)使人的存在服务于一个个具体的目的,因而不再能够维持个人生存的整体性。要保持人的整体性,首先就要拒绝行动。"每一个行动都会使你成为碎片的存在。我只有通过拒绝行动……才能坚持我作为整体的性质。"②

尽管通过拒绝行动可以保持整体性,但巴塔耶又认为,孤立的整体性也是没有意义的,人还需要跟神灵或他人交流。而一旦进入交流,人的整体性就会遭到破坏。在《论尼采》中,他甚至把"交流"跟恶联系起来,认为"交流"一定会对存在造成伤害。巴塔耶指出,在把基督钉上十字架时,人类达到了恶的顶点;但也只有通过这种方式,人与上帝才不再分开。推而广之,人类要通过献祭这样

---

① 乔治·巴塔耶:《被诅咒的部分》,刘云虹、胡陈尧译,南京:南京大学出版社,2019 年,第 109 - 110 页。
② Georges Bataille, *On Nietzsche*, trans. Bruce Boone, London: The Athlon Press, 1992, p. xxvii.

的方式形成共同体,也不可避免地会涉及恶。例如,人们会对献祭中被杀死的人或动物充满愧疚和负罪感,但也正是这种愧疚使人和鬼神、牺牲品之间形成认同和共契。因此人类的"交流"是由恶来保证的。他由此总结出来的"基本原理"是:"'交流'无法在完整无缺的个体之间进行。它要求分开的个体自身的存在**冒险**,处于死亡与虚无的界限处;道德至高点是在虚无的界限处冒险的时刻,也就是将存在悬置在某人自身之外。"①

那么如何解决这个既要"交流"又要保持整体性的矛盾呢?巴塔耶说,虽然行动的人不是整体的人,但整体的人仍然保留着行动的可能性。只不过,他的行动不能有外在的目的,只能被归结为他自己的原则和目标。当一个人的行动被免除了目的和动机,既不是使别人获益,也不是使自己获益,那究竟是为了什么呢?这样他就会进入一种临界状态,一边是有动机、有意义的世界,另一边是无动机、无意义的世界。这里讨论的虽然是道德和宗教问题,但跟审美也有关系:

> 存在的极端状态,不管是个人的还是集体的,以前都是由目的驱动的。其中有些目的已经失去了意义(如赎罪和得救)。今天,追求共同体的善,已不再求助于可疑的手段,而是直接通过行动。在这种条件下,存在的极端状态进入了艺术的领地,尽管也存在着一些弊端。文学(虚构)代替了以前的灵修生活,诗(混乱的词语)代替了实际的恍惚出神。艺术在行动之外构成一块小小的自由地带:要获得自由就必须放弃

---

① Georges Bataille, *On Nietzsche*, trans. Bruce Boone, London: The Athlon Press, 1992, p.19.

现实世界。这是一个沉重的代价,很多作家都梦想着恢复那一失去的现实。但这样的话他们又得付出另一种代价,即放弃自由,服务于宣传。只从事虚构的艺术家知道他不是一个完整的人,只从事宣传的人也同样如此。从某种意义上说,艺术这一领域含有整体性,却无法抓住它。①

极端状态是个人的行动和存在面临着无意义风险的状态。在神话和宗教时代,一个人是否通过忏悔使灵魂得到了救赎,确实是个人的事务,其直接目的也不是使他人受益。在宗教衰落以后,即便是灵魂得救对个人来说也没有意义了,因此存在的极端状态就转入了艺术的领地。这意味着审美也是纯粹的个人活动,而且,由于不能从功利的角度来判断它是否有益,因此这种活动也会走到虚无和无意义的临界状态。这样一种临界状态,应该说跟前面提到的"迷狂"是内在相关的。在迷狂中,意识已经脱离自身,让位于身体机能的自发活动,因此意义问题自然也就无从谈起了。

除了个人作为审美主体面临的临界状态之外,似乎也存在着一种跟审美对象有关的临界状态。巴塔耶举出的一个例子是,"当类似'马'或'黄油'这样的词进入一首诗时,就摆脱了功利的考虑。'黄油''马'这样的词语无数次地为了实际目的而被应用,而诗对它们的使用,则把人生从这些目的中解放出来。"②就对日常词语实用性的"破坏"而言,可以说诗是一种耗费或献祭。格罗伊斯正是从这样一个角度来解释前卫艺术的,他认为前卫艺术的基本逻辑,

---

① Georges Bataille, *The Bataille Reader*, eds. Fred Botting and Scott Wilson, Oxford: Blackwell Publishing, 1997, p.340.
② 乔治·巴塔耶:《内在经验》,程小牧译,北京:生活·读书·新知三联书店,2017年,第245页。

就是用削减、剔除等方式破坏媒介对现实的指称功能,使媒介暴露出其本来面目:

> 历史的先锋派的形成实际上从一开始就提出一个要求,即从每个艺术媒介中剔除所有与媒介相异的东西。……现代艺术背离所有可指称的世界(Referentialität),脱离模仿并非个体的恣意行为,而是一个系统地去寻找媒介真理的结果——寻找媒介真诚性。在真诚性中,媒介表现出它本来的面目,而媒介通常是藏在有策划的告知的背后的。①

如果我们把媒介和它们所传达的讯息区分开来,那么格罗伊斯所说的真诚性就意味着,只有在媒介不再作为传播讯息的工具发挥作用时,它们自身的面目才能呈现出来。这就是媒介的临界状态,格罗伊斯称之为特例情况。从这个角度看,格林伯格要求绘画忠实于其媒介本身的"平面性",就是要求绘画达到媒介的临界状态——不是把绘画当作工具来再现任何其他事物,而是让绘画本身作为媒介暴露出来。同样,通过使用现成品,杜尚触及了博物馆逻辑的边界或极限,使得作为媒介的博物馆达到了临界状态。在这一临界状态中,博物馆的工具性功能(收藏艺术作品)暂时被悬置,其媒介真诚性就暴露出来了。按理说,进入博物馆的东西已经摆脱了日常生活中的实用功能,因而可以看作进入了一种临界状态。但前面的分析表明,这还不足以使该物品成为艺术作品,为此还得把主观的因素考虑进来。

---

① 鲍里斯·格罗伊斯:《揣测与媒介:媒介现象学》,张芸、刘振英译,南京:南京大学出版社,2014年,第64页。

结语

如果把临界状态和迷狂作为判断主体是否进入审美状态的标志,那么,跟审美共同体有关的一些问题就需要重新处理。如前所述,迷狂是具有感觉内容的,而且这种感觉内容无法通过语言表达出来。问题是,尽管感觉和体验在审美活动中居于绝对核心的地位,乃至审美(aesthetic)一词的本义就是感觉,但引发当代艺术意义危机的一个重要因素,却是艺术作品似乎已经脱离感性外观,变成了纯粹的概念。丹托的"艺术终结论"和德·迪弗的"艺术唯名论"就是以这一判断为基础的。然而在概念的层面上我们又如何讨论审美状态,进而假设审美共同体的存在呢?

从丹托和德·迪弗的角度看,如果我们要把杜尚的小便池一类的现成品看作艺术作品,就需要一整套理论知识,了解现代艺术是如何发展到这一步的。这实际上已经认定了它们作为艺术作品的地位,而无需假定审美共同体的存在。如果我们假定审美共同体的存在是艺术作品得以确立的前提,那么就没有先验的标准可以判定哪些作品是艺术,哪些不是。只有当某一物品引发观赏者的审美体验时,它才可能进入艺术的领域。这样的一群观赏者,也就构成一个审美共同体。当然这并不意味着所有的物品会自动地成为审美对象。审美状态是现实之外的一种临界状态,在其中物品通常所具有的实用意义被悬置或抽空。当一位观赏者把杜尚的小便池看作一件普通的卫生用具,并在这一意义上追问它是不是艺术作品时,他实际上并没有进入审美状态。那么小便池在什么时候能够变成具有"诗意"的艺术作品呢?

> 东郭子问于庄子曰："所谓道,恶乎在?"庄子曰："无所不在。"东郭子曰："期而后可。"庄子曰："在蝼蚁。"曰："何其下邪?"曰："在稊稗。"曰："何其愈下邪?"曰："在瓦甓。"曰："何其愈甚邪?"曰："在屎溺。"东郭子不应。
>
> ——庄子《知北游》

在庄子看来,如果一个人领悟到了"道"的真谛,那么即使在屎尿这样卑微肮脏的对象上,他也能够看到"道"的存在。同样,在审美状态中,小便池也会呈现出某种"诗意"。这里需要一种把有形的物品跟无形的"道"联系起来的能力,也就是一种超越或否定现实的能力。而博物馆作为一种社会机构,虽然带有福柯所说的"异托邦"性质,但另一方面也属于巴塔耶所说的"现实"中的"物"。在"物"的层面上,博物馆很难跟超级商店、旅游景点区分开来,对于城市规划和社会管理者来说尤其如此。但审美状态既然以对"现实"和"物"的超越为前提,就无法进行规划。审美共同体也同样如此。

附记:本文的主要内容于 2016 年 5 月在沈语冰教授主持的"当代艺术研究:哲学与社会学的维度"研讨会上宣读;蒙周计武教授垂青,发表于《文化研究》第 33 辑。本刊所收的版本在原来的基础上做了很大修改。在写作和修改过程中,吴雪杉兄提出过中肯的意见。这里一并致谢。

雅克·朗西埃访谈：
作为歧感（dissentiment）的共同体[*]

雅克·朗西埃（Jacques Rancière）
弗朗索瓦·努德尔曼（François Noudelmann）[**]
张琰 译 骛龙 校

弗朗索瓦·努德尔曼：在《歧义：政治与哲学》一书中，您指出现代政治中"创造共同体世界（mondes de communauté）的主体化活动"增多。这些主体化是通过什么方式实现的？另外，如果共同世界（mondes communs）并非建立在共识之上，那么其开放性又是如何体现的？

雅克·朗西埃：一般来说，当一个主体的名字和一个谓语形式在词语之间建立起一个新的共同体，从而形成一个全新的经验场域时，主体化就发生了。这一新的经验场域要想被纳入分配中，就必须打破那些规定现有分配的包容性规则和可见模式。这一过程可以是"人人生而自由平等"或"工人，农民，我们是/伟大的工人党"，也可以是"我们是人民"（Wir sind das Volk）或者"我们都是德

---

[*] 本文原载 *Rue Descartes*（《笛卡尔街》）2003 年第 42 期。
[**] 作者简介：雅克·朗西埃，巴黎第八大学荣休教授，法国著名哲学家；弗朗索瓦·努德尔曼，哲学博士，纽约大学、巴黎第八大学哲学教授，研究兴趣包括文学与哲学、20—21 世纪法国及法语地区思想史。

国犹太人"。所谓主体化，其实指一个不恰当的谓语：人口中的一部分不是"人民"，法国雅利安人不是德国犹太人，革命资产阶级不是无产者，等等；除非这些谓语在主谓之间开辟出一种不同形式的共同体，让工人看起来也不是无产者，人民最终也不是人民。至于所有"人"的平等问题，我们必须不断思考这个整体中包括哪些人，以及这种平等的有效场域中包含了怎样的关系。

主体化通过打破共同性来创造共同性（faire du commun）。从这个首要的逻辑核心出发，我们可以认为，主体化创造共同性的方式是：将不具备共同性的东西置于共同性之中，宣布原本仅是个体的人为共同性的行动者，将家庭内部事务视为公共讨论的一部分，等等。"无产者"（prolétaire）是古罗马法律词汇中一个现已过时的词，意思是"生孩子的人"。为了使其变成一个现代政治词汇，人们进行了颠倒时代的拼贴，仅保留了其中一个含义，即"不被当作属于政治体的人，因为他只是一个用来生产和再生产的身体"。必须在古代法律术语和现代工人形象之间建立共同性，使其在共同与非共同之间实现完全的再分配。一个无产者是一名工人，他脱离了家庭雇员的身份，他表明私人工作场所是公共场所，而公共场所关系每个人，以此来显示自己参与共同性的能力。由于无产者的交谈对象无法看到无产者讲述的共同客体，也没有将无产者视为共同性的宣告人，因此，这样开启的共同体是一个缺少共识的共同体（communauté disensuelle），它将一个共同的世界置于另一个之中，在这个世界，客体都是可见的，但主体之间的关系是在这可见性和这一关系都不存在的世界中构成的。现代政治是由共同世界的开放性构成的，这些开放性将一个共同体置于另一个共同体之中。人们所说的"共识"（consensus），就是试图打破共同性的异识结构，把共同性归结为简单的包含规则，而非将政治共同性当作包容被排斥者、共同化非共同性的过程。

弗朗索瓦·努德尔曼：这一共同体的衍射能构建新的空间吗？您提到身份、场所和位置之间存在的间隔，这些间隔有什么政治利害？您拒绝在共同体中看到共同性的现实化。相较于共在（être-commun），让-吕克·南希更倾向于谈论"存在-于-共通"（être-en-commun）。然而，您思考的是将非共同性共同化。您提出将共同体的"共同存在"（être-ensemble）视为"之间存在"（être-entre），那么您赋予"之间"（entre）何种意义？它将什么东西分隔开？通过这个间隔又将何种东西维系在一起？

雅克·朗西埃：我拒绝的，是将政治共同体建立在人类学属性或原初的本体结构之上。无论人们将政治建立在一种社交天性上，还是建立在与自然的非社交性（insocialité）做斗争的必要性上，无论将其建立在贵族的光辉行动上，还是建立在"此在"（dasein）的共同暴露中，无论人们夸大共享属性的内容，还是将它简化为"共通之中"（en-commun）的"之中"（en），人们始终处于这样的状态：从共同体的角度来思考政治，从共同性的原初属性或结构出发来思考共同体。对我而言，政治永远是第二位的。是否应该成立共同体以及为什么人会置身其中，这些问题总是已经被提前解决。各种"体"（corps）之间总是已经存在共同体：主权体中的共同体，人神关系中的共同体，社会经济分配体系中的共同体，等等。然后，政治之后到来，作为共同体形式的一种创造，在含义之间，在含义与"体"之间，在各类"体"与它们的认同模式、位置、目的地之间建立了全新的关系，从而悬置了其他形式的自明性。政治重新审视现有共同体的吸引力，建立新的关系，建立术语之间的"共同体"，共同化那些不具备共同性的事物，就像诗学修辞格改变主体与属性之间的内在关系。这就是"之间"的意义所在。我与汉娜·阿伦特

(Hannah Arendt)的理解不同,她把"之间"理解为"居间-存在"(interêtre),也就是试图将普鲁塔克式荣誉感和海德格尔式共在(mitsein)糅合在一起。这种"之间"并非首先介于主体之间,而是介于主体可以承担的身份和角色之间,介于分配给主体的位置和主体通过僭越活动而占据的位置之间。它也介于作为陈述者的"我们"和被陈述主体的名字之间,介于主语和谓语之间,介于各种"体"和意义之间,等等。它还可以介于主体名称之间。伯克、马克思和阿伦特(以及之后的阿甘本)都一致谴责革命宣言在人的权利和公民权利之间制造了间距。然而,恰恰是这种间距使得激进的政治主体化形式得以实现。政治间隔更多地与隐喻的突变有关,而不是与任何形式的共融(communion)有关。

弗朗索瓦·努德尔曼:您将对"错误计算"(mécompte)的揭示当作政治的标准,这一揭示是否为政治共同体开辟了道路,即使这个共同体是分裂的?这一"错误计算"是如何成为严格来说并不属于阶级斗争的共同错误的?"无分之分"的要求具有何种性质,来源于何处?平等主义的错误在何种程度上不会完全归咎于经济关系?

雅克·朗西埃:即使在马克思主义中,很明确的一点是,生产的社会关系并不仅仅指经济关系。古代政治哲学告诉我们,政治就是阶级斗争,这恰恰意味着阶级斗争无法用单纯的经济学术语来定义。阶级斗争中断了简单的经济法则,也即对财富的管理。古代政治中的"穷人"和"富人",或是现代的"无产者"和"资产者",他们不能被简单地定义为经济利益对立的群体。只要阶级不是阶级,不是将所有具有相同利益的人聚集在一起的社会部分,而是去认同化(désidentification)的操作者,也就是身份和财产之间距的操作者,就会存在阶级斗争。

民众（démos）是"穷人的党派"，但穷人的党派是一无所有者的党派，这些人虽然没有"资质"（qualité）来治理共同事务，却照样治理着后者。统治的逻辑是，财产赋予一些人以治理资格，而治理的事实又证明了他们的财产（在近期的一次总统选举中，"政府候选人"和"反对派候选人"之间的对立再次提醒我们注意这种循环的统治逻辑）。相反，民众指那些除了不占有财产之外，没有任何共同之处的人的政府。这就是"无分之分"的含义。阶级斗争不是共同体内不同部分的斗争，而是两种共同体形式的斗争：一方是治安共同体（communauté policière），它倾向于使群体与含义、组成部分、位置与目的地的关系达到饱和；另一方是政治共同体，它通过将主体名称及其表现方式与社会群体及其属性分离，重新开启了间隔。

弗朗索瓦·努德尔曼：人民（peuple）这个词似乎越来越古怪，如今使用这个词似乎局限于它的种族认同含义。不然，怀旧一点说，这个词指向群众起义的革命版本。然而您却宣布："人民总是在他们被宣告无效的地方成形。"如果人民既不是主权人民，也不是无产者，那么，如今在法国或是在所谓的全球化进程中，人民涵盖了哪些人？

雅克·朗西埃：我不知道人民是否比共同体更古怪。无论如何，我不将"人民"当作统一的概念。一种主体化形式定义一种人民的形象，而这个形象本身也是由几个民族（peuple）之间的紧张关系塑造的。从根本上说，存在两种对立的人民。一种是作为族群（ethnos）的人民，即有着同样出生地、同样血缘、同样信仰的人组成的稳定集体；另一种是民众（démos），也就是族群（ethnos）的分支，对集体各部分的量化补充。当我说人民"总能成形"时，我指的是，当民众消失时，族群就会随之出现，尽管民众本身具有多样且矛盾的形象。历史上曾有过强烈的主体化形象,比如革命的民族或无产者,但这些充斥着同名现象的形象本身就一直被矛盾所贯穿。人民中总有多个人民,无产者中总有多种无产者。认同(identification)和去认同(désidentification)不断使自身的理由交织,主体化形象也不断遭受重新陷入身份实体化中的威胁。

从这个角度来看,全球化产生的效应非常明确。有些人想将全球化当作令帝国爆炸的大批流浪者的机会。但我们知道,全球化同样导致了认同主义(identitarisme)的大量回归。将这种身份认同主义归咎于现代性的"受害者"或"落后者",这样做确实方便。但如是,美国就应被列为现代性的头等受害者或落后者,因为美国以承认子身份的多元性为代价,通过疯狂强化身份认同来建立对世界的统治。相反,在老牌欧洲国家里,人民往往极端地寻求去实体化(désubstantialiser),将自己当作弱小的主体化形象(此处指的是集合力量的弱小),例如,"我们都是移民的后代",这种说法中的"我们"拒绝了国家共同体的唯一形象,以此来实现去认同化,但并没有赋予这一拒绝的共同体以一种面孔和历史。相比过去总处于身份再融入(réincorporation)边缘的伟大的融入(incorporation)形象,描绘民众(*démos*)形象的谓语往往前后不一。象征"无分之分"的通常是这一表达中的否定词"无"。这就是为什么拒绝很容易被等同于族群的某种复苏。

共同体的语言与再现

弗朗索瓦·努德尔曼:您通过研究几位富有创造力的诗人和小说家的文学计划,评判了他们创造"新共同体的新语言"的野心。您也指出了写作活动的内在矛盾,也即写作不能以共同体的哀歌

（plain-chant）为模型。这些不协调因素是否来自文学的本质？还是来自语言的内部矛盾？

雅克·朗西埃：来自您所说的两个方面。语言只能依靠词语和事物的分离而生存。也就是说，语言之所以存在，是因为它不断激起词与物之恰当性的幻想（fantôme），并不断让这幻想破灭。当事物或身体状态与意义之间公认的对应规则被打破，这种幻想就会发挥全部的力量。而文学恰恰意味着这样一种符号与阐释规则系统的缺陷。这一符号与阐释规则构成的再现系统给每一种细微的感觉指定了一种细微的表达，为每一个表达特点分配了一种意义。借助被赋予特权的表达库（corps d'expression），再现秩序将文字和事物固定于一种有距离的对应关系中。根据这一点，文学语言不是一种自动化的或不及物的语言。文学语言的功能不再以这种中介体系为导向，它开始在表意不足（sous-signification）和意义过度（sur-signification）这两极之间游移。一方面，词语是孤立的，无法与任何确定的表达库建立联系，感染了无意义事物的被动性。另一方面，词语本体带有意义，从属于某个世界，在这个世界，事物本身会说话，身上携带着表达自身意义的象形文字。于是，文学倾向于自视为对那些无处不在的、写在事物和语言之上的符号的破译。文学向往那个唤醒了沉睡在所有这些符号中的历史力量和共同力量的共同体的荣耀。兰波显然既代表了这种梦想，又代表了梦想的失落。新共同体的荣耀之歌呼唤一种炼金术，创造出一个适用于所有意义的动词。但要创造这个动词，我们只能借助一些陈词滥调，比如愚蠢的标记、教会拉丁文、不讲究拼写的色情书籍等等。要使语言共产主义（communisme de la langue）具有稳定性，我们只能转向词语的民主。然而，这种民主本身不断地唤起对共同"体"（corps communautaire）的怀念，在这个共同"体"中，词语是共同历史的象形文字,是处于行进中的共同体的音调与节奏。

弗朗索瓦·努德尔曼:您所说的"词-岛"(mots-îles)在一个确定的共同体内逃离了规范化用法,它们在多大程度上会制造"另一个共同体的孤岛空间"？为什么您要用"民主"一词来指称这种空间划分？您还曾提到一些突然摆脱其共同体用途的词语的自由,以及可以夺取它们的民众的自由,您这种说法的依据是什么？

雅克·朗西埃:总会有太多的词并且词中有太多的意义,使得物体的状态和含义的状态无法完全吻合。"民众"(démos)不是窥伺自由词语的猛禽。首先"民众"本身就属于这一类词。在"民众"这个词里,没有什么能预先决定它会成为共同体的一个特权名词。区镇(dème)一词首先是一个有关领土划分的名词。随着克利斯提尼的改革,雅典部落和空间上彼此分隔的区镇被重新组合,区镇不再是原意上的区镇,与此同时,政治共同体地形学与体现于以富有地主为中心进行的土地分配的统治地形学相分离,此时"区镇"就成了一个政治名词。

民主首先是一种语言和空间上的空间划分(espacement)。这不是具有共同体黏性的连续不断的结构,而是一种有空隙的、不断演变的结构,通过将一种语调的词语转移到另外一种语调,来接纳新的"空间划分者"(«espaceur»)。比如在 16 和 17 世纪,宗教布道或古代修辞中的词语被重新注入政治含义,或者,如霍布斯绝望地看到的那样,"僭主"(tyran)这一能指被用来指称国王,或者,后来人们从古代《十二铜表法》中摘出"无产者"一词,用它来形容那些被剥夺政治权利的人,又或者,民主德国的示威者从官方词汇中选出"Volk"一词,来表示那些举着横幅游行的人,等等。当然,这个过程持续不断地从双向进行。诸如人民、民族、无产者、公民等的空间划分者变成了新的标识符。但这个过程从来不是不可逆的。

政治就在认同和空间划分之间的分界线上发挥作用。

弗朗索瓦·努德尔曼：您反对再现艺术和纯粹艺术之间的传统对立，尤其强调再现性叙事中包含了反再现（anti-représentatif）元素，或者反过来，电影影像从来不会完全终止叙述。由此，您将福楼拜对"虚无之书"（livre sur rien）的理想相对化，也质疑了萨特对反思性诗歌与及物性散文之间的区分。然而您没有提及萨特在《家庭的白痴》（L'idiot de la famille）中所做的大量工作，这本书将文学性当作一种未实现的事业来研究，之所以未实现，既有主观原因也有历史原因。萨特的分析，或者更关注《情感教育》（L'Éducation sentimentale）而非《包法利夫人》（Madame Bovary）的布迪厄进行的更偏向社会学的分析，它们在您看来能否有效地将此类文学计划还原于其社会历史背景中？

雅克·朗西埃：萨特耗尽全力来解决一个他自己假想的问题。面对他所说的像使用颜色一样使用词语的诗歌，萨特提出将文学语言当作直接与含义打交道的散文语言。接下来，他就必须思考为什么文学时代的伟大散文家们否认了散文的交流使命，并用冷漠的符号来令言语变得晦涩。于是萨特必须将时代的神经官能症和个人的神经官能症相结合，来解释福楼拜为何会将文学的手段转变为一种目的。萨特将福楼拜家的小儿子居斯塔夫的生成-被动（devenir-passif）这一心理过程与1848年后不再关注政治的作家们的虚无主义进行了比较，后者通过令语言僵化，为资产阶级的伟大虚无主义事业做出了贡献。这一资产阶级试图阻碍生产力的发展，因为他们在其中看到了自己的死亡预告。萨特对年轻居斯塔夫·福楼拜的感觉进行了幻想重组，然后将这种重组加入马克思对路易·波拿巴政变所做解释的幻影中。

这一切背后有着传统对立的分量：浪漫主义与现实主义的对

立,"为艺术而艺术"与介入艺术的对立,等等。然而,文学的政治事先就排除了这种对立。所谓"为艺术而艺术",是指艺术中止了交流功能,中断了与再现世界相仿的等级体系。因此,使文学获得自主权,并使其成为某种政治的表达的,是同一种解放程序。福楼拜同时代的反动者没有理解错:对他们来说,"虚无之书"是文学中的民主,是小人物的力量在文学上的体现。放弃传递任何形式的讯息;取消叙述相对于描写的优先地位;通过无差别的风格抹除人物地位或情节重要性的差异;将含义淹没于感知的平等状态,在这种状态中,甚至人与物的区别也消失了……所有这一切对他们来说都是民主的胜利。

我们无须完全认同他们的判断,但我们不得不承认,在距离托克维尔式教条最遥远的地方,存在着多种民主,而文学的民主有自己的道路,并与政治民主道路相交。如果我们像布迪厄那样,在政治历史的所指对象和对立的文学教科书(这两者均未受到质疑)之间建立解释机制,那么我们就没有任何办法确定两条道路的交叉点。"文学的民主"在去认同与去等级化过程中与政治民主合谋,但它将这个工作带到了去主体化的地步,由此否定了民主主体化建构空间的合理性。文学的平等达到某种程度后,既会破坏寡头制等级,也会破坏政治民主的平等计划。因此,在文学和民主之间寻找一种简单的对应原则或对立原则,这种做法注定会失败。

共同体的政治

弗朗索瓦·努德尔曼:您将"治安"(police)和"政治"做了区分,前者是权力的行使以及对利益和地方的管理,后者指打破某种感性秩序并将一种无法言表的东西引入共同体。这种计算错误的突然出现，这种对社会秩序之偶然性的切实发现在今天是如何表现出来的？

雅克·朗西埃：很显然，一切都取决于如何界定"今天"这个词所定义的特殊时间序列。经历过"五月风暴"的人确实体会过一切必要性——无论是统治的必要性还是解放的历史进程的必要性——在瞬间崩溃的感觉。归根结底，不平等的偶然性只能建立在否定它的平等的偶然性基础之上。这就是一瞬间揭示出的政治的秘密。这两种偶然性之间的关系令人难以忍受。20世纪80年代的"大复兴"（La grande restauration）首先是对必要性的复兴，因此由社会主义者率领实施大复兴并无矛盾之处，因为只有他们可以围绕尚未闭合的政治缺口实现从社会学必要性向经济学必要性的转向。大复兴倾向于将偶然性的经历推向边缘，后者在当时被认为是模糊的过渡空间，或者是由必要性自身所决定的一种极端状况空间。因此，相互冲突的包含规则（règles d'inclusion）之间的政治关系在具有排斥性的现实中被重新编码，而这一现实被等同于没落阶级或来自传统迥异之地的人们对"现代性"的适应问题。偶然性通常在这些边界状况中（移民、失业）重新体现自身的重要性。例如，有关非法移民问题的斗争将本国出生者（être-né-là）的平等的偶然性重新搬上舞台，这个本国出生者从前曾以人民、民族或无产者的名义反对君主和寡头逻辑。今日，这些斗争使其与"宽容限度"（seuils de tolérance）的社会学必要性、富有国家防止"世界的苦难"的保护措施形成对立。"苦难"首先是偶然性（contingence）。但显然，这种偶然性的权利总是有待从其公认表达的"反排外斗争"中提取出来。同样，由失业、产业结构调整或对社会保障体系发起的攻击而引起的斗争也总是夹在调整共识的逻辑和平等偶然性的逻辑之间。

弗朗索瓦·努德尔曼：如果民主不能等同于其立法治安和制度治安，那么，尤其在乌托邦之点（points d'utopie）似乎缺乏的情况下，民主将依据什么程序来质疑共同体的分配？

雅克·朗西埃：我不确定是否需要乌托邦来带动民主行动。它们之间的关系似乎应该反过来。民主行动建立了自己的乌托邦视野，正如词语的民主产生了语言的共产主义。乌托邦就是将去形体化的民主转变为新的集合"体"形式的一种愿望。每当群体显示出能力并占据通常不属于它的一席之地时，共同体的分配便会受到质疑。例如，当地铁司机成为街头游行者；当国有机构或工业企业的员工认为自己在工作和薪水以外，还有能力思考所在机构或企业的角色和作用；当非法移民表明他们不仅愿意到我们不曾期待他们出现的岗位工作，而且还有能力争取工作权利、进行绝食示威；等等。在一切乌托邦视野之外，有关社会保障体系的冲突的关键，就在于这个被不断触及的问题：谁被认为有能力或没有能力来思考共同的未来？这种能力以何种形式、在哪些地方得到承认或不被承认？

弗朗索瓦·努德尔曼：您做过判断，说后民主（post-démocratie）会消除孤岛词汇和政治争端所在的间隔和空间划分：如果沦为受管制的国家机构中的利益游戏，政治就会失去其剩余部分。面对国际动荡以及对政治帝国主义和经济自由主义的不同逻辑的抵抗，您是否还坚持这种看法？

雅克·朗西埃：在我看来，"后民主"这个带有论战倾向的概念揭露了民主和共识（consensus）的同化。它根本不是指民主的历史时刻之后的另一个历史时刻。我正是试图将政治的时刻与一切历史目的论分开，从而与一切"政治的终结"（«fin de la politique»）分开。这种共识的逻辑（logique consensuelle）确实存在，它往往会消除政治分歧的前提,将政治主体等同于社会部分,将政治冲突归结为与专业和谈判相关的问题。这个逻辑并不是一种不可抗拒的历史性力量,实际上它遇到了分歧(*dissensus*)。一些国家声称将此逻辑建立于全球化的必要性之上,还将其付诸现实。这些国家的宣告受到了来自两方面的挑战:一方面是"社会"运动,它们指责自己的国家,不愿让全球经济的必要性来破坏名为"既得的社会福利"(acquis sociaux)的平等主义成果;另一方面是替代全球主义(alter-mondialiste)运动,它试图在世界政府成形的地方直接抨击这一政府。但是,这两种反对意见可能都不算政治,我说的"政治"指的是世界政府和国家之间的捉迷藏游戏所提出的对感性数据的协调重组。这两类挑战往往被单独定义,至多在全球与地方的对立冲突中相互定义,在这一冲突中,全球性似乎成为地方国家攻击社会权益的借口,或者反过来,捍卫社会权益的行为似乎成为对统治和反统治斗争的世界性特点所做出的否定。因此,政治往往倾向于在某种国家性的基础政治(infra-politique)和某种超政治(ultra-politique)之间艰难地游走:前者以所谓的社会场域为中心;后者最终重构了生产力发展的全球经济世界的现实和国家政治舞台的表象之间的对立。

实 践

论英国文学中的命运共同体表征与跨学科研究*

李维屏**

内容提要:"命运共同体"是历代英国作家文学想象的重要客体,也是千年英国文学史上繁衍最久、书写最多的题材之一。近年来,随着全球化进程的加快,"命运共同体"表征的审美研究已经成为国内外文学批评界的热门话题。尽管对这一题材的跨学科研究尚未引起人们足够的重视,但这无疑是当前值得探索的一条学术路径。本文以"命运共同体"为切入点,旨在系统阐释这一题材在英国文学中的美学表征与跨学科研究。在考察国内外相关理论和研究的基础上,本文全面论述了"命运共同体"在英国文学中的历史成因、发展轨迹和审美批评,并揭示了其跨学科研究的意义和理论价值。此外,本文还对英国文学中"命运共同体"书写的典型范例及其跨学科研究的丰富资源加以阐释,并探讨了其文内审美和文外跨界研究过程中可能涉及的若干深层次问题。

关键词:命运共同体 英国文学 表征 跨学科研究

---

* 本文原载《外国文学研究》2020 年第 3 期。
** 作者简介:李维屏,文学博士,上海外国语大学教授、博士生导师,研究领域为英美文学。

典籍浩瀚的英国文学是作家在特定历史阶段对人的主体意识、社会角色和话语权力的生动反映,也是对个体和社会群体的境遇和命运的真实写照。作为世界文学之林中的一大景观,英国文学折射出一个极为重要的现象,即历代经典作家在塑造人物时表现出强烈的"命运"意识和"共同体"理念。自开山之作《贝奥武甫》(*Beowulf*, about 800 A.D.)起,英国文学对"命运共同体"的表征绵亘不绝。乔叟的《坎特伯雷故事集》(*The Canterbury Tales*, 1387—1400)、马洛礼的《亚瑟王之死》(*Le Morte d'Arthur*, 1485)、莫尔的《乌托邦》(*Utopia*, 1516)、弥尔顿的《失乐园》(*Paradise Lost*, 1667)和班扬的《天路历程》(*The Pilgrim's Progress*, 1678)等早期经典力作都不同程度地反映了各个时期的某种"命运共同体",从而为这一题材的书写奠定了重要基础。随着工业化、城市化和现代化进程的不断加快,描写"命运共同体"的作品与日俱增,并呈现出类型不断繁衍和表征形式日趋多元的发展态势,包括解构或讽刺"命运共同体"(如"异托邦"dystopia)等作品的频繁问世。这便构成其本体论和认识论评价体系。然而,国内外学者对英国文学中"命运共同体"的研究起步较晚,且目前大都还是停留在文本分析上,即通过文内审美辨析来探讨其形式、意义和美学再现。虽然这种传统的研究范式对文本中"命运共同体"的分析也能入木三分,但它在一定程度上限制了文学批评的视野和范畴,忽略了作品中"命运共同体"的深刻内涵和象征意义,以及与其相关的政治、经济、文化、哲学、伦理、法律、宗教和科学等重要因素,尤其是文学与其他学科之间应有的融通关系。本文旨在阐述英国文学中"命运共同体"表征的历史变迁和内在逻辑,并探讨在新文科背景下这一重要题材的跨学科研究路径。

一

"命运共同体"是英国文学史上繁衍最久的题材之一,也是历代作家自觉的美学选择。所谓"共同体"(community)是指一种人类生存和相处的结合机制,主要由血缘、地缘、精神或利益关系构成。英国著名批评家雷蒙德·威廉斯认为,"共同体"往往体现了"一种共同的身份与特征,一些互相交织的直接关系"①。英国文学中的"共同体"形式可谓五花八门:小到一个家族、氏族、乡村社团、商业行会、贫民窟或走私团伙,大到一个民族、国家乃至整个世界。英国是一个在历史、文化、政治和经济等领域都颇具特色和影响的西方国家,其作家对"命运共同体"的思考和书写不仅具有一千多年的传统,而且与其本国的社会现实乃至世界的风云变幻密切相关。英国作家对于不同历史时期命运共同体的书写真实反映了历史进程中社群的结合方式、精神诉求及其境遇和命运。英国文学源远流长,其题材之丰富在世界文学史上实属罕见。在生动反映人生经历和社会变迁的诸多文学题材中,"命运共同体"不但富有超强的艺术感染力,而且像促使其滋生与进化的社会土壤一样,在历史的洪流中急剧演变,经久不衰。事实上,"命运共同体"的表征在英国文学的源头《贝奥武甫》中已经端倪可察。这部令英国人引以为豪的民族史诗生动描写了远古时期高特族领袖贝奥武甫机智勇敢地战胜恶魔和为民除害的伟大壮举。然而更重要的是,这部作品深刻反映了古代氏族社会(命运共同体)的生活方式和价值观

---

① 转引自 J. Hillis Miller, *Communities in Fiction*, Beijing: Foreign Language Teaching and Research Press, 2019, p.1。

念。高特人将贝奥武甫视为理想中的民族英雄和一切伟大品质的化身。同样,贝奥武甫将保卫亲人和族人视为自己的首要责任,誓死与他们同命运、共患难。"诗中描写了英雄与人民如何团结一致,这是氏族制度的本质所使然,因为在这种制度的情况下每个人都感到个人和他自己的氏族或部落的关系是不可分割的。"①显然,《贝奥武甫》所描写的古代部落是一种建立在氏族制度以及亲属和族人关系上的"命运共同体"。从某种意义上说,民族史诗《贝奥武甫》的问世悄然拉开了英国文学中"命运共同体"书写的序幕。从此,历代英国作家对"命运共同体"的表征成为他们自觉的美学选择,乐此不疲,逐渐形成一种创作传统,从而使其成为英国文学史上繁衍最久、书写最多的题材之一。纵观英国文学的发展历史,我们不难发现,"命运共同体"这一题材不仅是历代作家关注的焦点,而且有其自身的发展规律和内在逻辑。众所周知,英国各个时期的社会动荡或天灾人祸都曾造成社会主体的困境。文学的象征属性及其创作的灵活性既能使作家根据自己的审美情趣表现大到民族和国家、小到家族和村庄的境遇和命运,也能使读者通过大量的文学案例对各个时期"命运共同体"的性质与特征进行历史、文化和美学解读。事实上,英国历代作家对"命运共同体"书写进行了不懈的探索和实践,并使这一题材的书写与英国社会的变迁和读者审美情趣的变化彼此呼应,形影相随。这一古老的文学题材随着社会、历史和文化语境的变化而变化,并按照自身的规律不断发展,其表征也日趋成熟。从古代史诗、中世纪诗歌和文艺复兴时期的文学,到英国封建制度解体、资本主义工业发展、议会政治制度

---

① 阿尼克斯特:《英国文学史纲》,戴馏龄等译,北京:人民文学出版社,1980年,第7页。

变革和全球殖民时期的文学,再到后现代文化多元主义和全球化变局中的文学,"命运共同体"表征不仅贯穿始终,而且逐渐形成了自身的发展规律和内在逻辑,继而成为一种普遍认同的文学传统。历代作家在生动反映形形色色的"命运共同体"在各种历史和文化语境中的困境与诉求的同时,自觉地构建了一种内涵丰富且充满艺术活力的美学体系。英国历史上一系列重要的政治、经济、文化、宗教事件和社会动荡都会影响作家的"共同体"思想和审美情趣,并使他们凭借自己的艺术灵感对"命运共同体"进行美学表征。由于他们的创作本质上是虚构的、探索性的并带有特定审美取向的"共同体"想象,因此这一题材在千年英国文学历史的进程中久盛不衰,其表征形式也在自身发展中逐渐完善,不断优化。

应当指出,英国历史上曾经出现过的各种"命运共同体"大都在诗歌、小说和戏剧中得到生动的美学再现。每当社会动荡或转型之际,就会有作家对社会群体的境遇、诉求和命运给予高度关注和及时反应,并在创作中精心构思,驰骋想象,从内容到形式对"命运共同体"予以全方位的观照。例如,在诗歌领域,早期的《贝奥武甫》、开德蒙组诗(Genesis A, Genesis B, about 680 A. D.)和琴涅武甫等人的诗歌都曾不同程度地围绕英雄人物或宗教信仰展开"命运共同体"叙述。以乔叟的《坎特伯雷故事集》为代表的中世纪诗歌反映了当时社会的宗教共同体意识,揭示了以宗教追求和道德约束为特征的社群聚合形式与人际关系。文艺复兴时期的英国诗歌通过歌颂人的价值实现了共同体书写的核心理念从神权向人权的转移,并对封建君主在共同体中的主导地位进行挑战。英国浪漫主义诗歌以情感、理想和民族精神作为共同体想象的诗学基础,这一"命运共同体"表征形式的变化与英国乃至整个欧洲的历史背景密切相关。布莱克、彭斯、华兹华斯、柯勒律治、拜伦、雪莱和济慈等诗人都以强烈的情感表达了对理想主义共同体的想象。如果说,维多利亚时期的诗歌折射出人们对"命运共同体"的焦虑和怀疑,那么以 T. S. 艾略特为代表的现代主义诗人则以实验主义的艺术手法反映了异化时代"命运共同体"的困境和危机。自 20 世纪 60 年代起一直与多元文化主义形影相随的后现代主义诗歌以相对性、流动性的语言表征否定事物的中心和意念,从而深刻揭示了"共同体"在后现代语境中的悬置和消解。

在小说领域,"命运共同体"同样得到了生动的美学再现。在浩如烟海的英国小说中,读者领略了精彩纷呈的"命运共同体"书写,如家族、村庄、教会、学校、社团、行会、工厂、公司、企业、政府和军队等组织的结合方式与困境在小说中一再显现。它们无疑是各个历史时期现实社会形态的真实写照,与社会群体的生存状态互相对应。文艺复兴时期的罗曼司描写了封建社会骑士共同体的冒险经历和精神追求。自 18 世纪英国小说全面兴起以来,历代小说家生动反映了包括新兴资产阶级、市民阶层、工商阶层和知识女性在内的各类"共同体"的境遇和命运。其中,奥斯汀以见微知著的方式描写资本主义制度和财富观念对英国乡村社群生活和婚姻关系冲击的小说尤为出色。也许,最擅于表现西方社会群体困境的莫过于 20 世纪的现代主义小说家。例如,移居巴黎的乔伊斯毕生将创作视线聚焦于生活在"道德瘫痪"(moral paralysis)阴影之下的都柏林人,不遗余力地表现家乡百姓的孤独与失望。同样,劳伦斯以象征主义和心理探索的手法深刻揭示了英格兰中部煤区小镇居民日趋严重的混乱意识和精神危机。在《小说中的共同体》(*Communities in Fiction*, 2015)一书中,美国著名批评家 J. 希利斯·米勒分别对特罗洛普的《巴塞特郡最后纪事》(*The Last Chronicle of Barset*, 1867)、哈代的《还乡》(*The Return of the*

Native，1878）、康拉德的《诺斯特罗莫》（Nostromo，1904）和伍尔夫的《海浪》（The Waves，1931）中的共同体以及品钦和塞万提斯小说中的后现代共同体进行了深入的探讨。米勒在该书的结语中表示："我写本书的主要目的是对八部小说进行全面的修辞性阅读，并对每部作品中共同体或缺乏共同体的表征给予了特别的关注。"[①]时至今日，"命运共同体"无疑成为英国小说家们最熟悉、最感兴趣的题材之一。

在戏剧领域，"命运共同体"的表征始终与其在诗歌和小说中的书写保持着互动关系。事实上，戏剧因其与观众之间所建立起的直接关联反而与共同体实践有着更深刻的契合。剧院为观众在一定空间内与舞台上的演员产生共鸣创造了条件，同时也为戏剧教化人和传播共同体价值观提供了便利。中世纪的神迹剧和道德剧大都以传播共同体思想为己任，其共同体价值观主要体现在宗教信仰之上。文艺复兴时期的戏剧因艺术高超和受众极广而呈现出空前繁荣的景象。莎士比亚和一群才华横溢的大学才子以精湛的手法和丰富的艺术想象反映了英国的王权问题以及宗教改革和社会等级差异所造成的社会分裂与混乱。他们不仅敏感地回应了当时的共同体焦虑，而且深度参与了文艺复兴历史语境下命运共同体的形塑。17 世纪的王权空位和王政复辟导致了戏剧共同体想象方式的变化，同时也引发了时代大变局之下人们寻找新的共同体认同的需求。在经历了近百年的相对萧条期之后，英国戏剧在爱德华时期再次繁荣。王尔德和萧伯纳等人的戏剧反映了工业化和消费文化日趋流行的社会中传统的共同体价值观所受到的严重

---

① J. Hillis Miller, *Communities in Fiction*, Beijing: Foreign Language Teaching and Research Press, 2019, p.308.

冲击。20世纪的英国戏剧呈现出多元发展的态势。受现代主义、存在主义、民族主义和多元文化主义等思潮的影响，戏剧全方位表现了在国家实力下降、社会高度分化和生存环境严重异化背景下"命运共同体"的困境。这种现象在贝克特和品特等人的"荒诞派戏剧"中得到了充分的展示。显然，英国历代剧作家都对"命运共同体"表征产生过浓厚的兴趣，并发挥了卓越超凡的文学想象和艺术才华。长达千年的"命运共同体"表征使其成为英国文学中最热门、最具艺术感染力的题材之一。英国诗人、小说家和剧作家不约而同地将"命运共同体"作为表现对象，生动反映了各种社会群体在特定历史和文化语境中的求索和命运，并通过描写各类"命运共同体"的兴衰成败及其建构或解构来揭示社会群体的生存状态。这一事实充分体现了英国历代书写"命运共同体"的作家在创作意图和美学选择方面惊人的相似之处。毋庸置疑，"命运共同体"不但进一步丰富了英国文学的艺术表现力，增强了文学想象与社会现实之间的张力，而且为我们深入研究这一题材的历史成因、创作动机、社会意义和美学接受提供了足够的阐释空间。

二

如上所述，"命运共同体"的美学再现有助于拓展文学的表现范畴，增强作品的艺术感染力，并促进文本自身肌理的发展。与此同时，"命运共同体"表征也为文学跨学科研究提供了不可多得的题材。近几年，在国家进一步繁荣发展哲学社会科学和推进"新文科"建设背景下，外国文学跨学科研究的呼声日益高涨，各种探索性研究方兴未艾。我国学者在文学与伦理学、经济学、心理学、历史学、哲学、法学、医学和自然科学等方面对跨学科研究进行了有益的尝试。外国文学跨学科研究既是学术路径的变化,也是批评视角的转换和对传统研究范式的补充。这种从文内审美批评向文外跨界研究的深刻演变不仅要求我们转变学术观念,而且也会引发学理的变革和研究方法的更新。长期以来,国内外学界对共同体的研究大都出现在哲学、政治学和社会学领域,以"共同体思想"的理论研究为主。迄今为止,国内外已有不少学者对文学中的共同体书写给予了充分的重视,并发表了许多颇有见地的学术成果。其中最有影响的当数威廉斯的《乡村与城市》(The Country and the City,1973)和米勒的《小说中的共同体》,前者聚焦简·奥斯汀、乔治·爱略特和托马斯·哈代小说中的城乡关系和社群问题,后者在分析威廉斯的共同体理念的基础上,探讨了六位英国小说家的共同体书写,并反复提及共同体内部的自我破坏系统。国内学者对英国文学中共同体书写的研究起步较晚,且覆盖的内容较为零散,但已有一些高质量的文章问世,其中以殷企平教授的研究最具特色。然而,国内外学界对英国文学中的共同体研究主要集中在小说领域,对诗歌和戏剧中的共同体表征则少有问津,而对"命运共同体"的跨学科研究更是凤毛麟角。换言之,文学中"命运共同体"的跨学科研究目前应该属于国际学术前沿之列。值得注意的是,国外越来越多的学者提倡文学跨学科研究,强调批评中学科互涉的重要性。有学者明确指出,"学科互涉对学术研究的重建,对它在学术团体内外一如既往的重要性来说,是基本的。它既代表了变化的力量和对正统的挑战,也是学术发展的动力"[①]。

作为英国文学中最直接反映人的境遇和命运的题材之一,"命

[①] Liora Salter, Alison Hearn, *Outside the Lines: Issues in Interdisciplinary Research*, Montreal: McGill-Queen's University Press, 1993, p.228.

运共同体"的跨学科研究不仅体现了文学批评的基本任务和发展规律,而且能够全方位、多视角地反映各个历史时期社会群体的命运意识和生存状况。概括地说,"命运共同体"的研究可以从内部和外部两条路径展开。内部路径关注文学文体和美学特征,探讨共同体的形式、特征、诉求、存续方式和美学再现。而外部路径则研究共同体形成的历史背景、社会现实、文化语境,以及与其相关的政治、经济、哲学、伦理学、心理学、宗教、法学、医学、军事和自然科学等因素。应当指出,"命运共同体"研究的一个重要任务是建立两条路径之间的阐释通道,并发掘其表征背后的文学意义、历史作用、意识形态和价值取向。就此而言,跨学科研究既是探讨"命运共同体"思想、形式和特征的有效路径,也是要极大程度地发掘文学的社会功能,使文学批评在关注"小文本"审美的同时,构建"大文学"的话语体系,在反映人类共同体的性质与特征,社会群体的境遇、诉求和命运等方面发挥有别于哲学、政治学和社会学所起的作用。

"命运共同体"的跨学科研究是文学批评在专业化和多元化进程中的新路径,也是拓展文学批评范畴、深度挖掘文本潜在内容的有效方式。文学跨学科研究在国外已经流行了半个多世纪。它之所以在西方文学批评界获得广泛的认同与接受,一个根本原因是文学作品本身经常包含了跨学科的题材和内容。就以文学与经济跨学科研究为例。作为上层建筑的文学始终与经济基础彼此呼应,形影相随。尽管文学出于审美需要在很大程度上保持着一定的独立性,但它不时会呼应经济基础的要求,对此进行美学表征,并随着经济基础的变化而变化。例如,英国文学开山之作《贝奥武甫》就描写了高特人与火龙争夺藏在山洞里的珍宝的故事。双方都知道珍宝的巨大经济价值,从而展开了殊死的搏斗。因挑战火龙而身负重伤的高特族首领贝奥武甫在临终前下令,将他从火龙那里夺回的大量珍宝分给部落百姓。显然,这反映了古代氏族社会的经济关系、财富观念、部落公有制度和财物分配方式。从某种意义上说,《贝奥武甫》为英国文学中"命运共同体"与经济的跨学科阐释提供了首个范例。读者不难发现,随着资本主义工业和商品社会的发展,诸如共同体内部的拓荒开发、商品交易、市场变化、劳资冲突、公司并吞、财产纠纷和谋财害命等经济主题在英国文学中日益增多。不仅如此,英国经济制度和图书市场的变化也不可避免地影响了作家(共同体)的生存和创作。例如,19世纪中叶,当欧文、爱伦·坡和霍桑等作家的短篇小说在美国广为流传之际,英国短篇小说却举步维艰。究其原因,当时短篇小说经济效益低下,报纸杂志的出版商(共同体)更愿意通过连载形式发表情节曲折、充满悬念的长篇小说,以便增加销量,获取更大利润。于是,作家共同体立刻对此做出反应,开始热衷于长篇小说创作。一些作家有意拉长故事情节,并在小说中安排更多的戏剧性冲突或悬念来吸引读者,试图通过增加作品的连载次数和销量来获取更多稿费。这种由经济原因造成的创作倾向使维多利亚时期一些小说的故事情节显得既冗长又复杂。19世纪下半叶,随着印花税、广告税和纸张税的纷纷下调或取消,以及印刷技术的提高和发行方式的改变,英国的报纸杂志呈现出繁荣的景象,从而使短篇小说创作迎来了黄金时代。英国短篇小说市场的兴旺不仅使出版商们获得了可观的经济效益,也对作家的生活水平、创作观念和美学选择产生了积极的影响。显然,文学中的"命运共同体"表征不仅蕴含了许多潜在内容和复杂关系,也为文学及其创作所涉及的一系列深层次问题的跨学科研究提供了机会,进而有助于拓展文学批评的阐释空间。

在英国文学中,为"命运共同体"的跨学科研究提供丰富文学资源的杰出范例无疑是乔伊斯的经典力作《尤利西斯》(*Ulysses*,1922)。这部现代主义小说生动描述了一个20世纪初人口仅四五十万,面积不过几百平方公里的城市中的中产阶级一天的生活。由于社会腐败不堪,天主教势力无孔不入,官僚和政客钩心斗角,这座被英国殖民主义统治的城市陷于严重的道德瘫痪之中。乔伊斯将都柏林的中产阶级作为表现对象,不仅全面展示了1904年6月16日那天数以百计的中产阶级人士的精神困惑和无聊生活,而且采用意识流技巧集中反映了布鲁姆、斯蒂芬和莫莉三个典型中产阶级人物的孤独感、焦虑感和异化感,从而使这座城市的中产阶级"命运共同体"一天的生活成为现代西方世界的一个缩影。引人注目的是,乔伊斯别开生面地采用由"多学科"知识体系组合的艺术手法将都柏林中产阶级"命运共同体"在异化时代的困境表现得淋漓尽致。读者不难发现,《尤利西斯》的每一章都涉及一门学科或知识体系,如神学、语言学、经济学、植物学、化学、宗教学、力学、医学、航海学和天文学等。正如乔伊斯本人所说,《尤利西斯》是"一部百科全书"(a sort of encyclopedia)①。作为现代主义作家,乔伊斯有意摒弃长期以来人们对小说材料应该稳定和统一的认同原则,采用"异质材料组合"(assemblage of heterogeneous material)的手法表现都柏林中产阶级群体的生活经历。事实上,《尤利西斯》中异质材料的价值在于其置换性。作者在无休止地调控各种对应关系的过程中巧妙地消除了各种异质材料之间的距离,并成功地将一种材料"置换"成与小说主题相关的材料。如果说,作者

---

① James Joyce, *Letters of James Joyce*, ed. Stuart Gilbert, New York: The Viking Press, 1957, p.147.

在描写"命运共同体"时,一种语境不会阻止其本身产生多种意义的可能性,那么他的精彩叙述也不会阻止异质材料发挥其表意功能和象征作用。正如作者本人所说,"在我看来,这是一种不太客气但绝非不合理的描写手法"[①]。从某种意义上说,乔伊斯的"多学科"知识体系组合所产生的异质性和多相性使"命运共同体"表征获得了一种内在逻辑和深层统一。值得一提的是,自20世纪50年代起,《尤利西斯》的跨学科研究成果在国外竞相问世,例如《乔伊斯与阿奎那》(*Joyce and Aquinas*,Yale University Press,1957)、《詹姆斯·乔伊斯与词汇革命》(*James Joyce and the Revolution of the Word*,The Macmillan Press,1978)、《乔伊斯的政治观》(*Joyce's Politics*,Routledge & Kegan Paul,1980)、《乔伊斯的可视艺术:詹姆斯·乔伊斯的作品与视觉艺术》(*Joyce's Visible Art: The Work of James Joyce and the Visual Arts*,UMI Research Press,1984)、《詹姆斯·乔伊斯与性行为》(*James Joyce and Sexuality*,Cambridge University Press,1985)以及《乔伊斯与瓦格纳》(*Joyce and Wagner*,Cambridge University Press,1991)等。显然,"多学科"知识体系参与《尤利西斯》中"命运共同体"的建构使这部作品获得了广泛的象征意义。正如 T. S. 艾略特所说,"这部小说是对当今时代最重要的反映,它是人人都能从中获得启示而又无法回避的作品"[②]。

应当指出,"命运共同体"的跨学科研究既是学术范式的转型和创新,也是建立文学与其他知识体系之间融通关系的有效路径。

---

① James Joyce, *Letters of James Joyce*, ed. Stuart Gilbert, New York: The Viking Press, 1957, p.297.

② 转引自 James Joyce, *Letters of James Joyce*, ed. Stuart Gilbert, New York: The Viking Press, 1957, p.297.

尽管"命运共同体"像其他文学题材一样能为跨学科研究提供丰富的文学资源,但其研究思路和学术范式与其他题材不尽相同。研究者不但要解决"跨向何处""为何跨"和"如何跨"等问题,而且要注重学理的调整和学术范式的创新。然而更重要的是,开展跨学科研究的学者必须坚守文学批评阵地和应有的学术立场,切莫"跨"入自己不熟悉的学科领域之后反客为主,一厢情愿地做既不专业又不擅长的研究。记得芝加哥批评学派创始人 R. S. 克雷恩曾经说过,"大家不要将文学当作心理学、历史学、社会学、伦理学或自传来看待"[①]。显然,在克雷恩看来,跨学科研究必须坚持以文学文本为主的批评原则,不能将文学与其他学科混为一谈。从某种意义上说,加拿大著名批评家诺斯洛普·弗莱的原型批评理论对"命运共同体"的跨学科研究具有极为重要的参考价值。"在许多人的心目中,这一时期最重要的学科互涉事件是诺斯洛普·弗莱的原型批评理论。弗莱的理论通过构建一个涉及文学、宗教、哲学、政治理论和历史诸多方面的神话结构,模糊了学科的划分。神话批评利用了心理学和人类学中的大量阐释方法,影响十分广泛。"[②]弗莱的成功范例表明:跨学科研究不仅需要对传统学理进行恰当的调整,也需要学术范式的创新。毋庸置疑,方法创新既是一切学术研究的核心价值所在,也是一个学者推陈出新、不断前行的关键所在。不仅如此,跨学科研究有助于加强文学与其他学科之间的融通关系,能有效采用多学科、多视角的批评目光来审视"命运共同体"等题材在文本中的美学表征,从而使文学作品的丰富内

---

① 转引自 Julie Thompson Klein, *Crossing Boundaries: Knowledge, Disciplinarities and Interdisciplinarities*, Charlottesville: University of Virginia Press, 1996, p.181。

② Julie Thompson Klein, *Crossing Boundaries: Knowledge, Disciplinarities and Interdisciplinarities*, Charlottesville: University of Virginia Press, 1996, p.183。

涵得到深度发掘。正如著名批评家米勒所说,"最突出的学科互涉影响是诠释学、现象学、结构主义、符号学和社会历史学。20世纪70年代末80年代初,女性主义、拉康基于语言学的心理分析以及符号学,开辟了新的研究方向……新的解读方式远远超出了新批评的文本阐释,扩展到批评阐释、修辞阐释和社会学阐释等多种类型"①。从某种意义上说,与其他文学题材相比,向来以人物美学批评为主要阐释方法的"命运共同体"的跨学科研究不仅有可能实现批评范式的升级与创新,而且更有必要建立与其他学科之间的融通关系,从而更加有效地发掘文学的社会功能和审美价值。

综上所述,英国文学中具有千年传统的"命运共同体"表征,充分体现了一种亚艺术体系的发展轨迹和美学沿革。毋庸置疑,目前文学批评界依然感到有些陌生的"命运共同体"跨学科研究虽然还不能使我们自豪地步入世界文学批评话语的中心,但至少能使我们前所未有地接近国际学术前沿。事实上,除了对英国文学的"命运共同体"展开审美和跨学科研究之外,还有与此相关的许多深层次问题有待深入探讨,如"命运共同体"书写与英国文学的发展、文学批评理论的沿革以及读者审美接受的变化之间的关系,在其表征过程中英国诗歌、小说和戏剧三大样式之间的互动关系,以及如何解决"命运共同体"审美"见树不见林"的问题,等等。所有这些问题都将进一步挑战中国学者的智慧。最后需要强调的是,英国文学的"命运共同体"表征与跨学科研究是在习近平主席倡导的"构建人类命运共同体"理念背景下提出的,是对这一伟大构想的积极响应,也是对国家战略和重大理论问题的有益探索。

---

① J. Hillis Miller, "The Role of Theory in the Development of Literary Studies in the United States", in *Divided Knowledge: Across Disciplines, Across Cultures*, eds. David Easton and Corrine S. Schelling, Thousand Oaks: Sage Publications, 1991, p.185.

流散、共同体的演变与新世纪流散文学的人类命运共同体书写[*]

曾艳钰[**]

内容提要:"流散"与"共同体"都是既古老又新颖的概念,随着时代的发展不断被赋予新意。通过梳理流散文学的演变特征、共同体概念的形成与演变,及流散文学中的"共同体"书写,笔者认为"流散"具有动态发展特征,而且自新世纪以来这种特征尤为显著。从"流散化"视角审视新世纪流散文学的发展,发现流散作家不断挑战和模糊传统民族和国家共同体的概念和边界,它呈现出超越"后殖民""民族性"和"本土性"的创作维度,体现出超越世界文学的全球性书写特征,并指向人类命运共同体共同价值的建构。

关键词:流散化 流散文学 人类命运共同体 全球小说

"流散"与"共同体"都是既古老又新颖的概念,随着时代的发展不断被赋予新意。流散现象与近代大规模的移民分不开,这一术语包含了西方殖民主义的文化霸权思想,流散现象突出昭示了

---

[*] 本文原载《当代外国文学》2022年第1期。
[**] 作者简介:曾艳钰,湖南师范大学外国语学院教授、博士生导师,主要从事当代英美文学与文化研究。

异质文化之间以不同文化态势（强势或弱势）进行的文化接触以及在其中呈现的各种文化规则。流散与文学有一种不解之缘，流散现象与流散文学在文学史上有着一段漫长的历史传统。文学共同体是当代普遍且重要的存在形式之一，也是世界文学发展不可或缺的因素。在流散文学的发展史中，"共同体"始终是一个关键词，流散文学的人类命运共同体思想基本上沿着"流散性与西方殖民主义文化霸权思想"的演进而发展。新世纪以来全球化呈现出多层面性和多维度性，各民族文化日益紧密关联在一起，但在相互关联（interconnectedness）中依然存在着冲突和张力，表现出典型的"后"时代特征。在由"后冷战时代""后'9·11'时代""后西方时代"到"后种族时代"的过程中，后现代、后殖民和后种族等概念与跨民族思维一起流行起来。在"世界主义"新观念、离散和语系文学的观照下，流散作家不仅关心个人或者族群的命运，也思考人类命运何去何从。通过梳理流散、共同体概念的形成与演变及流散文学中的"共同体"书写，笔者认为"流散"具有动态发展特征，新世纪以来这种特征尤为显著。从"流散化"的视角审视新世纪流散文学的发展，可以发现流散作家不断挑战和模糊传统民族和国家共同体的概念和边界，流散文学呈现出超越"后殖民""民族性"和"本土性"的创作维度。

一、流散和流散文学的概念解读与演变特征

"流散"是一个在"二战"后复活的概念，它指涉以犹太人为代表的分散在世界各地，有明显的宗教、种族和民族特征的散居族裔群体，随着时代发展不断被赋予新意，它可以是一种社会经历、一个分析范畴或是一种政治想象。在全球化进程中，大规模的移民

使流散现象越来越凸显出来，很多学者都从不同角度对"流散"进行界定和描述。加比尔·谢夫（Garbiel Sheffer）认为现代流散者由移民及其后代组成，他们虽然在移居国工作生活，却与祖国保持着情感和物质上的密切关联。① 威廉·萨夫兰（William Safran）勾勒出流散者的主要特征，并对流散现象进行了清晰的界定，他指出无论是异邦流散还是殖民流散，流散者都铭记故乡的历史传统和文化习俗，对居住国有一种疏离感，从而有强烈的民族意识。② 詹姆斯·克利福德（James Clifford）进一步指出作为边界共同体的流散群体可通过多样的文化形式、亲缘和商业关系维系流散者的内部联结。③ 罗宾·科恩（Robin Cohen）对萨夫兰的定义进行扩充，将流散者分为受害者、劳工和殖民者等几种类别。④ 米歇尔·莱斯（Michele Reis）则从更广阔的时空维度将其划分为包括古希腊流散在内的古典时期、以奴隶制和殖民主义为历史背景的现代时期和"二战"后的当代或现代晚期。⑤

随着文化研究和后殖民理论研究的蓬勃发展，斯图尔特·霍尔（Stuart Hall）、爱德华·萨义德（Edward Said）和霍米·巴巴（Homi Bhabha）等拥有流散背景的当代文学与文化理论家也开始关注流散这一历史文化现象。霍尔明确了流散者身份的异质性、

---

① Gabriel Sheffer, *Modern Diasporas in International Politics*, New York: St. Martin's Press, 1986, pp.3-5.

② William Safran, "Diasporas in Modern Societies: Myths of Homeland and Return", *Diaspora: A Journal of Transnational Studies*, 1.1 (1991), pp.83-84.

③ James Clifford, "Diasporas", *Cultural Anthropology*, 9.3 (1994), pp.302-305.

④ Robin Cohen, *Global Diaspora: An Introduction*, Seattle: University of Washington Press, 1997, pp.4-14.

⑤ Michele Reis, "Theorizing Diaspora: Perspectives on 'Classical' and 'Contemporary' Diaspora", *International Migration*, 42.2 (2004), pp.41-42.

多样性和混杂性。① 萨义德和巴巴也结合亲身经历对流散和流散知识分子的身份认同问题予以关注。此外,约翰·道克(John Docker)和雅娜·埃文斯·布拉泽尔(Jana Evans Braziel)等人均参与到流散的理论话语建构之中。

新世纪以来,流散也引发了国内学者的广泛关注,其中以童明和王宁最具代表性。童明将"diaspora"译为"飞散",认为今天所指的"飞散"包括了跨民族性的文化、文化翻译和文化混合等内涵,是"后"时代表意过程中一个灵活的能指。当代意义上的"飞散"少了些被动的哀戚,多了些主动性与生命繁衍的喜悦。② 王宁则将"diaspora"译为"流散","流散"的内涵已经越来越中性,且专指全球化时代移民造成的流散状态。③

流散与文学有一种不解之缘,流散现象与流散文学在文学史上有着一段漫长的历史并且形成了独特传统。在此进程中,"流散"和"流散文学"始终在被界定之中。王宁在区分"流亡作家""离散作家"和"流散作家"的异同后,将广义的流散文学追溯至文艺复兴时期和启蒙时期的流浪汉小说。④ 他强调地理空间的位移与流散概念的密切关联,认为全球化时代的流散现象"始于19世纪后半叶全球范围的大规模移民",而流散文学指"流落异国他乡的移民们所从事的文学创作"。⑤ 刘洪一将流散文学界定为伴随着流散现象以文学形式对其历史文化内涵进行诗性表征的文学事实,并

---

① Stuart Hall, "Cultural Identity and Diaspora", in *Identity: Community, Culture, Difference*, ed. Jonathan Rutherford, London: Lawrence and Wishart, 1990, p.223.
② 童明:《飞散》,《外国文学》2004年第6期,第56页。
③ 王宁:《流散文学与文化身份认同》,《社会科学》2006年第11期,第172页。
④ 王宁:《流散文学与文化身份认同》,《社会科学》2006年第11期,第173页。
⑤ 王宁:《流散文学与文化身份认同》,《社会科学》2006年第11期,第170页。

以希伯来圣经为流散文学之滥觞考辨流散文学的内部机理，探究它和比较文学的内在联结。[①] 朱振武则以非洲英语文学为例，将本土流散、殖民流散和异邦流散均纳入流散文学的范畴，定义它是"在国家和文化间有跨界生存经历的作家所创作的文学作品"[②]。

"流散"和"流散文学"不断被界定是因为"流散"的概念始终处在一个不断发展和重构的过程之中。随着"流散"概念内涵的扩张，出现了所谓的"流散之流散"（diaspora diaspora），即流散概念的泛化，每个人都是流散的，作为术语的"流散"不再具备辨别不同现象的能力。[③] 当流散化演变为全球化扩散意义的隐喻，流散现象逐渐复杂，其形式、文化形态与特征均有所不同。侨民、族群属性和跨国主义等概念均与流散现象关联。基于"流散"的动态发展特性，结合其意义在不同历史语境和领域中不断被重构的变化，我们发现应该把"流散"概念置于"流散化"的背景之下进行考量，以动态的眼光审视流散文学的发展演进。以此来观照"流散文学"，"流散文学"就是流散者创作的文学作品（包括文学理论），具有流散生存经历的作家艺术地反映流散文化现象及其生成变化事实的文学作品。流散作家介于两种或以上的民族文化之间，其民族文化身份认同呈现分裂和多维状态。流散文学旨在通过艺术创作反映流散族群的文化选择以及失根、背离和再生等"流散性"主题，其创作既可以使用母语，也可以使用宿国的语言。流散作家作品往往既超越本民族又对其文化记忆情有独钟，因此在其作品中常常有一

[①] 刘洪一：《流散文学与比较文学：机理及联结》，《中国比较文学》2006年第2期，第103页。

[②] 朱振武、袁俊卿：《流散文学的时代表征及其世界意义：以非洲英语文学为例》，《中国社会科学》2019年第7期，第135页。

[③] Rogers Brubaker, "The 'Diaspora' Diaspora", *Ethnic and Racial Studies*, 28.1 (2005), pp.1–3.

种混杂的"第三种经历"。

不妨将流散文学的发展分为以下几个时期：古代萌芽期流散文学，16世纪至19世纪帝国国家意识形成时期的欧洲中心主义流散文学，20世纪上半叶、"二战"以后至20世纪末充满"世界性想象"的当代流散文学，以及新世纪以来超越后殖民主义的流散文学。从时间上来看，流散与流散文学跨越整个人类文明发展史。这种跨种族、民族和区域的写作，不仅反映了地理空间上的位移，同时也折射出不同文化空间碰撞后的混杂状态，进而构筑文化之间和之外的能容纳种族和阶级差异的第三空间，在全球化世界文学进程中，构建出独特的流散文学共同体。

二、共同体与流散文学的共同体书写

"共同体"原意指城邦设立的市民共同体。19世纪末的德国社会学家斐迪南·滕尼斯（Ferdinand Tönnies）开启了共同体探讨之滥觞。他区分了"共同体"（gemeinschaft）和"社会"（gesellschaft）这两个经常混用的词汇，指出"共同体是持久的共同生活，社会只不过是暂时的。因此共同体被理解为一种生机勃勃的有机体，而社会被理解为一种机械的聚合和人工制品"①。美国芝加哥学派的代表人物罗伯特·帕克（Robert Ezra Park）将"社区"的特征概括为：按区域组织起来的人口，他们不同程度地扎根于赖以生息的土地，每个人都生活在相互依赖的关系中。② 此处的社区已经有了明

---

① 转引自殷企平：《西方文论关键词：共同体》，《外国文学》2016年第2期，第72页。
② Robert Ezra Park, "Human Ecology", *American Journal of Sociology*, 42.1 (1936), pp.1-3.

显的空间地域范围限制。滕尼斯对共同体的理解在长时间内成为主流,雷蒙·威廉斯便是其继承者。他梳理了英语中"community"一词衍生出的四个基本含义:平民百姓(14—17世纪)、国家或组织有序的社会(14世纪起)、某个区域的人民(18世纪起)以及共同拥有某些东西的性质(16世纪起)。①

自共同体概念流行后,对共同体有机/内在属性的质疑和解构也开始出现,并在后现代主义兴起后形成一股强大的批评思潮。海德格尔认为传统的"共同体"是一种"形而上学共同体",他通过现象学还原创造了"存在论共同体",这不仅是一种"无同一性的政治共同体",而且是一种"习俗共同体"和"宇宙-道德共同体"②。法国学者让-吕克·南希(Jean-Luc Nancy)围绕着"死亡""他异性""独体/单体"和"交流/传递"等七个范畴来探讨共同体的属性,否认其内在性,进而怀疑以内在性为基础的真实性。③斯坦利·费什(Stanley Fish)提出的"阐释的共同体"由一群拥有同样阐释策略的读者组成以确定阐释是否有效。由于策略不同意味着不同的阐释共同体④,齐格蒙特·鲍曼(Zygmunt Bauman)把"共同体"视为一个象征着安全和谐的有机体⑤。

综上所述,"共同体"在界定人们的社会身份和社会角色等方

---

① 转引自周敏:《共同体的美学再现:米勒〈小说中的共同体〉简评》,《外国文学》2019年第1期,第164页。
② 转引自胡平:《海德格尔的"共同体"概念》,《中国社会科学报》2019年10月15日。
③ 转引自殷企平:《西方文论关键词:共同体》,《外国文学》2016年第2期,第73页。
④ 转引自周敏:《共同体的美学再现:米勒〈小说中的共同体〉简评》,《外国文学》2019年第1期,第167页。
⑤ Zygmunt Bauman, *Community: Seeking Safety in an Insecure World*, Cambridge: Polity, 2000, pp.3-5.

面起着至关重要的作用。共同的情感追求和命运将个人联系起来构建成集体,形成一个想象的"共同体"。从流散的角度看,世界历史的发展便是共同体的流动发展史。在人类历史进程中,共同体经历了原始共同体、古代的政治共同体、中世纪的信徒共同体等直至人类命运共同体。人类命运共同体理念是扬弃个体的"此在"着眼于人类的"共在",旨在突破较为狭隘的民族国家视域而着眼于人类整体,超越当下功利而面向未来。纵观世界历史的发展,它正是在流动中建构起各个层次和领域中有形或无形的共同体,文学共同体便是最重要的一种形式,"文学是共同体的想象性再现,并描述了真实世界的共同体"①。

在人类命运共同体全球化的形成中,世界文学与人类命运共同体的构建相互促进。文学中人类命运共同体的核心是人类的视角,表达的是对人类命运的关切,是对和平与发展的向往以及各民族生存经验的思考。古希腊文学中"人本意识"的觉醒、自我认识的开启以及以人为中心去观察世界,从以神为中心到以人为中心的文艺复兴的曙光;启蒙主义作家创作的一系列具有世界意义的作品;浪漫主义文学家们渴望建立美好社会,求得人类幸福的迫切愿望;现实主义文学家对精神文明遭遇的危机进行的深刻反思;现代主义文学以审美的方式展现客观世界的荒诞、社会对人的压迫及现代人对精神家园的渴求;后现代主义文学以解构的方式对西方现代性的反思。一部文学史就是一部关注人类命运、寻求人类命运建构的文明发展史,一代代作家致力于对人类命运的解读,促进了人类对共同命运的探索。

---

① J. Hillis Miller, *Communities in Fiction*, Beijing: Foreign Language Teaching and Research Press, 2019, p.17.

从历史维度来看,古代至 15 世纪末可以视为流散文学共同体书写的第一个时期,这一历史阶段流散文学作品对人类命运共同体的想象,与作家所处的历史和文化语境有密切关系,受到宗教、文化和政治等多方面因素的制约。在人类命运共同体的形成过程中,宗教经典、历史经典和文学经典等成为打造集体认同的核心文本。16—19 世纪末可以看作流散文学共同体书写的第二个时期,这是欧洲中心主义形成并获得全球性影响的时期,人类在这期间完成了从有限度的人类命运共同体到真正意义上的全球性人类命运共同体的转变。这一时期的殖民帝国流散文学是 20 世纪及之后流散文学的先声,呈现出鲜明的欧洲与非欧洲的不对称性。20 世纪初—20 世纪中叶是流散文学共同体书写的第三个时期,这一时期的两次世界大战给世界人民带来了深重的灾难。人们在战争和革命中经受痛苦,很多社会观念遭到质疑并引发了世界范围的精神危机。这一阶段的流散作家们作为"他者"流亡他国,遭受排斥后对人们之间深度沟通/交流的渴望又促使他们努力融入当地文化。这些作家在从"边缘"向"中心"靠拢的过程中将自己湮没于"他们"之中。"二战"后至 20 世纪末这一阶段,流散文学已经从边缘逐渐走进了世界文学的中心,呈现出新的文化表征——从"他者"的共同体想象转向"双重视界"的世界性想象。流散作家们从"二战"之前的文化分裂症、失落和"他者"境地中走出来,利用其"双重视界"和"中间位置",消解欧洲中心主义思维模式,开始"世界性想象"。

流散文学的跨民族性及跨区域性特征导致民族-国家疆界的模糊和语言的裂变。流散作家的地域跨界、语言跨界和宗教信仰跨界等催生出新的文学文化形态。流散作家打破传统的地域、种族和文化等的分界线,原文化与宿国文化碰撞冲突但借鉴融合,形成了文化、种族和语言等的多元共生局面。因此,兼具民族性与世界性、本土性与全球性的新世纪流散文学具有更宽广的世界性视野和人类情怀。

三、超越后殖民的新世纪流散文学与人类命运共同体书写

新世纪以来,全球化以历史力量激荡人类生活,呈现出多层面性和多维度性,国际间移民频繁,各民族在这种相互关联(interconnectedness)中产生冲突和张力。在由"后冷战时代"过渡到"后'9·11'时代""后美国时代"和"后种族时代"的过程中,后现代和后种族等概念与跨民族思维成为日常生活的一部分。参照后结构理论和结构主义之间的张力关系,"后"可以指与词根代表的概念处于一种有批评张力的关系中。① "后殖民"便意味着对"殖民主义"的批评张力。"后"是一种超越的文化逻辑(a cultural logic of beyond),文化研究和文化生产的出发点应该有多个或是多个出发点的混合,超越逻辑指导下的文化实践十分看重以历史为动力的差异表述。②

作为世纪之交学术研究中最受人关注的流派之一,后殖民主义意在解构殖民主义传统的经典神话,消解西方(欧美)中心论及其二元对立,揭露西方现代性和所谓"普世性"的面具,重建底层民众和"少数族"的主体性并帮助其发声。但后殖民主义观照殖民统治的历史现实对第三世界民族文化心理造成的悖谬状态,使其陷入拟解构的二元对立的悖论巢穴。在此背景下,后殖民理论"将政

---

① 童明:《飞散》,《外国文学》2004年第6期,第56页。
② Homi K. Bhabha, *The Location of Culture*, London: Routledge, 1994, p.133.

治经济和种族、性别和阶级中的剥削还原为话语和互文性,这就取消了主体和集体改变其生活的反抗的可能性"[1]。后殖民主义批判总体性、拒斥民族解放运动,这使其成了全球资本主义意识形态的同谋,是"文化帝国主义"和"第三世界文化美国化"[2]的一部分。

从流散的视角来看,当代文化实践根据"差异"和"显现"演示而产生的叙述必然是跨民族的。流散因此带有"后"时代的哲学和政治特征,即后殖民策略、二律背反和衔接空间等。新世纪以来,西方中心论视域下的世界文学观念受到越来越多学者的质疑。他们认为世界文学过分依赖翻译,逃避文本细读,欧洲中心主义思想根深蒂固。"为世界而作的文学作品和世界有关,参与世界活动的文学作品……被世界接受的文学作品。"[3]尽管世界文学强调"为了世界"并致力于检验作品如何"传播",然而鲜有世界文学作品的关注点是事关全球的重要事件。全球文学(Global Literature)便是基于此而产生的。

后时代流散文学创作的内容主题不再只限于追溯族裔的历史和共同经历,而是进而关注具有"普遍价值"的人类共同命运。后时代流散作家不仅有双语文化背景,而且有一定的流散经历并主动进行跨越民族-国家的交流和文化整合,如奥罕·帕慕克(Ferit Orhan Pamuk)为文明的共存而进行的写作,勒克莱齐奥(Jean-Marie Gustave Le Clézio)试图站在全人类视角来建构国际主义人

---

[1] E. San Juan, Jr, *Beyond Postcolonial Theory*, London: Palgrave Macmillan, 1998, p.7.

[2] E. San Juan, Jr, *Beyond Postcolonial Theory*, London: Palgrave Macmillan, 1998, p.11.

[3] Martin Puchner, "Preface", in *The Norton Anthology of World Literature*, eds. Martin Puchner, *et al.*, New York: W. W. Norton & Company, 2009, pp. xv–xvii.

类身份认同的"国际主义写作"实践,伊莎贝尔·阿连德(Isabel Allen de)的多元生态书写等。面对未来世界,作家关心的不仅是个人或者族群的命运,还有对人类命运何去何从的思考。全球文学便是在此语境中产生的创新性文本,它探讨的是有影响的重大问题,如战争、人权侵犯和环境恶化等。这就触发了一些关于人类共同体的思考,成为一种超越世界文学的"全球文学"写作现象。全球小说与其说是一种流派,不如说是一种想象世界的方式,作家们将不同地方和民族视为密切相关的整体,将人物置于最广泛的想象力之下,并以21世纪的主题来解决小说长期关注的道德和社会等主题。全球小说并不是很多文学评论家所指责的那种平淡无奇的商业产品,而是找到了一种方法来重新审视人类的意义。① 21世纪的全球小说更具有自我反思性和创造性。奇马曼达·恩戈齐·阿迪契(Chimamanda Ngozi Adichie)的《美国佬》(*Americanah*,2018)的故事在英美和尼日利亚之间展开。伊菲姆鲁是一个21世纪的移民,她生活在美国,但从未真正成为美国人,最后回到了她的祖国。小说中到处可见她对美国生活特别是对种族关系的嘲讽,这样的移民具备了从外部观察社会并进行反思的理想条件。

大卫·米切尔(David Mitchell)的作品充斥着全球视野和历史深度——从19世纪的南太平洋到遥远的英伦,从四川圣山下的老妇人到异域的未来世界,米切尔在不同的时空之间驰骋,就像是在"对着地球仪写作"。他的《云图》(*Cloud Atlas*,2004)由六个环环相扣的故事组成,时间跨度从19世纪到后末日时代。小说对当下严峻的生态危机进行批判和反思,同时对未来地球的生态图景进行

---

① Adam Kirsch, *The Global Novel: Writing the World in the 21st Century*, New York: Colombia Global Reports, 2016, pp. 11 – 26.

大胆预测和警示。日裔美国作家山下凯伦(Karen Tei Yamashita)的小说《橘子回归线》(*Tropic of Orange*, 1997)呼吁人们在世界建立一个多元文化并存的家园。其小说已超越了单一的少数族裔文化范畴，关注全人类的社会现象和精神困惑等主题，呼应了文学研究的去国界化。

可见，像米切尔这样的作者力图解构先锋艺术与商业文化模式下的族裔生命经验，他们的跨国写作对全球化语境下国家/区域之间的政治、经济和历史关系进行反思，进而在全球化视野下揭示全球文学关注民族/国家身份的历史和政治意义。新世纪以来的流散文学跨越族群和国家，指向了人类命运共同体价值的建构。

结语

在文化全球化的今天，多元化的思想和价值观在全球广泛存在，不同人群和异质文化之间的联系也更加紧密，希冀用国别或地域概念对文学加以约束是不现实的，而文学共同体的构建有助于消弭各国之间的冲突与分歧。新世纪以来，作家们不再囿于某个国度而是关注人类整体命运的未来，并在跨国语境下反思人的自我及迷失。在作品中，已经不存在个人式或民族的英雄，而是由不同国家组成联合机构来应对巨大挑战。当代流散文学跨越了国家、语言和文化的界线，代表了多元文化的整合趋势，也预示着超越世界文学的全球共同体出现的可能性和前景。

凝聚与涣散:《多彻迪》中苏格兰工人的共同体信念[*]

吕洪灵[**]

内容提要:在 20 世纪 70 年代的苏格兰,以威廉·麦基尔文尼的《多彻迪》为代表的创作既继承了苏格兰文艺复兴中对民族精神的在意,也率先将创作的笔触对准了苏格兰城市工人的生活,描写了他们的共同体想象在劳资矛盾深化的资本社会发生的变化。本文基于对《多彻迪》中家庭关系、宗教选择、工友行为等方面的分析指出,小说立足于家庭共同体关系的演变,通过普通矿工家庭的经历而非激烈的劳资矛盾来展现苏格兰工人的集体记忆与社会现实,探析了工人的共同体信念在现代社会的凝聚与涣散。它对于 20 世纪初期苏格兰工人的刻画亦是对 20 世纪 70 年代工人状况的追溯性反思,预言了苏格兰工人共同体信念在当代社会的失落。

关键词:《多彻迪》 威廉·麦基尔文尼 苏格兰工人 共同体信念

自工人阶级走上历史的舞台后,对工人生活的描写在小说创作中屡见不鲜,作家们往往会突出反映工人与资本家的正面冲突,

---

[*] 本文原载《外语研究》2016 年第 1 期。
[**] 作者简介:吕洪灵,华东师范大学文学博士,南京师范大学外国语学院教授、博士生导师,主要从事英美文学研究。

表现两个阶级不可协调的矛盾。然而，随着时代的发展，在当代社会的语境中，两者的关系复杂化，小说家的表现手法也在发生着变化，未必以激烈的劳资矛盾为表现的核心，而是落笔在普通工人的日常生活以洞见时代的流光，并通过共同体这一视角表现出对当代社会工人问题的思考。当代苏格兰小说家在这方面不乏建树，威廉·麦基尔文尼（William McIlvanney）即一位代表性作家。他的作品，无论是严肃小说还是侦探小说，都传达出对城市工人阶级的关注，而他也成为"率先成功冒险穿越阶级界限（就他而言，只是原地不动地）、将创作专注于苏格兰工人阶级的主要苏格兰作家"[1]。在之前的苏格兰小说里，城市工人尽管已经成为社会的主要力量，但少有成为作家的主要关注点。麦基尔文尼的代表作《多彻迪》（*Docherty*，1975）[2]则把握住了时代的脉搏和苏格兰的现实，既继承了苏格兰文艺复兴中对民族精神的在意，也率先将创作的笔触对准了苏格兰城市工人的生活，通过普通而饱满的工人形象折射工人群体面临的严峻问题。

评论者迪克森将小说比作"城市版的《日落之歌》（*Sunset Song*，1932）[3]，一战前工人阶级的共同体精神（communal spirit）和品质的哀歌"[4]。共同体是麦基尔文尼和后来的詹姆斯·凯尔曼（James Kelman）、欧文·韦尔什（Irvine Welsh）等苏格兰作家都十

---

[1] Keith Dixon, "Writing on the Borderline: The Works of William McIlvanney", *Studies in Scottish Literature*, 24.1 (1989), p.142.

[2] 《多彻迪》获得惠特布莱德小说奖（the Whitbread Award for Fiction）和苏格兰艺术协会奖（Scottish Arts Council Book Award）。

[3] 《日落之歌》是苏格兰文艺复兴时期代表小说家刘易斯·格拉西克·吉本（Lewis Grassic Gibbon）的代表作，为其《苏格兰书》（*A Scots Quair*，1932—1934）系列作品中的首部。

[4] Keith Dixon, "Writing on the Borderline: The Works of William McIlvanney", *Studies in Scottish Literature*, 24.1 (1989), p.148.

分在意表现的一个主题,是他们反思苏格兰民族现状的一个重要方面。齐格蒙特·鲍曼(Zygmunt Bauman)在《共同体:在一个不确定的世界中寻找安全》(*Community: Seeking Safety in an Insecure World*)一书中,将之描绘为成员相互了解、互相依靠、令人感觉温馨的场所。[①] 但是,这种温馨不可避免地要受到外界的影响和冲击,它在很大程度上是一种美好的希望与想象,与残酷的现实存在着分歧。小说中的人物往往由于这种分歧而迷茫沉沦,韦尔什等所创作的来自下层社会的人物身上所呈现的基本就是现代社会中共同体精神的缺失。《多彻迪》与之所不同的是,它发生在共同体价值受到尊重但已然受到威胁的20世纪初期,通过对工人个人品质与命运的建构表述了工人对共同体精神的坚守与彷徨。

在小说创作的年代,随着格拉斯哥等工业城市的发展,城市工人人口增加,劳资等各种矛盾相应激化。[②] 同时,由于资本市场的扩张和消费社会的逐步壮大,人与人之间既定的社会关系制约受到削弱,瓦解了国家共同体中人们的认同感。罢工成为工人们对自由与安全感失衡的反应。在这样的背景下,麦基尔文尼避开现实的锐利锋芒,将《多彻迪》的背景放在1903年到20世纪20年代的苏格兰西部,以早期即已不容乐观的工人状况比照了小说写作

[①] 齐格蒙特·鲍曼:《共同体:在一个不确定的世界中寻找安全》,欧阳景根译,南京:江苏人民出版社,2003年,第2—3页。
[②] 保守党爱德华·希思(Edward Heath)任首相期间(1970—1974),工会改革未能取得成效,通货膨胀和失业情况愈益严峻,社会福利开支削减令民众滋生怨言,工党詹姆斯·卡拉汉(James Callaghan)任职期间(1976—1979)控制薪金加幅的政策也激起工会强烈不满。1978年至1979年的冬天英国国内接连发生工业纠纷和大罢工(史称"不满足的冬天"),造成经济的混乱状态。

年代更加恶化的情势。① 小说主要涉及的是 1921 年为期 3 个月的煤矿罢工。这次罢工使得政府同意给予煤矿业补贴，但煤矿老板后来又采用关门歇业来应对，逼得矿工们接受复工强加的条件。如果说，现实中"怒火与怨恨中烧"的矿工激起另一位小说家罗宾·詹金斯(Robin Jenkins)深挖人性之恶②，麦基尔文尼则赋予他们充分的同情，描写他们在家庭、在社团中的状态。在小说中，他借昔喻今，将生活于城市底层的工人置于艺术创作的中心，展现他们传统的共同体精神和价值观。其中，家庭、宗教都与工人的共同体信念密切联系，相互交织，而且家庭首当其冲地呈现出共同体信念的凝聚与涣散。

一、共同体关系的基础：传统的苏格兰家庭

家庭是共同体的一种形式，用滕尼斯(Ferdinand Tönnies)的话说，它是共同体的胚胎，"是共同体现实的最普遍的表现"③，是其他共同体关系表现的基础。麦基尔文尼在小说里让它成为基本内核，通过父子、夫妻、邻里关系展现主人公塔姆·多彻迪(Tam Docherty)在家庭共同体中的角色，并推演到他在宗教信徒和工人社群中的关系。小说没有直接描写当时的苏格兰工人运动和世界

---

① 1919 年，在工会组织下，苏格兰工人聚集在格拉斯哥市中心的乔治广场，要求改善工作条件，实行每周 40 小时工时；1926 年 5 月，英国工人大罢工十天，支持煤矿工人的诉求。两次罢工都以失败结局，很多煤矿工人出于生计被迫接受低工资、长工时，重返煤矿工作。
② 罗宾·詹金斯(Robin Jenkins, 1912—2005)：代表作为《摘果人》(*The Cone-Gatherers*, 1955)。他曾目睹 1926 年的煤矿工人罢工时所表现出的怨恨与愤怒，由此创作出了《摘果人》中的反面人物杜勒尔。
③ 斐迪南·滕尼斯：《共同体与社会：纯粹社会学的基本概念》，林荣远译，北京：商务印书馆，1999 年，第 76 页。

大战,它围绕着矿工塔姆一家展开,叙事从幼子康恩(Conn)的出生延展至塔姆在矿上罹难之后,其中出生、婚礼、葬礼等仪式性事件伴随着家庭遭遇和变化,暗喻了当时整个苏格兰工人社群的状况。

在小说的开篇,通过邻居中产者吉尔菲兰小姐(Miss Gilfillan)的视角,一家之主塔姆和他即将临盆的妻子出现在读者的面前,勾勒出一个传统的家庭景象,类似于阿伯克龙比(Abercrombie)等在《当代英国社会》(*Contemporary British Society*)中所描绘的基本家庭模式:

> 父母双亲,年纪在20至45岁之间,依法缔结婚姻,之前未有过嫁娶。家里有两个孩子,由该对父母(非他人)所生,与之共同生活。丈夫的工作为重中之重,妻子也可以有工作,兼职性质的,或可以因抚养孩子中断,无需有职业。即便丈夫可以偶尔帮忙,妻子也需承担主要的家务。家庭本身是自给自足的、几近私人化的机构——一个自己的世界。最后就是,家庭成员有着幸福感。①

这一家庭也符合苏格兰经济学家亚当·斯密在《国富论》中对家庭中两性角色的区分:男人致力于"生产",而女人致力于"再生产",负责繁育和家里的活计。在传统的苏格兰家庭里,这种男主女从的模式是普遍状况,男性中心是不二法则,至于幸福感的问题则可另当别论。小说中高街上的居民多为煤矿工人家庭,男人出工上班,女人在家打理家事。叙述者如是说:"高街上的一些传说

---

① 转引自 Horst Prillinger, *Family and the Scottish Working-Class Novel: 1984 - 1994*, Frankfurt: Peter Lang, 2000, p.23。

民俗是有关女人牺牲的:打老婆,发薪后就在煤矿到家的路上买醉,孩子爸喝多了啤酒昏头昏脑地躺在临盆的房间里,孩子生了也浑然不知。"①多彻迪一家和他们相似,但也有不同。

他们一家六口人,塔姆、妻子詹妮(Jenny)以及他们的三个儿子一个女儿,塔姆作为丈夫和父亲是这个家庭共同体里毋庸置疑的中心。不过,他和民俗说法中的那些男人很不一样。麦基尔文尼将他塑造成一位有担当的男性家长,身上洋溢着朴实正派的工人品质。叙述者借吉尔菲兰的眼光打量着这个男人,他从煤矿工作回来,总是"干干净净的,穿着宽松的夹克,戴着白色的围巾,黑色头发上戴着个无边呢帽,他看起来竟有些弱不禁风,脸色苍白,好像是挥之不去的怒火引发的苍白。不过,夏天卷起衬衫袖子时,他的骨架掩饰了其他部分。肩膀很有英雄气势,每动一下前臂的肌肉都会鼓起来。腰部以下,他又显得羸弱了,宽大的裤子掩饰不住稍微弯曲的双腿"②。这样的描述呈现给人们的是一位尽管有脆弱之处却不失尊严和英雄气概的男性。在麦基尔文尼的笔下,塔姆虽然处于下层阶级,是为了生计而奋力工作的矿工,但他全然不是现代小说中惯常出现的那种"千篇一律毫无个性的、可耻的、没有品位的社会群体[穷人]"③的一员。

在滕尼斯描述的家庭共同体里,父亲的威严是具有领导力的。"年龄的威严,强大的威严,智慧或智力的威严"在父亲的威严里结

---

① William McIlvanney, *Docherty*, London: Canongate, 2014, p.4.
② William McIlvanney, *Docherty*, London: Canongate, 2014, p.5.
③ 转引自 Carole Jones, "White Men on Their Backs—From Objection to Abjection: The Representation of the White Male as Victim in William McIlvanney's *Docherty* and Irvine Welsh's *Marabou Stork Nightmares*", *International Journal of Scottish Literature*, 1.6 (2006), p.15.

为一体,"保护、提携、领导着"①家人,塔姆在家里即起到了这样的作用。可贵的是,他的威严是与慈爱相互依存的。他在家里既不买醉,也不打老婆,是个可以在妻子临产时守候在身边的尽职丈夫,为孩子教育和工作费心尽力的好父亲。旁观者吉尔菲兰小姐的父亲也是位威严的家长,他的威严却带着冷酷的感觉,留在吉尔菲兰记忆里的场景是他严厉地训斥并解雇了一个瘦骨嶙峋的邮递男孩。塔姆坚忍而富有同情心的形象令后者相形见绌。他和麦基尔文尼在侦探小说《莱德劳》(*Laidlaw*)中创造的父亲形象也很不一样,那位父亲严苛地对待自己的女儿,在一定程度上促成了女儿离家出走的悲剧。塔姆的慈爱与威严则发挥了家庭凝聚力,在外界变化还未形成强烈干扰的状态下,维护了家庭这种最基本的理想共同体形式,即便后来二儿子分家单过时,他对父亲也仍满怀敬畏。对于家庭这个极具凝聚力的集体,塔姆有着极为朴素而不乏深刻的理解:"家庭是忠诚、理智、彼此关爱的小城堡,矗立在与合法化的财富掠夺和社会不公正相对抗的土壤上。"②出于这样的理解,他忠诚于自己的家庭,热爱自己的家人,并将对家人的爱与保护拓展到对社会不公正现象的感悟与批判,这也正是他英雄品质的一种表现。与早期苏格兰小说中样板式的苏格兰家长形象相比,塔姆所承载的工人阶级品质则令他的家长形象更富有棱角和凝聚力。

在麦基尔文尼的笔下,家庭成为展现塔姆朴实品质的最充实的平台,温顺的妻子和尚且听话的子女似乎构成了温馨的家庭圈子,不过,温馨并不能持久,外界风云的变化也影响到这个家庭的

---

① 斐迪南·滕尼斯:《共同体与社会:纯粹社会学的基本概念》,林荣远译,北京:商务印书馆,1999年,第64页。
② William McIlvanney, *Docherty*, London: Canongate, 2014, p.95.

稳定和睦。值得指出的是，在演绎变化的过程中，麦基尔文尼尽管展现了妻子詹妮给予丈夫的支持、女儿对父亲的敬重，给予女性角色一定的空间，但他没有花费很多笔墨突出女性形象，或让夫妻及父女关系成为这部小说发展的主线，而是令父子关系占据了主导地位，父子关系的变化颠覆了家庭共同体的稳定，也是工人共同体理想衰微的一种结果表现。这种聚焦男性父子关系的写法虽然有囿于性别意识窠臼之嫌，却也是一种对现实状况的反映，而且有效地突出了塔姆与共同体精神的情结。有关父子关系变化的意义，在后文将会进一步讨论。

二、宗教信仰的选择与人文的共同体信念

塔姆在家庭共同体中的核心地位展现了苏格兰工人家庭的特征，也融入了小说对于工人生活和社群的探究。我们知道，在共同体不同形式的结合里基本上都保留着家庭的类型和理念[①]，麦基尔文尼在小说里独具匠心地通过家庭形式来展现宗教凝聚力的势弱，以突出工人共同体的团结性，丰富了共同体在小说里的表现形式与内容。

在现代苏格兰社会和家庭中，宗教共同体这一信徒团体的凝聚力已不同于以往，多种信仰分支的并存还很容易引发争端。麦基尔文尼在小说里并未试图刻画一个温馨的宗教社群，而是展现了不同信仰的碰撞。同时，他还将家庭作为切入口，没有设计新教徒和天主教徒在公共场所高街上发生冲突，而是将不同教派放置

---

① 斐迪南·滕尼斯：《共同体与社会：纯粹社会学的基本概念》，林荣远译，北京：商务印书馆，1999年，第278页。

在多彻迪一个家庭里以引发矛盾,以此促进人物的性格发展和小说意义的构建。小说里,出身爱尔兰天主教家庭的塔姆与新教徒詹妮的婚姻以及他对儿子宗教归属多样化的选择,都令他与父母和亲戚产生芥蒂。但他只是寥寥数语打发了父亲,牧师的劝诫也未能改变他的决定。从这类事件可以看出,塔姆有主见而不随流,没有依附于宗教共同体的繁文缛节,而是既坚持自己对宗教的理解,又对宗教信仰持包容态度。

塔姆和家人不同的宗教选择从一个侧面反映出当时苏格兰家庭里多样化的宗教信仰,而且宗教在他的家里既不是凝聚家庭成员的要素,也没有成为凝聚小说里塔姆和其他人物的力量。在小说最后塔姆的葬礼上,他的妻儿尊重他对于宗教的态度,没有安排天主教仪式的葬礼,结果是:"一些人因为整个过程令他们觉得不符合规矩而回避。一些人为了塔姆而来,一些人为了露个面,一些人来是想表明对詹妮的支持。整件事的分歧表现在,来了某位姐夫,其他的姐夫没来,来了丈夫,妻子没来,即便两人都受到了邀请。"①这来与不来很是微妙地显示了宗教信仰或强或弱的作用,尽管如此,来参加葬礼的人并不在少数,他们的到来并非都因为属于一个宗教社群,而更多源于对塔姆的认同与尊敬。他的老朋友塔杰尔(Tadger)和被他救起的小伙子在悼词中赞誉了塔姆的人格力量,后者更是承诺,他会在塔姆的感召下成为比以前更好的人。大儿子米克在塔姆下葬前的一席话为点睛之言,道出了塔姆的力量所在:"没有仪式,是因为我们认为他并不想要仪式。我想他是希望这样的。只有朋友来为他送行。我想,他所信奉的就是同伴

---

① William McIlvanney, *Docherty*, London: Canongate, 2014, p.339.

(folk)。"①的确如此,塔姆将人们聚集在他身边依靠的不是某种宗教信仰,而是他对工友的帮助团结之心和对工人共同体的信念。

当时的苏格兰,随着工人罢工运动的进行与失利,底层人民的共同体理想得到鼓舞,但也逐渐随着运动的失利而涣散。就塔姆而言,以他为代表的工人们没有放弃对工会的信任,还是希望通过社群团体的努力改善劳资关系,改善境遇。在塔姆和叔叔参加埃尔郡各煤矿罢工前的会议并看到与会者人数众多时,他产生的是"敬畏感",觉得他们可以做"任何想做的事"了,他和父亲老康恩之前争执而产生的空白"突然地,奇妙地,被人填满了"②。共同体理想带来的力量感给予他信心和满足,他本人在自己的小团体里也表现出锲而不舍、遵循原则的领袖力和影响力,用他的同伴的话说,"他身形不高但影子宽"③。其他人也许可以打败塔姆,但塔姆只要认准了理就不会妥协,不会放弃。

塔姆所奉行的其实是朴实而人文的共同体信念,尊重同伴,尊重作为人的尊严。在小说里,以他为代表的工人没有被赋予贫穷而堕落的习惯性标签,而是被塑造为忠厚善良、崇尚工人团结、具有英雄气质的形象。例如,某个外来的醉汉挑衅打架,塔姆的同伴塔杰尔起身应战,一头撞破了醉汉的鼻子。不过,教训了醉汉之后他们并没有扬长而去,而是帮他清洗,送他到路口去火车站。叙述者紧接着对此做出了评论:"整件事具有共同体行为的品质,并非带着敌意来做的。"④共同拥有的工人社群给予他们存在感和自尊感,小说开头讲到的好友巴夫(Buff)在小康恩出生前来看望陪伴塔

---

① William McIlvanney, *Docherty*, London: Canongate, 2014, p.340.
② William McIlvanney, *Docherty*, London: Canongate, 2014, p.52.
③ William McIlvanney, *Docherty*, London: Canongate, 2014, p.197.
④ William McIlvanney, *Docherty*, London: Canongate, 2014, pp.42-43.

姆,也是因此而为:"加深他们情谊的是矿工间共有的身份,好像他们是特别的一类。"①塔姆和他的工友们这种拥有相同身份与特点、具有共同习惯和需求的工人共同体关系,使得他们互相帮助、平等和睦地相处。

在这样的关系中,他们身上的毅力、韧性和团结性无疑是作者麦基尔文尼认同的,但这也涉及问题的另一方面:在当时的环境中,这种工人品质虽然珍贵但难以为继。小说中塔姆他们这一代人具有共同的思想记忆,会不时提起苏格兰的传说和从前的故事,这是他们继承传统的表现,也是建立起更亲密的共同体关系的一种手段,如塔姆很喜欢听同伴讲偷猎、传说中的小灵狗、调皮的林鼬的故事,喜欢他讲故事所用的方言土语带来的归属感。不过,这种传统在米克等年轻一代人的身上并没有得到很好的延续,这从一个方面表现出两代人不同的价值取向和共同体精神的衰微。老一辈工人们忠实于传统的价值观,但罢工失利的严峻现实将他们推进悲怆的境遇,对于共同体理想产生疑惑。塔姆三个儿子的不同选择与走向,他们与塔姆的矛盾,突出表征了苏格兰工人阶层的分化和共同体理想信念的逐渐离析。

三、"默认一致"的解构:共同体信念的涣散

如上所析,宗教共同体对于主人公塔姆和他的亲友来说不具有显著的凝聚力量,对工人社群的热爱与忠诚才是塔姆的力量来源,而他的悲剧性也在于,他习惯于传统的团体价值理念但又逐渐认识到它所带来的束缚,他所在的共同体已经不能带给他温馨的

---

① William McIlvanney, *Docherty*, London: Canongate, 2014, p.13.

宁静和鲍曼所言的"长期确定性"①。换个角度说,是"把人作为一个整体的成员团结在一起的特殊的社会力量和同情"的"默认一致"性受到了破坏。② 小说中最显著的表现依然是通过家庭中的共同体关系进行的:父子的价值观日趋不同,父子关系也日趋疏离。塔姆和他的儿子们因为没有"共同的、有约束力的思想信念"③而矛盾丛生。塔姆的三个儿子安格斯(Angus)、米克(Mick)和康恩有些像20世纪初传统价值游离阶段和20世纪后期个人主义喧嚣时期的过渡性人物,代表了不同的发展方向,与塔姆所奉行的工人共同体理想不甚吻合。

二儿子安格斯的选择接近于撒切尔时期消费社会的个人主义表现。他虽然子承父业在矿上工作,但他的继承并非精神上的接力。他和塔姆一样身强力壮,不同的是,他一意孤行,即便有维护他人的意识,也缺乏塔姆那样的凝聚力和感染力,他更多感受到的是消费社会以资本衡量价值的诱惑。麦基尔文尼让这位以自我为中心的角色充分演绎出新与旧的分歧。小说中两件事令安格斯和塔姆之间产生了较深的裂隙。一是,他执意离开原来所在的矿井,不再做挖煤工,而去另一个矿井当薪资主管;二是,他把一个女孩搞大了肚子,却拒绝娶她。这样的事情完全违背了塔姆的道德价值观,争执之后安格斯搬出了家门。安格斯后来自己分析了自己和父亲的分歧所在:"你知道什么让老爸烦我?我打人没打在该打的脸上,没带着应有的敬意撩女孩的裙子。嘿,你知道我想啥?老

---

① 齐格蒙特·鲍曼:《共同体:在一个不确定的世界中寻找安全》,欧阳景根译,南京:江苏人民出版社,2003年,第11页。
② 斐迪南·滕尼斯:《共同体与社会:纯粹社会学的基本概念》,林荣远译,北京:商务印书馆,1999年,第71页。
③ 斐迪南·滕尼斯:《共同体与社会:纯粹社会学的基本概念》,林荣远译,北京:商务印书馆,1999年,第71页。

爸还对什么神圣抱有信念。至少是在努力相信吧,他不是天主教徒。老天知道他相信什么。不过,他的信念还非常强[……]。我不在他的集体里。他晓得他的集体会输掉的。我会赢的。到目前我干得还行。"①安格斯高调地摒弃了塔姆所代表的传统道德和共同体,按照自己的愿望行事,甚至没有出席父亲的葬礼。他的离经叛道可以说是个人主义的张扬,也是个预警,预示着在撒切尔时期苏格兰共同体精神随处可见的败落。

麦基尔文尼让大儿子米克代表了共同体精神式微的另一种表现,并通过他反映了战争带来的深重创伤。米克在一战时期参加了高地轻步兵团,战争几近让他一度失去了正常的感知力,也促使他在回乡后开始关注工人阶级政治问题,对于父亲塔姆所代表的传统价值观不屑一顾。他和塔姆之间的裂隙虽然没有像安格斯那样喷发出表面,却似暗流不断。面对儿子的伤残,塔姆深切地感到自己的无能为力,不能保护自己一直以为像个城堡的家庭:"过去掌控自己生活的权威不过是个笑话。"②米克则经常以沉默和冷嘲热讽对待塔姆,对于父亲旧式的行为方式和单纯的共同体理想不以为然。他认为:"什么是合法的? 合法就是他们需要保持已经得到的东西。我们就得给予打击,而且得消灭任何挡着我们道路的人。"③他的这番激进言论在弟弟康恩看来铿锵有力,但也令他质疑,认为米克没有认识到父亲最重要的品质——"父亲对人的尊重,无论是谁"④。米克没有看到的是塔姆那一辈工人朴素的共同体信念中的人文关怀,而且,他主张的政治暴力所具有的摧毁力量

---

① William McIlvanney, *Docherty*, London: Canongate, 2014, p. 320.
② William McIlvanney, *Docherty*, London: Canongate, 2014, p. 230.
③ William McIlvanney, *Docherty*, London: Canongate, 2014, p. 355.
④ William McIlvanney, *Docherty*, London: Canongate, 2014, p. 355.

对于老一辈的共同体理想也是极具颠覆性的。

小康恩对于中产阶级价值理念的疏离则在一定程度上继承了塔姆的精神。他和塔姆一样，具有同情心，维护工人社群的团结，与中产阶级的生活方式和价值导向有意地保持了距离。在对待吉尔菲兰小姐和学习英文的问题上，都可以看到他的这种品质。吉尔菲兰小姐试图引导小康恩成为绅士，但她呆板的生活令小康恩退避三舍。借评论者牛顿所言："麦基尔文尼让自己的主人公通过吉尔菲兰小姐看透了资产阶级价值观的空洞无物。"[1]学好标准英语是走向中产绅士生活的必要条件，但小康恩却觉得"学校无关紧要，它否认了他父亲和家庭的价值，判断缺乏正确性，它的专门术语也是索然无味"[2]。康恩离开学校继承父业在煤矿工作，以实际行动疏离了中产阶级价值观，而倾向于父亲所代表的工人群体。他因而也是三个儿子中最能理解塔姆的人。他不仅明白大哥米克对父亲的不理解，也看出塔姆承受米克的反驳是出于"对自己的愤怒"："他把自己的孩子送进了一种体制，这个体制把他们就像生活中每天吃的面包一样交还给他。直到他张口吃的时候，才发现自己做了什么。太晚了，他知道的。"[3]相较于二哥安格斯和大哥米克，小康恩没有那么自我，也没有那样激进，更像个冷静的观察者，意识到苏格兰工人共同体信念不容乐观的前景及其根源：英国整体劳资矛盾的激化与工人待遇的恶化并非一时造成，问题的一个源头在于以富人利益为核心的政治经济体制，而这也是最难以撼动的。麦基尔文尼在小说中并未规划出他最终的发展方向，应该

---

[1] K. M. Newton, "William McIlvanney's *Docherty*: Last of the Old or Precursor of the New?", *Studies in Scottish Literature*, 32.1 (2001), p.104.

[2] William McIlvanney, *Docherty*, London: Canongate, 2014, p.117.

[3] William McIlvanney, *Docherty*, London: Canongate, 2014, pp.328–329.

也与此相关。

共同体的一个主要规律是"相爱的人和相互理解的人长久待在一起,居住在一起,安排他们的共同生活"①。而小说中的父亲和儿子们缺乏深层的相互理解,削弱了默认一致的程度,他们的选择代表了当时工人阶级的分裂趋向,偏离了老一辈工人团结互助的共同体理想,更使得最具切身关怀的家庭共同体难以为继。在这种情况下,塔姆无可作为,只有用酒精麻痹自己。小说通过死亡事件解脱了塔姆的矛盾与痛苦,深化了"个人的抱负和梦想在无力的现实面前的支离破碎"这一主题②。塔姆的死被描述成落败的英雄式的。矿井突然塌方,他为了拯救走在前面的小伙子汉姆而牺牲了自己,现场只有他的一只手露在废墟外:"手握成了拳头。"③如琼斯所评析的:"英雄般的牺牲使塔姆免于沉湎于酒精的耻辱……握紧了的抗争的拳头证明了塔姆力量的挫败。"④

塔姆的梦想在他儿子这一代得不到全然的认同,他们已不再像他那一辈人那样注重温馨团结的共同体精神,"默认一致"的前提受到破坏;家庭解体,罢工失利,塔姆的牺牲也因而凸显了萧条时期苏格兰工人阶级传统价值观的衰败以及小众努力的无效。可以说,父辈与子辈的个人矛盾业已内化为全体苏格兰工人面临的困境,直指严峻的工业社会问题,深化表现了当时社会变化对工人

---

① 斐迪南·滕尼斯:《共同体与社会:纯粹社会学的基本概念》,林荣远译,北京:商务印书馆,1999年,第73页。

② William McIlvanney, "A Shield Against the Gorgon", in *Surviving the Shipwreck*, London: Mainstream Publishing, 1991, p.237.

③ William McIlvanney, *Docherty*, London: Canongate, 2014, p.333.

④ Carole Jones, "White Men on Their Backs—From Objection to Abjection: The Representation of the White Male as Victim in William McIlvanney's *Docherty* and Irvine Welsh's *Marabou Stork Nightmares*", *International Journal of Scottish Literature*, 1.6 (2006), p.1.

共同体理想的冲击。塔姆这握紧的拳头把过去握在其中，却不能握住未来。从塔姆的 20 年代到麦基尔文尼的 70 年代，工人的状况并没有根本好转，社会主义理性没有实现，手的姿态"实际上揭示了对历史的缅怀，将作者和人物联系在一起，将 70 年代和 20 年代联系在一起"①，表现出对共同体精神日渐销蚀的抗议与无奈。

结语

麦基尔文尼的小说多是关于底层人民生活的，他本人也不否认自己的社会主义立场。他曾参与苏格兰 BBC 谈话节目宣扬自己的主张，声称"这个立场于我，是来之不易的"②。基于对工业社会中城市工人生活状况的切身体验，基于对他们坚忍与缄默的理解，他构思了《多彻迪》来为工人们树碑立传，通过一个普通矿工家庭的经历而非激烈的劳资矛盾来展现工人的集体记忆与社会现实，使得家庭遭遇与工人共同体信念的变化形成交织的发展，探析了底层人们所在的家庭、宗教以及工人社群在历史风云作用下的转变。他将苏格兰工人在 20 世纪初的挽歌演绎于 70 年代之后的读者面前，借过去寓意了工人的现实状况和堪忧的未来，为人们描写了苏格兰工人共同体理想在现代社会的衰微，也为韦尔什等后辈演绎苏格兰工人或平民的共同体想象奏起了前奏。

---

① Cairns Craig, *The Modern Scottish Novel: Narrative and the National Imagination*, Edinburgh: Edinburgh University Press, 1999, p.124.
② Isobel Murray, "Plato in a Boiler Suit: William McIlvanney", in *Scottish Writers Talking: Interviewed by Isobel Murray and Bob Tait*, ed. Isobel Murray, East Lothian: Tuckwell Press, 1996, p.147.

能否信任黑箱？：
《弗兰肯斯坦》中的阅读共同体理想[*]

范 劲[**]

内容提要：如果把《弗兰肯斯坦》解读为技术新物的成长小说，则科学家弗兰肯斯坦的错误在于只制造而不照料，不履行将创造物带入世界关系的责任。但作家玛丽·雪莱的主旨是帮助新物进入世界关系。她的包容他者的共同体构想不止于批评家们通常提到的家庭和契约模式，还寓含了一种先验的关系共同体理想。这种理想体现于文本内外的一系列交互阅读关系中，它一方面回应了19世纪初的社会团结问题，另一方面对人工智能时代的我们也有启示意义：只有在先验的世界一体框架中，才能大胆地设想后人类的差异共同体形式，摆脱对于技术黑箱的恐惧。

关键词：《弗兰肯斯坦》 交互关系 唯我论 信任 他者

如果世界由技术和技术权力来定义，那何为世界？何为人？这是法国技术哲学家斯蒂格勒提出的问题。他认为，技术演化过程

---

[*] 本文原载《外国文学评论》2021年第2期。
[**] 作者简介：范劲，武汉大学中国现当代文学专业文学博士，中山大学中文系比较文学与世界文学专业教授、博士生导师，主要研究领域为中德文学关系和世界文学理论。

已推翻了技术作为单纯工具的人类学视角,技术应该被视为一个有自身逻辑的自治系统。工具自动化是人类长期追求的目标,然而,代表功能完善化的自动化也意味着功能的不确定性;唯其不确定,才能对其他机器的运作产生敏感,与之组合成有机的"技术整体"(technical ensemble),而"人的位置就在这些技术整体之中"①。只是这样一来,人也可能陷入被动,失去对工具的控制。

德国社会学家卢曼意识到,人和机器的区分到今天已变得十分模糊,人机关系需要重新表述。人机伦理实为"结构耦合"问题,即基于系统条件的交流连接。通常所谓"人",在系统论中被理解为以意识为特征的心理系统,而意识和交流的结构耦合是迄今为止社会交流的基础。计算机(和人工智能)的出现动摇了这一基础,其工作方式对于意识或交流均不透明,却可通过结构耦合反过来对意识和交流施加作用。卢曼认为,问题关键不在于计算机是否像意识那样工作,抑或其内部操作可否理解为交流,需要问的是,如何和这样一个现代人必须依赖的黑箱(black box)打交道,社会将以何种方式包容它。②

控制论中用到了黑箱的概念,意指只知其输入和输出,而无法了解其内部结构的系统,也就是哲学上说的他者。如果真像斯蒂格勒所说,工具自动化成了人类不可逆转的宿命,那么这意味着人类只能选择与黑箱共存。在此情形下,回顾玛丽·雪莱的《弗兰肯斯坦》(1818)颇有意义。《弗兰肯斯坦》作为最早的科幻文学,揭示

---

① 参见 Bernard Stiegler, *Technics and Time, 1: The Fault of Epimetheus*, trans. Richard Beardsworth and George Collins, Standford: Standford University Press, 1988, p.66。

② 参见 Niklas Luhmann, *Die Gesellschaft der Gesellschaft*, Frankfurt a. M.: Suhrkamp, 1997, S.117 - 118。

了一个因科学而发生的新物造成的惊悚;而智能化的技术整体对于人的意识来说,不啻小说中意外降临的怪物。怪物的新物属性决定了《弗兰肯斯坦》阐释的基本方向:女性主义关注女性他者,后殖民批评关注民族他者,对于共同体建构的探讨关注他者的政治-伦理性纳入。人工智能作为技术他者也可进入问题域,且相关评论早已有之,如勒曼-维尔泽格(Sam N. Lehman-Wilzig)的《无边的〈弗兰肯斯坦〉:关于人工智能的合法定义》("Frankenstein Unbound: Towards a Legal Definition of Artificial Intelligence", 1981)、劳埃德(Dan Lloyd)的《弗兰肯斯坦的孩子们:人工智能与人的价值》("Frankenstein's Children: Artificial Intelligence and Human Value", 1985)等。本文拟沿着这一技术他者的阐释方向,重新思考弗兰肯斯坦的错误和作家在共同体构思上的卓越之处:对怪物的理解和包容,是否在 P. B. 雪莱的序言提及的"家庭情感"和"普遍美德"之外[①],还包含了一种更有前瞻性的、先验的交互关系共同体理想? 而先验理想较之经验筹划的优势就在于,它更有利于综合历史经验和未来愿景,在保留传统整合形式之余,还能容纳未来的种种可能,包括自主演化的技术系统、新型人机伦理乃至后人类共同体的激进构想。

一、弗兰肯斯坦的唯我论:政治、科学和诗

"眼睛"在《弗兰肯斯坦》文本中高频出现,它不仅是人际交流

[①] 参见 Mary Shelley, *Frankenstein; Or, the Modern Prometheus*, eds. D. L. Macdonald and Kathleen Scherf, Peterborough: Broadview Press, 1999, p.48。这一版本除 1818 年版《弗兰肯斯坦》原文和序言之外,还作为附录收入了 1831 年版导言、1831 年版所做的主要改动,及同时代人如司各特、P. B. 雪莱等的评论,等等。

的媒介,还代表了和他者沟通的可能性。从童年伊丽莎白"如鸟的眼睛一样灵动"而又充满"柔和"的褐色眼睛①中,从莎菲"温柔"而"活泼"的黑色眼睛②中,都可读出她们内在的善意;怪物的混浊眼睛却脱离了既有的美学范畴,让人望而却步。按照18世纪英国的美学观念,"没有人会认为某种灰暗、泥黄色的混浊眼睛会是美的"③。面对这样一道"眼睛"的屏障,弗兰肯斯坦无法找到交流路径,其失败原因根本上在于唯我论的世界设计限制了他的想象和认知。

1. 社会组织上的唯我论

怪物的诉求是进入世界,反映在政治层面就是加入社会系统。他和弗兰肯斯坦在蒙坦弗特峰初遇时的争辩场景,便涉及共同体建设的若干问题。可以看出,他们争论的焦点在于对系统的理解。怪物提出的离开人类去南美荒原,作为和人类相区分的象征性姿态,是独立为一个自主系统的前提,这不无合理性。彼此不独立的系统之间只可能是主奴关系。弗兰肯斯坦希望制造一个奴隶,可是在接受了对方的造人指令后,倒发觉自己成了受控制的奴隶④;在他毁掉女怪后,怒不可遏的怪物便直斥他为"奴隶",自己才是"主人",其理由就是"我有权力",即给对方施加痛苦和惩罚的

---

① 参见 Mary Shelley, *Frankenstein; Or, the Modern Prometheus*, eds. D. L. Macdonald and Kathleen Scherf, Peterborough: Broadview Press, 1999, p.65。
② 参见 Mary Shelley, *Frankenstein; Or, the Modern Prometheus*, eds. D. L. Macdonald and Kathleen Scherf, Peterborough: Broadview Press, 1999, p.142。
③ 埃德蒙·伯克:《关于我们崇高与美观念之根源的哲学探讨》,郭飞译,郑州:大象出版社,2010年,第101页。
④ 参见 Mary Shelley, *Frankenstein; Or, the Modern Prometheus*, eds. D. L. Macdonald and Kathleen Scherf, Peterborough: Broadview Press, 1999, p.177。

能力①。

弗兰肯斯坦认为,怪物不会如约远离人类,男怪和女怪会羡慕人的美貌而彼此嫌弃,转而追求人类并危害人类。但换个角度来看,怪物贪求人的美正是因为没有自主,被迫接受了主人的审美标准。弗兰肯斯坦的臆测说明他心底里从未允许怪物独立。而怪物信誓旦旦,表示只要成为共同体的一分子,就不会再作恶:

> 如果我没有牵绊和情感,仇恨和作恶就是我的分内之事;他人的爱会消灭我犯罪的理由,我会变成一个谁都不会注意其存在的物件。我所厌恶的强加于我的孤独,生成了我的恶行;如果我能活在和一个平等者的伙伴关系中,我的美德必然会萌生。我会感受到一个善感的存在者的情感,变成生存和事件的链条上的一环,而我现在被排除在链条之外。②

怪物要求进入共同体的理由是两方面的:一方面,他会在和"平等者"的交互关系中获得关爱,从而实现"美德"的增长;另一方面,交互关系意味着相互约束,"牵绊和情感"可以限制"仇恨和作恶"。因此,给他造个丑陋女伴,是合理的解决方案——同样丑陋,就无所谓丑陋了。对于人类来说,这里的深层启示是,面对强大的他者,谁能保证人在世界中的安全,是人的主体性权力,还是世界本身?如果是后者,就意味着要让他者进入"生存和事件的链条",成为世界的有机部分。弗兰肯斯坦最担心的是新系统获得自主,他

---

① 参见 Mary Shelley, *Frankenstein; Or, the Modern Prometheus*, eds. D. L. Macdonald and Kathleen Scherf, Peterborough: Broadview Press, 1999, p.192。
② Mary Shelley, *Frankenstein; Or, the Modern Prometheus*, eds. D. L. Macdonald and Kathleen Scherf, Peterborough: Broadview Press, 1999, pp.171–172.

从怪物的生殖繁衍中看到了这种危险。但反过来说,让新的系统自我调控未必不是一种制约手段。怪物感到幸福,是因为他"世界化"了,不再注意到自己的怪异;同时,为了维持世界的稳定性,他必须学会和人类共处。

弗兰肯斯坦一心要实现对怪物的控制,将契约片面地理解为绝对规范。他担心怪物的后代不遵守蒙坦弗特峰"神圣"契约,从而导致人类对他者的统治秩序的瓦解,却忘了这一契约并非植根于家庭、血缘和同情,而是协调利害关系的功能化协议,需根据具体情形随时更新。由于缺乏以交互关系为基础的系统意识,弗兰肯斯坦的社会想象自相矛盾。他坚持父权家长制,却又不对家庭成员尽养育义务,创造新人以缔造幸福者共同体的梦想由此而破灭。这种唯我论的政治后果在历史和当下社会中随处可见,玛丽·雪莱借弗兰肯斯坦之口说出:"如果人们不让任何欲望追求干扰家庭情感的宁静,那么希腊人就不会被奴役;恺撒就不会让他的祖国遭受浩劫;发现美洲的过程会更和缓;而墨西哥和秘鲁帝国也不会被毁灭。"[①]奴役性的帝国政治用暴力来控制本国和殖民地的"子民",正是冷酷专制的家庭关系的延伸。

2. 科学上的唯我论

弗兰肯斯坦在科学上遵从瓦尔德曼教授的信条:"深入自然的幽深曲径,揭示她(she)在其隐秘处如何运作。"[②]他以征服者的姿态面对自然,迈出了科学发展的最初一步,即研究主体和世界的人为分离。但世界就其本身而言,并非任由男性化的科学意志操控

---

① Mary Shelley, *Frankenstein; Or, the Modern Prometheus*, eds. D. L. Macdonald and Kathleen Scherf, Peterborough: Broadview Press, 1999, pp.83-84.
② Mary Shelley, *Frankenstein; Or, the Modern Prometheus*, eds. D. L. Macdonald and Kathleen Scherf, Peterborough: Broadview Press, 1999, p.76.

的被动对象,而是一切意识和活动的先验框架。对玛丽·雪莱来说,尊重自然母亲的神圣性和繁殖能力,才是好的科学。美国技术哲学家温纳(Longdon Winner)认为,弗兰肯斯坦的失误在于没有"足够关注"自己的造物①,所指的正是唯我论在科学上的恶果:科学家只管制造和统治,而不负照料之责,未能将自己的产物带入社会关系。

事实上,造人想法本就源自交互关系,而非由单个主体凭空地产生。它除了承接上帝或普罗米修斯造人的传说,也反映了同时代人的理性崇拜。玛丽·雪莱的父亲葛德文已在设想,如果精神力量可以通过技术控制一切物质,有朝一日它也能控制人类的身体。② 弗兰肯斯坦盗走的生命之火,实为新发现的电流。博洛尼亚的生理学家伽伐尼(Luigi Galvani)于1791年提出,动物肌肉组织内含有他称为"动物电"的生命力量。阿尔迪尼(Luigi Aldini)根据此原理进行的激活尸体实验在1800年代的欧洲轰动一时,成为弗兰肯斯坦拼合尸体制造生命的原型。③ 从小说的描述可以看出,从中世纪炼金术到现代科学的知识积累是一个连续过程,瓦尔德曼尽管鄙弃"古代学者",但也承认"现代哲人的多数知识基础要归功于他们的不倦热忱"④;另外,弗兰肯斯坦为了完成制造女怪的任

---

① 详见兰登·温纳:《自主性技术:作为政治思想主题的失控技术》,杨海燕译,北京:北京大学出版社,2014年,第265页。
② 详见威廉·葛德文:《政治正义论》第2卷,何慕李译,关在汉校,北京:商务印书馆,1980年,第654页。
③ 参见 Anne K. Mellor, *Mary Shelley: Her Life, Her Fiction, Her Monsters*, London: Routledge, 1988, pp.105 – 106。
④ Mary Shelley, *Frankenstein; Or, the Modern Prometheus*, eds. D. L. Macdonald and Kathleen Scherf, Peterborough: Broadview Press, 1999, p.76.

务，必须借助"一位英国哲人"的新发现①，即从德国的英格尔斯塔特大学城到英国形成了一个国际学术网络。技术创造是交互主体性的活动，人们之所以能够想到造人，是因为他人和世界已经为这个想法做了充分铺垫，而弗兰肯斯坦的疯狂正体现于，他认为自己是单枪匹马地进行一个人的科学事业。

弗兰肯斯坦不知道，是世界通过他在创造——科学发明是内在于人的技术冲动的结果。他和怪物同处于技术系统之内的一个醒目特征是，即便和技术新物竞争，也离不开技术。弗兰肯斯坦对怪物的追杀也是技术竞赛，他自认为装备周全，"一架雪橇和几条狗"足以保证他在雪地上飞速前进，哪知怪物一样用技术来武装自己，且和技术组合成更有效的技术整体：村民们目击到，怪物"配备一把长枪和许多手枪"，驱使"一大群经过训练的狗"来拖动雪橇②。斯蒂格勒的《技术与时间》的主旨是技术等同于时间，属于人的宿命。就此而言，人和怪物命运与共。

3. 唯我论的诗学

细究之下会发现，弗兰肯斯坦潜意识里把自己看成"艺术家"（artist）③。沉浸在美的王国中的艺术家，以自身的想象为最高真理，拒绝和日常世界发生交流，这正如弗兰肯斯坦执着于传统规范，而不承认怪物的实存现实。小说副标题"现代普罗米修斯"泄露了弗兰肯斯坦和浪漫主义诗人的真实关系。④ 梅勒早已指出，维

---

① 参见 Mary Shelley, *Frankenstein; Or, the Modern Prometheus*, eds. D. L. Macdonald and Kathleen Scherf, Peterborough: Broadview Press, 1999, p.175。
② 参见 Mary Shelley, *Frankenstein; Or, the Modern Prometheus*, eds. D. L. Macdonald and Kathleen Scherf, Peterborough: Broadview Press, 1999, p.228。
③ 参见 Mary Shelley, *Frankenstein; Or, the Modern Prometheus*, eds. D. L. Macdonald and Kathleen Scherf, Peterborough: Broadview Press, 1999, p.84。
④ P. B. 雪莱和拜伦等浪漫主义诗人是普罗米修斯的崇拜者。

克托·弗兰肯斯坦的原型之一是 P. B. 雪莱。维克托不但是 P. B. 雪莱出版第一部诗集时用的笔名,他也分享了后者的自我中心主义和控制欲,其科学追求和后者的诗学追求是一致的①,即拯救人类、创造完美世界。无独有偶,P. B. 雪莱的《为诗辩护》在强调诗人的创造特性时,也用到女性生产和上帝造物的隐喻:"一尊伟大的雕像或一幅伟大的绘画,在艺术家的努力下形成,正如孩子从母亲的子宫中诞生",同时引用塔索的话说:"除了上帝与诗人,无人配称创造者。"②不过,诗人造物主的另一面是自我中心主义,为了追求诗性理想和灵魂伴侣,P. B. 雪莱也会像弗兰肯斯坦那样不惜抛弃家庭和孩子。"现代普罗米修斯"的表述,包含了作者对于浪漫主义意识形态的批评:浪漫主义诗学重视创造过程本身超过了其最终产品,而她直觉到其中暗含了"道德上的不负责任"③。④怪物作为被抛弃的孩子,要求创造者负起责任;而对于从家庭到社会的共同体建设来说,空谈理想无益,须从政治和伦理角度考虑行动后果和他人利益。

弗兰肯斯坦的浪漫诗人灵魂,也和科学家在那个时代的暧昧身份相关——小说中称他们为"大师"(master)或"哲人"(philosopher)⑤。"科学家"(scientist)其实是十九世纪三四十年代

---

① 参见 Anne K. Mellor, *Mary Shelley: Her Life, Her Fiction, Her Monsters*, London: Routledge, 1988, p.76。

② 详见雪莱:《爱与美的礼赞:雪莱散文集》,徐文惠译,上海:上海三联书店,1989年,第226、228页。

③ Anne K. Mellor, *Mary Shelley: Her Life, Her Fiction, Her Monsters*, London: Routledge, 1988, p.80。

④ 普罗米修斯在西方传统中除了有创造者和反抗者的正面含义,也一向是超逾限度的"傲慢"者的象征,这种傲慢或会导致在道德上的不负责任。

⑤ 参见 Mary Shelley, *Frankenstein; Or, the Modern Prometheus*, eds. D. L. Macdonald and Kathleen Scherf, Peterborough: Broadview Press, 1999, p.76。

才出现的新概念，而直到19世纪初，人们还常常将科学家和诗人、炼金术士混为一谈。伊拉斯谟·达尔文（Erasmus Darwin）是玛丽·雪莱所尊崇的科学家，他于1803年出版的科学著作《自然的神庙》（The Temple of Nature）（副标题为"一首带哲学注释的诗"）以诗体写出，又将自然演化的原因归于上帝，就体现了诗、科学、宗教的混杂不分。

如果把诗、政治、科学都看成系统，则它们分享一个核心问题，即如何处理与他者的关系。未来的政治越来越多地面临技术新物的纳入问题，技术新物也只有获得了进入政治共同体的权利，才谈得上进入了世界，进而接受世界的制约。处理这个问题又需要借助诗性想象，唯我论的诗学显然不利于政治和科学向未来敞开。唯我论者只看到自我，看不到交互关系。弗兰肯斯坦的离群索居和一再逃避婚姻只是外在现象，其实表明他不仅无法进入家庭，也无法进入社会系统和科学系统。如果连自身都无法安置，又如何能安置新物？

二、信任的边界

弗兰肯斯坦是一个缺乏世界意识的唯我论者，因为拒绝敞开自身，他无法和怪物建立良性的交互关系，也失去了观察怪物的行为规律以及在此基础上为对方设置规则和红线的机会。怪物的报复行为迫使他走出主体的封闭，在生死搏杀中勉强进入互动交流。这之后，怪物反而停止了犯罪活动，道理很简单，互动过程中其注意力完全在对方身上，以至于"无暇"犯罪，密集交流本身成为对于技术他者的有效制约。

交流困难的核心是信任问题，弗兰肯斯坦无法信任新物，正如德拉西一家无法信任家门前的"陌生人"。传统社会进入现代的标志之一,是从信任熟悉的人和环境转向信任系统,从信任自我转向信任世界。但评论界普遍注意到"面容"(countenance)在小说中有标记善恶的特别意义,这证明当时人们还停留于传统的熟悉/不熟悉的信任框架,怪物作为他者和人类的两次谈判都囿于其中。第一次谈判是怪物和老德拉西的对话,"理性"充当了沟通媒介。德拉西一家人曾是怪物心目中包容力的象征,怪物也自认为理性让他实现了从动物到社会人的转变,有望得到对方的接纳。然而,面容作为差异标志却让梦想破灭,盲老人看不见怪物,但费利克斯兄妹和莎菲充当了他的眼睛——眼睛无法承受他者的丑陋。第二次是怪物和弗兰肯斯坦的蒙坦弗特峰对话,充当沟通媒介的是一个共同的理想——"幸福"。面容仍然起着阻碍作用,怪物必须用手挡住对方的视线,才能让谈话开始,弗兰肯斯坦一旦看到"这污秽的躯体",仍然止不住"恶心"[①]。双方都希望进入某种秩序,怪物更释放出充分的善意,动之以情,晓之以理;然而,弗兰肯斯坦终究未能突破阈限,既不信任对方从善的承诺,也没有把对方的威胁当真。

信任系统本身,意味着黑箱也可以信任。事实上,现代人每天都在遭遇黑箱,为了参与哪怕是交通或金融之类基本的社会运作,也被迫把生命财产委托给不透明的算法程序。现代社会发展出系统信任的机制,目的是化简过多的不确定性。系统为了实现这样的信任,也设置了对于破坏信任者的控制机制。显然,弗兰肯斯坦认为自己没有足够的惩罚能力,也没有第三方能够提供制度保护。这就是批评家维德尔注意到的,弗兰肯斯坦性格中包含了极端化

---

① 参见 Mary Shelley, *Frankenstein; Or, the Modern Prometheus*, eds. D. L. Macdonald and Kathleen Scherf, Peterborough: Broadview Press, 1999, p.171。

的男女性格弱点①,既有男性的暴力和控制倾向,也有女性的软弱和感伤。其软弱也体现在他不相信人类集体能发展出针对怪物的制约手段——面对未来的不确定性,他是软弱的。究其原因,还在于老欧洲思想传统对他的影响,这些影响包括:(1)认为存在的本性固定不变,人和其他物种有绝对界限;(2)坚持道德和存在的关联,道德成为人之本性的确认;(3)社会等同于人类社会,是相同的理性人之统一体。这就导致在信任问题上,他坚持由存在者的"本性"而非互动出发,只信任自己能认知、想象的事物。

把"人类福祉"(benefit of mankind)当作认知和想象的边界,弗兰肯斯坦最后对暴动水手的傲慢训诫,表明了他这一理念上的始终如一:要求水手们"为了荣誉和人类福祉去遭遇死亡",成为"你的族类的造福者"②。不过,"人性"在他疯狂的实验过程中沦为个人野心的借口,也并未激励他为无辜的贾斯婷挺身而出。只有在进行身份塑造、确立自我和他者的边界时,他才会祭出这一象征。显然,"人性"象征的真正功能是实现熟悉/不熟悉的连接和交替,成为熟悉者的标准在于归属人类、促进人类的幸福。怪物不由得感叹:"人类理智(human senses)是我们联合的不可克服的障碍。"③不过,弗兰肯斯坦一开始就剥夺了怪物在善/恶之间做出选择的可能,即他不允许怪物进入人特有的道德范畴。但他仍然用道德来规定怪物,将其归于邪恶,这在逻辑上就自相矛盾了。

弗兰肯斯坦的保守态度,由社会的总体情况所决定。当时社

---

① 参见 William Veeder, *Mary Shelley & Frankenstein: The Fate of Androgyny*, Chicago: The University of Chicago Press, 1986, pp.16–17.
② Mary Shelley, *Frankenstein; Or, the Modern Prometheus*, eds. D. L. Macdonald and Kathleen Scherf, Peterborough: Broadview Press, 1999, p.236.
③ Mary Shelley, *Frankenstein; Or, the Modern Prometheus*, eds. D. L. Macdonald and Kathleen Scherf, Peterborough: Broadview Press, 1999, p.169.

会还在按阶层、板块实现区分,是一个范畴固定的熟悉者的社会。"我生于日内瓦;我的家庭是那个共和国的名门望族。我的先辈长年担任地方议会议员和市政长官;我父亲曾担任几个公职,声誉卓著"①,弗兰肯斯坦一开始的身世自述,就将主体置于一系列牢固可靠的范畴之内,这才是他以认知掌控世界的真正底气所在。不妨说,弗兰肯斯坦的唯我论世界设计跟他的上层阶级身份直接相关,对于人性和道德的定义代表了贵族的理想。而小说1818年版和1831年版的区别在于,前者较突出主人公的伦理选择,而1831年版中弗兰肯斯坦的不作为更像是迫于无奈。历尽生活打击、日益悲观的玛丽·雪莱此时已将社会条件视为无法克服的命运法则,如伊丽莎白所说:"……我们的宁静家屋和我们满足的心灵,都受到同样的不变法则的规定。"②这样一来更减轻了弗兰肯斯坦应负的伦理责任,将他仅仅表现为不良社会环境的牺牲品。

如果存在者的角色是先天给予的,那么怪物只剩下一种生存可能,即作为主人弗兰肯斯坦的奴隶,而一旦被抛弃,就没有立足之地。怪物原本认为,未被社会败坏的儿童是可争取的对象,还有可能成为"伙伴和朋友",但结果证明,威廉早已被排他性社会预先塑造。在普兰帕莱草地和怪物遭遇时,惊慌失措的威廉喊出:"可恶的恶魔!放开我;我爸爸是市政长官……他会惩罚你。"③正是此话激怒了怪物。威廉本能地用陈旧的范畴为怪物贴标签,用高贵门第来压制他者,导致了自己的遇害。社会中人人都有阶层专属

---

① Mary Shelley, *Frankenstein; Or, the Modern Prometheus*, eds. D. L. Macdonald and Kathleen Scherf, Peterborough: Broadview Press, 1999, p. 63.
② Mary Shelley, *Frankenstein; Or, the Modern Prometheus*, eds. D. L. Macdonald and Kathleen Scherf, Peterborough: Broadview Press, 1999, p. 332.
③ Mary Shelley, *Frankenstein; Or, the Modern Prometheus*, eds. D. L. Macdonald and Kathleen Scherf, Peterborough: Broadview Press, 1999, p. 167.

的标记,一个没有等级、纪律、主人、居所的新物对于社会稳定性构成了危险。而不承认怪物的自主性,根本上是因为人类自身也没有自我发展的权利。向往社会革命的 P. B. 雪莱尤其能体会这一点,故而充满同情地评论说,对怪物的冷酷态度反映的还是社会自身的不宽容,它将"那些最有资格成为其造福者和美饰的人"变为"祸殃和诅咒",小说最大的道德教训就是,将怪物这一"社会存在者"和社会强行分离导致了"邪恶和自私"①。如果将人类普遍化为一体,又将世界简化为人类和非人类,这样的社会状况就生成了特定的世界图式——以人类为中心的科层化世界。在这一先验的世界结构中,人类主体的利益成为衡量他者的存在地位的唯一标准,非人类生命体或智能机器作为平等主体而存在是无法想象的。

三、共同体的不同方案:如何接纳怪物

信任问题在政治学层面的反映,是《弗兰肯斯坦》的批评家们普遍关注的共同体问题。要成为共同体成员,首先要获得信任,不被视为异类。科幻既针对想象界,也处理实际社会关系。经历了法国大革命带来的社会冲击,1818 年的玛丽·雪莱和伯克、托马斯·潘恩等人一样在思考一个时代性问题:拿什么取代逐渐失去整合功能的伦理-政治联系?玛丽·雪莱的主旨是给怪物一个家庭,给新物一个共同体框架,其中也寄托了其个人的身世感慨——她感到自己也是父亲葛德文的弃儿。但这个共同体是什么,众说纷纭。在蒙坦弗特峰上,弗兰肯斯坦对怪物说:"你我之间没有共

---

① 参见 Mary Shelley, *Frankenstein; Or, the Modern Prometheus*, eds. D. L. Macdonald and Kathleen Scherf, Peterborough: Broadview Press, 1999, p.311。

同处(community)。"①这句话中"community"的双关义——相同性和共同体——凸显了问题焦点。批评家本特利觉察到其中的吊诡,如果双方互为敌人,自然不能组成共同体,这方面弗兰肯斯坦是对的;但另一方面,弗兰肯斯坦认为无法找到共同之处却是错的,因为怪物的确讲出了他能够理解的故事,双方达成了一个暂时协议,从而至少在协议生效期内不再是敌人。② 1730 年版的《盎格鲁-不列颠词典》对"community"释义如下:"拥有共同的东西、伙伴关系;也表示公民社会中人们为了共同利益结成的一个群体;作为一个团体组织、一个城镇的居民、商人的公司。"③这里面有两个含义,一是"共同之处"的关系内涵(释义1),一是"共同体"的外在形式(释义2和3),这二者的微妙之处造成了政治学上的敏感问题,即共同体成员的共同之处是什么?

怪物提到"活在与平等者的伙伴关系(communion)中"④的愿望时,却无意间提示了共同体的真义。《盎格鲁-不列颠词典》这样解释"communion"一词:"伙伴关系(fellowship)、联合(union);也可作圣餐仪式;也可作几个人的一致信念,这几人联合在一个首脑之下,或一个教会内。"⑤上述多重意义合起来,就克服了机械组织

---

① Mary Shelley, *Frankenstein; Or, the Modern Prometheus*, eds. D. L. Macdonald and Kathleen Scherf, Peterborough: Broadview Press, 1999, p.126.

② 参见 Colene Bentley, "Family, Humanity, Polity: Theorizing the Basis and Boundaries of Political Community in *Frankenstein*", in *Mary Wollstonecraft Shelley*, ed. Harold Bloom, New York: Infobase, 2009, pp.133-134。

③ "community", in *Dictionarium Britannicum: Or a More Compleat Universal Etymological English Dictionary Than Any Extant*, ed. Nathan Bailey, London: T. Cox, 1730, p.173.

④ Mary Shelley, *Frankenstein; Or, the Modern Prometheus*, eds. D. L. Macdonald and Kathleen Scherf, Peterborough: Broadview Press, 1999, p.172.

⑤ "community", in *Dictionarium Britannicum: Or a More Compleat Universal Etymological English Dictionary Than Any Extant*, ed. Nathan Bailey, London: T. Cox, 1730, p.173.

的僵化;"伙伴关系、联合"意味着个体间的密集交流,即怪物向往的"感受到一个善感的存在者的情感";"一致信念"和"圣餐仪式"则暗示了怪物没有明确说出,但也能直觉感到的超越性的精神氛围。玛丽·雪莱使用具有宗教色彩的"communion"一词,间接地透露出"伙伴关系"的精神性,即"communion"的能动机制使"community"成为真正的系统,这样的共同体才是幸福的保障,美德的培养基。雷蒙·威廉斯也指出,"共同体"概念较之于"国家""社会",体现了一种"更直接、更全面因而更有意义的关系",受到现代社会学家的青睐。①

有关玛丽·雪莱的共同体构想,批评界目前的看法主要有家庭模式和契约模式两种,分别揭示了小说中包含的两种用于连接的相同性原则:一是血缘和情感,一是权利和义务。当然,相同性原则就是和他者的区分原则。梅勒认为,玛丽·雪莱的政治正义和共同体构想是以她所渴望的充满爱的资产阶级家庭为模型的,即以德拉西一家为模型。② 也就是说,作家的立场较接近于同时代的伯克。文本中确实处处流露出对于家庭情感的向往,每个角色都在追求同情和友谊,弗兰肯斯坦陷入疯狂便源于脱离家庭的相爱氛围,他又把这一处境强加给自己的造物。但本特利意识到了家庭模式的局限,德拉西一家尽管是完美家庭的典范,然而正是他们的狭隘保守,导致了怪物行为的激变。她认为,玛丽·雪莱既不同于强调共同历史和祖先世系的伯克,也有异于过于看重自由主义和实用主义的潘恩和葛德文,为了包容怪物这样的社会他者,作

---

① 参见 Raymond Williams, *Keywords: A Vocabulary of Culture and Society*, New York: Oxford University Press, 1983, pp. 39-40。

② 参见 Anne K. Mellor, *Mary Shelley: Her Life, Her Fiction, Her Monsters*, London: Routledge, 1988, p. 88。

家诉诸一种"更抽象的连接原则",即契约的原则。① 契约原则的抽象性体现于,行为者只为其行为本身负责,而不必考虑血缘关系或情感状态。蒙坦弗特峰谈判中,怪物不是将自己作为儿子或亲属呈现给对方,而是作为行为主体要求得到公平对待。弗兰肯斯坦造成他意外出生又逃避养育义务,导致了他的悲惨处境,他有权利获得补偿。弗兰肯斯坦也承认,这种论证包含了"正义"②,故同意签约:"我同意你的要求,条件是你对天发誓,只要我把一个随你一道流亡的女伴交到你手中,你就永远离开欧洲,以及和人类比邻的任何其他场所。"③

这里无形中上演了一幕人类政治意识的演化史。像弗兰肯斯坦那样试图遗忘或直接消灭他者,是简单社会消除黑箱的原始办法。随着社会复杂化程度的提高,他者变得更强大,更不确定,对之只能采取包容策略。家庭纽带是体现英国传统特色的选择,但其前提是一定的亲密性。如果不确定性进一步增长,冲破了家庭化城邦的承受限度,就只能诉诸基于利益协商的较抽象的契约原则。但即便契约共同体也默认了对方是愿意进行谈判的理性个体,如果他者的不确定性进一步增强,势必需要更抽象、更有包容力的理念框架,由此出发来重新考虑自我和他者的地位,甚至重新定义人的主体性,而这正是当代后人类理论家考虑的问题。

本特利通过援引沃尔泽(Michael Walzer)、罗尔斯(John

---

① 参见 Colene Bentley, "Family, Humanity, Polity: Theorizing the Basis and Boundaries of Political Community in *Frankenstein*", in *Mary Wollstonecraft Shelley*, ed. Harold Bloom, New York: Infobase, 2009, p.155。
② 参见 Mary Shelley, *Frankenstein; Or, the Modern Prometheus*, eds. D. L. Macdonald and Kathleen Scherf, Peterborough: Broadview Press, 1999, p.170。
③ Mary Shelley, *Frankenstein; Or, the Modern Prometheus*, eds. D. L. Macdonald and Kathleen Scherf, Peterborough: Broadview Press, 1999, p.172.

Rawls)、布斯(W. James Booth)等政治理论家,延续了英美的自由主义契约论传统,却没有回答如下问题:(1)为什么要谈判,而不是消灭对方？(2)在共存基础上重造的世界向什么方向演化？她也忽略了怪物在精神性方面取得的进展。正是受到自我教育过程中萌发的超越愿望的激励,怪物才要和人类建立关系;他不仅仅满足于眼前的利益补偿,还怀有对未来的憧憬。怪物其实并未放弃对家庭精神氛围的追求,只是不在乎这个家庭采取何种形式。如果不思考契约实现的系统条件,同时贸然放弃经验性共同体的精神性内涵,就可能重复弗兰肯斯坦在系统问题上所犯的错误。

斯皮瓦克对《弗兰肯斯坦》的阐释体现了某种寻找先验性连接原则的努力。她认为,弗兰肯斯坦的失败表明,脱离了实践理性的理论理性会蜕变为疯狂的激情;而小说又可以和《简爱》(及其后殖民续作《藻海无边》)互文,充当后者的"'世界化'(worlding)分析"。显然她认为,要克服弗兰肯斯坦的理性偏执和《简·爱》中压制第三世界他者的帝国主义情结,就必须引入新的"世界化"框架,而这一框架就体现于《弗兰肯斯坦》的女性视角。对斯皮瓦克来说,女性不但在生育功能上无可替代,还作为元框架将怪物、弗兰肯斯坦、沃顿的三重自传收纳于自身,显示了女性精神对于理性作为的无限超越。收信人萨维尔夫人实为"框架女人"(framing women),小说因她的读信而存在,但没有以她的回信为结束,造成了框架的开放性,因此怪物才得以"超出文本"而走向未来。斯皮瓦克像玛丽·雪莱一样,在思考如何将他者纳入世界关系。然而,她仅仅满足于提出一个关于先验的整体框架的"隐喻",并未对框架本身予以深究。①

在此问题上,卢曼对世界社会的讨论有助于开启另一个思考向度。卢曼也强调老欧洲的政治共同体观念已经过时,但他并不同意共识性契约的连接方案,因为他不相信存在一种绝对中立的为理性共识所奠基的"话语"(Diskurs),而这正是他反对哈贝马斯的主要理由。在他看来,当代的世界社会成员之间的相同性仅在于:共同面对未来的不确定性。卢曼的社会整合元理论暗示了契约的系统条件:首先,和他者共存的动机在于,大家共同面对复杂环境,必须在化简复杂性方面展开合作。正如怪物通过义务劳动减轻德拉西一家的生活重担,既是单方面的信任投资,也是合作化简环境复杂性的实践,他默默地扮演了人类助手的角色。其次,共同演化的方向在于不确定的未来。"未来视角"是解决以功能分化为特征的现代社会各个自治系统相互兼容问题的根本途径,因为"未来是具有最高复杂性的时间视域",不同系统之所以能兼容,是因为"它们的发展视角被投射入一个偶然的未来,这一未来在当前引发了南辕北辙的诉求、预期、选择战略。这种未来性-可能性具有更高的接纳复杂性的能力;它可以和更多的不同类社会状态相兼容"②。另外,卢曼虽然反对哈贝马斯的先验的理据话语(Bergründungsdiskurs),却提供了另一个先验的连接方案,即交互观察。存在者之所以共存互补,是因为他们已经处在一种交互观察的关系中了。世界就是不同观察位置之间的交互观察之网,观

---

① 参见 Gayatri Chakravorty Spivak, "Three Women's Texts and a Critique of Imperialism", *Critical Inquiry*, 12.1 (1985), pp.244 - 259。

② 参见 Niklas Luhmann, „Weltzeit und Systemgeschichte", in *Soziologische Aufklärung, 2: Aufsätze zur Theorie der Gesellschaft*, Wiesbaden: Verlag für Sozialwissenschaften, 2009, S.145, 155。

察延续，世界就持存。当然不同系统有不同的观察标准，如美学通过美/丑、科学通过真/假、政治通过正义/不义进行观察。交互观察的先验框架的优势就在于，它的非实体性使其摆脱了政治和道德的权力操作。

卢曼关注到了共同体（系统）和世界（环境）的非对称关系，这方面，他承接了德国的现象学传统。现象学的一大功绩是将"世界"课题化，它第一次从哲学上明确指出，主体乃世界之内的主体。所谓世界并非传统意义上的存在者的集合，而意味着最后视域和意蕴整体：最后视域让主体得以显现自身；意蕴整体让存在者得以赋义。文学批评家偏爱的海德格尔的"世界化"概念，指的便是世界意蕴关联的自行展开。在卢曼的理论结构中，环境在复杂性方面是永远超出系统的，而这不过是世界对主体的超越性的另一个说法。卢曼的合作化简复杂性、共同维持系统稳定的思路，换用政治现象学家黑尔德（Klaus Held）的话来说就是，存在者相互承认的理据是作为无根基之深渊的世界本身[①]——既然任何人都无法掌握世界，就要对其保持敬畏，同时尊重他人和世界打交道的特有方式。交互观察则相当于胡塞尔的"交互意向性"[②]。胡塞尔认为，主体之间虽然实项上（reell）彼此分离，却有着先验的意向关联，意识先天地朝向他人，存在者处于"意向共同体"（intentionale Gemeinschaft）之内。[③] 这种本原性的交互关系为自我和他我，也为一切现实的社会关系的发生奠基。哈贝马斯不仅看到卢曼和胡

[①] 详见克劳斯·黑尔德：《世界现象学》，倪梁康等译，北京：生活·读书·新知三联书店，2003年，第194页。

[②] 详见朱刚：《胡塞尔的"哥白尼式转向"》，《中山大学学报（社会科学版）》2014年第3期，第100页。

[③] 参见 Edmund Husserl, *Cartesianische Meditationen und Pariser Vorträge*, Hg. v. S. Strasser, Haag: Martinus Nijhoff, 1973, S.157.

塞尔在"意向性的意义"上的内在关联,还指出了"意向性关系"的核心特征,即对象并不需要实存。① 不必实存,意味着意向性伙伴可以不受既定范畴的束缚,不一定非要是具有言说能力的理性主体,这就极大地拓宽了共同体的想象视域。而且近年来学者们进一步认识到,胡塞尔并非德国观念论的最后堡垒,在他那里,主体性、交互主体性和世界三者是相互依存、相互构造的"共源"(co-originality)关系。② 共源性思想实际上揭示了一个先验的世界共同体框架,主体之所以能构造他者和世界,恰恰因为它同时已经由他者和世界所构造,自我在他者和世界的视域中才得以出现,这就彻底否定了唯我论所依赖的自我在本体论意义上的优先性。

解构主义也促进了共同体思考的先验转向。无论卢曼的社会学理论还是现象学界对于胡塞尔的最新阐释,都内化了差异的动机。他者和自我的绝对差异,是他者成其为他者、世界成其为世界(自我也因而成其为自我)的前提。但差异的激化可能导致对整体性的信念瓦解,造成"差异就是一切"的印象,这又是解构主义自现象学内部兴起的基础。解构主义在当代西方的共同体思考上是一个重要方向,譬如南希提出"不运作的共同体"(la communauté désœuvrée)的激进构想,强调共同体没有内在的联系纽带,有限个

---

① 哈贝马斯作为卢曼的老对手,比其他人更清楚地认出了卢曼和胡塞尔的联系:"卢曼采纳了由布伦塔诺和胡塞尔引入的意向性的意义。和某一个对象的意向性关系的特征为,它并不要求第二个关系项的实存。对象的实存毋宁说仅被设定为可能性。"(Jürgen Habermas, Niklas Luhmann, *Theorie der Gesellschaft oder Sozialtechnologie. was leistet die Systemforschung?* Frankfurt a. M.: Suhrkamp, 1971, S.195.)

② 详见张俊国:《胡塞尔的超越论共源性和舒茨的世俗共源性:批判与反批判》,《哲学动态》2020 年第 7 期,第 60 页。丹麦哲学史家扎哈维在当代胡塞尔阐释的"交互主体性转向"中发挥了关键作用,他指出,对胡塞尔来说,"构造过程最终在一个'主体性-交互主体性-世界'的三元结构中展开。"(Dan Zahavi, *Husserls Phänomenologie*, trans. Bernhard Obsieger, Tübingen: Mohr Siebeck, 2009, S.80.)

体的本真体验是"外在性"(extériorité)即世界的无法消除的他异性和偶然性,而共享的死亡体验成为共同体发生的基础。① 然而,放弃交互主体性依然是交互主体性的表达,"死亡"体验也只能在世界关系之内发生,南希他们实际上走上了一条经由虚无通向"世界化"的独特道路。解构主义对政治和道德等经验性整合方式的消解,迫使人们向先验层次寻找连接的可能性——不(实在地)运作的共同体才是真正的共同体。后人类思想家们也不难想到,要实现一个包括了赛博格主体、机器人、克隆人的后人类共同体,单靠解构人类中心主义是远远不够的,一元论的世界框架和自然-文化的连续统一体理念更是不可或缺。②

四、书的世界:先验的交互关系共同体

现代社会作为交互观察社会的形成有很多外在表现,其中之一是书的普及。19世纪初的英国已是一个阅读文化盛行的社会,尤其对于青年女性来说,书写和阅读成为自我教育、人际交流和世界想象的主要手段。书的交互性和社会交互性相交融,带来一种平等包容的社会理想,对贵族化的唯我论思想形成冲击。人与人之间由地理空间、语言习俗、阶层身份造成的相互隔绝,因为书籍媒介的作用而被打破,"这些被印刷品所连接的'读者同胞'们……形成了民族的想象的共同体的胚胎"③。卢曼也提到,印刷术对社

---

① 参见 Jean-Luc Nancy, *La communauté désœuvrée*, Paris: Galiée, 2014。另参见殷企平:《西方文论关键词:共同体》,《外国文学》2016年第2期,第70-79页。
② 详见罗西·布拉伊多蒂:《后人类》,宋根成译,郑州:河南大学出版社,2016年,第202页。
③ 本尼迪克特·安德森:《想象的共同体:民族主义的起源与散布》,吴叡人译,上海:上海人民出版社,2003年,第52-53页。

会演化的决定性推动就在于,它引入的视角多元化,不停地将既有的信任边界"液化","某种意义上,凡书写下来的都可作为以熟悉形式在熟悉世界中固定下来的事物加以信任"①,以至于熟悉/不熟悉之分不必像传统社会那样,依赖人们的现实经验和固定范畴。联系到小说中扮演重要角色的一系列书写隐喻和书信体的特别形式,这就提醒我们,文本在家庭和契约之外还包含了一种共同体愿景。书写和阅读造成一种不间断的、无限延伸的相互观察,由此,人们可能获得一种比契约更抽象的相同性原则,意识到世界从本原上说是作为交互关系的先验存在领域。斯皮瓦克的女性象征必须依赖书写网络发挥引导作用,而玛丽·雪莱的小说正是"书"的共同体——一种"不运作的共同体"——的多层面交叠演绎。

1. 作者的书

玛丽·雪莱的理想模式并非梅勒说的德拉西家庭,而是由书的交互关系所构成的共同体。玛丽·雪莱不是一个普通的婚姻伴侣,婚姻绝非她生活的唯一目的。作为著名作家父母的女儿,她在作家沙龙的氛围中成长,骚塞、柯勒律治等文人天才是斯开纳街家中常客。威廉姆斯评论其童年生活时说:"阅读和写作——严肃地投身文学生活——在各方面都是孩子们的世界的固定组成部分。"②1814年她不顾习俗和雪莱私奔,不仅是为了获得在父亲家中缺少的家庭关爱,还怀揣了自己的作家梦,带着创作手稿上路。私奔的玛丽、P. B. 雪莱[加上玛丽继母的女儿简·克莱尔芒特(Jane Clairemont)]去欧洲大陆建立的自由共同体,在传记作家笔

---

① Niklas Luhmann, „Di Lebenswelt. nach Rücksprache mit Phänomenologen", *Archiv für Rechts-und Sozialphilosophie*, 72. 2 (1986), S.187.

② John Williams, *Mary Shelley: A Literary Life*, Houndmills: Palgrave Macmilian, 2000, p.23.

下更像是阅读的共同体,因为"他们任何时候都不会停止的一事就是阅读。他们读葛德文、沃尔斯通克拉夫特、华兹华斯、骚塞、弥尔顿……卢梭、歌德、奥维德;名单无休无止,胃口大到无可满足;这就是'共同体'运作的方式"①。而玛丽·雪莱那一年的日记充满了这类记载:

> 玛丽整天读《远足》;给 PBS[P. B. 雪莱]读玛格丽特的历史。他给我们读《卡勒布·威廉斯》中的部分。
> 16 日周五
> 读《远足》和《麦多克》……
> 17 日周六
> M 整个早上读《麦多克》。PBS 外出办事——一晚上他给我们读《克哈马的诅咒》。②

书写/阅读的交互性也是她和 P. B. 雪莱问题重重的情感关系的重要支撑,一定程度上抵消了后者的自我中心主义和男性专制。在《弗兰肯斯坦》的创作过程中,P. B. 雪莱扮演了老师和共同作者的角色,他提供建议,修改原稿,还撰写了首版序言。而 P. B. 雪莱许多作品的创作同样也有玛丽·雪莱的贡献,在 P. B. 雪莱死后,玛丽·雪莱成为其作品的编辑者,以此方式延续此前的交互关系。小说中书的共同体,逼真地模仿了现实中她和 P. B. 雪莱的书写共同体。弗兰肯斯坦修改沃顿笔录的交互书写,不啻 P. B.

---

① John Williams, *Mary Shelley: A Literary Life*, Houndmills: Palgrave Macmilian, 2000, p.46.
② John Williams, *Mary Shelley: A Literary Life*, Houndmills: Palgrave Macmilian, 2000, p.47.

雪莱以引导人姿态修改妻子手稿的反映。怪物在自学阶段接触到的读物，出自玛丽·雪莱自己的阅读经验，这又意味着：两个读者在共同的书本世界中会合，创造者玛丽·雪莱和其创造的怪物成了平等的共同体成员。

2. 小说中的书

书的阅读是怪物自我教育的最后阶段，紧接在他通过偷听费里克斯的授课学习语言之后。这不是简单的学习深化，而是进入书的共同体的关键一步。口语尚未脱离自我意识和经验范畴，口语交流像是一个微缩的谈判场景，一方面说话主体通过即时听见自身控制语言进程，另一方面也规定了对话者的角色，即具有听、说能力的理性人同类。只有从口语进入书的文字世界，才算真正摆脱了身体、理性能力和社会范畴的束缚，现实关联让位于视角和意向的世界关联。文字的作用不会因现场交流的结束而消失，因此交流能从不同视角被重新激活，交流对象也可以是想象中的他者。

书为怪物预演了世界关系，能融入书的视角网络，理论上就能进入"人类社会的奇怪系统"[1]。沃尔涅的《帝国的灭亡》将他初步引入世界历史视域后，歌德的《少年维特之烦恼》、普鲁塔克的《希腊罗马名人传》、弥尔顿的《失乐园》分别呈现了世界整体的三个方面：个体的内心和情感；世界历史和普遍理性；存在者的身份和起源。《少年维特之烦恼》呈现了"温馨的家庭生活"和与之相关的"崇高情感"[2]。德拉西一家作为同情共同体的榜样对他的影响，在

---

[1] Mary Shelley, *Frankenstein; Or, the Modern Prometheus*, eds. D. L. Macdonald and Kathleen Scherf, Peterborough: Broadview Press, 1999, p.145.

[2] 参见 Mary Shelley, *Frankenstein; Or, the Modern Prometheus*, eds. D. L. Macdonald and Kathleen Scherf, Peterborough: Broadview Press, 1999, p.153。

《少年维特之烦恼》中得到了确认。《希腊罗马名人传》传达了正义观念,让怪物内心萌生"对美德的向往"和"对邪恶的厌憎",因而倾向于以契约来组织社会关系,欣赏努玛、梭伦、莱克格斯等"和平的立法者",而厌弃以暴力征服世界的英雄。这两点都让他站到了自我封闭的弗兰肯斯坦的对立面,而更重要的是,他学会了反思被唯我论者视为绝对的自我:《失乐园》中的亚当代表了他作为被造物的起始状态——"和其他任何存在者都没有联系";而撒旦作为沉沦天使代表了他现在的孤独无助状态。① 通过弗兰肯斯坦日记发现的实际身世("被诅咒的起源"②),不过是对从书中得到的认识的印证。

  弗兰肯斯坦接受的童年教育却远逊于怪物。由于父亲的疏忽,他沉迷于中世纪秘籍,得到的暗示不是世界的全面性,而是体现在炼金术上的对于人之权能的片面追求,这使得他后来接受并迷恋科学万能思想,以唯我论方式对待自然和社会——唯我论者以为先有固定自我,然后由自我创造世界,由不同自我构成共同体。而怪物的自我形成于他和书中人物既认同又区分的关系:"当我读着他们,倾听他们的交谈,我发觉自己和这些人物既相似,同时又奇怪地相异。"③他由此产生了"谁是我?我是什么?我从哪里来?我往哪里去?"④的疑问。这一追问表明,他虽然被排除于现实社会之外,却已经处在本原的交互关系之中了,当然其归属不是习

---

  ① 参见 Mary Shelley, *Frankenstein; Or, the Modern Prometheus*, eds. D. L. Macdonald and Kathleen Scherf, Peterborough: Broadview Press, 1999, p.154。
  ② Mary Shelley, *Frankenstein; Or, the Modern Prometheus*, eds. D. L. Macdonald and Kathleen Scherf, Peterborough: Broadview Press, 1999, p.155.
  ③ Mary Shelley, *Frankenstein; Or, the Modern Prometheus*, eds. D. L. Macdonald and Kathleen Scherf, Peterborough: Broadview Press, 1999, p.153.
  ④ Mary Shelley, *Frankenstein; Or, the Modern Prometheus*, eds. D. L. Macdonald and Kathleen Scherf, Peterborough: Broadview Press, 1999, p.153.

俗范畴,而是世界本身。

反过来说,只有当怪物和人类先验地构成了共同体,才有可能以经验形式和人类共在。怪物作为自我(ego)对于维特、古代英雄、天使的他我(alter ego)视角的先验需要,启示他去寻找现实中的他我。当他和现实中的他人相遇时,内里之中自发地显示出先在的共鸣,这种共鸣超越了血缘、利益这类后天的连接原则,也促成了怪物的理想主义倾向。他对于弗兰肯斯坦作为道德楷模的盖棺论定,对于作为"平等者"的女伴的憧憬,都引申自书中人物的理想化交互关系。弗兰肯斯坦在文本中其实从未表现为一个"慷慨大度而乐于自我牺牲的"[1]父亲,怪物在其社会化过程中也未见过实际的夫妻相爱(德拉西一家没有主妇),他的家庭想象,是由上帝对亚当的慈爱、亚当和夏娃的情爱、维特的善感等理念要素组合而成;倒是弗兰肯斯坦由自身的思维习惯出发,马上判定男女怪会相互嫌弃。怪物根据抽象图式来构造他者和世界的做法,反映了玛丽·雪莱本人对于家庭和伴侣的理想化。这也意味着,即便是以不那么"抽象"的家庭原则来组织共同体,也免不了带有超越经验的理念成分。

怪物不但赋予书中人物以同情,也想象"那些可亲可爱的造物同情我的感受,缓解我的忧思;他们的天使般的脸庞上漾起慰人的笑容"[2]。这种交互同情预演了怪物所向往的"伙伴关系",由此,才可以理解他为什么向人类索取家庭和契约。怪物需要同情和友谊,是因为他学会了同情和友谊;怪物需要实现正义的契约,是因

---

[1] Mary Shelley, *Frankenstein; Or, the Modern Prometheus*, eds. D. L. Macdonald and Kathleen Scherf, Peterborough: Broadview Press, 1999, p.240.
[2] Mary Shelley, *Frankenstein; Or, the Modern Prometheus*, eds. D. L. Macdonald and Kathleen Scherf, Peterborough: Broadview Press, 1999, p.156.

为他已经有了正义的概念;他之所以能进入"生存和事件的链条",是因为他原本就是链条上的一环。甚至连怪物的堕落,都已在书的共同体中有了警示,即一旦交互关系被打破,同情、友谊、正义的要求得不到回应,个体的自由意志就会失去约束,像撒旦那样走上纵欲和犯罪的道路。

3. 作为书写本身的书

小说的叙事形式是书的交互关系的延伸。书信体将弗兰肯斯坦、怪物和沃顿都变成了作者,都在进行观察,三重自传成为观察的接力。首先,弗兰肯斯坦的自述意味着他观察怪物和自己的相互观察,这种相互观察包括:(1)弗兰肯斯坦观察初生的怪物;(2)怪物通过日记观察弗兰肯斯坦对自己的观察;(3)蒙坦弗特峰重遇时,双方相互观察,也观察对方对自身的观察。其次,沃顿船长的书信体转述,意味着他观察弗兰肯斯坦的观察:后者如何观察自己和怪物的相互观察。最后,收信者萨维尔夫人代表了无名读者,她在文本中的不在场特性,让观察者的序列无限延伸。相互观察中,包容性的关系整体悄然成形,世界化进程展示了本相,而基于社会习俗的范畴区分不再有效,正如斯皮瓦克的评说,小说结尾,角色个体的差别似乎已消失,怪物、弗兰肯斯坦和沃顿彼此成了"接替"(relay)。①

不在场的视角意味着怪物命运的续写。的确,后来的科幻文学如《指环王》《星球大战》等就表现了对于精灵、机器人等非人类盟友的强烈需要,这证明一旦环境复杂性加剧到超出人类现有承受能力的程度,和怪物合作就成为必然选择。悉尼大学政治学教

---

① 参见 Gayatri Chakravorty Spivak, "Three Women's Texts and a Critique of Imperialism", *Critical Inquiry*, 12. 1(1985), p.258。

授基恩(John Keane)在他的一篇论文中,甚至模拟怪物的口吻来抨击人类:"从《浮士德》《弗兰肯斯坦》到《终结者》系列……你们都展现出一种非凡的嗜好,即通过自己的创造物来表达自己的希望、梦想、焦虑和噩梦。"①基恩解决人机伦理困境的方案也类似于怪物的理想,他要求把民主精神移用于人机关系,赋予机器人以"电子人"的法律地位,允许双方在法庭上进行公正的控辩交流。阅读的伸展就是书的延续,基恩作为20世纪的《弗兰肯斯坦》读者的新视角表明,书的交互观察自动地超越了弗兰肯斯坦对于新物的偏执排斥。

经验性的阅读和书写的共同体,喻示了先验的世界一体。先验(transzendental)意味着先于经验(a priori)但能使经验成为可能的东西。用于本文语境,它指的是主体间关系(如家庭、契约)得以发生的可能性条件——有了先验的世界结构,才有可能以想象方式将其展开,形成"想象的共同体"。先验的"书"在玛丽·雪莱下笔前就写好了首页,而结局还在遥远的将来。它作为世界框架的作用就在于,首先,书提供了世界中所有可能的差异视角。视角和视角的交换,就是内在的眼和眼的相接。维特、古代英雄、撒旦互为他者,但怪物和他们每一个都能发生认同,化身不同自我,融入世界浮沉。其次,书所表征的观察的自我反身,意味着终极理想去终极化而成为一种自我描述。书的共同体之内,弗兰肯斯坦的伦理选择自动地失去其独断性,而成为一个书本式存在,即诸多文本视角中的一种。最后,书的共同体意味着视角交替成为连接原则,这种最抽象的关联却内含了家庭的亲密关系,成为怪物要求得到

---

① 约翰·基恩:《新机器时代革命:对人类的建议》,刘沫潇译,《全球传媒学刊》2019年第1期,第59页。

照料的理念根据。家庭共同体虽然有信任范围狭窄的局限,然而,家庭所要求的密集交流仍然是包容他者的秘诀。《弗兰肯斯坦》中的怪物失去了父亲的照料,却还在书的共同体中和人类维持交流关系,不仅通过弗兰肯斯坦的日记了解了对方,为自己最终的忏悔埋下伏笔,也通过弗兰肯斯坦的回顾性陈述获得了沃顿的同情。书不仅给出了家庭的最抽象形式——世界即家庭,也在怪物的自我意识中预先埋下了精神性超越的种子。书的共同体不仅要求理解他者的行为逻辑,还要求自我和他者交替地管理风险以共同维护一个世界。在此前提下,家庭和契约都可以是策略性选项,但都要随时从世界一体的角度来重新审视自身。而新的主体性必然是一个激进的——在跨物种的意义上——交互主体性概念,"我"同时又是"我们",内在地包含了各种已知或未知、人类或非人类的他我的意向位置。

先验概念不一定要背负德国观念论的陈旧包袱,先验代表的只是世界的纵深,而非其起源。胡塞尔已经大大拓展了先验的范围,先验在传统中生成,先验结构本身也处在历史演化中。先验和历史经验的交互性成为小说跨时代意义的基础,玛丽·雪莱这一刻的幻想同时聚集了过去和未来。人造人在当时是绝对的新物,关于他的先验想象既然源自之前的经验环境,对他的描述自然也就总结和反省了之前人的社会状况;然而,这种想象本身又是一个历史经验,在汇入19世纪以来社会发展历程的同时,对于将来人机关系的先验想象又起到培育作用。作家要测试社会和意识接纳新物的可能性限度,故只能采用科幻恐怖的形式;而彼时的许多科学臆想如今已成为现实,今天人们对技术新物有了更大的容忍度,甚而开始构想后人类的差异形式,但与此同时往往遗忘了共同体建设中最原初的东西,即家庭代表的交互责任伦理。不管怎样的去人类中心主义,存在者仍渴望得到同情和照料,在世界内寻到"在家"的希望,这就是玛丽·雪莱小说的可贵教益。这也正是科幻体裁在社会系统中所扮演的角色,即不断从经验中提取指向未来的意向结构。在象征性地连接已知和未知、过去世代和未来世代的意义上,科幻文学本身就是人类科学时代的共同体建构的新工具。

五、技术新物的成长小说

弗兰肯斯坦对于怪物的混乱称谓,体现了面对新物的困惑。除了一系列"恶魔"贬称,他也称之为"会思考和有理性的动物"[①]"灵敏而理性的动物"[②]。最冷静时,他会用中性方式称其为"存在者"(being)[③],而这也是同时代的评论者 P. B. 雪莱和司各特对于怪物的称谓[④]。1826 年 7 月 3 日伦敦皇家柯堡剧院首演米尔纳(H. M. Milner)的两幕剧《弗兰肯斯坦,或,人和怪物》(*Frankenstein*: *Or, the Man and the Monster. A Romantic Melodrama*)时,广告的人物列表中将怪物标为"＊＊＊＊＊＊＊＊＊＊Mr. O. Smith[扮演]",玛丽·雪莱评论道,"用这种无名模式命名不可命名者

---

① Mary Shelley, *Frankenstein; Or, the Modern Prometheus*, eds. D. L. Macdonald and Kathleen Scherf, Peterborough: Broadview Press, 1999, p.190.
② Mary Shelley, *Frankenstein; Or, the Modern Prometheus*, eds. D. L. Macdonald and Kathleen Scherf, Peterborough: Broadview Press, 1999, p.233.
③ Mary Shelley, *Frankenstein; Or, the Modern Prometheus*, eds. D. L. Macdonald and Kathleen Scherf, Peterborough: Broadview Press, 1999, p.104.
④ 参见 Mary Shelley, *Frankenstein; Or, the Modern Prometheus*, eds. D. L. Macdonald and Kathleen Scherf, Peterborough: Broadview Press, 1999, pp.304, 311.

(unnamable)甚好"①。将怪物定义为"不可命名者",等于说怪物是黑箱般的存在。这样一个存在是否如怪物自述,天生善良而被社会所败坏,或者如弗兰肯斯坦所断言,本性邪恶而该遭天谴,均无从判断;然而他兼具从善和造恶的能力,是肯定无疑的,一旦不能以适当形式融入共同体,天赋的超能就可能转化为破坏力量。

丢托伊特注意到,怪物的脸在文本中从未被人"面对面地"注视过。② 他尝试从列维纳斯的角度对此做出解释,答案是:怪物丑陋到无法直视的面容是他者形象,而小说是在告诉人们,对于他者的尊重是一种激进的伦理学。新伦理要求对"不可命名者"负责,看不见的"脸"不应成为交流障碍,而是他者的绝对性的保证,正因为"面容抵制占有,抵制我的权力"③,它才能提醒对方放弃专横的同化要求。容忍怪物的"丑陋"对人类美学范畴的抵制,恰恰是领会他人、其他系统乃至世界的自主性的契机。不仅如此,他者性还寓于主体之内,怪物不仅是玛丽·雪莱的心理投射,也是弗兰肯斯坦自身属性的延伸。一个有趣的现象是,弗兰肯斯坦会将他用来指称怪物的贬义词,转而用到自己身上,如"杀人犯""可怜虫"④,他称对方为"恶魔",但也称自己"像一个邪恶的幽灵"⑤。因此,包容他者即包容主体自身,我也要随时准备好面对一个陌生的自我,打破永恒静止的"人性"观念。可惜的是,弗兰肯斯坦始终没能意识

---

① Anne K. Mellor, *Mary Shelley: Her Life, Her Fiction, Her Monsters*, London: Routledge, 1988, pp.133 – 134.

② 参见 Thomas Dutoit, "Re-Specting the Face as the Moral (of) Fiction in Mary Shelley's *Frankenstein*", *MLN*, 109.5(1994), p.857。

③ Emmanuel Levinas, *Totalité et infini*, Paris: Kluwer Academic, 1971, p.215.

④ 参见 Mary Shelley, *Frankenstein; Or, the Modern Prometheus*, eds. D. L. Macdonald and Kathleen Scherf, Peterborough: Broadview Press, 1999, p.115。

⑤ Mary Shelley, *Frankenstein; Or, the Modern Prometheus*, eds. D. L. Macdonald and Kathleen Scherf, Peterborough: Broadview Press, 1999, p.117.

到这一点。

这暗示技术造物者需通过密集交流一方面将技术物纳入社会关系,另一方面也改变自身。技术革命类似于社会革命,都是带来新开端的事件。玛丽·雪莱所处的时代充满了这类事件,《爱丁堡杂志》1818年发表的一篇《弗兰肯斯坦》评论便感慨说,像拿破仑的升起又沉沦这样宏大的"世界的真实事件",恐怕连莎士比亚的狂野想象也望尘莫及。① 法国大革命是现代新物的超级孵化器,而"照料"这些象征了未来不确定性的新物,使之融入集体心灵的怀抱,是文学媒介的任务。评论者公认,小说和法国大革命及卢梭密切相关。怪物的首次谋杀发生于日内瓦的普兰帕莱草地,此处立有卢梭这位革命先知的纪念碑,在兰德尔看来这足可证明怪物的谋杀象征了革命暴力。② 怪物的破坏行为,不妨看成从负面建立关系的尝试;但如果怪物真的唤醒了人类的先验共同体意识,揭示出人和世界的真实关系,他也掀起了革命,且影响比社会革命还要深远。

《弗兰肯斯坦》是技术新物的成长小说,其成长过程却完全处在书的共同体的先验框架之内。新物的成长故事分为三个阶段:(1)学习融入;(2)世界对他的排斥;(3)冲突中的磨合。三个阶段的背后都有书的共同体的潜在作用,怪物以其行动将先验的世界关系逐步展开。也只有在一个先验的交互关系结构中,"不可命名者"才能展开自身,获得各种经验属性,或是成为"会思考和有理性的动物",或是成为"恶魔",或是成为未来的人类盟友。怪物的核

---

① 参见 Mary Shelley, *Frankenstein; Or, the Modern Prometheus*, eds. D. L. Macdonald and Kathleen Scherf, Peterborough: Broadview Press, 1999, p.307。

② 参见 Fred V. Randel, "The Political Geography of Horror in Mary Shelley's 'Frankenstein'", *ELH*, 70.2 (2003), p.471。

心诉求是融入世界,他也具有融入的天赋能力,即学习能力。怪物通过将自我体验和他人体验相对照,逐步发展出一套复杂的心理机制和自由的主体意识。他的学习融入又可以分为三个步骤:第一步,近距离观察人类的行为规则和动机,从而体会到"同情"。下一步,学习语言。语言通向他人的意识世界,怪物因此知道是等级、出身、财富规定了人在社会中的位置;同时语言"引导我转向我自身"①,让怪物领悟到自身的另类属性。为弥补这一缺陷,他寄希望于理性的深化,于是再下一步的向书学习就可想而知了。

  书的共同体虽然提供了世界愿景,然而融入的道路注定不会一帆风顺,怪物最大限度地押注的理性,恰成为最大的陷阱。在和老德拉西谈话前,怪物有一段"缜密"的思考。他的算计是:同情可以让人忽视其他者性("缺陷"),而如果他显示出理性("智慧"),就能获得同情。怪物已在理念化的路上走得过远,人类的意识结构却和书的先验共同体永远有距离。理性的悖论就在于,理性能造成共识,但首先要造成差异——理性促成的共识,乃基于同一区分而实现。怪物鼓起勇气向盲老人讲出心底的愿望,老人似乎也被打动,但老人说的只是,他乐于"为一个人类(human creature)效劳"②。

  不过,怪物的自我教育并未因为德拉西一家离去而结束。他虽历尽磨难,也给人类造成严重损害,似乎一度遗忘了书的共同体的理想,但最终融入的希望并未破灭。从瑞士经俄国到北极的追杀可以看成怪物和人类谈判的继续,所不同的是,在最后一次谈判

---

  ① Mary Shelley, *Frankenstein; Or, the Modern Prometheus*, eds. D. L. Macdonald and Kathleen Scherf, Peterborough: Broadview Press, 1999, p.145.
  ② Mary Shelley, *Frankenstein; Or, the Modern Prometheus*, eds. D. L. Macdonald and Kathleen Scherf, Peterborough: Broadview Press, 1999, p.159.

中,"面容"因素——作为传统的熟悉者标记——完全离场,且双方是心态上完全平等的对手。经过了一系列惨痛教训,现在弗兰肯斯坦必须信任对方的承诺(威胁),也相信对方的注意力只在自己身上。他实际上进入了信任/不信任的交替机制,也就是说,对对方的信任或不信任都基于对交互关系本身的信任;他也终于被迫承担起教育怪物(并以此培养自身)的主体责任,进入了类似古希腊式同性恋的性爱过程,在性爱过程中将不成熟的对象一点一滴地变为真理的主体。

在对待怪物的态度上,沃顿船长显得更加宽容。他之所以能更好地接纳他者,也因为书的共同体的无形作用——他处在更高一级的观察者角色上,已了解了弗兰肯斯坦的失败经历和怪物的全部诉求。除了失明的德拉西老人,沃顿是唯一没有因为外貌拒绝听怪物说话的人。尽管他看见"如此令人厌恶而又如此骇人"的一张丑脸时,不由自主地闭上眼睛,但还是对怪物产生了同情。沃顿虽说是弗兰肯斯坦的二重化身,但他顺应后者的遗愿去消灭怪物的冲动,却为"一种好奇和同情的混合感情"所抵消,也"为其苦难经历所打动"[1]。他以沉默来回应怪物的辩白,即没有像其他人一样对怪物的善恶预先做出判决。虽然沃顿失去了为人类"造福"从而获得"荣誉"的希望[2],却在对伙伴的怜悯、对他者的包容中展现了人性的切实进步。

而怪物俯在死去的弗兰肯斯坦身上的忏悔情节,象征着弃儿和父亲重新融为一体。怪物回忆起《少年维特之烦恼》《希腊罗马

---

[1] 参见 Mary Shelley, *Frankenstein; Or, the Modern Prometheus*, eds. D. L. Macdonald and Kathleen Scherf, Peterborough: Broadview Press, 1999, pp. 240, 241。

[2] 参见 Mary Shelley, *Frankenstein; Or, the Modern Prometheus*, eds. D. L. Macdonald and Kathleen Scherf, Peterborough: Broadview Press, 1999, p. 237。

名人传》传达给他的高尚氛围,"我曾受过有关荣誉和献身的高尚思想的教育","我简直无法相信,以前的我的思想中竟也充满了对崇高、超越的美的憧憬和善的尊严",也猛地醒悟到现在的自己正是《失乐园》中的"堕落天使"①。这一标志着精神性复苏的场景一方面说明怪物一直都处在书的共同体之中;另一方面也显示了先验潜能转化为行动的可能,只要提供适当的共同体框架,怪物也可以培养人性,学会和人类和平共处。三个角色在小说结尾的表现,都释放了积极信号,让读者在警惕科学理性偏执的同时,也未失去对新的共同体生活的憧憬。

怪物是否死去,小说其实并未交代,而是终止于沃顿向萨维尔夫人写信报告怪物的结局:"他很快被海浪卷走,消失在远方的黑暗中(lost in darkness and distance)。"②但梅勒指出,这一结局是经P. B. 雪莱修改而成,玛丽·雪莱的原稿为:"他被海浪卷走,很快脱离我的视线,进入远方的黑暗中(... and I soon lost sight of him in the darkness and distance)。"③

两个版本的区别在于现稿中的沃顿像在陈述客观事实,而原稿中他只是说,怪物脱离了自己的"视线"(生死就更加不明确了)。这一微妙区别,充分说明了玛丽·雪莱保留怪物命运开放性的意图。从最乐观的角度来说,怪物本身就是先验性世界一体的象征,体现了物质和生命、自然和文化相互走近的趋势,本可以成为弗兰肯斯坦——科学时代的浮士德——成长的契机。但封闭在狭隘自

---

① 参见 Mary Shelley, *Frankenstein; Or, the Modern Prometheus*, eds. D. L. Macdonald and Kathleen Scherf, Peterborough: Broadview Press, 1999, p.242。

② Mary Shelley, *Frankenstein; Or, the Modern Prometheus*, eds. D. L. Macdonald and Kathleen Scherf, Peterborough: Broadview Press, 1999, p.244.

③ Anne K. Mellor, *Mary Shelley: Her Life, Her Fiction, Her Monsters*, London: Routledge, 1988, p.68.

我之内的弗兰肯斯坦无法做到包容他者,既然这样,就轮到怪物来扮演引导者角色了,既引导弗兰肯斯坦,也间接地引导沃顿和后来的读者。不论具体过程和路径如何,怪物融入世界的可能性必然基于存在者之间原初的相互敞开关系。正是世界一体的先验结构,决定了他者在共同体中的合法地位,也默认了黑箱在系统内的合理存在。而这种超越了人类中心主义的世界视角,早已寓含于书的交互关系之中。书写/阅读中没有主体和客体、自我和他者、熟悉者和不熟悉者的范畴区分,只有视角的自由交换、相互纠正——故在罗兰·巴特看来,"文本之友的社会"(société des amis du texte)才是傅立叶幻想的共同体组织法伦斯泰尔的实现,它以"文本的愉悦"(le plaisir du texte)进行自由连接,既摆脱了科学、原因、制度等"超语言"的控制,也不受"社会语言指涉""语言的经典结构"的约束。① 这种书的交互关系所代表的先验共同体理想,不仅否定了弗兰肯斯坦的唯我论世界设计,也启发人们去创造比家庭模式和新契约论更具包容力的社会整合形式,大胆地设想面向未来的共同体形式,以有效地包容超越既定范畴的技术新物。

---

① 参见 Roland Barthes, *Le plaisir du texte*, Paris: Seuil, 1973, p.26-28。

《洪堡亲王》中的有机共同体、情感再现与 18 世纪电学知识*

卢盛舟**

内容提要：德意志浪漫派借重西方 18 世纪下半叶兴起的生理学知识，提出"有机共同体"概念，以批判基于自然权利和社会契约论的共同体模式。正是在此背景下，克莱斯特在创作于 1809—1810 年的剧作《洪堡亲王》中运用 18 世纪与生理学紧密相关的电学知识，书写了民族共同体危机之下的情感政治。

关键词：克莱斯特　有机共同体　情感再现　自然科学

一、有机共同体

德语中的"共同体"（Gemeinschaft）一词可以追溯到拉丁文的"communitas"。作为概念，它兴起于 18 世纪末法国大革命和德意志民族解放运动时期。彼时，"共同体"虽然与"民族"（Nation）、"国

---

* 本文原载《外国文学》2022 年第 3 期，原题《论克莱斯特〈洪堡亲王〉中的情感表现与 18 世纪电学知识》，本文在已发表论文基础上进行了一定的增改与调整。

** 作者简介：卢盛舟，文学博士，南京大学外国语学院德语系副教授，主要研究方向为现当代德语文学和中德文学关系。

家"(Staat)、"人民"(Volk)、"共体"(Gemeinwesen)甚至"社会"(Gesellschaft)等概念之间的界限还相对模糊,滕尼斯意义上的"共同体"与"社会"的尖锐对立还没有完全显现,但它频频见于德意志作家与思想家笔下,如亚当·米勒在《治国术》一书中称人民为"崇高共同体"、弗里德里希·施莱格尔在《哲学的发展》中将具有等级制度的教会称为"真实共同体"等[①],这些都充分说明了德意志民众在当时德意志四分五裂、邦国林立的历史情境下对共同体的诉求。

"有机共同体"思想在德意志浪漫派作家的作品中颇为多见,它反对的是以社会契约为基础的"机械共同体"。浪漫派作家把国家理解为自然产物,它具有先天的、不以人的意志为转移的有机组织结构。黄金城在《有机的现代性:青年黑格尔与审美现代性话语》一书中指出,"18世纪到19世纪的德国浪漫主义话语,几乎言必称有机体。民族和国家作为伦理整体,被表象为'有机体''生命'乃至'精神'。在此期间的国家学说,几乎都是在有机体的范式下建构出来的。国家成为'真正的有机躯体''活生生的有机体',甚至被理解为'原始生成物'……在这个意义上,国家内部的精神元素和物质元素就像人体器官一样运动,它们是'有机的'(organisch),而非'机械的'(mechanisch)"[②],如果"'机械的'这一谓词,对于国家而言,就意味着暴力、抽象理智和金钱的统治",那么"有机的"一词无疑则直指情感与人心,文学关于有机共同体的想象恰恰在于作家通过作品中民族情感的张扬来激发读者的情感

---

① 转引自 Manfred Riedel, „Gesellschaft, Gemeinschaft", in *Geschichtliche Grundbegriffe. Historisches Lexikon zur politisch-sozialen Sprache in Deutschland*, Band 2, Hg. v. Otto Brunner, et al., Stuttgart: Klett-Cotta Verlag, S.831。
② 黄金城:《有机的现代性:青年黑格尔与审美现代性话语》,上海:上海人民出版社,2019年,第6页。

共鸣,并借此凝聚民族国家认同。德国学者德·马扎(Ethel Matala de Mazza)在《被书写的身体:论政治浪漫派中的有机共同体》(*Der verfasste Körper. Zum Projekt einer organischen Gemeinschaft in der politischen Romantik*)一书中指出德意志浪漫派中的有机共同体思想一方面承袭了西方将国家类比为身体的修辞传统,这一传统最初是受西方基督教用耶稣的"奥秘之体"指代教会的启发,另一方面则借用了18世纪下半叶生理医学所关注的生命作为有机体的话语。① 针对国家的有机体模式,《德国文学史》第3卷也有一段精彩的论述:

> 国家的有机模式主要表现在两个方面:一是家庭作为国家的"胚细胞",二是等级社会作为国家的组织结构。启蒙运动的国家观基本上是忽略家庭的,认为国家是由个人直接组成的,关注的只是个人作为公民的权利和义务。浪漫文学把家庭这个作为个人和国家的中介放在国家理论的中心位置,认为国家要以家庭为原型,国家要成为一个大家庭。……国家有机模式的另一个表现形式是"等级社会"。……这里的等级指的不是把社会成员分成上中下若干等级,而是根据他们对社会不同的贡献加以区分。……浪漫文学作家认为,不同等级就像人的肢体,虽然各各不同,但各有所长,各有所司,彼此不能替代,更不会结仇作对,为了共同目的,它们协调配合。……诺瓦利斯不止一次地把国家比作人,认为,国家跟有机的人一样,也不是同质的材料单纯的量的累积。他从人体的比喻出

---

① Ethel Matala de Mazza, *Der verfasste Körper. Zum Projekt einer organischen Gemeinschaft in der Politischen Romantik*, Freiburg: Rombach, 1999, S.40-41.

发,把国家设施和机构如政府、法院、宫廷、剧院、学校等全都称为"国家人的有机的器官"。①

德国著名作家克莱斯特(Heinrich von Kleist,1777—1811)在创作生涯后期从早期自觉的启蒙主义者转而成为为德意志民族解放运动频繁发声的爱国主义者。在政论文章《这场战争的关键是什么?》("Was gilt es in diesem Krieg?")中,克莱斯特多次直接使用"共同体"一词。这篇文章写于1809年奥法激战期间,全文由两个激情洋溢的段落组成,在第一段中,克莱斯特历数了包括西班牙王位继承战、七年战争、西里西亚战争在内的18世纪代表性战争,用六个反问句表明这些战争的目的与形式在当前已经过时,在第二段中,克莱斯特用十个以"共同体"(Gemeinschaft)开头的气势磅礴的排比句,说明当前的战争所关乎的是一个共同体的存亡。②

克莱斯特最后一部戏剧作品《洪堡亲王》创作于1809年,被克氏称为"一部祖国剧"(ein vaterländisches Schauspiel)。这部剧以标志着普鲁士在17世纪下半叶崛起的费白林战役(1675)为背景。在这场战役中,选帝侯腓特烈·威廉率兵大败瑞典军队,而克莱斯特在1809年普鲁士被法国侵占的时刻,选择回溯普鲁士的光荣历

---

① 任卫东、刘慧儒、范大灿:《德国文学史》第3卷,南京:译林出版社,2007年,第34-35页。

② Heinrich von Kleist, *Sämtliche Werke und Briefe in vier Bänden. Band 3: Sämtliche Erzählungen, Anekdoten, Gedichte, Schriften*, Hg. v. Klaus Müller-Salget, Frankfurt am Main: Deutscher Klassiker Verlag, 1990, S. 477-479. 文中出现的克莱斯特作品引文均出自该全集。后文出自该全集的引文,将随文标出引文出处页码,不再另注。《这场战争的关键是什么?》一文在克莱斯特研究中一直以来未得到足够重视,且尚无中译,因此笔者试将其译出,附在文后。近年来中文学界对该文的关注见曾悦:《德意志自由的第一缕气息:克莱斯特〈日耳曼尼亚〉中的民族与战争观初探》,《北京第二外国语学院学报》2021年第2期,第64-75页。

史,想必是意欲通过此剧激发德意志民众的民族解放热情。虽然克莱斯特在言及这部剧时并未直接使用"有机共同体"一词,但结合上述不难发现,这部剧在多个层面上折射出"有机共同体"的思想。首先,克莱斯特特意将这部追溯本民族光荣历史的历史剧的情节安排在家庭框架中——剧中洪堡亲王称大选帝侯为"舅父",他和纳塔丽也是表兄妹关系。其次,该剧充分展现了情感在政治共同体中的重要性。洪堡亲王恰恰是在一股莫名激情的驱使下,率军向敌人发起冲锋并最终取得胜利,但他因此举违反了预定的军事计划,所以被交由军事法庭处置。在后文的第四幕第一场,纳塔丽来到选帝侯面前为她的洪堡表兄求情。她感叹道,"军法固然要遵守,可人的美好的感情不能弃之不顾呀"(613)。而第五幕第五场科特维茨上校在选帝侯面前的辩护更是把情感提升到了政治高度。他指出,自己愿意为国家打仗乃至牺牲是出于对君主、对国家的感情,祖国恰恰是建立在情感和历史之上的共同体(631 - 633)。最后,也是本文关注的一个焦点,即与浪漫派借重生理医学话语塑造有机共同体思想异曲同工的是,克莱斯特在剧中借用当时与生理医学紧密相连的电学话语,再现了对于有机共同体来说至关重要的个体情感。

二、静电感应模式下的情感极化与突变

《洪堡亲王》中人物的情感表现与18世纪电学知识之间存在关联,首先与克莱斯特对实验物理学浓厚而持久的兴趣密不可分。在1799年辞去军职并进入奥德河畔的法兰克福大学学习之前,克莱斯特就在给家庭教师马提尼的信中表示自己对物理怀有一种"无从解释的偏爱"(32),而在进入大学学习的第一学期,克莱斯特

便修习了物理学教授温施(Christian Ernst Wünsch)开设的实验物理学讲座。据克莱斯特的未婚妻岑格之后的回忆,克莱斯特"通常在课后还会兴致勃勃地和我们谈论课上讲授的内容"①。第二学期,克莱斯特再次选修了温施讲授的实验物理学讲座,并称这门课是一种"既有益又有趣的矿泉疗法"(51)。需要强调的是,虽然克莱斯特在1800年8月中断了仅为期三学期的大学学业,并在次年3月经历了后世研究所谓的"康德危机",即在接触康德哲学后认为科学无法带来绝对的认识与真理,但他对实验物理的兴趣可以说是持续终身,直至《洪堡亲王》的写作期。例如1800年11月,他向岑格推荐了温施教授撰写的通俗科学读物《宇宙学漫谈》(Kosmologische Unterhaltungen)作为"自我思维训练时……最好的引导"(163);1801年2月5日,在给姐姐乌尔里克的信中,克莱斯特透露,一位名叫科恩的柏林犹太商人允许他使用"琳琅满目的物理仪器实验室"(198);在1810年10月12日发表于《柏林晚报》的《有用的发明:设计一种炮弹邮件》一文中,克莱斯特还谈到了德国医生和物理学家泽默林(Thomas von Sömmering)于1809年利用伏打电堆发明出的电报机,有学者称克莱斯特属于历史上最早一批意识到这台电报机的诞生意味着人类迈进电磁时代的人。②

纵观克莱斯特留下的文字,我们发现,克莱斯特曾在两处明确表示人的情感变化遵循电学规律,并认为这是物理世界与道德世界同一性的体现。一处来自写于1805—1806年的《论思想在言谈中的渐成》("Über die allmählige Verfertigung der Gedanken beim

---

① Helmut Sembdner, *Heinrich von Kleists Lebensspuren*, Frankfurt a.M.: Insel, 1984, S.33.

② Wolf Kittler, "Bombenpost", in *Heinrich von Kleist: Style and Concept*, eds. Dieter Sevin and Christoph Zeller, Berlin: De Gruyter, 2013, p.81.

Reden")一文。另一处则出自发表在 1810 年 10—11 月《柏林晚报》上的《最新的教育方案》("Allerneuster Erziehungsplan")一文。克莱斯特在《最新的教育方案》一文开头对其的描述如下：

> 在论述带电物体性质的那一章里，实验物理向我们表明，如果我们把一个不带电的（中性的）物体放到带电物体附近，或者用正规的术语说，放到带电物体的大气中，这个不带电的物体会突然也带电，并具有相反的电性。……如果带电物体带正电，那么所有非带电体的自然电就逃逸到它最外在和最遥远的空间，在靠近带电物体的部分会形成一种虚空，这个虚空倾向于吸收带电体如患病一般的电的过剩；如果物体带负电，那么在不带电的物体靠近带电物体的部分，自然的电会在一瞬间灵敏地积聚在一起，以扭转带电体如患病一般的电的缺失。(545 - 546)

细读后不难发现，在这里，克莱斯特其实涉及了静电感应的两个主要特征。引文第一句指出在静电感应中，不带电的物体会带上与带电物体相反的电，第二句谈到了静电感应中不带电物体自身的电荷会进行重新分布，异种电荷被吸引到带电体附近，同种电荷被排斥到远离带电体的物体另一端。而后文克莱斯特称静电感应所体现的法则只有一种（"这一极为奇特的法则"），所以，不妨将其概括为"极化法则"——克莱斯特自己在文中也使用了"极"(546)和"极性关系"(549)这两个相关概念。由此，上述引文的第一句话可以视作物体之间在电性上的极化关系的体现，第二句话则描述了物体自身所带电荷的极化关系。极性概念是 18 世纪电学知识的核心话语之一，因为它并非简单陈述，而是构成了当时认识电所依据的支配性规则和条件。电学先驱、美国科学家富兰克林于 1747 年基于电的单流论提出正电和负电的概念,用以描述电的本性,这正是极性概念的体现,而在后来谢林的自然哲学中,极性甚至不光指涉电极,还包括力学中的引力和斥力、磁学中的磁极、化学中的酸碱、生命中的刺激与反应等二元结构,成为"一种普遍的世界规律"①。

所以,《论思想在言谈中的渐成》和《最新的教育方案》所举事例中人物的情感变化可以说是类比于静电感应的极性原则。我们注意到,就主题而言,这两篇关键文本与《洪堡亲王》多有相似之处。前文将法国旧制度的崩塌归结为米拉波情感的瞬间爆发(537),这种从微观层面书写宏大历史的手法与《洪堡亲王》通过描述主人公的个人情感经历再现勃兰登堡-普鲁士的光荣历史相互呼应;而后文和《洪堡亲王》均以战争中指挥官的英勇与懦弱为关注焦点。此外,从时间上看,明确指出静电感应法则适用于人类情感的《最新的教育方案》一文的发表时间(1810 年 10—11 月)与《洪堡亲王》的创作时间十分接近。由此可以推测,克莱斯特在塑造洪堡亲王的情感变化上同样依据了静电感应的极化原则,这一推测在剧作的文本细节中可以得到印证。

首先,这一极化原则体现在由洪堡亲王的死亡恐惧所引发的一系列人物之间的情感互动上。如第三幕第五场,洪堡亲王在得知选帝侯在他的死刑判决书上签字后,向选帝侯夫人求情。此时他完全陷入了慌乱,这显然违背了斯多葛主义主张的情感控制,而这种慌乱仿佛又同时触发了剧中的两位女性人物——选帝侯夫人和选帝侯甥女纳塔丽公主的理性与冷静。面对洪堡亲王的求情,

---

① 谢林:《论世界灵魂》,庄振华译,北京:北京大学出版社,2018 年,第 164 页。

选帝侯夫人"克制着自己的感情"(606),鼓励亲王"如果天意如此,那就以勇气和镇静来迎接它"(607);纳塔丽"勇敢地昂起头,站起身来"(609),不仅安慰亲王,还立即承诺自己会为他向舅舅求情,以实际行动挽救被判死罪的亲王。二人的这番言行集中体现了斯多葛主义所提倡的顺应命运、保持内心安宁和重视自我对他人义务的情感结构。又如接下来的第四幕第一场,选帝侯被纳塔丽的泪水打动,舞台提示显示他在这一刻是"迷惘的"(614),这个形容词在之前恰恰是用在洪堡亲王身上的,以形容他发现自己手里拿的竟是公主的手套时的内心状态(574)。最终,选帝侯为情所动,宣布有条件地宽赦洪堡亲王,这反而使洪堡亲王克服了个人情绪危机而超然于生死之外。在纳塔丽催促他回复选帝侯的宽赦手谕时,他似乎全然忘记了自己先前的窘迫,甚至还嘲笑纳塔丽操之过急(621)。这一系列人物间的情感互动可以说是类比于静电感应中物体之间在电性上的极化关系。

其次,洪堡亲王所经历的包括死亡恐惧在内的情感变化类似于静电感应中物体自身所带电荷的极化关系。剧中,洪堡亲王对死亡的恐惧并非孤立,而是和他之前在战场上的英勇表现以及之后战胜内心恐惧后的视死如归形成强烈的对比。贯穿全剧,洪堡亲王在勇敢与懦弱的情感两极之间往复,克莱斯特则极尽能事地突显这些情感的激烈程度。洪堡亲王在全剧开场的第一句道白中就被选帝侯的副官霍亨索伦伯爵称为"我们勇敢的兄弟"(557),"三天来他一马当先,马不停蹄地追击着逃跑的瑞典人"(557),第二幕第二场号召全体军官追随他发起进攻,下令谁若犹豫谁就是懦夫,这无疑也是他英勇的体现。但在第三幕第五场,他坠入了对死亡的极度恐惧之中。可以说,之前他有多英勇,现在就有多懦弱。为了让选帝侯夫人与公主替他求情免死,他不惜下跪,表示愿意向仆妇和马夫求教,甚至宁可放弃职务、军籍,乃至对纳塔丽的爱情,总之他"只想活下去,请不要问,那种生活是否体面"(607),以至于选帝侯夫人认为他"完全疯了"(606)。而在全剧接近尾声的第五幕第十场,洪堡亲王又完全恢复了先前的勇敢,他罔顾众军官的求情请愿,毅然决定以军法自裁,道出了"不朽,你是属于我的"(642)著名独白,散发出崇高的悲剧英雄气质和浪漫主义情怀的死亡崇拜。在这段独白中,洪堡亲王称"我周围大雾茫茫"(642)。笔者认为,这里的大雾恰恰是在影射静电感应在 18 世纪的旧称"作用范围"(Dunstkreis,字面意思为雾域)。在静电感应中,不带电的物体不需要接触带电体即可起电,这种超距作用在当时被视为一种神奇的现象。前文所引克莱斯特对静电感应的描述中出现的"大气"(Atmosphäre)一词,指的就是带电体的作用范围,类似今天电学中"电场"的概念。

而剧中人物情感转换时的突然性,也从侧面反映出克莱斯特是在用静电感应的极化原则来塑造人物的情感变化。在对静电感应的描述中,克莱斯特就强调物体从不带电到带电的过程是"突然"的,电荷是"一瞬间灵敏地积聚";在所举事例中,米拉波从亢奋到平静同样是"突然"(537)的,葡萄牙船长从英勇到怯懦也是"突然"(547)的。与之相应地,在《洪堡亲王》中,无论是选帝侯由克制到情动,还是洪堡亲王由恐惧恢复沉静,这些情感转变基本上都是突如其来、毫无征兆的。如此众多的"巧合"表明克莱斯特绝不是疏于铺陈角色的心理变化,而是有意借助静电感应的极化原则进行类比。选帝侯恰恰是在与纳塔丽针对洪堡亲王过失的辩论中占据上风之际,遽然从不为情动到动了赦免亲王的恻隐之心,致使纳塔丽发出了"我不知道,我也不会去探究,是什么打动了大人您的慈悲之心"(615)的慨叹。之后面对亲王从先前的惊慌失措变得如此泰然自若,纳塔丽又惊呼道"你这个人真是莫名其妙! 这究竟是怎样的变数,原因何在,何在"(622)。从纳塔丽的两度惊奇中可以看出,剧中人物情感转变的突兀指向了一种无法探究、难以揣度、使因果解释失效的不可知性,这种不可知性同时也是 18 世纪电学知识的另一核心话语。18 世纪电学虽然方兴未艾,但仍处于历史发展的早期阶段,电依旧被视为一种极具神秘色彩的物质。此外,电学被库恩划归为近代科学的实验传统,而 18 世纪的大量电学实验不同于今天严肃的科学研究,更多是通过展示电的神奇力量来追求娱乐效果以吸引公众的科学表演,即便那些具备研究性质的实验,大多也还局限于定性描述而非定量分析,说明通过实验观察而发展出来的理论通常表达含糊,无法被数学化和精确化,甚至直至 19 世纪初,"许多德国的物理学教授仍然轻视数学描述,认为数学将诱使物理学家离开它们正当的研究领域"[1]。所以,18 世纪的电学话语"总是在一种非知识的周遭嬉戏"[2]。

因此,融入了电学知识的人物情感表现,给《洪堡亲王》这部号召民众反抗拿破仑侵略的作品蒙上了一层神秘的宿命论色彩,暗合了"政治即命运"这句著名格言。由于受外在的自然规律支配而不由自我意志控制,人物情感的主体性被削弱,更多呈现出非主体性或主体间性的状态。德勒兹和加塔利在《千高原》中称克莱斯特"作品的构成要素是秘密、速度和情状"[3]。所谓秘密,即"不再是某

---

[1] 罗伊·波特:《剑桥科学史(第四卷):18 世纪科学》,方在庆主译,郑州:大象出版社,2010 年,第 321 页。

[2] Roland Borgards, „‚Allerneuester Erziehungsplan'. Ein Beitrag Heinrich von Kleists zur Experimentalkultur um 1800 (Literatur, Physik) ", in *Literarische Experimentalkulturen. Poetologien des Experiments im 19. Jahrhundert*, Hg. v. Marcus Krause und Nicolas Pethes, Würzburg: Königshausen, 2005, S.76.

[3] 德勒兹、加塔利:《资本主义与精神分裂(卷 2):千高原》,姜宇辉译,上海:上海书店出版社,2010 年,第 510 页。

种被掌控于一种形式之中的内容,相反,它生成为形式,与始终外在于它自身的外在性的形式相同——……情感也从某个主体的内在性之中挣脱出来,并被猛烈地投入一个纯粹外在性的环境之中,这个环境赋予它们以一种难以置信的速度、一种弹射的力量"[1],情感变成了意味着外界对个体影响效果的情状。《洪堡亲王》中以静电感应为模式的情感极化与突变,恰恰对应了德勒兹和加塔利意义上情感变化的强度与速度,所以,静电感应原则也就构成了隐藏在背后的"秘密"。此外,同样是由于情感受制于外在的电学法则,剧中人物的内心世界被极度压缩,导致该剧表现出对古典主义戏剧人物心理学的极度拒斥。这与18世纪中叶起德语文学关注人内在感受与体验的向内性(Innerlichkeit)特征背道而驰,同时也体现了克莱斯特作品的审美现代性。

三、雷电作为激情的隐喻

至于洪堡亲王违反作战方案、提前出击的激情,我们发现,剧中的相关描写也与电联系紧密——克莱斯特频频用雷电比喻这种激情的动机与内涵。1852年,富兰克林通过风筝实验证明雷电是自然的放电现象,是云层中的静电强烈放电所致,这一科学结论在19世纪初的欧洲已经得到了广泛的传播与接受。

虽然洪堡亲王提前冲锋的激情具有复杂的动机和丰富的内涵,对其的解读也在不同的场次中随着人物视角的不同而变化,但一个关键的情感驱动无疑来自洪堡亲王对纳塔丽公主的爱情——

---

[1] 德勒兹、加塔利:《资本主义与精神分裂(卷2):千高原》,姜宇辉译,上海:上海书店出版社,2010年,第510-511页。

"与其说洪堡亲王是为帝国而征战,不如说是为爱情而征战"①。全剧中,克莱斯特共三次用雷电比喻这份爱情。第一幕第一场中,洪堡亲王没有随骑兵队伍出征,反而流连于宫殿花园,在半梦半醒的状态下编织象征荣誉的花冠。选帝侯从他手中夺下花冠,将其项链缠绕于花冠之上,并将它递给纳塔丽公主。亲王心急来抢,"纳塔丽,我的姑娘!我的未婚妻!"(560)一语吐露出他对公主的衷情。针对这一现实场景,洪堡亲王在第一幕第四场回忆他在梦中所见为"桂冠没有抓到,宫殿的大门突然洞开,从殿内发出的一道闪电将她吞噬"(566)。此处,"殿内"中的"内部"(Innere)一词可视作双关,还指人的内心。所以,这道闪电就表征了亲王心中对纳塔丽的爱情。尽管亲王没有触碰到桂冠上的项链,只是抓下了公主的手套,但是项链和闪电在他回忆中一前一后比肩继踵般地出现,让人不禁想起"项链"(Kette)在德语中的另一层含义,即"电路"。伽伐尼激活"动物电"的电路连接在当时被称为"伽伐尼电路"(galvanische Kette)。历史上,伽伐尼的外甥阿尔迪尼曾将伽伐尼电路用于医学,以治疗精神疾病,甚至想让尸体复活还魂;这里,作为梦游者的洪堡亲王因自己体内的电流而从半梦半醒的状态下惊醒,两者有异曲同工之妙。再加上选帝侯的举动透着一股强烈的实验精神("我要看看,他如何收场"),所以笔者认为,克莱斯特借这段描写影射了伽伐尼的"动物电"实验。以上是克莱斯特在剧中第一次用闪电比喻爱情,第二次出现在第一幕第五场,亲王无法回想起梦中的女性究竟是谁,因此在元帅部署作战计划时心不在焉。当他猛然发现自己在梦中奋力夺下的手套正是公主在一旁四处寻

---

① 胡继华:《游牧、战争机器与绝对悲剧:克莱斯特的〈洪堡亲王〉略解》,《上海文化》2014年第7期,第89页。

找的手套时，他"像被闪电击中一般"（574），这一内心状态在第五幕第五场再次被霍亨索伦形容为"霹雳一声，大有天崩地塌之势"（636）。虽然这两处的雷电很明显都指涉了洪堡亲王的震惊之情，但根据舞台提示，亲王随即"迈着凯旋的步伐重又回到军官的圈子"（574），由此可见，雷电在形容震惊之情的同时，也比喻了亲王在目睹梦中的爱人形象最终水落石出后内心激动、骄傲与甜蜜的复杂情绪。正是在这种情绪的笼罩下，他在投身战斗前一段自成一场（第一幕第六场）的独白中将纳塔丽比作命运女神，认定手套就是她丰饶之角所掷下的信物，并再次袒露了自己对她的爱恋："我中了你的枪弹……你已触动了我的幸福感情。"（576）而"我要在战场上将你捕捉"（576）一句既体现出亲王对胜利的向往，也表明他渴望通过胜利来赢取公主的芳心。所以，三次以雷电为喻的爱情无疑导致了他在战场上急于建功立业的冲动。

对洪堡亲王冲锋场面的直接描写出现在全剧的第二幕第二场。这一场中，洪堡亲王与霍亨索伦、科特维茨上校、戈尔茨骑师等军官登上山丘，以"越墙视角"（Teichoskopie）观察远处激烈的战局，等待出击号令。此时，洪堡亲王仍沉湎于对爱情和荣誉的幻想，激动之情难以平复。"隆隆的炮声"一直伴随他们针对战局的交流，先后被提及三次（580-581），戈尔茨的惊呼"这样隆隆的炮声，我一辈子还没听到过呢"（581）更是凸显了其独特性。因此，这雷鸣般的炮火声可谓渲染和烘托出亲王激越的心情。原文中，"隆隆的炮声"为Donner一词，也表示"雷声"，所以可以说，克莱斯特用惊雷间接隐喻了洪堡亲王违反作战计划的冲锋激情。根据第五幕第五场霍亨索伦的辩护，大炮的轰鸣让亲王清醒（636），科特维茨更是声称亲王很会打仗，如果当时等待命令，就会错失战机（631）。联想到克莱斯特在《论思想在言谈中的渐成》中还将米拉波演讲过程中突如其来的灵感比作"万钧雷霆"(Donnerkeil),那么据此,这种激情可以被解读为一种军事灵感。研究中有学者挖掘出这种激情的现实指向,即1806年斐迪南亲王在萨尔费尔德战役中违抗指令率先遣部队主动向法军发起进攻,以及1809年席尔上校发动的爱国起义。① 但值得注意的是,以上义举均以失败告终,二人也都不幸牺牲。而克莱斯特借用雷声隐喻洪堡亲王的激情,旨在暗示这种激情——用洪堡亲王自己的话说就是"心的号令"(582)——不仅仅是一种抵抗外侵的英勇,更是一种审时度势、善于把握绝佳战机并最终能够带来胜利的军事灵感。

　　针对剧中雷电作为爱情与灵感的情感隐喻,还有以下三点值得关注和思考。首先,考虑到彼时电学是新兴学科,所以这种比喻绝不像我们今天常说的"爱情仿佛触电"一般流俗。其次,基于隐喻自身的认知功能,这一"电"的情感隐喻表达和前文所述的《洪堡亲王》中人物的情感变化遵循静电感应的极化与突变原则,无疑都暗示着情感与电息息相关,从而再次证明克莱斯特对当时情感和电有关联的观点是了解的。最后,也是最重要的一个方面,即应注意到这一隐喻背后更为宏大的语境:18世纪晚期,电学实验的日益普及化使电学知识溢出自然科学内部,蔓延至美学、文学、艺术等领域,以隐喻的方式渗透进入一般的情感语汇,尤其用来描绘爱情和艺术灵感这两种情感上的例外状态。② 在《作为激情的爱情》一书中,卢曼在论述爱情语义学的历史演化时指出,爱情在17世纪中叶由中世纪摒弃感性情欲、强调对象美貌、德行、高贵等完美特征的理想型爱情转变为追求激情、在主动和被动之间不停换位的

---

① Klaus Müller-Salget, *Heinrich von Kleist*, Stuttgart: Reclam, 2002, S.267.
② Benjamin Specht, *Physik als Kunst. Die Poetisierung der Elektrizität um 1800*, Berlin: De Gruyter, 2010, S.57.

悖论型爱情。① 而电的吸引与排斥，微弱的电流能够激发人轻微的快感，强烈的电击会给人带去阵痛乃至昏厥，这些相互对立的特性使得电恰好适于比喻历史转型后的悖论型爱情。在电学实验史上，也确有将爱情和电联系在一起的实验。18世纪德国物理学家博泽（Georg Mathias Bose）曾让一位女士站在绝缘凳子上，然后利用暗藏的发电机让这位女士身上带上静电，随后邀请一位不知情的男士上前与她接吻，瞬间遍及全身的电流让男士觉得爱情宛如过电一般。这种被称为"带电的爱神"（Venus electrificata）的实验在18世纪中叶一度风靡德意志地区。此外，雷电在被富兰克林祛魅为放电现象后，其内涵也由原先作为上帝的怒火、天神的惩罚的象征延伸至表征两性爱情的隐喻，歌德笔下维特和绿蒂之间的爱情产生于暴风雨来临之际，就是德语文学中经典的相关案例。至于电作为艺术灵感的隐喻，是因为电的自发性、剧烈性等性质与狂飙突进运动以来流行的艺术天才观不谋而合：电不遵循机械论的解释原则，同样，天才也不再遵守所谓的规范诗学（Regelpoetik），艺术原创性不是通过后天的练习，而是通过天赋与激情获得。赫尔德在《人类历史哲学思想》一书中写道，艺术家的精神要像电火花一样在天才之间传递。需强调的是，克莱斯特在《洪堡亲王》中对其时流行的与电相关的情感隐喻并非单纯照搬，而是加以挪用与重构。其一，洪堡亲王的爱恋对象纳塔丽（Natalie）这一虚构人物的名字有着强烈的现实指向与政治内涵。它取自歌德长篇小说《威廉·迈斯特的学习时代》主人公的恋人、"美丽心灵"的化身娜塔莉亚（Natalie），实际影射了当时的普鲁士王后路易丝。诺瓦利

---

① 尼克拉斯·卢曼：《作为激情的爱情：关于亲密性编码》，范劲译，上海：华东师范大学出版社，2019年，第118–119页。

斯在《信仰与爱》的最后一个片段也提到纳塔丽是王后的肖像。《洪堡亲王》原本是献给路易丝的,但不料她于 1810 年夏去世。这位普鲁士王后在世时凭借其亲民作风被视为市民美德的典范和女性美的象征,"德意志的浪漫派从路易丝身上看到了希望,把陷入专制主义晚期的机械式王朝统治,转变成有机的整体和具有榜样示范作用的政权"①。她协助丈夫腓特烈·威廉三世治国,在反抗拿破仑入侵上属于积极的主战派,所以她的英年早逝也被描绘成艰难时局下的为国殉难。从这个意义上讲,洪堡亲王对纳塔丽游离于现实与梦幻之间、历经波折的爱情可谓象征着克氏在德意志民族解放战争前夜热切但前景扑朔迷离的爱国愿景。克莱斯特之所以不用静电,而用代表自然强力的雷电比喻他的拳拳爱国之心,无疑是为了更加凸显出这份情感的崇高——在另一部爱国剧《赫尔曼战役》中,克莱斯特意味深长地将条顿堡森林战役这一德意志历史上抵御外敌的著名战役安放在一个"雷电交加的夜"(522)。其二,克莱斯特对电作为天才与灵感的隐喻也做了改写,隐喻本体不再是艺术灵感,而是军事灵感,并且喻体既非电流,也不是闪电,而是巧妙运用了德语中炮声与雷声的一语双关。拿破仑就是炮兵中尉出身,对炮兵快速、集中、大量的使用在拿破仑战争中以及后来的德意志民族解放战争中都发挥了决定胜负的关键性作用。②可见,这一"雷"的隐喻也暗含着克莱斯特的军事理论关怀。

由此,可以进一步发现,克莱斯特用雷电去比喻爱国热忱和军事灵感,反思了当时战争形态的结构性转变,即法国大革命和拿破

---

① 赫尔弗里德·明克勒:《德国人和他们的神话》,李维、范鸿译,北京:商务印书馆,2017 年,第 252 页。
② 戴耀先:《德意志军事思想研究》,北京:军事科学出版社,1999 年,第 239-240 页。

仑战争以来,现代战争不再是君主之间的事业,而是民族之间的对抗,其模式从18世纪按照力学模型计算、带有几何学的规整性的王朝战争转变为充满复杂性、偶然性与不确定性,因而更加依靠精神因素的民众战争(Böhme 398 – 401)。《这场战争的关键是什么?》("Was gilt in diesem Kriege?")、《论奥地利的拯救》("Über die Rettung von Österreich")等多文显示克莱斯特对这种战争的范式转移有着充分的自觉;他和格奈泽瑙、克劳塞维茨等普鲁士军事改革者也多有往来。1806年10月,普鲁士在耶拿和奥尔施泰特惨败于法军,之后被迫全面开始军事改革,其举措包括推行普遍兵役制,用充满活力、具有自发的爱国奉献精神的民军代替被迫作战的雇佣兵,引入与传统线式战术相比更为灵活机动的散兵战术和梯队战术,并要求指挥官能够对日益复杂的战局做出迅速反应。这些战争中的情感因素以及战争本身的性质与电的自发性、灵活性、剧烈性和不可捉摸都能构成一一对应的映射关系。在《活的隐喻》中,利科从诠释学角度肯定了隐喻的实在性,在《通往隐喻学的范式》中,布鲁门贝格区分了残余隐喻和绝对隐喻,指出绝对隐喻可以言语化一些非概念性的然而却是某个时代所思虑的根本性问题,其"真实性是实践性的……它给予世界以结构,表征无法经验、无法一览无余的现实整体"[1]。无独有偶,在1832年出版的《战争论》中,克劳塞维茨在对变幻不定、无法整体把握的现代战争形态进行系统理论化的同时,也用雷电比喻军事天才的灵感以及灵活机动、洋溢着爱国热情的民众战争:"指挥官的胆量表现在决策时对天才如闪电般迅疾、下意识做出的较高决定予以有力的支持"[2],

---

[1] Hans Blumenberg, *Paradigmen zu einer Metaphorologie*, Frankfurt a. M.: Surhkamp, 1999, S. 25.

[2] Carl von Clausewitz, *Vom Kriege*, München: Aera Verlag, 2003, S. 127.

"民众战争必须像云雾一样,在任何地方也不凝结成一个反抗的核心……但另一方面,这种云雾却还有必要在某些地点凝结为较密的云层,形成一些将来能够发出强烈闪电的具有威胁力量的乌云"①。可以说,克莱斯特用雷电比喻洪堡亲王的冲锋激情,预示了克劳塞维茨在《战争论》里所强调的情感因素在现代战争中的重要性,也反映出电学话语以隐喻形式进入军事理论话语:电取代了先前的机械论认识模型,成为现代战争的一种"绝对隐喻"。

附:这场战争的关键是什么?

在这无垠的寰宇中,以往战争中曾行之有效的东西,如今还有效吗?这场战争是关乎一位年轻有为的诸侯的荣誉吗?在甜蜜芬芳的夏夜,他梦见自己戴上了一顶桂冠。或者关乎为讨一位情妇的欢心?她的魅力被帝国的统治者认可,却遭外国宫廷质疑。它关乎一场如棋局一般、近似于西班牙王位继承战的战局吗?在这场战局中,心不会跳得更加炽热,情感不会因激情而鼓胀,肌肉不会因中了侮辱的毒箭而上下抽搐。它关乎在春日来临之际,踏入战场,旌旗摇动,两军交战,要么取胜,要么退回冬日大本营?它关乎割让土地,为满足一个要求分出胜负,要求赔款,或者它关乎任何一个可以拿金钱去衡量的东西,今日拥有,明日抛弃,后日又复得?

这场战争关乎一个共同体,她根干盘曲,仿佛一棵橡树,扎根于时代的土壤;她的树梢直触云彩的银色镶边,荫庇着美德与伦理;她的存在因达到地球年龄的三分之一而神圣。一个共同体,她

---

① Carl von Clausewitz, *Vom Kriege*, München: Aera Verlag, 2003, S. 399.

不知支配和统治欲为何物,与其他任何一个共同体一样值得存在和被容忍;她甚至不会思忖自身的荣誉,定会同时思考栖息在地球上的其他人的荣誉和福祉;她最恣肆、最不凡的想法——来自诗人和智者,乘着想象力的翅膀——就是臣服于一个世界政府,这个世界政府由所有兄弟邦国通过自由的选举确定;她的正直与坦率——无论敌友,均坚定不移地一视同仁——在邻人的机趣中已成熟语;她超越一切质疑,正如同那枚真正戒指的拥有者,乃是那个最爱护他人的共同体;她的纯洁,即便在异乡人取笑乃至嘲讽她时,也能隐秘地激起他的情感。一个共同体,她胸中不怀一丝傲慢,毋宁说,她如同美好心灵,直至今日,还不相信自己的美;她四处振翅飞舞,不知倦怠,宛如一只蜜蜂,汲取一切她所觅见的优秀之物,仿佛本源之美不正存于她自身;在她的怀中(如果可以这么说的话!),众神保存了比其他任何一处都要纯粹的人的原初形象。一个共同体,她在服务方面不亏欠人类;她回馈各民族、她的兄弟与邻人,对任何和平的艺术都礼尚往来;一个共同体,始终与最勇敢和最强健之人一起,建设时代的方尖碑;她为方尖碑奠基,或许还注定将为之封顶。这关乎一个共同体,她孕育了莱布尼茨和古登堡;在此,盖利克称量大气层的重量,齐恩豪森引导太阳的光芒,开普勒绘出天体的轨道;一个共同体,她能献出伟大的名字,如同芳春献出繁花;她养育了胡腾和济金根,路德和梅兰希通,约瑟夫和腓特烈;在此,丢勒和克拉纳赫这两位神庙的荣耀者曾生活过,克洛卜施多克曾歌颂过救世主的胜利。这关乎一个属于全人类的共同体;即便是南太平洋的野蛮人,倘若认识这个共同体,也会如潮水般涌来保卫她;没有一个德意志的胸膛能久过她的存在;她只能用叫太阳黯淡无光的鲜血埋葬。

人类命运共同体建构:《人类灭绝》的叙事伦理*

陈世华 李 红**

内容提要:当代日本著名作家高野和明酝酿十年之久的超级科幻巨作《人类灭绝》,营构了不同文明视域下、相似性伦理环境下人类主体的伦理诉求。本文运用叙事学和文学伦理学相结合的方法,考察新人类与现代人类的伦理选择、伦理现场中逐渐被淡忘的历史记忆以及伦理秩序建构的过程,揭示人类命运共同体宏大叙事建构中体现出的叙事伦理多元化倾向。高野借用乌托邦式文明的形塑,批判了现代人类的悖德意识,以还原历史真相的手法凸显出反战的伦理立场。"新人类"的人性之善,与人类命运共同体的建构互为表征,共同勾勒出人类的一体性中熠熠生辉的人性光芒,作品的道德指引和道德教诲价值得到良好诠释。

关键词:高野和明 《人类灭绝》 乌托邦 叙事伦理 命运共同体

高野和明(Takano Kazuaki,1964—)是当代日本极具影响

---

* 本文原载《当代外国文学》2021 年第 2 期。
** 作者简介:陈世华,文学博士,南京工业大学外国语言文学学院教授、博士生导师,研究方向为日本近现代文学与文论;李红,南京工业大学外国语言文学学院硕士研究生,研究方向为日本近现代文学。

力的科幻推理作家,小说《人类灭绝》(Genocide,2011)是其酝酿十年之久创作的超级科幻巨作,是"迄今为止高野文学的最高峰"①,是"对现代人类及文明的走向提出重大问题的实验小说、野心之作"②。作品将科幻元素融入推理构思,采用三条主线互为推进的叙事手法,讲述了刚果雨林中诞生了一名超智慧的新人类,美国白宫欲通过雇佣兵耶格等人将其消灭,日本研究生古贺研人为开发新药挽救罹病儿童而卷入这场命运角逐中。这部"宏大壮丽"的"描写人类未来的物语"③,运用历史与现实双重时空并置的叙事方式,通过乌托邦式人类文明的建构想象,还原人类历史上战争与灾难的真相,营构了不同文明视域下、相似性伦理环境下人类主体的伦理诉求:无论是现代人类与新人类的战争对峙,还是历史镜像中的种族屠杀,皆非人类所期许的生活方式。危机之下,人类命运何去何从?

一、伦理选择:乌托邦式文明与人类灭绝

高野曾坦言,《人类灭绝》的创作灵感主要来源于日本作家立花隆的著作《文明的反论:危机时代的人类研究》(『文明の逆説:危機の時代の人間研究』)。高野将该著作中对于人类未来进化等的预言植入作品,在虚构文学书写中为新人类赋能,从"人类整体的

---

① 高野和明、村上貴史(2011).「特集:高野和明『ジェノサイド』」.『本の旅人』4月号,p. 11.
② 和田勉(2012).「高野和明論」.『九州産業大学国際文化学部紀要』第52号,p. 13.
③ 北上次郎(2011).「私たちの未来がここにある:書評『ジェノサイド』」.『本の旅人』4月号,p. 13.

命运"①这一高度出发,以共时性的宏大叙事呈现了一场超越人类智慧的新人类与现代人类的生死博弈。这场生存战争,作为贯穿小说文本的主导性伦理问题,逐步引导读者在美国、刚果、日本这三大叙事空间中穿梭,在凸显双方伦理选择的同时深化小说的叙事主题。

"文学作品的价值就在于通过人性因子同兽性因子的不同组合与变化揭示人的伦理选择过程"②,而作品中美国智库提交的《海斯曼报告》(下文简称《报告》)正揭示了新人类与现代人类在社会文明层面的不同伦理选择。《报告》指出,"现代人沉溺于相互残杀,而且拥有破坏地球环境的科学技术,是极度危险的低等动物"③;而新人类的道德意识却无限发达,其种族深知"人与人争斗会让整个群体陷入危机。所以,如果有人不能适应群体,或者发生夫妻吵架,就让当事者移居到别的游群,从而消除对立。"④。在这种语境下,现代人类身上的兽性因子被无限放大,人类社会的道德处于失语状态。不同于现代人类在社会文明中的主流伦理选择,新人类选择了远离暴力与战争,用伦理意识支撑起新人类文明。在道德属性即人性的伦理选择上,作品构建了一个由新人类建立起来的、现代人类无法企及的乌托邦。在斯芬克斯因子的驱动下,新人类与现代人类做出了不同的伦理选择,形成了乌托邦式的新人类文明与现代人类文明的鲜明对立。

---

① 高野和明、仲俣暁生(2011).「この著者に会いたい!『ジェノサイド』高野和明(作家)多くの小説家は、人の生死を気取って捉えすぎです」.『Voice』第 405 号, p. 97.
② 聂珍钊:《文学伦理学批评导论》,北京:北京大学出版社,2014 年,第 276 页。
③ 高野和明:《人类灭绝》,汪洋译,南京:江苏凤凰文艺出版社,2018 年,第 194 页。
④ 高野和明:《人类灭绝》,汪洋译,南京:江苏凤凰文艺出版社,2018 年,第 297 页。

围绕生态位中的伦理身份争夺,美国白宫派遣雇佣兵去灭绝新人类及其种族,以维护美国人在地球上独一无二的伦理身份。这场与伦理规范相悖的种族屠杀计划,使人类深陷极端的人类中心主义藩篱,正义与罪恶、智慧与愚昧、新人类与现代人类的二元对立伦理框架逐渐显形。而雇佣兵耶格一行人在执行计划途中转而帮助新人类逃离追捕,从而打破了这种原有的对立。耶格积极引导新人类崇德向善,时刻让处于善恶懵懂的新人类看到人性中美好的一面。每当看到三岁的新人类婴孩阿基利,耶格就会想起自己的儿子,由衷地"希望他能成为一个拥有强大而正确的思想的人"①,这正是耶格经过伦理选择产生的善念。耶格对阿基利的保护欲源于其父性本能,父子间的血缘纽带在无意识的过程中转化为同质性情感纽带,搭建起新人类与现代人类共情的桥梁。此外,日本研究生古贺研人开发新药拯救罹病儿童、坚守阵地营救新人类,也是其伦理意识的集中体现。耶格和研人的善念与善行,对破除现代人类与新人类非此即彼的窠臼发挥了举足轻重的作用。

"正因为善行与人的本性相悖,所以才会被视为美德"②,由此看来,耶格和研人挽救新人类的美德弥足珍贵。作品将这种美德富有者归结为"一种进化后的人类"③。超脱生理进化的概念,"新人类"应是人性之中"善"占主导的人。这是作品传达出的"文学的正面道德教诲价值"④。现代人类本该认识到,通过净化内心、回归

---

① 高野和明:《人类灭绝》,汪洋译,南京:江苏凤凰文艺出版社,2018年,第296页。
② 高野和明:《人类灭绝》,汪洋译,南京:江苏凤凰文艺出版社,2018年,第382页。
③ 高野和明:《人类灭绝》,汪洋译,南京:江苏凤凰文艺出版社,2018年,第544页。
④ 聂珍钊:《文学伦理学批评导论》,北京:北京大学出版社,2014年,第248页。

至善的举动可以突破生理进化的窠臼,从而进化为"新人类"。耶格与研人"在小说情节上实为一人","他们自身不是以英雄的身份拯救世界,而是扮演着守护某种新生事物的角色"①。二者守护的正是人性中的那份善,那是与深陷人类中心主义的现代人类截然不同的"新人类"的标识。新人类的双重寓意,凸显出作者抑恶扬善的创作初衷,拓展了小说叙事的纵深性。

除了描绘乌托邦式文明的崛起威胁人类的生存外,高野在作品中还不断提及两点以警示人类灭绝。第一,美国雇佣兵对姆布提族的屠杀只不过是种族灭绝的冰山一角,而当人类相残的屠族之战愈演愈烈,以至于动用核武、"粗暴地扭转了地球上物种的生存轨道"②时,人类自身的灭绝也为时不远。第二,族名"姆布提"意为"人类"。姆布提人所拥有的原始的生活方式与人类祖先的习性如出一辙。姆布提族被灭绝,隐喻着我们将丢弃传统的文化根基,亲手灭绝人类自身。透过新人类威胁论的表象,我们看到人类悖德的伦理选择、肆意发动战争的屠族行径,或许也足以导致人类灭绝。高野力图通过新人类的诞生与人类灭绝的预警,呼吁人类反省自身,思考人性,传达出一名作家应有的警觉和社会责任感。

二、伦理现场:战争及灾难的历史记忆

作品里历史真相中的战争灾难与新人类威胁论表象下人类相残的危机形成了历史与现实的对照,展现了高野对相似性伦理环

---

① 桜庭一樹、高野和明(2012).「対談:桜庭一樹『GOSICK』×高野和明『ジェノサイド』エンタメのど真ん中を書くということ」.『本の旅人』1月号,p. 9.

② 前田幸男(2018).「気候変動問題から見る〈惑星政治〉の生成:〈人新世〉時代に対応するための理論的諸前提の問い直し」.『境界研究』8月号,p. 113.

境下人类命运何去何从的探索与思量。这一独具匠心的情节构思,将读者的思绪拉回到那段被淡忘的伦理现场,并由此表现出高野的叙事伦理态度。

  历史语境中的屠杀事件,构建了政治局势动荡的伦理纪实叙事。作品中既有现实中非洲民兵组织的枪林弹雨,也不乏人类历史上骇人听闻的大屠杀。作为第一次非洲大战导火索的卢旺达大屠杀重现了惨烈的战况:"泥泞的道路上,散乱地堆放着男女老幼的尸体,有的双手被绑在背后,有的被砍掉了脑袋只剩躯干。"[1]殖民统治引发内乱,剥夺了卢旺达普通民众的自由和生命,却并未引起发达国家的人道主义关注,"发达国家的新闻机构不会关心死了多少非洲人。相比大屠杀,他们更乐于对七头大猩猩的事件大书特书"[2]。这强烈反映出政治与伦理的失衡。高野以"如果不想看到地狱,就千万不要接触人类"[3]结束对该屠杀事件的叙述,直指人性的冷漠。作品更是花费大量笔墨描写刚果孩子兵的战争。被圣主抵抗军抢来的孩子,他们的家人被残杀,等待他们的只有杀与被杀的命运:要么违反伦理禁忌杀害他人;要么不服从指示而被当场杀掉。圣主抵抗军泯灭人性的私欲和政治诉求让这群尚未成年的孩子兵陷入伦理困境,给他们带来了人道主义灾难。"这就是现实的战争。实际上孩子兵在刚果就是这样的作战状况。这暴露了人类最为丑陋的一面。但既然以内战中的刚果为舞台,就不能忽视对这里的描写。"[4]

---

[1] 高野和明:《人类灭绝》,汪洋译,南京:江苏凤凰文艺出版社,2018年,第35页。
[2] 高野和明:《人类灭绝》,汪洋译,南京:江苏凤凰文艺出版社,2018年,第35-36页。
[3] 高野和明:《人类灭绝》,汪洋译,南京:江苏凤凰文艺出版社,2018年,第39页。
[4] 高野和明、村上貴史(2011).「特集:高野和明『ジェノサイド』」.『本の旅人』4月号,p.10.

正视历史,找回被扭曲的历史真相,这也是高野穿插在历史语境中的伦理意图。自战败以来,日本政府屡次修改历史教科书,歪曲侵华史实,美化侵华战争的罪恶本质,导致日本青年一代无法了解历史真相,甚至仍将侵略战争奉为"圣战"。在这种伦理环境下,作者认为:"我在写这篇文章时最注重的是要保持公道。我不能一边描写各种各样的大屠杀(种族灭绝),一边只对日本人的过去视而不见。"①这流露出高野作为知识分子的良知及其还原历史真相的伦理取向。作品中"除了用手枪、日本刀和棍棒虐杀外,甚至还残忍地将受害者仰面绑在地上用卡车躐死"②等细节描写,真实地再现了南京大屠杀以及在日韩国人被屠杀的惨烈场景,揭穿了日本官方对于战争和灾难的掩饰。这一段段不堪回首的惨案记忆,不仅诉说着战争给遇难者带来的永不消逝的伤痛,更揭露了人类的残暴,"使虚构的小说叙事,呈现在历史的镜像之中,而虚幻的镜子中照出了历史的真相"。高野"为弱者发声的人生观"③和坚决反战的伦理立场在此得到良好诠释。

作为历史叙事的隐喻,作品不仅重现了历史上的大屠杀事件,还以戏谑的笔触刻画了在无意识动机下操控武力的战争决策者形象。白宫的最高领导人万斯发动伊拉克战争,是对历史事件的现实映射,发动战争的缘由,除国家利益外,还有其"本人都未察觉的无意识动机"④。万斯对伊拉克独裁者深恶痛绝,甚至到了必须杀

---

① 高野和明、村上貴史(2011).「特集:高野和明『ジェノサイド』」.『本の旅人』4月号,p. 11.
② 高野和明:《人类灭绝》,汪洋译,南京:江苏凤凰文艺出版社,2018 年,第 129 页.
③ 泉彩子、大久保幸夫(2012).「Career Cruising 逆境をバネに小説家としての才能を開花——高野和明氏小説家」.『Works』1 月号,p. 57.
④ 高野和明:《人类灭绝》,汪洋译,南京:江苏凤凰文艺出版社,2018 年,第 205 页.

死对方的地步,而"之所以要打倒伊拉克独裁者,或许是他将其影射为家庭中的专制型父亲"①。因为内心深处幻化出的敌人,万斯利用领导职权灭绝性地剥夺了数十万人的生命,而他本人却不痛不痒,毫不自知。战争当事国的总统正用行动证明,"标榜人权的美国居然率先践踏基本人权"②。万斯的这种无意识动机,是驱动他操控战争、践踏人权的非理性意志的具象表现,这或许是古往今来无数战争发动者的缩影。作品丑化该政治领袖的形象,旨在警示掌权者合法使用权力、维护基本人权。

作品借用历史事件针砭时弊,深刻地批判战争给人类带来的深重灾难,无疑是以"现实主义虚构作品中的情节和人物为我们展示历史中实际发生的一切"③。高野在谈及正义与罪恶时曾自陈:"我既害怕伸张正义,但也不愿看到不正之风……至于'罪',我自己心中也摇摆不定,究竟人是罪恶的,还是纯洁的……话虽如此,但是可饶恕的罪人和无法被原谅的罪人还是有区别的。"④即使在"害怕伸张正义"和"讨厌不正之风"间徘徊,当面对日本军国主义发动的一系列非正义屠杀战争时,高野仍以不偏不倚、不惧强权的精神在诉说,可见,高野诚为一名人道主义者,其还原历史真相的伦理取向及反战的伦理立场较日本其他科幻作家表现得更为明显。作品结尾处既没有让万斯覆灭新人类,也没有对新人类通过战争征服现代人类加以赞述,这种开放性结局表明了高野对于重

---

① 高野和明:《人类灭绝》,汪洋译,南京:江苏凤凰文艺出版社,2018年,第205页。
② 高野和明:《人类灭绝》,汪洋译,南京:江苏凤凰文艺出版社,2018年,第288页。
③ 华莱士·马丁:《当代叙事学》,伍晓明译,北京:中国人民大学出版社,2018年,第57页。
④ 高野和明、村上貴史(2002).「日本人作家インタヴュー ミステリアス・ジャム・セッション(23)高野和明」.『ミステリマガジン』11月号,p.10-11。

蹈历史覆辙的趋避、对相似性伦理环境下战争及灾难的深刻思考。

三、伦理秩序：人类命运共同体的建构

"伦理建构是对伦理结构的重新演绎，是人物在文本伦理结构中对读者留下的伦理期待。"①科幻文学的"目的在于重塑社会道德和矫正发展方向，传承情感体验并建构精神有机体"②。作品通过叙述乌托邦式文明与人类文明的对立，描绘历史语境下同类相残的伦理危机，来表现现代人类伦理意识的淡薄，呼吁伦理秩序的重构。《人类灭绝》中的伦理建构主要体现在跨越种族和地区的合作、新人类与现代人类的合作方面。在求同存异、共克时艰中逐步建构"精神有机体"，即人类命运共同体，运用人类智慧寻求避免灾难的世界方案、建构新的伦理秩序，该叙事伦理让文本整体的叙事结构更加紧凑，也使得读者的阅读期待在这一过程中逐渐得到满足。

由于日本社会的种族歧视，研人的伯父和祖父在潜意识里断定外国人是劣等民族，但当开发肺泡上皮细胞硬化症药物的重担落在研人身上时，研人并未思考种族、地区等差异，而是主动寻求韩国留学生李正勋的帮助，"并不想跟着戴上民族歧视的有色眼镜"③。在人类命运这个宏大背景下，两人摒弃种族偏见，携手开发药物拯救罹病儿童，构建起生死与共的命运共同体。两人由陌生

---

① 聂珍钊：《文学伦理学批评导论》，北京：北京大学出版社，2014年，第261页。
② 孟庆枢：《管窥"互联网＋"时代的日本科幻》，《科普创作》2018年第4期，第68页。
③ 高野和明：《人类灭绝》，汪洋译，南京：江苏凤凰文艺出版社，2018年，第129页。

到熟识,一边躲避美国中情局的追捕,一边运用科学知识最大可能地研发新药,双方的命运被紧密地联系在一起。"去用科学这一种武器,守护十万个孩子"①是研人和正勋共同的奋斗目标。高野运用"多人共享同一个梦"②的创作手法,将两人在精神上的互通转喻为共同的目标,凝聚起跨种族合作的命运共同体。同时,新人类阿基利和"新人类"研人等,携手开发硬化症药物,也实现了双方的合作共赢。最后,阿基利也表明将和研人合作,为药学事业的发展保驾护航。新人类之间的携手互助,传递出两种人类命运、两种文化特性互为交织的信息,令人感受到命运共同体意识的萌动。"天下生命共源,人类本来同根","构建人类命运共同体,意味着我们应努力做到各种文明和谐共生、相得益彰"③。尽管新人类与现代人类之间存在着他异性,但这正是"共同体生发的原因本身,当不同的自我共同暴露于相互间的他异性时,真正的共同体就产生了"④。研人用实践证明,现代人类伦理意识回归,能够与新人类实现合作,达成万物并育而不相害的共识,构建起以求同存异为表征的命运共同体。

"看清在进步的背后退步的东西,才是我们的课题。"⑤作为一部关切未来、直指当下的科幻启示录,《人类灭绝》将人类战争、种

---

① 高野和明:《人类灭绝》,汪洋译,南京:江苏凤凰文艺出版社,2018 年,第 367 页。
② 高野和明、坂上仁志、藤原理加(2005).「ボロアパートから始まった癒しの夢のミステリー高野和明氏・坂上仁志氏インタビュー」.『本の旅人』12 月号,p. 27.
③ 马东景、李杰:《人类命运共同体理念的伦理价值》,《湖南科技大学学报(社会科学版)》2019 年第 4 期,第 117 页。
④ Julián Jimnenez Heffernan, "Introduction: Togetherness and Its Discontents", in *Community in Twentieth-Century Fiction*, eds. P. M. Salván, *et al.*, London: Palgrave Macmillan, 2013, pp. 19 - 20.
⑤ 宫本常一(1978).『民俗学の旅——若い人たち・未来』.東京:文藝春秋. p. 236.

族歧视等问题视为人类的退步,从侧面烘托出世界各国迫切需要构建人类命运共同体,建构世界伦理秩序。然而,在面临具有极强攻击性的超智慧人类、席卷世界的疫情等全球性危机时,任何一个国家都无法独善其身。若不共克时艰、携手抗敌,那么待危机攻破其他防线后,下一个遭受灾难的就极有可能是自己眼前的那一方寸土。因此,构建休戚与共的人类命运共同体是世界各国亟待探讨的时代命题,这也是高野在作品中传达出来的价值观。而在小说中,尽管人性的善与恶紧密交织、纷争不断,高野却仍旧表明了对于构建良好的伦理秩序的希冀,这种叙事策略在凸显叙事主体价值取向的同时,为读者认识人类命运以及完善自我提供了道德经验和道德指引。

结语

高野和明通过描绘乌托邦式文明,对现代人类进行道德批判,揭示了人类因悖德而走向灭绝、因善而蜕变为"新人类"的叙事伦理。在叙事空间的移置下,《人类灭绝》再现了一系列种族歧视和屠杀事件的历史记忆,深刻反思了侵略战争、种族屠杀以及美国霸权主义给人类带来的灾难和伤害,显示出高野鲜明的反战立场。同时,作品充分体现了现代人类面向未来的普遍焦虑及其对未知世界的探索,也警示了近年美国政府和日本政府的右倾思想、种族歧视可能会给人类带来新的灾难和危险;作品将灭绝新人类和引导新人类向善这两种选择并置,透露出希望两种人类命运和两种文明共存的伦理取向。这正与人类命运共同体的精神内核相耦合。在人类命运共同体思想中实现伦理建构,不仅颠覆了歧视、霸权与战争的现代性元素序列,强化了人类的伦理秩序,也与发掘

"新人类"之善互为表征,共同勾勒出人类命运休戚相关的图景。通过这种崇德向善的人性叙事、政治与伦理失衡的历史叙事、人类命运共同体的宏大叙事,作品呈现出叙事伦理的多元化倾向,对当下社会敲响了警钟,也指引着我们思虑未来、守护人类的方向,蕴含了丰富的伦理价值和现实意义。

身份认同与共同体意识:
最新诺奖作家古尔纳《最后的礼物》的创作旨归[*]

朱振武　游铭悦[**]

内容提要:流散于世界各地的非洲边缘人民生活日益成为人文学者及作家关注的焦点。2021年诺贝尔文学奖得主、坦桑尼亚作家阿卜杜勒拉扎克·古尔纳的多部小说均以自身经验为基础,对非洲流散者的生存境遇与出路问题给予了深切关注与思考。他的第八部小说《最后的礼物》更加关注流散家庭,着重复写流散者缺失身份认同的群体经验,探索不同时代人物身份认知的相互纠葛以及解决矛盾的心灵和解之路,彰显出作者对流散者未来的企盼和文化共同体意识。

关键词:古尔纳　身份认同　非洲流散　共同体意识　和解之路

---

[*] 本文原载《山东外语教学》2022年第2期。
[**] 作者简介:朱振武,博士,上海师范大学比较文学与世界文学国家重点学科教授、博士生导师,研究方向为英语文学文化、中外文学文化关系和翻译学;游铭悦,北京外国语大学非洲研究院博士生,研究方向为非洲英语文学与文化。

一、引言

"身份"是社会中个体与社会关系互动的综合展现,"认同"则意指"人或物在所有时间及所有场合与自身等同"[①]。曼纽尔·卡斯特(Manuel Castells)认为,"认同是人们获得其生活意义和经验的来源,它是个人对自我身份、地位、利益和归属的一致性体验"[②]。故归根结底即为"我是谁"和"我归属于哪种群体"的问题。经历过殖民浪潮的非洲,正深深陷入自我寻找和重新确立的旋涡之中。当下,作家们对于边缘人民身份的解构及重构做出了多样的假设与尝试,其中不仅有知识分子振聋发聩的疑问,也有普通小市民的低迷与寻找。2021年诺贝尔文学奖得主阿卜杜勒拉扎克·古尔纳(Abdulrazak Gurnah)的第八本小说《最后的礼物》(*The Last Gift*,2011)书写了一个生活在英国的移民家庭故事,展示了现代移民及其后代所面临的复杂文化环境。作者将沉默的移民者、探寻自我价值的寻找者、在非洲身份与英国假面中切换的伪装者和拥有双文化心智的适应者,都放置在家庭群体的框架中。故事以父亲阿巴斯中风这一突如其来的苦难事件为导火索,引导人物在回忆和压抑里重新确立身份,通过成员个体间关系的动态调整,探索他们之间从微妙平衡到矛盾迭起再到回归平静的过程,借以揭示移民者面临的身份认同问题,探究他们重建个人身份认同的路径。古尔纳在作品中更借隐喻将关注范围辐射至超越家庭的社会

[①] 方文:《群体资格:社会认同事件的新路径》,《中国农业大学学报(社会科学版)》2008年第1期,第90页。
[②] 曼纽尔·卡斯特:《认同的力量》,夏铸九等译,北京:社会科学文献出版社,2003年,第4页。

群体，他将笔触指向了生活在边缘的身份错位人群，书写出"一种集体危机的文学"①，彰显了作者对于文化共同体中普遍性问题的反思。

二、异邦的精神苦难与认同困境

后殖民时代，非洲人在与殖民者的碰撞中遭受的社会和心理伤痛很大程度上体现为流散者严重的身份认同问题。"当认知验证的不同过程，他者的承认（recognition）、日常经验的确证（corroboration）以及过去知识的共鸣三者之间产生冲突时，人们有选择性地根据当下的情境调整他们的身份认同。"②因而移民者在社会文化和生活困境的挤压下或回避、冲突，或融合、伪装。其变形与异化的根源在于流散者及后殖民地人民在面对多种社会文化时，个人身份认同的动摇与矛盾。古尔纳在《最后的礼物》里，展示出他对于流散非洲人、边缘女性及其后代重建身份认同过程的探究轨迹。

小说将故事锁定在阿巴斯一家的生活体验和思想发展，为读者刻画了移民两代人在记忆和语言交换下的家庭生活图景。父亲阿巴斯是家中唯一一位真正来自非洲的人。他因难言之隐从家乡桑给巴尔乘船出逃成为海员。十几年中他隐瞒过去在世界不同海域辗转。行至埃克塞特时，阿巴斯邂逅了玛利亚姆，果断地携她私奔并在诺维奇定居。长久的英国生活并没带给阿巴斯心灵和身份

---

① 蒋晖：《论非洲现代文学是天然的左翼文学》，《文艺理论与批评》2016 年第 2 期，第 23 页。
② 韩晓燕、田晓丽：《制度、文化与日常确证：外来移民及其子女的情景性身份认同》，《清华大学学报（哲学社会科学版）》2016 年第 6 期，第 175 页。

的安定感。在英国,他是无法融入的"异邦流散者"。当"流散者携带在母国习得的经验、习俗、语言、观念等文化因子来到一个历史传统、文化背景和社会发展进程迥然相异的国度,必然面临自我身份认同的困境"①。因而面对错位的文化空间、街道、天气或是陌生语言,阿巴斯都难以适应。小说第一章从阿巴斯回家的途中突发中风写起。"他下了公车走进二月的空气中,这是一个突然变得寒冷的日子。"②面对气温的骤降,阿巴斯并未穿上合适的衣物,"他穿得不合适","他穿着一年中大多数月份都穿的大衣"③。与他的颤抖和冷汗相对应的是路人暖和舒适的衣物,"周围的人穿着厚厚的羊毛大衣,戴着手套和围巾"④。文本中对"衣物"展开的多次对比使其性质出现了转化,轻巧但不适合当下生活的衣服本质上是阿巴斯过去生活习惯和个人思想发展的综合结果,是他在英国街道中展示出的别扭身份。在阿巴斯眼中,穿着轻薄是因为"他的烦躁不安,一个陌生人不适应周围环境的心理习惯"⑤。始终存在的陌生感促使阿巴斯对英国的一切都采取了谨慎和防备的态度,"这种陌生感加剧了被生活抛弃的感受"⑥。在这段归家途中,阿巴斯本可以坐在人行道上等待身体不适消散,但他却选择了向家里走去。在他病弱的眼中,人来人往熙熙攘攘的街道皆是"荒野",如果不在力气耗尽之前抵达家中,"他的身体就会被撕成碎片,散落一地"⑦。对于流散者阿巴斯而言,英国始终是冷酷的异邦,是他不得不蜷缩

---

① 朱振武、袁俊卿:《流散文学的时代表征及其世界意义:以非洲英语文学为例》,《中国社会科学》2019 年第 7 期,第 140 页。
② Abdulrazak Gurnah, *The Last Gift*, London: Bloomsbury, 2011, p.3.
③ Abdulrazak Gurnah, *The Last Gift*, London: Bloomsbury, 2011, p.3.
④ Abdulrazak Gurnah, *The Last Gift*, London: Bloomsbury, 2011, p.3.
⑤ Abdulrazak Gurnah, *The Last Gift*, London: Bloomsbury, 2011, p.4.
⑥ Abdulrazak Gurnah, *The Last Gift*, London: Bloomsbury, 2011, p.27.
⑦ Abdulrazak Gurnah, *The Last Gift*, London: Bloomsbury, 2011, p.4.

之处。阿巴斯不止一次谈论他所居住的"陌生的地方",而"在这里的日子是毫无用处的生活"①。在过去的平淡日子里,轻薄衣物代表的脆弱假面为阿巴斯提供了在英国生存的掩体,但当生活的苦难横亘在阿巴斯面前时,他身份的不适感被放大到了极致。

著名学者艾里克森(Erik Erikson)讨论自我同一性的"渐成性"(epigenetic model)模型时提出,社会语境镶嵌在个体的自我和人格之中。② 阿巴斯的肤色、出生等原生性(primordial)特征奠定了他的"元认同"基础,而童年体验和青年生活打下了他一生大部分的身份基调。阿巴斯从桑给巴尔的出逃在本质上宣告着他将长期在不合适的国境中戍守着自己的过去,以绝对沉默的姿态承受时间的鞭笞。"宏大的社会结构、社会制度和社会历史语境,因为自我同一性,而与现实的个体及其活生生的社会行动发生关联。"③ 阿巴斯的沉默明示着他在尽量避免与英国生活产生更深一步"关联",他的身份问题本质是社会与个人关系出现了部分断裂。阿巴斯及现实生活中的"阿巴斯们"盘踞于回忆和家园之中,导致在流散发生后,他们无法构建新的自我同一性,造成了同一性的混乱或危机,进一步导致身份认知障碍。

阿巴斯的妻子玛利亚姆可以被缩写为一位不断寻找个人幸福和价值的女性"寻找者"。她出生时遭到抛弃,幼年辗转于多个寄养家庭,命运曲折坎坷。寒冷、黑暗、拥挤、贫穷、受歧视成为她在前几个寄养家庭的共通记忆。在玛利亚姆的回忆中,居住的地方

---

① Abdulrazak Gurnah, *The Last Gift*, London: Bloomsbury, 2011, p.9.
② 方文:《群体资格:社会认同事件的新路径》,《中国农业大学学报(社会科学版)》2008年第1期,第91页。
③ 方文:《群体资格:社会认同事件的新路径》,《中国农业大学学报(社会科学版)》2008年第1期,第91页。

"厨房靠着炒菜和烧洗澡水保持它的温暖"①。玛利亚姆童年的生活残酷且动荡,年幼的她像一件物品被不同家庭接纳又丢弃。她对个人的认知等同于收养家庭对她的个人态度,"无价值"②成为她给自己贴上的标签。换言之,出生的卑微与幼年的辗转使玛利亚姆对自我身份的认同具有主体间性特点。拉康提出,主体由其自身存在结构中的"他性"所界定,此概念发展至社会学领域,为霍耐特所补充和阐释。他接受了黑格尔"为承认而斗争"的社会冲突模型,即"自我意识是为承认而斗争的结果,它只有在主体间相互承认的基础上才可能产生;自我认同也必须以主体间的相互承认为基础,它只有通过自我承认与承认我的他者的认同,才是可能的"③。霍纳特在此基础上提出个人身份的圆满依靠主体之间的相互承认,并将主体间的承认模式设定为"爱、法律与团结",结合玛利亚姆的经历,这些"主体间承认"便是她生活中所缺失的"情感依附、权力赋予或共有的价值取向"④。所以爱和幸福一直是玛利亚姆内心的期盼。在听说自己被捡到的故事时,她幻想啼哭的婴儿被一条乳白披肩包裹,乳白色的织物于玛利亚姆而言象征着安宁与幸福感。这是她幼年无法确认的记忆,也是她之后一生的追求。

残酷的生活曾不断锤击着年幼的玛利亚姆,直到她进入最后一个寄养家庭。在第五对寄养父母维杰(Vijay)和佛罗兹(Ferooz)家中,玛利亚姆感受到与之前不同的关注和包容。作为回报,她开始为家中做一些繁杂的家务以证明自己的价值,这种微小的价值

---

① Abdulrazak Gurnah, *The Last Gift*, London: Bloomsbury, 2011, p.22.
② Abdulrazak Gurnah, *The Last Gift*, London: Bloomsbury, 2011, p.26.
③ 王凤才:《霍耐特承认理论思想渊源探析》,《哲学动态》2006 年第 4 期,第 57 页。
④ 阿克塞尔·霍耐特:《为承认而斗争》,胡继华译,上海:上海人民出版社,2005 年,第 102 页。

自证也勾画出了她之后的工作轨迹。在维杰家里,玛利亚姆虽得到了短暂的安定,但好景不长,原有的家庭秩序被突然出现的表哥打破。于玛利亚姆而言,表哥拥有着超越自己的血缘关系,原生家庭认同必然压制了养父母对自己的爱。表哥先是借住在家中沙发上,后以学习的借口侵占了玛利亚姆的房间,且逐渐变本加厉,开始猥亵并污蔑玛利亚姆。霍耐特认为,"这种形式的肉体伤害的特殊之处在于……它们所引起的并非纯粹是肉体的痛苦,而是一种与在他人淫威之下感到的孤独无助、无法自卫相联系的痛苦,以致个人在现实中感到失去了自我"①。表哥从空间到身体再到言语上的侵犯,让玛利亚姆在这个家庭中彻底成为沉默的一分子,生活和个人身份认同重新陷入一片混乱。所以她再次逃离,重新走上寻找个人价值、获得身份认同的长路。

家庭中的女儿汉娜和儿子贾马尔则是生活在西方社会的流散家庭第二代代表,"移民后代会通过调整自己的身份认同,使自己在成长过程中避免遭受歧视造成的心理落差。影响移民身份认同的因素包括家庭、学校教育、居住环境等"②。出生在英国却缺失民族与国家认同感的安娜和贾马尔必须面对父母的沉默,应付父母对英国文化的过度反应。他们以个人经验叙述着边缘化的生活,展示出不同的个人态度。

安娜是英国社会中的"伪装者"。大部分时间她不断地借用"英国身份"来掩饰自己最初的"非洲身份",即"将自尊作为中介变量。即通过标榜自己'当地人'的身份,可获得较高的自尊,以回避

---

① 阿克塞尔·霍耐特:《为承认而斗争》,胡继华译,上海:上海人民出版社,2005年,第141页。
② 李蔓莉:《移民二代歧视感知与社会融入研究》,《青年探索》2018年第4期,第102页。

移入国居民对于外族的隔离和排斥"①。在母亲玛利亚姆眼中,安娜"好像在故意把自己从一个她不喜欢的人身上改造出来"②。她将自己的名字从汉娜改为"Anna",因为这让她听起来更贴近英国,她的声音、眼神和穿着方式都在不断变化,她"放弃了一种声音而采用了另一种声音"③。安娜的努力本质上是为了获得后致的群体资格,使困扰已久的"非洲身份"龟缩到心灵深处。活跃于社会活动的安娜开始重构与个人发展平行的社会认同,她享受着英国身份带来的自信和自由。但这种装扮严实的英国身份在遇到本土白人的审视和质疑时则陷入完全被动的境地。在英国人眼里,安娜仍是贴着标签的流散移民,是来自非洲的女性,她的个人展示只是流于俗套的文化模仿。安娜的认同危机犹如伊各尼·巴雷特(Igoni Barrett)在《黑腚》(*Blackass*, 2015)中描写的主人公黑人弗洛。他一觉醒来后成了白人,只剩下黑色的屁股不断提醒自己的黑人身份。黑与白、种族与权利的冲突使安娜在夹缝中感到极为痛苦,"他们(父母)没有找到另一个合适的地方让我们生活。不是因为其他地方没有残酷和谎言,而是为了摆脱这么多丢人现眼的伪装。我们不用再假装自己和那些自视甚高的人没什么不同"④。对于安娜来说,英国是她出生与生长的地方,但她带有的原生特性使她被纳入相关的地域群体,被迫接受他人的审视。她不得不借用伪装的身份发声,这种生活状态使她的表面和内心陷入深深的拉扯。

---

① 李蔓莉:《移民二代歧视感知与社会融入研究》,《青年探索》2018 年第 4 期,第 102 页。
② Abdulrazak Gurnah, *The Last Gift*, London: Bloomsbury, 2011, p.31.
③ Abdulrazak Gurnah, *The Last Gift*, London: Bloomsbury, 2011, p.31.
④ Abdulrazak Gurnah, *The Last Gift*, London: Bloomsbury, 2011, p.46.

儿子贾马尔在家中学历最高,亦是欧洲生活与身份的"适应者"。他进修博士学位,将研究重点放在流散者群体上。这种学习过程表面上使贾马尔一定程度上摆脱了父辈身份问题的阴影。他坦然承认自己的复杂身份,学会跳脱出个人的束缚思考其他社会事件。面对家人,贾马尔成为父母生活历史经验的聆听者,以独有的个人姿态反思和勾勒着这一群体的未来;面对其他黑人流散者,贾马尔会下意识施以个人同情。但于他自己而言,贾马尔与非洲本土的距离似乎通过书面和研究愈发遥远。对于模糊的家乡,贾马尔不断徘徊在"流散"本质之外。虽无严重的个人身份认知焦虑,但人文学者的身份不断催促着他重寻失落的非洲身份,构建起跨民族、跨文化的双文化身份认同。

故事中四人面临不同类型的身份认同危机。父辈怀念自己的童年、家人和故土,即"流散者在本土文化与异域文化间的张力下流离、徘徊、焦灼、无望,既有对新世界的向往,又有对故乡的留恋"①。逃离的选择将第一代移民带到全新环境,给他们之后的岁月带来了生活与情感上的复杂交错。而第二代流散移民面对父母的身份困境和独有的沉默陷入新的迷惘和困惑。他们在异邦或是新的故乡,以何种姿态面对新的文化,如何解构并重构个人身份,如何在家庭中保持微妙的平衡,是《最后的礼物》所探寻的根本。

---

① 朱振武、袁俊卿:《流散文学的时代表征及其世界意义:以非洲英语文学为例》,《中国社会科学》2019年第7期,第155页。

三、认同困境下的家庭失衡与身份重构

文本中四位主角就像四个不合适的楔子,处于一个名为家庭的小型木器中。古尔纳将他们收束于一起,展示出身份认同困境者在相同文化集体中的相处矛盾。前期他们相互忍耐磨合,每个人的隐瞒和有限的交流一定程度避免了家庭内冲突,使这个家庭卡进微妙但稳定的生活轨道。《最后的礼物》关注了四人的生活互动与心灵动态体验,也挖掘出个体面临个人认同困难时如何维持文化群体中短暂的稳定。古尔纳将其归为两个原因:长辈无意识美化回忆;对后辈选择性讲述。

《最后的礼物》依托阿巴斯与玛利亚姆的回想和叙述大量展示了他们的往昔生活,并揭示出他们身份认同危机的最主要原因。"由于其本国或本民族的文化根基难以动摇,他们又很难与自己所定居并生活在其中的民族国家的文化和社会习俗相融合,因而不得不在痛苦之余把那些埋藏在心灵深处的记忆召唤出来,使之游离于作品的字里行间。"[①]因而在阿巴斯患病的前期,玛利亚姆常会想起过去,"他回头看了看她,又看了看,笑了。这让她感觉很好"[②]。玛利亚姆脑海中飞旋起的回忆只有他们在埃克塞特预言般的相遇、小玩笑和最后逃离的约定"Yallah(走吧),让我们离开这里"[③]。回忆时她无意识隐藏了年幼时生活的一片混乱,而只用"生活变得艰难了"[④]指代了一切。面对尖锐的身份认同问题,阿巴斯

---

① 王宁:《流散文学与文化身份认同》,《社会科学》2006 年第 11 期,第 174 页。
② Abdulrazak Gurnah, *The Last Gift*, London: Bloomsbury, 2011, p. 14.
③ Abdulrazak Gurnah, *The Last Gift*, London: Bloomsbury, 2011, p. 18.
④ Abdulrazak Gurnah, *The Last Gift*, London: Bloomsbury, 2011, p. 14.

和玛利亚姆借过去获得心灵治愈,当下生活的不适本质被回忆和曾经冲动的爱情渲染上朦胧的幸福。

除了回想往昔,阿巴斯和玛利亚姆面对子女的询问一致采用了选择性讲述,即叙述中的"扣留信息"。对于书中儿女和读者,阿巴斯和玛利亚姆是典型的不可靠叙述者,他们只选取浪漫离奇故事告诉孩子,隐瞒痛苦换取平日的幸福和平静。关于出逃的原因,孩子们只获知"维杰和佛罗兹并不喜欢他(阿巴斯),所以他们逃走了"①。"Yallah(走吧),让我们离开这里,这是他所说的话。这就是他们的爱情故事。"②在玛利亚姆的隐藏下,这次私奔成了年轻人为爱冲动的正当选择。阿巴斯平日则有意回避个人话题,选择和孩子们讲述不同的童话和节日庆典。在他的描绘中,他作为冒险的主人公总是可以从大象、鲨鱼或鬣狗的威胁下逃生。讲述节日时,阿巴斯描述的往往也是家人团聚,欢声笑语。在贾马尔看来,阿巴斯"有一些时间里毫无防备,仿佛在遐想中说话"③。这些口述故事里,所有结局都完满幸福。

父母诉说的故事充斥着纯洁、虚幻和美好,使孩子忽视了阿巴斯缄口不言的黑暗过去。而父母的选择性叙述实质是对个人身份危机的下意识回避。阿巴斯不提过往出逃的经历,遮盖英国生活的错位;玛利亚姆美化幼年的生活体验,隐瞒个人价值被打压的过程。亨利·詹姆斯提出:"小说中的一切叙述细节必须通过这个'意识中心'人物思想的过滤,而这种过滤行为本身能更好地揭示

---

① Abdulrazak Gurnah, *The Last Gift*, London: Bloomsbury, 2011, p.27.
② Abdulrazak Gurnah, *The Last Gift*, London: Bloomsbury, 2011, p.27.
③ Abdulrazak Gurnah, *The Last Gift*, London: Bloomsbury, 2011, p.43.

这个人物的心灵。"①这种选择性讲述使他们的创伤更赤裸地展现在读者面前。在重述中,昔日的行为得到新的阐释,记忆得到更合理的安置。家庭痛苦的内核被日常琐碎淹没,个人矛盾退居到心灵深处,以此获得家庭中痛苦与幸福的平衡。

父母选择性的叙述和父亲长久的回避让安娜和贾马尔屡次感受到个人回忆的"被剥夺感"。对于第二代流散者而言,诞生的创伤、先赋的社会群体分类已经明示着成长时可能遭受的挫折。在异国,家庭是帮助流散二代构建个人身份的基本途径。想要完成二代移民的个人身份重构,需要先完成对原生身份的解构。但安娜与贾马尔在成长过程中从未拥有对遥远故乡的知情权。对于个人身份认知的残缺导致在此基础上搭建的新身份总是摇摇欲坠,难以融合当代社会。阿巴斯病倒后短暂失去了语言能力。贾马尔与安娜第一次面对父亲再也无法诉说的恐惧。当生活缺少了故事性的掩盖,前期建立的微妙平衡逐渐坍塌。突如其来的家庭危机与精神困境促使家庭中的四人不得不正视之前生活中的种种漏洞和混乱的叙述。古尔纳在文本中呈现了四人不同的求索,描绘出群体间的个体互动以及对个人身份的和解与重构。

疾病使阿巴斯从主动沉默转向了无法发声的状态。他于病榻上不断回想过去,陷入低沉的自我反思中。长时间的缄默和恢复缓慢的身体状态让阿巴斯叙述的冲动日益增长。"在黎明前的那几个小时里,当世界在他周围寂静无声时,他躺在床上,感觉到身体的内部正在腐烂。他用手抚摸着支撑着一切的骨骼,想着有一天它很快就会坍塌在他体内融化的腐烂中。"②最终在黑暗里,阿巴

---

① 赵毅衡:《当说者被说的时候:比较叙述学导论》,成都:四川文艺出版社,2013年,第 127 页。
② Abdulrazak Gurnah, *The Last Gift*, London: Bloomsbury, 2011, p.126.

斯艰难地开口和玛利亚姆述说了故乡和逃离的婚姻。"记忆是人类建构并确立自我身份的重要手段"[1]，长久以来，阿巴斯第一次将个人经验转变为语言叙述，在药物、疾病的混乱之中，他用冷静的语言展示了隐藏已久的个人记忆，同样在这种叙述中回顾了在异国文化中被挤压和侵犯的个人身份，与自己达成了无奈的和解。

阿巴斯的回忆与自述强烈地刺激了妻子玛利亚姆。在不断的纠结和反复中，玛利亚姆决定按照"将苦难常态化"的个人准则，向子女述说了自己在寄养家庭中被打压和猥亵的时日。玛利亚姆认为，面对苦难，语言和信息的交换"可以把她的震惊降到更为普通的程度，把所发生的事情纳入熟悉的剧情"。"她听取她朋友们的讲述，她们之间把悲剧变成了可以容忍的事情。把她们所描述的不幸归咎于医生、命运甚至是不幸本身。"[2] 玛利亚姆对创伤的叙述，"可以建立叙事、自我和身份之间的联系，并有助于受创者在社会环境中形成对自我和身份的认识"[3]。这意味着玛利亚姆在内心中选择不再与过去的苦痛做无意义的斗争。苦难的吐露促使她拔去了记忆中的锐刺，得以重构个人身份认同。玛利亚姆变得更为坦诚。她剪发，从医院辞职，来到难民中心工作。她的改变得到了丈夫和儿女的支持，她在家人的认同中寻得了新的情感自洽。"尽管古尔纳文本中的人物经常面临着不对称的定位，但当个体角色通过融洽、同理心或爱的体验认识到他们彼此之间的联系，自由的

---

[1] 尚必武：《创伤·记忆·叙述疗法：评莫里森新作〈慈悲〉》，《国外文学》2011年第3期，第87页。

[2] Abdulrazak Gurnah, *The Last Gift*, London: Bloomsbury, 2011, p.12.

[3] 曾艳钰：《后"9·11"美国小说创伤叙事的功能及政治指向》，《当代外国文学》2014年第2期，第10页。

时刻就会出现在古尔纳的文本中。"①在家庭的互动和个人的发展中,玛利亚姆跳脱出悲剧的桎梏,开始更为主动地寻找个人价值。

父母的诉说在本质上为这个本身死水一潭的家庭带来了集体的精神解脱。安娜逐渐意识到她前期的伪饰并没有在白人男友家庭中获得"认同"。随着男友尼克在工作上的成功,他的本土优越感愈发显现。尼克开始无意识默认自己掌握了更大的话语权力。两人交谈时他多次打断安娜的叙述,也不再对自己的言论加以解释。霍耐特将强暴、权利剥夺和侮辱列为蔑视的三种类型,对于殖民者而言,"我们所辨别的三种蔑视中的其中两种形式就深深根植于历史发展过程当中",且"这种蔑视经验也不可能简单地随着历史时间或文化构架而发生变化"②。男友家庭对于安娜的蔑视促使她的"反应性民族认同"(reactive ethnicity)被激发,她的非洲身份随着欧洲身份的退让逐渐显现出来,即"当移民在移入社会里受到歧视的时候,因为感受到威胁与排挤,反而会加强对原有种族身份的认同"③。男友最后的越轨行为促使安娜与自己的双重身份真正和解。"二十八岁,一个美好的年纪,她的生活再次开始了,她应该感到充满活力和希望。"④作为"适应者"的贾马尔也开始尝试自己触摸历史,触摸自己最初的身份。他加入了大学中的伊斯兰阅读社团,弥补对个人信仰了解甚少的局限。"9·11"事件后,宗教与种族的冲突和平衡问题被放大横置在每个人面前。社会和生活两

---

① T. Steiner, "Writing 'Wider Worlds': The Role of Relation in Abdulrazak Gurnah's Fiction", *Research in African Literatures*, 41.3 (2010), p.128.

② 阿克塞尔·霍耐特:《为承认而斗争》,胡继华译,上海:上海人民出版社,2005年,第142页。

③ 韩晓燕、田晓丽:《制度、文化与日常确证:外来移民及其子女的情景性身份认同》,《清华大学学报(哲学社会科学版)》2016年第6期,第176页。

④ Abdulrazak Gurnah, *The Last Gift*, London: Bloomsbury, 2011, p.237.

线体验的交叉，使贾马尔一面处于民族群体和外部世界的冲突中，一面在生活中更加贴近流散人群，倾听他们的声音。邻居叙述的平行记忆、家庭尘封记忆解锁都使贾马尔更加理解流散的本质。

生活的混乱在阿巴斯去世后得到了平息，家园和生活中真相的剥离让留下的人重新审视生活。故事从疾病和沉默开始，以和解和团圆结束。阿巴斯用回忆作为引子引导剩下的三个楔子回到了自己合适的凹槽：玛利亚姆与旧日的养父母家庭团圆，在爱与当下幸福中确证个人的主体性；安娜在与家人和情人的拉扯中脱下身份面具，拥抱自我；贾马尔建构起与英国身份平行的非洲身份，与流散群体更加贴近。在古尔纳长期的创作里，他书写创伤均是尝试为不同人物的身份认同危机探索合适的自我和解道路：从《朝圣者之路》中达乌德踏入教堂的选择，到《绝妙的沉默》中逐渐显露的个人声音，再到《最后的礼物》中家庭对苦难的接纳，对自我的解码。小说中四人通过个人尝试与互动使名为家庭的文化群体渐归平衡，"关系性身份"取代了"根源性身份"，流散者在异国重构了自我身份认同。

四、文化群体的普遍困境与共同出路

诺贝尔文学奖颁奖词提出，古尔纳"毫不妥协且充满同理心地深入探索着殖民主义的影响，关心着那些夹杂在文化和地缘鸿沟中的难民的命运"[①]。他不仅书写个人，更关注群体中人物的相互影响与动态发展，并以俯瞰的形式概括整个群体的普遍性身份认同危机。"古尔纳的后殖民立场不是狭隘的民族主义，而是一种彰

---

① Abdulrazak Gurnah, *The Last Gift*, London: Bloomsbury, 2011.

显非洲本位的世界主义立场。"①这种书写特点扎根于古尔纳作为流散移民者的个人经验。1963年,桑给巴尔脱离了英国的殖民统治,但紧随而来的是阿比德·卡鲁米总统对于国内阿拉伯裔的迫害与屠杀。古尔纳作为阿拉伯裔受害者不得不以难民身份逃往英国。青年时期的流散经历使他长期对难民和移民群体抱有高度关注。古尔纳在作品中往往以小见大,用某个行动的开始、某个地点的转换展示主人公面对新社会环境时的个人选择,并借隐喻将主人公作为某个群体的代表,挖掘其身份认同发展。《最后的礼物》中,古尔纳将移民者的迁移缩小至"搬家"的行为里,通过小范围地理位置的变换,描绘"家庭"这一文化群体中人物的心理发展。在第二章"搬迁"("moving")里,古尔纳展示了阿巴斯夫妇、贾马尔和安娜三次搬家的场景,每次搬家的过程都昭示着人物在异国空间的走向。四位角色的搬家行为勾画出在"家庭"文化共同体中,不同成员面对异邦文化时的普遍性矛盾。古尔纳以家庭为出发点,辐射了整个后殖民时代中拥有平行经验的文化共同体,他还以高度的知识分子自觉,为这些边缘人物群体与自我身份和解提出了自己的想象。

阿巴斯夫妇搬家是出于家庭需求,正如他们不得不逃离故乡。搬家时,阿巴斯提出"应该租一辆手推车,从租来的公寓带着他们仅有的几件东西走走"②。而进入新空间时,他对房屋做出了一系列主动改变,从修缮到种植再到建造,"他裱糊墙纸,重新铺好浴室的瓷砖,把需要修理的地方都修好了","他成了一个不知疲倦的园

---

① 石平萍:《非洲裔异乡人在英国:诺贝尔文学奖得主古尔纳其人其作》,《文艺理论与批评》2021年第6期,第108页。
② Abdulrazak Gurnah, *The Last Gift*, London: Bloomsbury, 2011, p.83.

丁,种了蔬菜、花和一棵李子树……"①下意识携带旧物、对新空间无意识改造都彰显着阿巴斯作为流散者,始终是携带着最初身份面对社会。当下,众多移民面临着相似的"阿巴斯困境"。南非作家艾捷凯尔·姆赫雷雷(Ezekiel Mphahlele)祖露,辗转于不同国家之间,却从未有过在家之感。面对流动的异国文化,阿巴斯这类流散者生存矛盾的本质是个人经历的创伤与对异国文化的抗拒。他们以回避为抗争,从边缘化逐渐沦为他者。而且他们长期坚持自己的生活方式,主动将生活环境改造成适合生存的舒适区。这类西方文化的"他者"通过回忆和旧物为自己建立起一个与家乡平行的空间,以取得精神的慰藉和生活平衡。同时,他们自认为流落在异邦陌生的荒原,不断放大自己的文化不适感,强硬拒斥西方文化与价值观念,成为文化与思想的保守主义者。玛利亚姆在前期搬家时几乎未能体现能动性,展示出强烈的依附特质。她虽不属于难民群体,但她的种族、阶级、个人经历逼迫她长期居于边缘。与玛利亚姆经验相似的女性群体长期囿于充满创伤的回忆,难以建构个人身份认同。虽然在文本中,玛利亚姆终获儿女和丈夫给予她的"身份承认",得到了真正的精神解脱,但在现实社会,处于种族、阶级、文化间隙的女性依旧面临着难以发声的困境。她们背负生活的多重压力,在他者话语下徘徊寻觅建立自我身份认同。

　　家庭中的第二代流散者接受着欧洲国家教育,但家庭对欧洲社会的拒斥和社会环境的不友好促使他们不断审视个人与社会的关系,进而产生焦虑、抗拒、自卑等无所归依的情感。他们的困境如作家奈保尔(V. S. Naipaul)所言:"我们被剥夺了很多东西。我们没有背景,没有过去。对我们许多人来说,过去已在祖父母那一

---

① Abdulrazak Gurnah, *The Last Gift*, London: Bloomsbury, 2011, p.83.

代结束了,除此之外就是一片空白。倘若你能从天空俯瞰我们,会看到我们居住在大海和丛林间狭小的房屋里;那就是我们的真实写照,我们被移送到那个地方。我们就只是在那里,飘浮着。"①古尔纳借安娜和贾马尔两人的搬家特点和不同的生活轨迹,展示了第二代流散群体重建个人身份认同的艰难历程。

女儿安娜是陷于解构与重构身份矛盾的代表。搬家时她选择保留部分旧物、接纳部分新物以获得个人平衡。搬动自己的物品时,她往往会发现其中有些受到损坏,或是一株植物,或是一把旧椅子。旧物的损坏暗示着安娜最初的非洲身份在数次移动中逐渐被新空间侵占。最后一次搬家时安娜为了尼克而放弃了职业。他们这次搬家有专业机构帮助,但安娜心中想的是,"当人们完全可以自己搬的时候,却让他们(搬家公司)在自己的东西周围忙忙碌碌,这很令人沮丧","为什么他们要搬所有东西呢?拿那张破床有什么用?"②在此之前,安娜对生活和情感拥有个人选择权。通过表面事物的掩盖,安娜一直将自己设定在"英国主人"的身份中,但本质上安娜总是无意识流露出自己的"他者"特征。面对欧洲文化和社会的强势话语,安娜最终背道而行。对于流散二代而言,"一个文化范畴内的个体或群体往往有着天然的文化归属感与文化认同,尽管受到外来文化影响,但是文化的主体性认同是不变的"③。一方面,长期的生活共同体奠定了她们内心对非洲主体文化认同的趋向。另一方面,在整体社会环境中,"当社会认同令人不满的

---

① 转引自 N. King, "Passages to the West Indies", *Washington Post*, May 15, 1994, https://www.washingtonpost.com/archive/entertainment/books/1994/05/15/passages-to-the-west-indies/e6429d54-0d42-4244-999f-4410e83db50e/。

② Abdulrazak Gurnah, *The Last Gift*, London: Bloomsbury, 2011, p.75.

③ 朱振武、袁俊卿:《流散文学的时代表征及其世界意义:以非洲英语文学为例》,《中国社会科学》2019 年第 7 期,第 143 页。

时候,个体会力图离开其所属群体"①。在古尔纳笔下,类似安娜这样的文化"夹心人"在种族、阶级和多样的社会矛盾里饱受创伤,最后依靠个人觉醒完成对身份的重构。这些女性形象还映射出当代一部分边缘女性、流散女性的心灵探索与个人调整。玛利亚姆对过去的探寻和安娜对自我身份认识的重构都寄托了作者对边缘女性寻找个人幸福的强烈期盼。

贾马尔是两代人中最具"英国特征"的人物。他搬入公寓时整洁有序,没有携带自己的任何家具,一切都由房东准备就绪,表现出对新空间的完全接纳。在新公寓中,他与不同人种和谐相处。前期贾马尔曾认为流散者搬家是"毁灭和失败的时刻,是一个无法再避免的失败,是一个绝望的逃亡,是每况愈下。从家到无家可归,从公民到难民,从可以忍受甚至满足的生活到卑劣的恐怖"②。但贾马尔当下的居住空间并不如他所言,他的个人经验也不再与流散者的经验重合。在他的眼里,搬家后所有植物是亮色并带有活力的,他与新空间的有序融合展示出一部分流散者对他乡的接纳与个人的同化。贾马尔通过教育与社会活动逐步成长,可以使读者窥见一部分流散者如何成为新国家中文化共同体的成员。类似贾马尔这样的流散群体将他国的社会文化、语言都逐渐内化为个人的表达方式,导致"其结果,不存在凝固的文化实体"③。这类人最后取得了双文化或多文化的心智,他们对于不同文化展示出高度包容态度,并可以进行一定的文化框架转换。凭借个人对社

---

① 王莹:《身份认同与身份建构研究评析》,《河南师范大学学报(哲学社会科学版)》2008年第1期,第52页。
② Abdulrazak Gurnah, *The Last Gift*, London: Bloomsbury, 2011, p.73.
③ 方文:《群体资格:社会认同事件的新路径》,《中国农业大学学报(社会科学版)》2008年第1期,第101页。

会的接纳与适应,"贾马尔们"更为坦诚地面对个人经历与文化冲突,亦能更轻松地完成对个人身份认同的重构。这位年轻的知识分子在一定程度上也是古尔纳个人经验的言说者。

不同身份人物搬家时的行为昭示着当下非洲流散者和第二代流散个体面对新社会、新文化时的差异态度。文中四人虽为一个完整的家庭群体,但所面对的身份认同问题并非完全复写和重合。古尔纳为读者揭示了流散群体面对的社会知识体系具有不连贯与不平行特征。他们受到多种动态社会力量的影响,在不同文化环境中施以个人努力以面对身份认同问题。古尔纳以个人流散经验为基础,敏锐关注并书写了以家庭为单位的文化群体中既存在差异又具有共通性质的经历,使文本逐渐从"一家之言"上升至整个后殖民流散文化共同体。

五、结语

"身份认同问题犹如蝉蜕之变,历久而弥新。"[①]古尔纳的个人生活经历使他倾向书写"归属、断裂、错位"[②],"深入探究了那些不太走运的移民的经历,他们由于经济、政治或情感原因移民,却未能达到自己和家人对自己的期望"[③]。在《最后的礼物》中,古尔纳勾画的四位边缘人时刻处于不同文化力量的动态交流下,展示出文化夹缝下的张力。古尔纳不仅让人物走向"寻根"的结局,更重

---

① 陶家俊:《身份认同导论》,《外国文学》2004 年第 2 期,第 44 页。
② Anupama Mohan, Sreya M. Datta, "'Arriving at Writing': A Conversation with Abdulrazak Gurnah", *Postcolonial Text*, 14.3&4(2019), p.4.
③ F. Hand, "Becoming Foreign: Tropes of Migrant Identity in Three Novels by Abdulrazak Gurnah", in *Metaphor and Diaspora in Contemporary Writing*, ed. Jonathan P. A. Sell, London: Palgrave Macmillan, 2012, p.39.

要的是书写出其身份重构的过程，探寻他们的生活走向与心灵救赎，为流散者个体重建身份认同做出了乐观的尝试。

面对后殖民时代的失声群体，古尔纳更将个人的关注点扩展至不同文化共同体中人民的身份认同困境。他发展了石黑一雄关于"国际主义写作"的尝试，文中"包含了对于世界上各种不同文化背景的人们都具有重要意义的生活景象"①。古尔纳的书写流散不仅局限于非洲人民，也将社会中固执的、失声的、混乱的"他者"放置在整个人类文化共同体下展开思考，去描绘更广阔的世界，"他的根状叙事联系使读者得以认同不同事物，以发现共同的人性"②，进而探寻当下被异化者身份认同的共同出路。古尔纳亦展示了文学创作者对美好未来的期盼。"最后的礼物"不只是阿巴斯在病后为家庭带去的最后引导，更是古尔纳为后殖民流散文化共同体带去的一份满怀希望的礼物。

---

① 石黑一雄：《无可慰藉》，郭国良、李杨译，上海：上海译文出版社，2013年，第608页。
② T. Steiner, "Writing 'Wider Worlds': The Role of Relation in Abdulrazak Gurnah's Fiction", *Research in African Literatures*, 41.3(2010), p.134.

论朱诺·迪亚斯《你就这样失去了她》中的多米尼加身份认同[*]

张伟劼[**]

内容提要：美国多米尼加裔作家朱诺·迪亚斯的短篇小说集《你就这样失去了她》展现了美国多米尼加裔移民身在美国却心念故土、不愿回到贫穷故国同时也不愿放弃多米尼加身份的矛盾心态。本文通过分析小说中英语和西班牙语的混用现象、多米尼加裔移民关于多米尼加-非裔身份的意识及他们对故土的思念这三个方面,透视这部作品中体现的多米尼加身份认同,并揭示作者刻意塑造的多米尼加裔"典型"男性形象所隐含的特别意蕴。

关键词：朱诺·迪亚斯 《你就这样失去了她》 美国西裔文学 多米尼加身份认同

美国西裔文学(Hispanic American literature)是美国族裔文学的一个重要组成部分。所谓"西裔",即以西班牙语为母语的拉美裔,事实上囊括了墨西哥人、古巴人、波多黎各人、哥伦比亚人等多种族群。根据创作者原籍的不同,美国西裔文学还可再进行细分。

---

[*] 本文原载《外国文学动态研究》2022年第6期。
[**] 作者简介:张伟劼,南京大学艺术学博士,南京大学外国语学院副教授,主要研究领域为西班牙语文学。

有学者就从中另分出了美国加勒比西裔文学,主要包括古巴裔、波多黎各裔和多米尼加裔作家在美国用英语创作的作品,其中多米尼加裔作家崭露头角的时间最晚。随着从多米尼加共和国移民至美国的人数在 20 世纪 70 年代的大幅度增长,美国多米尼加裔文学在 20 世纪 80 年代才首次崛起。①

出生于多米尼加共和国、六岁随父母移居美国的朱诺·迪亚斯(Junot Díaz,1968—)是当代美国多米尼加裔文学最重要的代表之一。他在 2012 年出版的短篇小说集《你就这样失去了她》(*This Is How You Lose Her*)入围当年美国优秀短篇小说奖并入选《纽约时报》年度畅销书榜单,收获了不少好评。有评论认为,该作"有一种真正的语言创新,既朴实无华又生气勃勃,由此生发出有趣的、观察透彻的、极为真实的故事"②。也有评论质疑该作品描绘的美国多米尼加裔男性形象的真实性,认为这种"写实"会助长人们关于美国拉丁裔性欲过旺的刻板印象③,或是指出书中的故事在揭示浪漫爱情力量的同时,也带有一定的大男子主义色彩④。本文认为,作者在这部作品里的确刻意塑造了一种"典型"的美国多米尼加裔风流男性形象,他在这种漫画式的形象以及书中其他的多米尼加移民形象中注入了强烈的多米尼加情结,以此来揭示美

---

① William Luis, "Latin American (Hispanic Caribbean) Literature Written in the United States", in *The Cambridge of Latin American Literature (Volume 2)*, eds. Roberto González Echevarría and Enrique Pupo-Walker, Cambridge: Cambridge University Press, 1996, p.554.
② Annie McDermott, "*This Is How You Lose Her* by Junot Díaz, Review", *World Literature Today*, 2 (2013), p.139.
③ Larisa Pérez Flores, "Sexo en las Antillas: diáspora, tragedia y subversión, un estudio comparado desde el punto de vista de la intersección de las opresiones", *Caribbean Studies*, 47.2 (2019), p.41.
④ Ada Ortuzar-Young, "*This Is How You Lose Her* by Junot Díaz, Review", *Hispania*, 96.4 (2013), p.806.

国多米尼加裔居民的心理现实,尤其是他们在两种语言、两种身份、两个国家间转换、摇摆、踟蹰的复杂心态——既是美国人,又念念不忘自己的多米尼加之根。

一、英语和西班牙语的混用

在美国的西裔移民中,将他们的母语——西班牙语,与他们居住地的官方语言——英语混合使用,是一种常见现象,由此诞生了"spanglish"一词。该词的构成和属性都是英语的,这在一定程度上意味着英语对这种混合语的承认。现行《牛津英语词典》对"spanglish"的解释是:"大量混合了英语尤其是美式英语的词句的西班牙语。"[1]对于美国西裔作家来说,在写作中使用"spanglish"有着双重的指向:一方面,如实再现西裔移民社群的日常生活;另一方面,则是一种复杂的身份情结的表达。

在《你就这样失去了她》中,就有大量的英西双语混用的现象。当然,作品主要使用的语言还是英语,西班牙语的单词或短语是间或出现的。我们可以注意到,作者常常有意使用西班牙语词汇特别是多米尼加西班牙语特有的词汇,来塑造一种有特色的男性气质。这部短篇小说集中的大部分故事里都会出现两个作为主要角色的多米尼加裔男性人物:带有些许作者本人色彩的尤尼奥和他的哥哥拉法。他们都有着相当丰富的情感生活,频繁更换女友。在小说集第一个故事《太阳,月亮,星星》的开篇,尤尼奥就交代了自己背着女友与第三者偷情的"罪行",他承认,在女友眼里,"我是

---

[1] "British Dictionary Definitions for Spanglish", https://www.dictionary.com/browse/spanglish.

个典型的多米尼加男人:混蛋(a sucio)、孬种"①。此处以英语不定冠词"a"搭配形容词作名词用的西班牙语单词"sucio",是一种典型的英西双语混用。"sucio"的原义是"肮脏",可引申为"道德上有污点、有违伦理"。在小说的上下文中,这个词意味着对自己女友不忠诚、偷腥成性,而这种习性被说成多米尼加男人固有的特性:"玛歌达的所有闺蜜都说,我背叛她是因为我这个多米尼加男人狗改不了吃屎,所有多米尼加男人都是下流货,不值得信任。"②尽管尤尼奥接下来否认自己可以代表所有多米尼加男人,并辩称自己是"有原因的",但他随后讲述的偷情经历恰恰证实了他在情感关系中是个不值得信任的男人,其辩解说辞在读者眼中也就成了笑料。作品开篇出现的西班牙语单词"sucio",也由此为整个短篇小说集中的多米尼加男人定下了风流好色的基调。

小说《普拉原理》设置了两条故事线索:尤尼奥的哥哥拉法起伏的病情,以及他的情感经历。拉法在治疗癌症期间依然保持着多米尼加男人的"本色"。第二次出院后,他重返之前的状态:"a hundred percent loco"(百分之百的抽风)③。此处的西班牙语"loco"指"疯子、精神失常的人",可以引申为"鲁莽之人、冒失鬼"。下文叙述他如何在出院不到一周的时间里就在社区跟人打了两次架,可见他在养病期间也要好勇斗狠、彰显自己的男性气概。叙述者接着说:"Dude was figureando hard. Had always been a papi

---

① Junot Díaz, *This Is How You Lose Her*, New York: Riverhead Books, 2012, p.3.中译文参见朱诺·迪亚斯:《你就这样失去了她》,陆大鹏译,南京:译林出版社,2016年,第1页。
② 朱诺·迪亚斯:《你就这样失去了她》,陆大鹏译,南京:译林出版社,2016年,第20页。
③ Junot Díaz, *This Is How You Lose Her*, New York: Riverhead Books, 2012, p.93.中译文参见朱诺·迪亚斯:《你就这样失去了她》,陆大鹏译,南京:译林出版社,2016年,第96页。

chulo, so of course he dove right back into the grip of his old sucias."("我哥死撑着扮硬汉。他历来就是个色中饿鬼,现在自然是重操旧业,和以前那些骚娘们儿又搞得火热起来。")[1]这里出现的西班牙语动词"figurear",根据西班牙皇家学院词典的解释,是多米尼加特有的词汇,意指"在街头或媒体中满带自豪地展示自己"[2]。"papi chulo"同样是极富多米尼加特色的西班牙语表达,指"长相吸引人的小伙子"。在后文中出现的那句"He's been muy fuerte"("他结实得很")里[3],"muy"(副词,"很","非常")和"fuerte"(形容词,"强壮")这两个西班牙语单词再次凸显了拉法在面对病魔时表现出的硬汉气概——一边强撑着身子维持硬汉形象,一边继续当花花公子,亦即上文所述的"sucio"。在不同的文化中,勇猛刚毅与风流好色,都常常被看作男性气概的特征,在大男子气质(macho)盛行的西班牙语文化当中尤其如此。多米尼加共和国有过长达31年的特鲁希略时代(1930—1961),特鲁希略的族长式独裁统治使得父权制文化和大男子主义习俗在这个国家更为根深蒂固。在这个故事的另一处:"He was definitely more caballero with Pura than he'd been with his other girls."("他对普拉的确要比对待其他女孩绅士得多。")[4]普拉是拉法的一众情人

---

[1] Junot Diaz, *This Is How You Lose Her*, New York: Riverhead Books, 2012, p.94. 中译文参见朱诺·迪亚斯:《你就这样失去了她》,陆大鹏译,南京:译林出版社,2016年,第96页。

[2] "Figurear", in *Real Academia Española*, https://dle.rae.es/figurear?m=form.

[3] Junot Diaz, *This Is How You Lose Her*, New York: Riverhead Books, 2012, p.110. 中译文参见朱诺·迪亚斯:《你就这样失去了她》,陆大鹏译,南京:译林出版社,2016年,第114页。

[4] Junot Diaz, *This Is How You Lose Her*, New York: Riverhead Books, 2012, p.105. 中译文参见朱诺·迪亚斯:《你就这样失去了她》,陆大鹏译,南京:译林出版社,2016年,第108页。

中与他关系最为稳定的一个。此处使用的西班牙语单词是"caballero"(名词兼形容词,"绅士"),这个词本指"骑士",代表一种传承自中世纪的礼貌对待妇女的男性美德。这也是西班牙式男性气质的一种表征,与"papi chulo"的美男子品质结合在一起,共同构成拉法在女孩子们面前展现的吸引力。在他身上,"绅士风度"(caballero)与"风流好色"(sucio)并不矛盾,反倒极为符合小说对多米尼加裔"渣男"式男子的人物设定,与"强壮阳刚"(fuerte)共同构成了多米尼加裔男性的"典型"气质。

显然,这些男性气质的表述包含着一种刻意塑造的、硬充好汉的意味。即使"风流好色"(sucio)是种有违道德伦理的品质,叙述者还是大大方方地予以承认,并将这种品质放大到整个多米尼加裔男性群体,仿佛这是值得炫耀的德行。从小说可以看出,这些美国多米尼加裔年轻人时有彰显个性、引人注目的冲动。对两种语言的刻意混用,尤其是夹杂着西班牙语的对男性气质的标榜,其实是一种试图让自己所属的群体显得特别的意志表示。"spanglish"既是一种文化心理的表达,又是一张面具,面具背后遮掩的是他们的复杂心态:既喜爱美国的物质生活,又认同西裔族群的精神气质;既无法完全融入美国主流社会,又不愿回到故土去生活;既因自己的多米尼加身份而自卑,又因之而自豪。墨西哥作家奥克塔维奥·帕斯(Octavio Paz)曾在他剖析墨西哥国民心理的名著《孤独的迷宫》(*El laberinto de la soledad*)中提到美国的西裔族群帕丘科(Pachuco)人,他们是生活在美国南部城市的墨西哥移民,既不想回到原籍,又不想彻底融入美国生活,既在外观上标新立异,又与周围环境格格不入。帕斯指出:"语言与举止的混合性毫无疑问反映了他们在两个互不妥协但又虚荣地想调和并超越的世界之间的心理摇摆,即美国的和墨西哥的。"①帕斯关于帕丘科人的论断,也适用于《你就这样失去了她》中的美国多米尼加裔移民,尤其是移民家庭第二代的年轻人。他们在英语和西班牙语间摇摆踟蹰,也在美国身份和多米尼加身份间摇摆踟蹰,但无论如何不愿失去自己的个性。在作者笔下,尤尼奥和拉法兄弟二人身上体现出的"典型"多米尼加裔男性的特色本身具有一种自嘲的意味,而这恰恰是对这个移民群体尊严的一种守护。

二、多米尼加人的黑皮肤

威廉·路易斯指出,非裔美国人对种族和种族主义的认识,对于美国的多米尼加裔作家产生了相当重要的影响。② 在《你就这样失去了她》里,非裔的身份和种族歧视是经常被提及的话题。对于小说中的多米尼加裔美国人来说,非裔的体貌特征既是他们的屈辱③,又是他们区别于其他美国人的身份标识,这种身份标识与多米尼加身

---

① 奥克塔维奥·帕斯:《孤独的迷宫》,赵振江等译,北京:北京燕山出版社,2014年,第10页注。
② William Luis, "Latin American (Hispanic Caribbean) Literature Written in the United States", in *The Cambridge of Latin American Literature (Volume 2)*, eds. Roberto González Echevarría and Enrique Pupo-Walker, Cambridge: Cambridge University Press, 1996, p. 555.
③ 多米尼加人的血统相当复杂。在西班牙殖民征服时期,这片土地上的原住民几乎被完全灭绝,随后殖民者从非洲引入大量黑奴以支撑需要大量劳动力的种植园经济。在历史上,处于社会上层的白人殖民者和处于社会下层的非裔黑奴之间既有压迫和反压迫的斗争,又有广泛的混血。此外,该国还接收了不少从世界其他地区迁入的移民。2016年,多米尼加共和国多家媒体报道了由多米尼加历史研究院联合美国国家地理学会、宾夕法尼亚大学和伊比利亚美洲大学共同发起的一项多米尼加国民 DNA 检测研究的成果:多米尼加人拥有 39% 的欧洲血统和 49% 的非洲血统,这表明多米尼加人口中占多数地位的是黑白混血人,并且大多数多米尼加人身上的非裔成分要高于欧洲裔成分("El dominicano tiene un 49% de ADN africano y un 39% europeo", https://www.diariolibre.com/actualidad/ciencia/el-dominicano-tieneun-49-de-adn-africano-y-un-39-europeo-NE4251429)。

份合为一体。在美国广泛存在的种族歧视,加剧了他们与周围环境之间的敌意,使他们有意识地要去对抗白种人,也使他们的身份认同更为复杂纠结。

《冬天》这个故事以第一人称讲述了尤尼奥童年时初抵美国的生活。他随母亲和兄长从多米尼加来到纽约,其父当时已在美国定居,他执拗地要孩子们改换种种习惯以适应在美国的生活,尤其是给孩子们强行灌输身份转换的理念:"你们现在是美国人了。"[1]这句话完全是用英语说的,说话时大腿上还放着象征美式生活的皇家芝华士威士忌酒瓶。尤尼奥的父亲看到儿子长着非洲人的头发,就把他强拉到理发店里给他剃了个光头。去除非裔的体貌特征,成为融入美国生活的必要一步,因为身上像非洲人的成分越少,就越能为主流社会所容纳,尽可能地避免受到种族主义歧视。身体发肤是父母遗传,现在却是父亲强迫孩子去放弃头顶上的遗传特征。这实际上是对自己的黑人血统和多米尼加出身的自我鄙视。尤尼奥的父亲表现得就像传统拉美家庭里那种专制、威严、动辄使用暴力的父亲一样,孩子的想法是不算数的。无法抗命的尤尼奥"心里难受得要命;我不想剃光头,但我对爸爸能说什么呢"[2]。

事实上,在这篇名为"冬天"的故事里,尤尼奥频繁提及纽约的低温环境。无疑,从位于热带岛屿上的多米尼加来到高纬度的纽约,首先感受到的环境差别就是气温过低。而当他意识到这个新的环境施加于他的社会压力时,纽约的寒意又具有了额外的象征

---

[1] Junot Díaz, *This Is How You Lose Her*, New York: Riverhead Books, 2012, p.122. 中译本把"You're Americans now"这句话译为"你们现在已经是在美国了"(127)。

[2] 朱诺·迪亚斯:《你就这样失去了她》,陆大鹏译,南京:译林出版社,2016年,第133页。

意味:不仅来自天气,也来自因非裔体貌特征而遭受的种族歧视,来自对他不友好的社会环境。当他随父亲走出理发店,第一次顶着光头迎接纽约的寒风时,"刺骨的寒风像一块湿泥巴"猛扑在他的光脑壳上①,这种糟糕的感觉暗示着这个初至美国的多米尼加男孩的身份转换之痛。这种转换是被迫的,不管他愿不愿意,他必须失去身体的一部分,必须成为一个与以前的自己不同的人,一个非裔成色更少的人。

同时,对于尤尼奥的父亲来说,剃头行动的成功实施,宛如帮儿子完成了一次成人礼,从此他可以把这个孩子当男人看了。走出理发店后,他问尤尼奥是否喜欢"黑女人",并跟儿子分享自己的看法:"她们很美……而且特别会照顾人。"②一方面,他这番话在否定、强行去除孩子"非洲人"的头发之后,又肯定非裔女人的优点,暗中鼓励儿子去开始性爱生活。联系这本短篇小说集中的其他故事来看,父亲的这番话或许在儿子的心里埋下了情欲的种子,尤尼奥后来果真成了一个周旋在数个拉丁裔黑人女友之间的风流男性。另一方面,这番话也暗示父亲自己有婚外情,很可能还是个黑皮肤的情人。故事临近尾声,尤尼奥的父亲出门"上夜班",尤尼奥的母亲悄悄下楼跟踪了他一段时间,很快就回了家,面对两个儿子哭泣起来。看来,尤尼奥的父亲把自己的花心和对黑女人的偏好"遗传"给了儿子。这再次印证了前文提及的、尤尼奥的女友对多米尼加男人做出的论断:下流,不值得信任。对于这些多米尼加男人来说,风流的情感生活是对自己因黑皮肤和外来移民身份所遭

---

① 朱诺·迪亚斯:《你就这样失去了她》,陆大鹏译,南京:译林出版社,2016年,第133页。
② 朱诺·迪亚斯:《你就这样失去了她》,陆大鹏译,南京:译林出版社,2016年,第134页。

歧视的补偿——他们试图在一个又一个黑女人的身上确认自己的男性魅力,找回自尊。

尤尼奥是被迫去除头顶上的非裔体貌特征从而去适应在美国的新生活、新身份的,然而,他的黑皮肤是无法更换的,注定会使他在身份问题上矛盾重重。《太阳,月亮,星星》中,长大成人的尤尼奥为讨女友欢心,弥补出轨之罪,带她回到多米尼加故土度假,选择在该国规模最大、最豪华的度假村"田园之家"入住。他在介绍那里是如何高级、如何区别于这个国家的其他地方时说:"在'田园之家',没人跳梅郎格舞,没有小孩子乱跑,没有小贩硬要卖猪油脆皮给你,这儿黑皮肤人也非常少。"① 通过一连串"没有",他在否定之中描述了真实的多米尼加。虽然他自己就是黑人,但他同时又把黑人的多寡当成衡量一个地方高档与否的一条标准。在美国,他被当成第三世界的人;在第三世界的故乡,他又成了美国人,面对本国同胞有一种心理优势,并竭力让女友看到一个黑人不是那么多的多米尼加。事实上,多米尼加人本就习惯了种族主义。美国学者霍华德·J. 威亚尔达(Howard J. Wiarda)指出,尽管拉美的种族关系通常比美国更为宽松且更具可塑性,但种族偏见在拉丁美洲是根深蒂固的,他举出的例子恰恰是多米尼加的:多米尼加共和国政治家培尼亚·戈麦斯虽才干过人却始终不能被选为共和国总统,仅仅因为他的黑皮肤不是多米尼加人希望向国内外传递的国家形象。② 带女友度假的尤尼奥不愿在故土看到太多黑人,可在这里看到白人时,他又不免心生厌恶:"每隔五十英尺至少有一个

---

① 朱诺·迪亚斯:《你就这样失去了她》,陆大鹏译,南京:译林出版社,2016年,第15页。
② 霍华德·J. 威亚尔达:《拉丁美洲的精神:文化与政治传统》,郭存海、邓与评、叶健辉译,杭州:浙江大学出版社,2019年,第243页。

操蛋的欧洲佬躺在毛巾上晒日光浴,就像被大海呕吐到岸上的瘆人的苍白怪物。"①这种对白种人的描写是丑化的、非人化的,暗含着尤尼奥因种族歧视而对白人的仇视与不屑。这个回到故乡的多米尼加裔美国人既不喜欢黑人,又不喜欢白人,既是种族主义的受害者,又是种族主义的支持者,既眷恋多米尼加故土,又刻意与真实的、黑人甚众的多米尼加保持距离。

三、忘不了的故土

在《冬天》里,年少的尤尼奥从多米尼加来到美国。在《太阳,月亮,星星》里,长大成人的尤尼奥从美国回到多米尼加度假,他宣称:"我爱死圣多明各了,那是我的故乡。"②对于这些多米尼加裔美国人来说,故乡长久地留在他们的心底,是他们永远怀恋的对象。在这部短篇小说集中,我们可以看到,多米尼加裔移民往往是一边努力在美国扎下根来,一边思念故土——小说经常以"the Island"(岛)一词来指代多米尼加共和国,岛屿的意象恰恰与移民们在美国社会常常感受到的孤独心情相契合。

《另一种生活,另一段时光》是小说集中唯一以第一人称女性视角叙述的故事。叙述者是从多米尼加来到美国寻找新生活的雅丝敏,她住在群租房里,舍友们和她一样都是多米尼加裔打工妹,其中和她关系最好的安娜·爱丽斯是下定了狠心来美国打拼的,她"把自己的三个儿子留在了多米尼加,已经将近七年没见过他们

---

① 朱诺·迪亚斯:《你就这样失去了她》,陆大鹏译,南京:译林出版社,2016年,第15页。
② 朱诺·迪亚斯:《你就这样失去了她》,陆大鹏译,南京:译林出版社,2016年,第8页。

了。她深知,要想走得远,就非得牺牲一些东西不可"①。可每晚入睡前,安娜还是会为她那几个留在故乡山美纳的孩子祈祷,并保留着一个古怪的习惯:在床上罩蚊帐,尽管在纽约并没有那么多蚊子。可以想见,在床上罩蚊帐是她用来缓解乡愁、排遣孤独的一种手段。当她置身于蚊帐包围的床上时,她就与周围世界隔绝开来,拥有一个完全私密的空间。在这个私密空间里,她仿佛还留在故土,仿佛还跟她的孩子们在一起——在地处热带的多米尼加,人们习惯于在睡觉时挂起蚊帐。这顶在纽约的冬天显得极其不合时宜的蚊帐,承载着她关于故土的记忆。等到她起床之后,她的"床[又]铺得整整齐齐,纱布做的蚊帐整洁地叠在床头"②。她一面小心呵护蚊帐这个多米尼加故土的象征,一面将白天与黑夜的生活做好区分:白天收起蚊帐,走进在美国努力赚钱的现实;夜间挂起蚊帐,沉入梦境及对故土和家人的思念。就这样,蚊帐起到了分隔空间、时间以及心理活动的作用。

  一面是美国梦,一面是乡愁。这两种念想的纠缠,也体现在雅丝敏的多米尼加裔男友拉蒙的身上。"他从一踏上美国的土地起就梦想着买栋自己的房子,辛苦了那么多年,攒了些钱,现在总算是有可能了。"③他声称:"在美国,有自己的房子才算扎下根来。"④拉蒙看起来和《冬天》里尤尼奥的父亲一样,都是全心全意地拥抱美式生活,心心念念地要成为真正的美国人。在故事里,拉蒙从未

---

① 朱诺·迪亚斯:《你就这样失去了她》,陆大鹏译,南京:译林出版社,2016年,第55页。
② 朱诺·迪亚斯:《你就这样失去了她》,陆大鹏译,南京:译林出版社,2016年,第67页。
③ 朱诺·迪亚斯:《你就这样失去了她》,陆大鹏译,南京:译林出版社,2016年,第58页。
④ 朱诺·迪亚斯:《你就这样失去了她》,陆大鹏译,南京:译林出版社,2016年,第72-73页。

吐露过自己对多米尼加的半点留恋,但一次雅丝敏却意外发现了他的真实内心。有一天,她实在按捺不住,将他放在她橱柜里却不准她碰触的私人物品全部扒了出来,摊在面前:"几百张过期彩票被卷成一小团一小团,一碰就散。还有几十张棒球卡,都是多米尼加球员,有古斯曼、费尔南德斯、阿洛乌家族……"①这些私藏的物品反映了主人的内心生活:成堆的彩票代表着希望,代表着他发财致富的美国梦;画着多米尼加球员形象的棒球卡则代表着他的多米尼加认同——棒球是多米尼加的国民运动。这也是美国多米尼加裔移民群体的内心写照:一面追求在异乡的物质上的成功,一面保留着从故土带来的业余生活趣味和对多米尼加的"忠诚"。

从同样是在美国辛勤工作的雅丝敏的叙述来看,她对多米尼加没有牵挂,她更挂怀的是自己与拉蒙之间的感情是否稳固,拉蒙是否能下定决心跟她在一起,因为拉蒙还有个留在多米尼加的妻子——这再次触及了多米尼加男人偷腥成性的主题。但对多米尼加的回忆还是会不时闪现在她的话语中:"安娜·爱丽斯有次问我爱不爱拉蒙。我告诉她,我老家在圣多明各,屋里的灯常常忽闪忽闪的,你根本没法确定,灯会不会灭掉。你把手里的活计放下来,只能坐着干等,啥也干不了,直到那灯做出最终决定。我对他的感觉就是这样。"②在这里,多米尼加糟糕的电力供应状况和小说人物的心境联系在一起。灯光的不稳定状态自然是一种糟心的记忆,以之来比喻异性间的情感,则同时给这苦涩的回忆以及对恋情不

---

① 朱诺·迪亚斯:《你就这样失去了她》,陆大鹏译,南京:译林出版社,2016年,第60页。
② 朱诺·迪亚斯:《你就这样失去了她》,陆大鹏译,南京:译林出版社,2016年,第69页。

安的心绪加上了一些幽默的意味。在此也能看出,对故土的思念深藏在雅丝敏的心底。无疑,多米尼加的欠发达状态和美国高度发达的现代化生活形成了强烈的对比,雅丝敏和她的男友都不愿回到故土的落后生活中去,美国才是他们要度过一生的家园,是他们为了扎根于此而努力工作的新大陆。然而,故土的记忆又是在心头挥之不去的。雅丝敏一直"惦记"着拉蒙的妻子,担心拉蒙会回到妻子身边。她由自己这段不伦的恋情想起母亲的婚外情,于是思绪再一次回到了多米尼加:"我七岁的时候,她和一个有妇之夫有了私情。那人的大胡子很帅,两颊的线条很深,皮肤非常黑,大家伙都管他叫'黑夜'……他老婆非常漂亮,我想到拉蒙的老婆时,就想到了那个女人——穿着高跟鞋,露出光亮的棕色长腿,一个温暖有活力的女人。"[①]她把自己在美国的情感经历代入母亲在故土的偷情经历中,母亲的情敌与她的情敌合二为一,仿佛自己是在复制母亲的命运。说到底,母亲和多米尼加是她的根源,她无法抛却自己的根。当她为自己与男友的关系发愁时,为情所困的愁绪就与隐秘的乡愁纠缠在一起。

结语

在朱诺·迪亚斯的短篇小说集《你就这样失去了她》中,无论是情感生活丰富的小伙子,还是初来美国的小男孩,抑或做着美国梦的中年男人和打工妹,这些形形色色的美国多米尼加裔移民在说英语时夹杂具有多米尼加特色的西班牙语表达,他们在意自己

[①] 朱诺·迪亚斯:《你就这样失去了她》,陆大鹏译,南京:译林出版社,2016年,第70页。

的非裔体貌特征，他们难以忘怀虽然欠发达却承载着精神之根的故土，同时他们又不愿回到故土生活，承受着双重身份间的冲突。作者刻意塑造的好欺骗女性、好彰显男性气概的多米尼加黑人男性形象，就是对这种冲突的回应，也是对美国多米尼加裔群体身份认同的一种艺术升华。这些形象非但没有贬损这个群体，反而使美国多米尼加裔的形象获得了令人难忘的独特性和饱满的生命力。对于美国读者来说，这部作品向他们揭示了多米尼加裔美国人的心理现实，呈现了这个群体的复杂心态。对于美国文学来说，这部作品进一步丰富了美国少数族裔的文学形象，拓展了语言表达和族裔文化书写的可能。